동북아의 평화사상과 평화체제

동북아의 평화사상과 평화체제

초판발행일 / 2004년 3월 30일

지은이 / 강성학
펴낸이 / 이재호
펴낸곳 / 리북
등　록 / 1995년 12월 20일 제13-663호
주　소 / 서울시 영등포구 양평동4가 190
신한하이빌 402호
전　화 / 02-2068-6435　팩 스 / 02-2068-6752

정　가 / 20,000원

ISBN 89-87315-56-8　03340

동북아의 평화사상과 평화체제

강 성 학 편

리북

■서 문

평화는 인류 모두의 소망이다. 그러나 우리가 살고 있는 동북아는 우리의 삶과 죽음, 번영과 파탄, 발전과 퇴영이 직접 결정되는 우리의 지정학적 조건이다. 따라서 순전히 지정학적 관점에서만 본다면 한반도는 동북아시아의 심장부(heartland)이다. 좀 과장해서 말한다면 역사적으로 한반도를 지배하는 자가 동북아를 지배하고 동북아의 지배자가 한반도를 지배했기 때문이다. 오늘날에도 한반도와 동북아의 평화는 불가분리의 관계에 있다고 하겠다. 한반도의 평화가 동북아 평화의 전제조건이라면 동북아의 평화는 한반도 평화의 필요조건이다. 한반도가 속한 동북아에도 평화사상이 없을 리 없고 평화체제의 수립 가능성 또한 배제할 수 없다. 아니 한반도의 평화를 위해서라도 우리는 동북아의 평화사상을 재검토하고 평화체제의 수립을 위한 계획들을 논의해야 할 때이다. 21세기에 접어들면서 한반도와 동북아는 중요한 변화를 시작했기 때문이다. 본서는 바로 그러한 시대적 요청에 대한 하나의 응답으로서 비록 작지만 지혜로운 부엉이의 목소리가 될 수 있기를 기대하면서 작성된 것이다.

동북아의 평화가 무엇보다도 우리에게 중요한 연구주제라는 인식에서 1988년 3월에 설립된 고려대학교 평화연구소는 그동안 한반도를 비롯하여 동북아와 세계 평화문제에 대한 전문연구기관으로 성장해왔다. 그동안의 연구성과와 학술활동을 인정받아 2002년 6월에 한국학술진흥재단에서 선정하는 중점연구소로 지정된 이후, 평화연구소는 "동북아의 평화체제와 평화사상: 탈냉전기 동북아 평화질서 구축을 위한 모색"이라는 대주제로 지난 2년 여 동안 연구를 수행해왔다.

이 책은 2002년도 한국학술진흥재단의 지원에 의하여 연구된 상기 주제(KRF-2002-005-B00021)의 제1차 년도의 주요 연구결과들을 모은 것으로서, 동북아 평화의 조건, 사상과 주요 이슈들을 다루고 있다. 따라서 여기에 수록된 논문들은 평화연구소가 주최한 2002년 10월과 2003년 2월의 국내학술회의, 그리고 2003년 5월의 국제학술회의 등에서 발표된 논문들을 수정・보완한 것들로서, '동북아의 국가와 시장, 평화의 제도화', '동북아의 평화사상과 문화', 그리고 '동북아의 여성과 환경, 민족문제' 등을 다루고 있다. 아무쪼록 본서가 동북아 평화사상과 평화체제를 이해하고 연구하는데 초석이 될 수 있기를 기대한다.

끝으로 본 연구소의 중점연구과제를 수행하는데 있어서 연구소 소장인 본인과 함께 세부과제 연구책임자로서 연구과정에 꾸준한 도움을 주신 서진영 교수와 조정남 교수 두 분에게 진심으로 감사드린다. 또 이 책이 출판되기까지 바쁜 일정 속에서도 논문을 집필하고 발표해주신 집필자 여러분, 그리고 중점연구과제를 수행하면서 이 연구 성과가 출판되도록 많은 노력을 기울인 이웅현 교수를 비롯하여 평화연구소 동북아연구실의 이정남, 김현철, 우평균, 박창규 및 조철호 박사에게 고마움의 뜻을 표하고 싶다. 또한 중점연구소 선정을 통해 이 연구활동을 지원해주신 한국학술진흥재단의 관계자 여러분, 그리고 책이 출판되기까지 노고를 아끼지 않은 리북 출판사 이재호 사장과 편집진에게 감사의 말씀을 전하고 싶다.

2004년 3월

고려대학교 평화연구소 소장

강 성 학

■ 차 례

Ⅰ부

동북아의 국가와 시장, 평화의 제도화

강성학, 한반도에서의 미국: 산림소방관인가 방화범인가?

현진덕, 동북아 경제통합과 제도화과정에 있어서의 일본의 정책

이웅현, 러시아의 동북아정책과 안보협력의 제도화

조철호, 미국의 동북아정책과 군사안보적 제도화

한반도에서의 미국 : 산림 소방관인가 방화범인가?

강 성 학
고려대학교 교수

"시시한 것들은 피하라"
- 조지 마셜 전 미국무부 장관 -

*"나의 벗이여, 그대의 남편이여,
정직하고도 정직한 이아고여"*
- 셰익스피어, 「오델로」중에서 -

Ⅰ. 서론

냉전이 종식되었을 때, 미 국무부 정책기획실장이었던 리차드 하스(Richard N. Haass)는 미국을 "내켜하지 않는 보안관(reluctant sheriff)"[1]이라고 특징지었다. 또한 2차대전 이후 미국 대외정책

1) Richard N. Haass, *The Reluctant Sheriff: The United States After the Cold War*, New York: The Council on Foreign Relation, 1997.

의 설계자였던 조지 케난은 "미국에게 강한 적이 될 수 있는 주요한 국가들이 사라져 버린 냉전 이후의 세계는, 미처 누구도 대비하지 못했던 문제점을 확연히 보여준다"[2]고 말했다. 새로운 세계에서 미국은 맞서 싸울 적이 사라지면서 아주 망연자실해진 것처럼 보였다. 20세기보다 안전해진 것은 분명하지만 할 일이 사라져 버린 것이다. 냉전 종식이 세계에서 미국의 역할의 끝을 의미한 것은 물론 아니었지만, 미국은 그에 따른 새로운 역할을 채 설정하지 못했다. 세계는 "역사의 종말(the end of History)" 이후 "역사의 부록(the appendix of History)"에서 머물고 있는 것처럼 보였다.

이처럼 냉전이 끝난 후 10여 년간 미국이 어찌할 바를 모르고 있을 때 2001년 9월 11일의 비극적 사건이 일어났고, 그 사건 이후로 모든 것이 갑작스럽게 바뀌어버린 듯하다. 뉴욕과 워싱턴에 대한 테러공격은 새로운 시대의 시작을 알리는 사건이었다. 이른바 포스트탈냉전(Post-Post Cold War) 세계는 탈냉전 세계와는 또 다를 것이며, 미국도 결코 예전과 같이 "내켜하지 않는 보안관"으로 남지는 않을 것이다. 세계무역센터와 미 국방부에 대한 테러리스트들의 공격을 통해 미국인들은 미국의 대외정책이 여전히 중요하며, 두 개의 대양 및 대륙간탄도미사일(ICBMs)이나 방어미사일(MDs)만으로는 미국 본토를 안전하게 지킬 수 없다는 점을 분명히 깨달았다. 또한 자신들이 세상에 관여하지 않는다면 세상이 미국을 불편하게 간섭할 것이라는 엄연한 현실을 직시하게 되었다. 이제 미국은 "내켜하지 않는 보안관" 역할에서 벗어나, 새롭고도 꼭 필요한 역할을 해야만 하게 된 것이다.

---

2) George F. Kennan, *Around the Cragged Hill: A Personal and Political Philosophy*, New York: W.W. Norton, 1993, p. 180.

리차드 하스는 미국이 전통적인 위협들과 점증하는 초국가적 도전들이 교차하는 포스트탈냉전 세계(이 말은 콜린 파월 미 국무장관이 만들어냈다)에 들어섰다고 주장한다. 테러분자들의 공격은 세계화의 행진이 초국가적 도전과 어떻게 관련될 수 있는지를 명확하게 보여주었다. 국제테러리스트들을 부추기고 지지하거나 은신처를 제공한 국가들, 혹은 자국의 영토 내에서 활동하는 테러리스트를 통제하지 못하는 무능력한 국가들로부터 위협받고 있는 나라들은 자국민을 보호하기 위한 조치를 취할 권리를 갖는다. 초국가적 위협은 미국인들의 삶에 확실하고도 명백한 위협으로 나타났다. 그러한 위협에는 단호하게 대응할 필요가 있는 것이다.3)

미국은 이러한 대응을 하는데 있어서 유엔 안전보장이사회의 상임이사국들을 포함한 다른 국가들과 무조건 공조하지만은 않을 것이라고 결심했다. 단지 많은 나라들이 원한다고 하여 미국의 입장에서는 '불건전한(unsound)' 노력임에도 동의하지는 않겠다는 것이다. 태도만 뚜렷할 뿐 실속 없고 비능률적인 협약들이 실질적으로 효용 있는 대외정책을 만들기는 어렵기 때문이다. 게다가 미국정부는 앞으로 필요한 경우, 혼자서라도 행동을 취할 것이라고 결정했다. 미국은 '보이지 않는 손'이 국제적인 환경을 미국의 이익과 가치에 적합하게 만들어 주지는 않으며, 오직 '미국의 손'만이 그러한 문제를 해결할 수 있다고 확신하게 된 것이다. 이러한 확신에 기반하여 미국은 프랑스나 독일 같은 전통적인 동맹국들 및 러시아와 중국과 같이 새롭게 우호관계를

3) Richard N. Haass, "Defining U.S. Policy in a Post-Post-Cold War World", The 2002 Arthur Rass Lecture, Remarks to Foreign Policy Association, New York: April 22, 2002 (http://www.state.gov/s/p/rem/9632,htm)

증진하고 있는 국가들을 포함한 대부분의 반대에도 불구하고 아프가니스탄과 이라크를 공격하기로 결정했다. 그리고 미국은 예상보다 빠르게 군사적 승리를 성취해냈다.

이제 미국은 스스로 세계에서 유일한 초강대국가(Superpower), 나아가 '극초강대국(hyperpower)'임을 증명했다. 이제 팩스 아메리카나(Pax Americana)는 현실이 되었다. 미국 대통령은 포스트탈냉전 세계에서 리바이어던과 같은 거의 절대적인 권력자가 되었다. 미국은 아테네 제국의 가장 훌륭한 지도자였던 페리클레스(Pericles)가 아테네인들에게 했던 말을 반복하게 될지도 모른다. "당신들이 손에 넣고 있는 전제적 지배권은, 비록 그것을 장악하는 것이 올바르지 않은 일일 수도 있지만, 지금 손에서 놓는 것은 실로 위험천만한 일이다."4)

만일 미국 정부가 아프가니스탄과 이라크에서처럼 팩스 아메리카나를 위해 열성적인 보안관 역할을 계속하려 한다면, 미국에 의해 '악의 축'으로 지목된 북한과 한반도에서는 어떤 일이 일어날 것인가? 미국정부는 북한의 핵무기 획득과 보유를 막고 국제적인 핵무기 비확산 체제를 유지시키기 위하여 북한을 공격할 것인가? 북한은 또 다른 이라크가 될 것인가? 그렇지 않다면, 미국은 한반도에 대해서 어떠한 정책을 취할 것인가? 광대한 동아시아 지역에서 미국은 어떤 역할을 수행해야 하는가? 이는 지금의 시점에서 학문적으로 상당히 흥미로운 문제일 뿐만 아니라 실제적으로도 연구의 필요성이 있는 문제이다. 이러한 문제에 답하기 위해서는 역사적인 사실에 기초하여 현재의 특수한 상황을 이해하는 것이 필요하다. 이로부터 우리는 향후 미국이

4) Robert B. Strassler, ed., *The Landmark Thucydides*, New York: The Free Press, 1996, p. 126.

취하게 될 한반도 정책의 경향을 예측할 수 있을 것이다.

Ⅱ. 한반도에서의 미국: 국외자에서 대부로

1776년 탄생한 이후로 미국은 외부와의 복잡한 관계를 가급적 피해왔다. 이러한 전통에서 미국은 동아시아 지역에서도 거의 국외자(outsider)로 행동해왔다. 그러나 1898년은 미국과 동아시아의 관계에 있어 극적인 분수령이 된 해였다. 스페인과의 전쟁에서 승리한 미국은 거의 4세기 동안 스페인의 식민지였던 필리핀을 획득했다. 이는 동아시아에서 미국의 외부지향적 의지가 최초로 표출된 사건이었을 뿐만 아니라, 이 지역에 대한 유럽의 독식을 방지하려는 미국의 국익과 관련된 것이었다. 미국은 유럽 국가들이 과도하게 식민지를 탐하면서 미국의 동아시아 진출을 저지하기 위해 연합하고 있는 것으로 보았다.[5] 미국은 동아시아에서의 발판을 마련함으로써 이 지역에 대한 유럽의 지배가능성을 축소시켰고, 중국에 대한 문호개방정책(Open Door Policy)을 예고하였다. 미국은 그동안 방치되어왔던 유럽과 동아시아에서의 국익을 수호하기 위하여 제2차 세계대전에 개입했다. 많은 미국인들은 1930년대를 '내부지향적 시기'로 기억했다. 제2차 세계대전의 와중에 미국인들은 대외지향의 필요성에 고무되었으며, 이러한 전환은 일본의 진주만 공격으로 더욱 더 가속화되었다.[6]

---

5) Jack E. Holmes, *The Mood/Interest of Theory of American Foreign Policy*, Lexington: The University Press of Kentucky, 1985, p. 79.

6) *Ibid.*, p. 80.

일본이 태평양 전쟁에서 항복한 이후, 전후처리의 과정에서 1945년 9월 8일 미군이 한반도에 진입하였다. 이것은 미국 중심의 새로운 국제질서를 만들기 위한 노력의 일환이었다. 당시 미국의 정책결정자들은 지정학적이고 전략적인 사고를 중시했지만 미국의 그러한 지정학적 사고는 대체로 유럽에 집중되어 있었다. 얄타회담에서 미국의 루즈벨트 대통령은 미국, 영국, 중국, 소련 4대강국에 의한 한반도의 신탁통치를 제안했다. 얄타회담이 있기 전부터, 일본과의 전쟁 동안 한국문제로 씨름하던 미국 관료들은 소련의 야망에 대해 더욱 우려하기 시작했다.[7] 1943년 10월의 미 국무부의 문건에는 이러한 미국의 우려가 잘 나타나 있다.

> 한반도는 스탈린에게 아주 좋은 기회가 될 것으로 보인다. 왜냐하면 한반도는 소련 극동의 경제적 자원을 증강시켜주고, 부동항을 얻게 하고, 중국과 일본에 인접한 지배적이고 전략적인 위치를 제공하기 때문이다. 소련의 한반도 확보는 전체적으로 극동에서 새로운 전략적 상황을 만들어 낼 것이고, 중국과 일본 내에서는 이에 대한 대응이 확산될 것이다.[8]

미국은 적어도 소련이 한반도를 지배하려는 시도는 막아야 한다고 생각했기 때문에 보다 수동적이고 방어적인 목표를 설정했다. 이러한 미국의 목표는 대 남한 정책의 형태로 수행되었다.

---

7) William Stueck, "The United States, the Soviet Union, and the Division of Korea: A Comparative Approach", *The Journal of American-East Asian Relations,* Vol. 4, No. 4 (Spring 1995), p. 3.

8) *Ibid.,* It contains the footnote "Possible Soviet Attitude toward Far Eastern Questions", 2 October, 1943, Box 119, Records of Harley A. Notter, 1939-1945., RG 59 National Archive, Washington D. C

구체적으로 미국은 1943년 11월의 카이로선언에서 한국을 '정해진 순서에 따라' 독립시킬 것에 동의했고, 1945년 2월의 얄타회담에서 한국에 대한 신탁통치를 제안했다. 이후 1945년 8월 8일 소련이 일본에게 선전포고를 했을 때, 미 국무부와 미군은 서울을 포함한 한반도 남쪽에서 일본의 항복을 받아들이기로 했다. 최초에 미 군사당국은 부산보다 넓은 지역을 지배할 충분한 병력이 없다고 주장하였으나[9] 미국 정부는 서울을 포함시키기 위해서 38도선으로 결정했던 것이다. 이러한 상황에서 인천에 상륙한 하지장군과 미군은 한국의 미래에 대해 구체적인 정책을 갖고 있지 못했고, 결국 1945년 8월 이후부터 북한을 점령하고 있던 소련 당국과의 협상에 의지할 수밖에 없었다.

역사가 보여주듯이 당시 한반도의 비극은 하나가 아닌 두 개의 지도국이 있었다는 것, 나아가 그 두 강대국의 동의 없이는 통일된 민주국가를 만드는 것이 거의 불가능했다는 점이다. 어쨌든 남한에 주둔했던 미군은 영토적인 야망을 품지는 않았으며 정치적 해결의 이행을 따라 되도록이면 빨리 본토로 철수하기를 원했다. 이러한 미국의 태도는 이런저런 이유를 대면서 교섭을 지연시키는 전략을 펴고 있던 소련과의 협상에 좋지 않은 영향을 끼쳤다. 그러나 점차 유럽의 구도가 갖추어지고 있던 상황에서 미국은 정치적인 상징으로서의 남한의 중요성 때문에, 비록 한반도의 전략적 중요성이 전체적으로 인정된 것은 아니었지만

9) Martin Lichterman, "To the Yalu and Back", in Harold Stein, ed., *American Civil-Military Decisions,* AL: University of Alabama Press, 1963, p. 576, cited in Kim Chull Baum, "U.S. Policy on the Eve of the Korea War: Abandonment or Safeguard?"; in Phil Williams, Donald M. Goldstein, and Henry L. Andrews, Jr., eds., *Security in Korea,* Boulder: Westview Press, 1994, p. 15.

소련과의 경쟁에서 한반도를 포기할 수 없게 되었다.[10] 당시 미국 중앙정보부(CIA)는 만약 소련이 북중국과 만주뿐만 아니라 한반도까지 지배하게 된다면 극동 전체에서의 미국의 위신에 대한 손실은 계산할 수 없을 정도로 클 것이라고 주장했다.[11] 따라서 한반도 주변에 대한 소련의 불합리한 요구와 야망, 그리고 지연전략에 지쳐버린 미국은 1947년 9월에 유엔을 통해서 한반도에 단일한 통일정부를 수립하자고 제안했다. 그러나 미국은 결국 1948년 8월 15일 미군정이 통치하고 있었던 38도선 이남 지역에서만 단독 정부를 설립할 수밖에 없었고 1949년 6월에는 미군의 완전 철수를 결정했다. 역사적으로 평가하자면, 한반도에서의 미군의 섣부른 철수는 남한에 힘의 공백을 초래한 것이었다.

한국전쟁은 소련과 미국 혹은 유럽대륙과 그 주변부 사이의 세계적인 경쟁을 현실화한 사건이 되었다. 1950년 1월까지 미국의 방어선 밖에 남겨졌던 남한은 미국이 한국전쟁에 개입하자마자 미국의 지정학적 방어선 안에 포함되었다. 즉 한국은 미국의 소련봉쇄정책 혹은 소련에 대한 지정학적 대결과 두 나라 사이의 날카로운 이데올로기적 전장의 최전선에 위치하게 되었다. 비록 남한이 반공을 통해서 미국과 소련 간 지정학적 경쟁의 최전방이 되었으나, 3년간의 긴 전쟁을 겪으며 황폐해진 남한은 미국의 동맹국으로 여겨지기에는 너무 약했다. 남한이 소련에 맞서는 미국의 동맹국 역할을 잘 수행하기 위해서는 재건되고

---

10) Charles M. Dobbs, *The Unwanted Symbol: American Foreign Policy, the Cold War and Korea 1945-1950*, Kent, Ohio: Kent State University Press, 1981.

11) Mark K. Kauppi, "Strategic Beliefs and Intelligence: Dominos and Bandwagons in the Early Cold War", *Security Studies*, Vol. 4, No. 1 (Autumn 1994), pp. 20-21.

무장될 필요가 있었다. 미국은 소련과 공산세계를 향해 남한이 미국 방어선에 중요한 지점이라는 것을 확실히 보여주기 위하여 남한과 상호방위조약을 맺고 동맹관계를 맺었다. 미군의 계속적인 주둔은 미국이 남한의 안보를 지킬 것이라는 약속의 분명한 증거였다. 한국 안보에서 주한미군의 이와 같은 "대부"역할은 1969년 닉슨 독트린이 발표될 때까지 계속되었다.

미국은 닉슨 독트린을 통해 외국과 맺은 방어조약을 존중하고 핵 공격의 범위 아래 있는 모든 동맹국에게는 미국의 핵우산을 제공한다고 선언했다. 그러나 만약 미국의 동맹국들이 재래식 공격을 받는다면 우선적으로는 그 상황에 대해서 동맹국 스스로가 자신들의 방어에 책임을 져야 하고, 필요하다고 여겨질 때에만 미국은 군사적, 경제적 지원을 제공하겠다는 것이다. 그 당시 닉슨독트린의 이행이 미군의 감축과 관련 있다는 점을 의식하지 못한 한국의 지도자들은 닉슨독트린을 베트남전 이후 워싱턴의 장기적인 정책 방향에 대한 기본 계획으로 여겼다. 그러나 그것이 주한미군의 철수 혹은 감축을 위한 계획을 포함하고 있다는 것을 깨달았을 때 한국의 지도자들은 미군의 철수는 물론 약간의 감축에 대해서도 단호히 반대한다고 외쳤다. 닉슨독트린이 미국 내에서 미군 철수의 가능성에 대한 논쟁을 가열시키고 있는 동안 한국 정부는 미국에게, 만일 한국군이 현대화되기도 전에 미군을 감축한다면 한국의 내각은 총사퇴할 것이라고 압력을 넣었다. 더욱이 국회는 미군의 어떠한 철수에도 강력하게 반대한다는 결의문을 통과시켰다. 이러한 행동들을 통해 한국은 미국정부의 미군 철수 결정을 몇 달 동안은 지연시킬 수 있었지만 철수 자체를 완벽하게 막아내지는 못했다. 미국정부는 2만 명 정도의 미군을 감축하면서 한국군의 현대화를 지원하기 위하여

1억5천만 달러의 재정적 원조를 제공했다. 그러나 그럼에도 불구하고, 미군의 감축은 한국인들에게 미국에 대한 "신뢰성의 위기"를 불러일으킬 수밖에 없었다. 이러한 신뢰성의 위기는 1977년 3월 9일 카터행정부가 4~5년 이내에 주한미군을 완전히 철수하겠다고 일방적으로 공표하자 최고조에 도달했다. 카터행정부는 인권의 보호와 같은 미국의 새로운 대외정책 목표에 초점을 맞추면서, 아시아 지역에 대해서는 기본적으로 닉슨독트린을 유지했다.[12] 그러나 카터 대통령이 오랫동안 미국의 동맹국이 되어왔던 한국에게 어떠한 사전 논의도 없이 미군의 철수 시한을 일방적으로 발표함으로써 한국 정부는 매우 당황하였고 이는 카터행정부에 대해서 많은 불신을 갖는 계기가 되었다.

남한에게는 다행스럽게도, 미국 의회와 국방부 지도자들의 강한 반대 때문에 결과적으로 주한미군의 철수는 1978년말까지 연기되었다. 더욱이 1979년 소련의 아프가니스탄 침공[13]은 소련 공산주의의 팽창 의도를 경고하면서 미국정부에게 경종을 울린 사건이었다. 이러한 상황에서 1980년 1월에 카터 대통령은 미국이 페르시아만의 안보 유지를 보장할 것이라는 카터독트린을 발표할 수밖에 없었고, 1981년 2월 새 대통령에 취임한 로널드 레이건은 어떠한 형태로든 주한미군의 철수는 없을 것이라는 점을 확실히 하였다. 이후 주한미군의 철수에 대한 우려는 레이건 행정부가 소련을 "악의 제국(evil empire)"으로 보고 적극적인

12) Sung-Hack Kang, "America's Foreign Policy toward East Asia in the 1990s: From Godfather to Outsider?", *Korea and World affairs,* Vol. 11, No. 4 (Winter 1987), p. 70.

13) 소련의 아프가니스탄 침공에 대한 정책결정에 대한 뛰어난 연구에 관해서는 이웅현, 『소련의 아프간 전쟁:출병의 정책과정』참고.

반공산주의 정책을 추구함으로써 빠르게 사라졌다.

Ⅲ. 북한의 핵과 구걸적인 벼랑끝 전략

베수비오 화산의 폭발과도 같은 구 소련제국의 붕괴, 그리고 불사조의 부활과도 같은 1990년 독일의 통일을 바라보면서 전 세계의 많은 사람들은 북한도 조만간 붕괴할 것이며 물이 위에서 아래로 흐르듯 자연스럽고도 당연하게 한반도의 통일이 이루어질 것이라고 전망했다. 당시에는 김일성 정권이 사상누각으로 판명될 것이라는 기대감이 팽배했다. 1994년 북한에서 김정일이 마치 마키아벨리식의 세습군주처럼 자신의 아버지 김일성의 뒤를 승계했을 때, 대다수의 외부관찰자들은 김정일을 과도기적 지도자로 보았다. 그러나 이후 10여 년이 지났으나 북한의 김정일 정권은 비록 더 강해지지는 못했을지언정 여전히 건재하고 있다. 지금까지 북한의 성곽을 열거나 또는 그 안으로 스며들고자 했던 남한의 모든 노력들은 마치 불어오는 바람을 향해 모래를 뿌리는 것과 같았다.

만일 김정일이 한반도에서 대량살상무기(WMD)없이 현상유지에 만족한다면, 미국을 포함한 외부 세력들은 굳이 김정일 체제를 전복하려 하지 않을 것이다. 더욱이 북한의 동맹국인 중국은 북한이 남한에 의해서 통일되도록 좌시하고 있지만은 않을 것이다. 한국전쟁에도 대대적인 군사개입을 했듯이 중국은 북한을 중국에게 가장 우호적이고 독립된 정치적 실체로 두고자 할 것이며 최소한 북한이 중국에게 적대적인 태도를 취하지는 못하게 할 것이다. 남한이 미국의 동맹으로 남아있는 한, 그리고 통일된 한국의 미래 정책이 자신에게 우호적일 것이라고 확신할 수 없는 한 중국은 남한이 남한의 방식대로 한반도를 통일하도록 내버려 두지는 않을 것이다. 한국문제에 깊이 간섭할 경우 러시아와 일본이 분명히 탐탁치 않아할 것을 고려할 때, 중국은 자신의 개입이 초래할 급격한 변화보다는 한반도의 평화로운 현상유지를 원할 것이다. 미국, 일본, 중국, 러시아 4개 강대국은 모두 한반도에 관계하는 현상유지의 세력들이며, 이는 1953년 한국전쟁의 휴전이래로 한반도에 평화가 유지될 수 있었던 주된 이유였다. 그들은 한반도에서 발생할 수 있는 급격한 변화에 대하여 일종의 거부권을 갖고 있는 존재들인 것이다.

그러나 김정일은 자신의 아버지 김일성이 살아생전에 추구했지만 성공하지 못했던 적극적인 목적, 즉 자신의 전략과 자신의 조건하에서 전 한반도를 통일하겠다는 야심적이고 혁명적이며 수정주의적인 목표를 계속 추구할 것이다. 즉 그는 남한에 대한 혁명전쟁을 스스로 부과한 역사적 사명으로 여긴다. 김정일에게 있어서 전쟁은 단지 수단을 달리한 정치의 연속일 뿐이다. 이러한 전략적 사고방식은 클라우제비츠로부터 레닌으로, 레닌에서 스탈린과 마오쩌뚱으로, 그리고 김일성으로 이어져 결국 김정일에게까지 전수된 것이다. 그러나 김정일은 왜곡된 형태의 클라우제비츠 명제를 가지고 있다. 마키아벨리에게서와 마찬가지로 세습군주인 김정일에게 "평화의 기술이란 기만에 의한 비폭력의 기술"이며,[14] '평화란 수단을 달리한 전쟁의 연속'이다. 전쟁은 힘(power)에 관한 것이며, 평화 또한 권력정치(power politics)의 한 과정이다. 그리고 권력정치에서 군사적 수단은 혁명전쟁에서

14) Harvey C. Mansfield, *Machiavelli's Virtue,* Chicago & London: The University of Chicago Press, 1996, p. 45.

의 정치적 승리를 위한 가장 효율적이고도 결정적인 수단이다. 일반 시민들의 관심은 핵무기와 미사일의 개발보다는 먹을 것을 구하는데 훨씬 클 것임에도 김정일이 위협적인 대량살상무기를 개발하는데 진력하기 시작한 것은 바로 이러한 이유 때문이다. 김정일에게 있어 전 한반도의 통일이라는 적극적인 목표는 결코 포기할 수 없는 것이다. 산타야나(Santayana)의 정의를 빌자면, 김정일은 공격을 위한 절정의 순간(culminating point)을 기다리면서 북한의 군사력을 강화하고, 자신의 목표가 멀어지면 더 더욱 그 노력을 배가하는 '광신자'로 계속 남을 것이다. 결정적 순간은 아직 도래하지 않았다. 그러나 그는 미군이 한국을 떠난 뒤 남한이 혼란상태에 빠져들 때가 올 것이라 믿고 있다.[15] 현재 핵폭탄과 미사일은 김정일 정권의 생존과 통일이라는 궁극적 목표에 대한 의지의 새로운 상징이다. 1980년대에 김정일은 한국과 미국의 군사력에 상응하기 위한 의도로써 핵과 생화학무기 개발계획을 추진했다.

냉전체제의 붕괴 이후 북한은 기아로 인한 내부적 와해의 가능성 및 경제적 붕괴라는 또 다른 종류의 압력에 직면했다. 이러한 상황을 타개하기 위하여 김정일은 대량살상무기와 그 발사장치를 토대로 위험스럽고도 면밀하게 고안된 군사 구조를 통해 자신의 생존과 이웃 국가들의 생존을 연계시켰다. 북한의 생존은 북한의 주변국들, 특히 남한을 날카롭게 압박했다. 또한 김정일은 동정심이라는 잔인한 게임을 하기 시작했다.[16] 주변국들은

15) Sung-Hack Kang, "Strategic Metamorphosis from Sisyphus to Chameleon? North Korean Security Policy and Military Strategy", *The Korean Journal of Defence Analysis*, Vol. 7, No. 1 (Summer 1995), pp. 185-210.

16) 자세한 사항은 Sung-Hack Kang, "Changing Strategic Milieu for East Asian

북한이 내적 폭발을 일으키지 않도록 압박하지 않는 편이 나았고, 그렇지 않았다면 북한의 대외적 폭발을 야기했을지도 모른다. 사실상 김정일은 자폭함으로써 한반도 전체 그리고 아마도 동북아시아 전체를 날려버리겠다고 위협했던 것이다. 실제로 그 가능성을 입증하기 위해서 1998년 북한은 일본 최대 도시들의 바로 머리 위를 날아 서태평양에 떨어지는 로켓을 발사했다. 비록 이것이 시험용의 비무장 미사일이었다고는 하나 만일 인구가 밀집된 도시에 떨어졌더라면 상당한 피해를 야기했을 것이다. 그러나 북한은 그러한 가능성에는 무관심한 듯이 보였다. 그들의 관심은 오직 자국의 미사일을 자랑하는데 있었다.

현재까지 김정일의 구걸적인 벼랑끝 전략(mendicant brinkmanship)은 성공적이었다. 북한의 핵무기로 인해 앞으로 미국의 입장에서도 군사적인 개입은 훨씬 더 위험한 선택이 되었다. 아무리 가능성이 적더라도 미군기지 혹은 서울 같은 동맹국의 도시에 대한 북한 핵 공격의 위험성을 의식할 때 미국은 1994년과 같이 도발적인 군사작전을 수립하는 데 있어 신중할 수밖에 없을 것이다. 핵무기는 미국과 미국의 아시아 동맹국들인 한국 및 일본 사이에 거리감을 생기게 했다. 핵무기로 인해 미국의 개입이 초래할 대가가 더 커졌기 때문이다. 핵폭탄은 북한에 대한 미국 통상병력의 압도적 우위를 상쇄했다. 벼랑끝 전략은 이러한 목적들을 달성하거나 상대의 요구를 거절하기 위해서, 자신이 현재의 위기를 더 고조시킬 수도 있다는 가능성을 이용하는 일종의 심리적인 전략이다. 이 전략은 기본적으로 예측불가능성에 기반하고 있다. 군사적 결과가 확실할 때 억제는 쉽게 이루어

Security and Korea Unification", *IRI Review,* Vol. 2, No. 4 (Winter 1997), pp. 158-162를 참조

진다. 그러나 그 결과가 확실하지 않을 때에는 결정 과정에 있어 의심과 망설임이 스며든다. 게다가 민주주의 사회가 대외적인 공격의 위험부담을 측정할 때에는, 그 사회의 잠재적인 희생자들 역시 유권자라는 사실을 절대 간과할 수 없다.[17] 이것은 김정일이 걱정할 필요가 없는 문제이다.

남북정상회담이 역사적 사건이었다는 것은 의심할 여지가 없다. 전 세계는 남한의 김대중 대통령에게 김정일이 보여준 예상치 못한 그리고 전례 없는 화해의 제스처에 놀랐다. 수많은 대중매체들이 정상회담에 관해 보도함으로써 한국인들뿐만 아니라 외국의 관찰자들까지도 남북한 관계의 급진전과 북한의 급속한 정치적, 경제적 변화에 대한 희망에 고무되었다. 남북정상회담이 한민족사의 역사적 전환점이 될 것인지, 아니면 김정일에 의해 주도면밀하게 기획된 기만극으로 판명될지는 흥미로운 물음이다. 정상회담 이후 현재까지 나타난 대부분의 징후들에서는 그러한 기대치가 너무 높았고 또 시기상조였다는 것이 드러나고 있다.[18] 그럼에도 한 가지 사실만은 분명하다. 김정일에게는 외부의 압력에 굴복해 협상하려는 의사가 없는 것은 물론 자신의 배타적인 정책을 바꿀 의도 역시 전혀 없다는 점이다. 김정일은 앞으로도 시대착오적인 "주체"의 성상(icon)을 높이 들고, 바깥 세계에 대해

17) Paul Bracken, *Fire in the East*, New York: Harper Collins Publisher, 1999, p. 155.

18) 김정일의 외교인식을 이해하는 데에는 스탈린이 외교에 대하여 언급한 말을 상기하는 것이 유익할 것이다. "외교관의 말은 실제 행동과 는 무관한 것이어야 한다. 그렇지 않다면 무엇이 외교란 말인가? 말과 행동은 별개의 것이다 …… 건조한 물이나 쇠로된 나무가 존재하지 않는 것처럼 진실한 외교라는 것을 불가능하다." Vermon V. Aspaturian, *Process and Power in Soviet Foreign Policy*, Boston : Little, Brown, 1971, p. 367.

서는 계속해서 고슴도치처럼 행동할 것이다. 아리스토파네스(Aristophanes)의 말처럼 "게에게 똑바로 걷는 법을 가르칠 수는 없다." 누가 가공할 전쟁을 자초하는 위험을 무릅쓰면서까지 게처럼 옆으로 걷는 김정일에게 똑바로 걸으라고 가르칠 수 있겠는가?

Ⅳ. 미국인들의 인식변화: 민주주의의 아킬레스건

1991년 소련제국이 붕괴되고 냉전체제가 종식되면서 미국이 세계의 유일한 초강대국으로 남게 되자, 미국 내에서 주한미군에 대한 인식의 변화조짐이 서서히 나타나게 되었다. 이러한 인식의 변화는 냉전시대에 미국이 한반도에서 유지해 온 패러다임에 대한 일종의 도전이라고 할 수 있다.

냉전시대에는 중국이나 소연방과 같은 북한 동맹국들의 위협뿐만 아니라 남한에 대한 북한의 우월한 군사력의 위협이 한미동맹체제와 주한미군의 주둔에 정당성을 부여했다. 여기에는 주한미군, 특히 미 공군력의 부재가 북한군의 기습공격을 촉발시킬지도 모른다는 군사전략적 계산이 깔려 있었다. 그러나 냉전체제가 붕괴되고 러시아와 중국의 유상, 무상의 대규모 경제적 지원이 끊어지자 북한의 "주체적 자립"은 한낱 허구에 지나지 않았음이 명백하게 드러났다. 더욱이 북한이 "국제적인 걸인국"으로 판명되자 이에 따르는 새로운 우려가 대두되었는데, 그것은 식량과 연료의 부족에 허덕이고 재래식 군대 유지의 능력마저 점차 감소되는 현실에 절망한 북한의 지도자들이 자신들의 난관을 극복하려는 방법으로 이판사판식 전쟁 도발을 하지 않을까 하는 두려움이었다. 그리고 이러한 두려움은 북한의 지도자들이 국제사회와 미국의 설득과 압력에도 불구하고 고집스럽게 핵무기와 미사일개발을 추진함으로써 더욱 심화되었다. 1994년 초 한반도의 긴장이 고조되었을 때 주한미군 사령관은 주한미군의 방어 능력을 보강시키기 위해 패트리어트(Patriot) 미사일의 배치를 요구했다. 그러나 당시 한국 정부의 강력한 반대에 직면하여 워싱턴은 이 계획을 포기해야만 했다.[19] 그러나 1994년 3월 남북회담이 실패하자 패트리어트 미사일체계는 결국 한국으로 수송되었다. 이 시기에 핵확산금지조약(NPT)을 위반한 북한에 대하여 국제원자력기구(IAEA)와 유엔 안보리를 통한 제재를 모색하던 미국은 계속적인 반대에 부딪혔다.[20]

역설적이게도, 북한이 대량살상무기로 남한은 물론 일본과 미국까지 위협하려던 바로 이 때에 미국 내에서는 대북인식의 변화가 발생하기 시작했다. 비록 북한이 남한을 통일하려는 목적을 포기하진 않았다 할지라도, 지금의 북한은 수세에 몰려 있으며 오히려 남한에 의한 북한의 흡수통일과 한·미·일 3국의 압력을 두려워하고 있다는 것이다.[21] 북한은 냉전시대에 주어졌던 중·소의 대규모 지원이 상실되어 경제 및 군사적으로 큰 타격을 받게 되었을 뿐만 아니라 기술적으로 우월한 군사력과 경제력, 그리고 군수산업의 역동성을 통해 남한이 미국의 전투병력 없이

---

19) Kurt M. Campbell and Mitchell B. Reiss, "Korean Challenges, Asian Challenges and the US Role", *Survival,* Vol. 43, No. 1 (Spring 2001), p. 57.

20) Mitchell Reiss, *Bridled Ambition: Why Countries Constrain Their Nuclear Capabilities,* Washington, D. C.: Woodrow Wilson Press, 1995, pp. 263-271; Leon V. Segal, *Disarming Strangers: Nuclear Diplomacy with North Korea,* NJ: Princeton University Press, 1988, pp. 95-123.

21) Selig S. Harrison, *Korean Endgame,* Princeton: Princeton University Press, 2002, p. 12.

도 장기적인 전쟁을 견딜 수 있다는 점을 북한은 잘 알고 있다는 것이다.[22] 뿐만 아니라 특히 미국의 공군력이 남한에게 북한의 방어를 뛰어넘는 결정적인 이점과 능력을 제공하고 있기 때문에 북한은 오직 병력의 전진배치로만 이러한 전략적 불리함을 상쇄시키려 한다고 보았다.[23] 따라서 그동안 미국과 한국이 제안한 많은 군비통제와[24] 긴장완화 제안들은 북한의 안보에 대한 우려, 특히 미국 공군력에 대한 두려움을 무시해왔다는 것이다. 이러한 관점에서 미국 외교정책 전문가인 셀리그 해리슨(Selig Harrison)은 미국이 새롭게 "정직한 중재자(honest broker)"로 자신의 역할을 전환하고 한반도의 연방제도를 고무하면서 약 10년 정도에 걸쳐 점진적으로 주한미군을 철수시켜야 한다고 주장한다.[25] 해리슨는 한반도가 과거처럼 주변 세력들 사이의 패권 경쟁을 유발하는 화약통이 될 것이라고 보지 않는다. 즉 남한은 더 이상 주한미군 없이도 세력공백을 경험하지 않을 것이다.[26]

게다가 미국은 한국과 시대착오적인 냉전시대의 안보연계 속에 너무 깊이 묶여 있어 한국에서 저돌적으로 미국의 경제이익

---

22) *Ibid.*

23) *Ibid.*

24) 한반도의 군비통제에 관한 필자의 분석에 관해서는, 강성학, 『카멜레온과 시지프스: 변천하는 국제질서와 한국의 안보』, 서울: 나남, 1995, 제10장 "한반도의 군축을 위한 신뢰구축방안"; 강성학, "「합의서」발표이후, 남북한 군비통제와 주한미군 및 유엔사의 역할과 전망", 『한반도 군비통제』, 군비통제자료 9, pp. 66-81을 참조.

25) *Ibid.*, p. 23. 해리슨의 이러한 주장은 남북한은 물론 많은 미국의 주요 인사들과의 인터뷰 결과 도출된 것이기 때문에 단순한 개인적인 견해로만 평가절하 할 수 없을 것이다. 해리슨의 냉전이후의 미국의 정책변화 가능성에 관한 관점과 유사한 필자의 관점은 Sung-Hack Kang, "Changing Strategic Milieu for East Asian Security and Korean Unification", *IRI Review,* Vol. 2, No. 4 (Winter 1997), in particular, pp. 151-152을 참조.

26) 이에 관한 상세한 논의는 *Ibid.,* 제5부를 참조.

을 추구할 수 없을 뿐만 아니라, 한국에 또 다른 경제위기가 발생했을 때 또 다시 구제금융을 제공해야 하는 일종의 "인질상태"에 빠질 수 있음을 경계해야 한다는 것이다. 요컨대 북한보다도 두 배의 인구와 훨씬 더 큰 경제력을 갖고 있는 남한은 주한미군 없이 스스로 방위를 책임질 수 있을 것이며, 따라서 미국은 한국과 일방적 동맹관계를 유지하기보다는 남북한 사이에서 보다 중립적인 "정직한 중재자" 역할을 수행할 때가 되었고, 그렇게 될 때 미국은 경제문제에서도 한국에 대해 보다 미국의 이익을 강화하는 정책을 추진할 수 있다는 것이다.

Ⅴ. 변화하는 한국의 공격적인 민족감정: "강대국 신드롬"이라는 오만의 등장

냉전 종식 이후, 한국은 대한민국의 안보이익 우선이라는 정책에서 출발하여 보다 자주적이고 확대된 민족주의적 국가이익을 인식하기 시작했다. 특히 한국이 1996년 경제협력개발기구(OECD)의 회원국이 되어 경제적 선진국임을 국제적으로 인정받은 뒤 한국인들은 한미동맹의 불평등문제에 관심을 갖기 시작했다. 그러나 1997년 외환위기로 시작된 경제위기가 몰아닥치자 한국은 미국이 주도하는 IMF와 미국의 직접적 도움을 요청할 수밖에 없게 되었다. 그리고 미국의 도움으로 한국은 3년 만에 IMF체제를 졸업하는 국민적 능력을 과시했다.

그러나 이 시기에도 한미 양국 간에는 많은 문제들이 있어 왔다. 1999년 9월 29일 연합통신사(AP)가 보도한 한국전쟁 당시 미군의 노근리 양민 학살사건, 주한미군지위협정(SOFA)의 불평등 문제, 주한미군 숙소건립문제, 매향리 주민과 미 공군 사격장 문제, 미군 부대의 환경오염문제, 그리고 최근의 미군 장갑차에 의한 두 여중생 사망사고 등의 문제들이 한미간 주요 문제로 등장했다. 이러한 문제들로 인해 크고 작은 반미집회들이 열려 왔지만 아직은 전 국민적 반미감정이나 주한미군의 완전철수 요구와 같이 심각한 한미동맹체제의 위기로 확대되지는 않았다. 그러나 이런 사건들이 빈번히 발생하고 불공정한 문제의 처리 방식에 대한 한국인들의 불만이 축적된다면 주한미군의 주둔에 대한 한국인들의 불만이 어느 순간에는 국민적 분노로 화할 수도 있다. 한 세대 동안 경제 발전과 민주정부의 수립이라는 두개의 기적을 이룬 한국인들의 자존심과 민족적 긍지는 더 이상 불평등하고 불공정한 대우를 용납하지 않으려 할 것이기 때문이다.[27] 특히 2002년 한・일 공동 월드컵에서 전 국민적 성원과 붉은 악마의 응원 속에 한국은 중국과 일본을 제치고 아시아에서는 유일하게 본선 4강에 진출하였고, 이는 한국인들의 자부심과 민족적 긍지를 한층 드높이는 계기가 되었다.

그러나 단순히 자부심이나 민족적 긍지의 관점에서 주한미군 문제에 접근하는 것은 현명한 일이 아니다. 객관적인 시각에서 봤을 때 아직까지는 한국이 국제관계에 대하여 분명하게 목소리를 낼 수 있을 정도의 강한 국가라고 보기는 어렵다. 월드컵은 하나의 스포츠 행사일 뿐이다. 축구의 강국인 브라질이나 아르헨티나가 국제사회의 강대국은 아니며, 심지어 이들은 OECD 회

27) 한미간 점증하는 긴장에 관해서는 David I. Steinberg, "The Dichotomy of Pride and Vulnerability: South Korean Tension in the U.S. Relationship", in Wonmo Dong, ed., *The Two Koreas and the United States*, Armonk, New York: M.E. Sharpe, 2000, pp. 94-115을 참조.

원국도 아니다. 뿐만 아니라 OECD의 회원인 오스트리아, 벨기에, 핀란드, 룩셈부르크, 네덜란드, 뉴질랜드, 그리스, 스웨덴 등의 국가들도 국제사회에서 강대국으로 인정받지 못하고 있다. 이와 마찬가지로 미국과 중국 그리고 러시아가 월드컵 4강에 진출하지 못했다고 하여 그들이 국제정치에서 갑자기 약소국으로 전락하는 것도 아니다. 즉 한국의 OECD 회원국 신분이나 2002년 월드컵에서의 이례적인 성과가 국제사회에서 한국의 인지도를 확산시키고 국가의 위상을 높이고 우리 스스로의 자화상을 미화하는데 크게 기여한 것은 사실이지만, 그렇다고 한국이 전통적인 동북아 국제정치의 현장에서 강대국이 된 것은 아니라는 것이다. 아직도 우리는 주변 강대국들에 비하면 상대적으로 약소국인 것이 엄연한 현실이다. 물론 한국을 중진국이라 불러도 좋을 것이다. 그러나 우리는 동북아의 국제정치에서 4대 강국의 구조적 제약을 무시할 수 없으며, 또 무시해서도 안 된다. 그럼에도 냉전 종식이라는 국제적 조건의 변화와 향상된 국력 및 이미지에 도취된 한국인들은 강대국 신드롬에 빠져 한국 안보의 근본적 구조를 간과한 채 파괴적인 반미운동을 전개하거나 주한미군의 철수를 주장하는 등의 양상을 보이고 있다. 이는 최근 한국에서 나타나고 있는 반미 감정의 확산과 급진주의의 등장에서 쉽게 찾아볼 수 있다.

일찍이 아리스토텔레스는 불평등한 자는 평등을 원하고 평등한 자는 불평등을 원하며, 바로 이것이 혁명의 원인이 된다고 간파했다.[28] 한미동맹체제는 분명히 한미간에 불평등한 요소를 내포하고 있다. 그러나 수혜자와 수익자간의 완전한 평등은 어

28) 아리스토텔레스의 혁명론에 관해서는, 강성학, 『소크라테스와 시이저: 정의, 평화 그리고 권력』, 서울: 박영사, 1997, 제6장 "아리스토텔레스의 정의론" 참조.

느 세계에서도 존재하지 않는다. 그러므로 한국은 미국과의 관계에서 가능한 한 많은 평등을 얻기 위해 계속 노력해야 하겠지만, 어느 정도까지는 불평등을 견뎌야 하는 것이 불가피하다. 완전한 평등을 얻기 위해 한국이 성급하게 시도한다면 미국은 한국인들이 미군의 주둔을 더 이상 원치 않는다고 해석하면서 곧 주한미군을 철수하게 될 것이다.29)

하나의 주권국가에 타국의 군대가 주둔한다면 마찰이 발생하기 마련이다. 한국전쟁의 기억이 소멸되면서 주한미군은 민족주의적 감정의 목표물이 되어가고 있다. 만일 남한이 과거 북한이 자행했던 수많은 테러의 기억을 잊고 현재의 안전한 삶의 조건을 망각한 채 소위 통일지상주의자들의 주장처럼 미국을 한반도의 통일을 저해하는 "헤게모니" 국가로 규탄하면서 반미감정을 전국적으로 부추겨나가는 상황이 전개된다면, 한미 동맹은 근본적으로 재고될 것이며 반세기를 한국 땅에서 함께 살아온 주한미군과 한국인은 일종의 "황혼이혼"을 맞이하게 될 수도 있다.

Ⅵ. 미국의 역할은 한국의 대부인가 이아고인가?

헨리 키신저(Henry Kissinger)는 미국의 대외정책에 있어 지정학적 전통이 닉슨 행정부 전까지는 뚜렷하게 나타나지 않았다고

29) Richard H. Solomon, "Korea's Security and the Future of the U.S.-R.O.K. Alliance: Moving Forward to the Past?" in Dong-Sung Kim, Ki-Jung Kim and Hahn-Kyu Park, eds., *Fifty Years After the Korean War: From Cold War Confrontation to Peaceful Coexistence,* Seoul: Korean Association of International Studies, 2000, p. 260.

주장한 바 있으나,[30] 지정학적 시각은 미국의 정책결정자들이 국제관계를 이해하고 외교정책을 결정하는 과정에 있어서 꾸준하게 중요한 요소로 작용해 왔다. 미국에서 지정학적 시각의 특징이 암묵적으로 다루어진 주된 이유는 미국의 정책결정자들이 스파이크만 식이 아니라 토크빌 식의 접근, 즉 지정학적 관점이 아니라 도덕적·이데올로기적 관점에 의지하여 그들의 정책을 설립하고 정당화시켜왔기 때문이다. 잘 알려진 바와 같이 냉전시대 소연방에 대한 미국의 봉쇄정책은 스파이크만 식의 지정학적 정의와 토크빌 식의 이데올로기적인 세계관 간의 교묘한 결합이었다. 이러한 배경이 있었기에 미국의 국가적 목표가 근본적으로 변화하지 않는 한 한국전쟁 이래로 남한에 머물고 있는 미군을 철수하라는 것은 미국에게는 거의 받아들이기 힘든 요구였다. 미국 대외정책의 바탕이 되고 있는 스파이크만 식의 지정학적 사고와 토크빌식의 이데올로기적 사고의 공고한 결합에 변화를 가져올 수 있는 것은 오직 소연방의 변화였다. 그러므로 냉전의 양극체제가 끝났을 때 미국 대외정책의 목표가 변하리라는 예상은 쉽게 할 수 있었다.

이처럼 추상적이고 이데올로기적인 가치들과 지정학적 현실주의가 결합된 미국의 대외 정책에서 이제는 미국의 국가이익이 절대적인 가치가 되었다. 냉전이 완전히 사라진 이후, 주한미군을 현 수준으로 유지할 것이라는 부시 대통령의 언명에도 불구하고 미국의회는 1991년말까지 주한미군의 수를 4만 3천명에서 3만 6천명으로 줄이기 위한 이른바 넌-워너(Nunn-Warner) 결의안을 통과시켰다. 감축은 실제로 실행되었으나 철수에 대한 논

30) Henry A. Kissinger, *Diplomacy,* New York: Simon & Schuster, 1994, pp. 703-732.

의는 북한 핵문제의 해결이 어렵게 되자 중단되었다. 그러나 북한의 핵 확산 문제가 분명하고도 완전하게 타결되었다고 판단될 때에는 미군의 단계적인 혹은 완전한 철수에 관한 논의가 본격적으로 활발하게 다루어질 것이다.

미국은 스스로 세계 지도자의 위치에서 동아시아의 영리한 패권적 중재자로 전환하고 있는 듯이 보인다. 이와 같이 전통적인 균형자 역할은 우방과 적을 똑같이 쩔쩔매게 할 수밖에 없다. 영국식의 균형자는 장기적인 위협을 다루지 않는다.[31] 그러나 미국이 자신의 많은 동맹체제들로부터 벗어나지 못한다면, 현재로써는 미국이 영국과 같이 엄격한 균형자 역할을 취하기란 거의 불가능하다. 그러므로 미국은 1871년 독일의 통일이후 비스마르크와 유사한 균형자 역할을 시도하게 될 것이다.[32] 비스마르크는 강력한 동맹체제를 가졌지만 스스로를 정직한 중재자로 보았다. 비스마르크의 외교정책은 프랑스를 고립시키려는 확고한 목표를 가졌다. 이에 비해 미국은 중국을 포함한 모든 주요 강대국들에 관여하는 것을 선호하며, 가능한 한 모든 경쟁자들과 더 나은 관계를 유지하고자 한다. 그와 같은 정직한 중재자 역할은 비용이 적게 들기 때문에 누구에게나 매력적인 것이다. 단극체제의 세계에 간여하지 않으려는 미국에게 있어, 정직한 중재자의 역할은 상당히 매력적인 것이다.[33]

---

31) Joseph Joffe, "'Bismarck' or 'Britain'? Toward an American Grand Strategy after Bipolarity", *International Security*, Vol. 19, No. 4 (Spring 1995), pp. 102-105.

32) 강성학, 『카멜레온과 시지프스: 변천하는 국제질서와 한국의 안보』, 서울: 나남, 1995. pp. 92-93.

33) Peter Van Ness, "Hegemony, not Anarchy: Why China and Japan are not balancing US unipolar power", *International Relation of the Asia-Pacific,* Vol. 2, No. 1 (2002) pp. 131-150; Robert Kegan, *Of Paradise and Power: America*

미국은 역동적인 동아시아 지역의 정직한 중재자인 “이아고”의 역할을 하면서 스스로 지나친 확대의 가능성을 줄이려 할 것이다. 동아시아의 역동성은 경제성장과 증가하는 군사력에 의해 유지된다. 러시아는 약하지만 그 잠재력은 거대하다. 비록 느리지만 러시아는 전체주의체제 붕괴의 충격에서 회복되고 있다. 중국은 자신들의 새로운 경제력을 조심스럽게 군사력으로 바꾸고 있다. 일본은 이미 군사적 도약의 준비를 마쳤다. 향후 동아시아 지역체제에서 미국의 개입 없이 힘의 균형이 스스로 유지될 수 없다는 것은 자명한 사실이다. 미국은 러시아, 중국, 일본, 한국, 대만 등이 서로서로 관계하고 있는 것보다도 이들 각각과 더 깊은 쌍무적 관계를 맺고 있다. 아시아의 모든 나라들은 일본이 자신의 거대한 경제력을 군사력으로 바꾸는 것을 막기 위해 미국의 안전보장에 기대고 있다. 그리고 중국, 러시아, 일본, 남한은 각각 북한과의 게임을 펼쳐오면서도 미국이 북한의 핵 야망을 길들이는 것에 매우 만족해왔다. 미국은 때때로 북한과 남한과의 직접적인 대화채널을 열기도 했다. 남한 역시 한반도에서의 핵확산을 방지하는데 있어 미국에 편승하는 것보다 더 좋은 정책적 선택은 없었기 때문에 미국의 지도력에 반대하지 않았다. 그러나 한미동맹체제가 과거와 같지 않고 미국의 안보공약을 재검토하라는 국내의 요구가 거세짐으로써, 남한은 미국에게 유익한 것이 자신에게도 유익한 것이라 믿으며 단순히 미국에 편승할 수만은 없게 되었다. 오늘날의 변화된 환경 하에서 만일 미국이 북한을 더 이상 안보에 위협이 되지 않는 존재로 보고 남북화해를 촉진하려는 목적으로 정책을 개선하려 한다면,

---

and Europe in the New World Order, New York: Alfred A Knopt, 2003.

미국은 한반도에서 “산림 소방관”으로서의 역할을 끝내는 대신 셰익스피어의 피조물인 “이아고”처럼 남한과 북한 사이의 “정직한 중재자”로서 행동해야 한다. 미국이 이런 방식으로 한반도에서 자신의 역할 변화를 추구한다면 주한미군의 철수나 개정의 문제 또한 자연스럽게 이어질 것이며, 이런 문제는 과거 주한미군 감축의 경우처럼 워싱턴이 일방적으로 결정하게 될 것이다.

Ⅶ. 결론

일반적으로 인용되듯이, 2001년 9월 11일 세계무역센터와 미국방부에 대한 테러공격 이후 모든 것이 변화했고 새로운 시대가 시작되었으며 세계는 더 이상 이전과 같지 않을 것이라고들 한다. 그러한 예감은 현실을 반영한 것이 아니라 지식인들이 자신의 기분과 현실상황을 구별하는데 있어 거의 습관적으로 느끼는 어려움을 반영한 것이다. 또한 이러한 주장은 미국의 철학자 존 앤더슨(John Anderson)이 “현재의 편견(parochialism of the present)”이라고 명명한 것을 반영한다. 그것은 역사에 대한 무지와 자신이 연관된 사건의 중요성을 과장하는 자기본위의 집착상태를 말하는 것이다.[34] 그러나 어떤 것은 분명 변화되었고 또 어떤 것들은 강화되었으며, 전에는 인식되지 못하다가 주목받게 된 것들도 있다. 반테러 군사작전들은 지금까지와는 다른 종류의 적들과의 사이에서 생겨난 새로운 갈등의 결과이다. 그리고 미국의 대 테러 전쟁은 분명히 많은 국가들에게 영향을 미칠 것이

34) Owen Harries, “An End to Nonsense”, *National Interest,* No. 65-S, Thankgiving 2001, p. 117.

다. 북한은 테러 지원국의 명단에 계속 올라 있다. 북한은 대량살상무기의 사용 위협으로 미국의 비핵확산 정책뿐 아니라 국제평화와 안전을 유지하고자하는 유엔의 목적에도 도전하고 있다.

북한의 김정일 정권은 많은 것을 알고 있는 "여우들"의 야생세계에서 "한 가지 커다란 것"만을 알고 있는 "고슴도치"로 계속 존재하고 있다.[35] 고슴도치 북한이 몰두하고 있는 한 가지 커다란 일은 어떻게 김정일 정권을 유지하고 또 자기들의 조건하에서 한반도 통일에 유리한 정치·군사적 상황을 조성하느냐 하는 것이다. 한국인들은 미국이 아프가니스탄과 이라크에서의 성공적인 전쟁 이후 또 다른 악의 축인 북한을 공격함으로써 한반도가 "불바다"가 될 가능성에 대하여 매우 우려하고 있다. 그러나 미국과 한반도에 대한 이 글의 분석이 정확하다면, 악의 축에 대한 미국의 발언이나 아프가니스탄과 이라크에서의 성공적인 전쟁 수행에도 불구하고 한국 땅에서의 또 다른 전쟁은 일어나지 않을 것이다. 미국은 다음의 이유 때문에 한반도에서 "방화범"이 되지는 않을 것이다.

첫째, 북한을 상대로 하는 미국의 전쟁은 지정학적으로 국지적인 문제로 취급될 수 없다. 왜냐하면 이른바 '남한의 부차적인 손실'이 너무나 거대해서 받아들여질 수 없기 때문이며, 중국 또한 50여 년 전 한국전쟁에 참여한 것에서 증명되었던 것처럼 북한의 무조건적인 파괴를 받아들이지는 않을 것이기 때문이다.

둘째, 이라크는 오늘날 지정학적으로 석유 생산의 중심지에 위치해 있는 반면, 북한은 가치 있는 천연자원이 일절 없는 작고 가난한 국가이다.

---

35) Isaiah Berlin, *The Hedgehog and Fox,* London: Weidenfeld & Nicolson, 1953, p. 1.

셋째, 오늘날과 같은 공군력의 시대에 한반도의 전략적 가치는 매우 낮아졌다.

넷째, 미국의 전쟁에 관한 역사에서 알 수 있듯이 미국은 아프가니스탄과 이라크에 대한 전쟁의 결과를 재평가하는 동안은 비싼 대가를 치르면서 정치적으로도 위험한 또 다른 전쟁의 수행을 당분간 피하려 할 것이다.

미국은 북한 대량살상무기의 위협을 막으려는 매우 값비싼 부담을 오히려 주변 세력들에게 전가하려 할 것이다.

요컨대, 지금으로선 필자의 예상이 완전할 수는 없지만 적어도 미국은 앞으로 한반도에서 산림 소방관도 혹은 방화범도 되지 않을 것이라는 점만은 확실하다. 미국은 정직한 중재자라는 이름 하에, 이아고처럼 이렇게 중얼거리면서 행동할 것이다.

"어찌 되든 내 이득이지"36)

■ 참고문헌 ■

강성학, 『카멜레온과 시지프스: 변천하는 국제질서와 한국의 안보』, 서울: 나남, 1995.

Charles M. Dobbs, *The Unwanted Symbol: American Foreign Policy, the Cold War and Korea 1945-1950*, Kent, Ohio: Kent State University Press, 1981.

David I. Steinberg, "The Dichotomy of Pride and Vulnerability: South KoreanTension in the U.S. Relationship", in Wonmo Dong, ed., *The Two Koreas and the United States,* Armonk, New York: M.E. Sharpe, 2000.

36) William Shakespeare, *The Tragedy of Othello,* the Moor of Venice, Act 5, Scene 1.

George F. Kennan, *Around the Cragged Hill: A Personal and Political Philosophy,* New York: W.W. Norton, 1993.

Harvey C. Mansfield, *Machiavelli's Virtue,* Chicago & London: The University of Chicago Press, 1996.

Henry A. Kissinger, *Diplomacy,* New York: Simon & Schuster, 1994.

Isaiah Berlin, *The Hedgehog and Fox,* London: Weidenfeld & Nicolson, 1953.

Jack E. Holmes, *The Mood/Interest of Theory of American Foreign Policy,* Lexington: The University Press of Kentucky, 1985.

Joseph Joffe, "'Bismarck' or 'Britain'? Toward an American Grand Strategy after Bipolarity", *International Security,* Vol. 19, No. 4(Spring 1995).

Kim Chull Baum, "U.S. Policy on the Eve of the Korea War: Abandonment or Safeguard?" in Phil Williams, Donald M. Goldstein, and Henry L. Andrews, Jr., eds., *Security in Korea,* Boulder: Westview Press, 1994.

Kurt M. Campbell and Mitchell B. Reiss, "Korean Challenges, Asian Challenges and the US Role", *Survival,* Vol. 43, No. 1 (Spring 2001).

Leon V. Segal, *Disarming Strangers: Nuclear Diplomacy with North Korea,* NJ: Princeton University Press, 1988.

Mark K. Kauppi, "Strategic Beliefs and Intelligence: Dominos and Bandwagons in the Early Cold War", *Security Studies,* Vol. 4, No. 1 (Autumn 1994).

Martin Lichterman, "To the Yalu and Back", in Harold Stein, ed., *American Civil-Military Decisions,* AL: University of Alabama Press, 1963.

Mitchell Reiss, *Bridled Ambition: Why Countries Constrain Their Nuclear Capabilities,* Washington, D. C.: Woodrow Wilson Press, 1995.

Owen Harries, "An End to Nonsense", *National Interest,* No. 65-S, Thankgiving 2001.

Paul Bracken, *Fire in the East,* New York: Harper Collins Publisher, 1999.

Peter Van Ness, "Hegemony, not Anarchy: Why China and Japan are not balancing US unipolar power", *International Relation of the Asia-Pacific,* Vol. 2, No. 1 (2002).

Richard N. Haass, *The Reluctant Sheriff: The United States After the Cold War,* New York: The Council on Foreign Relation, 1997.

____________, "Defining U.S. Policy in a Post-Post-Cold War World", The 2002 Arthur Rass Lecture, Remarks to Foreign Policy Association, New York: April 22, 2002 (http://www.state.gov/s/p/rem/9632,htm).

Richard H. Solomon, "Korea's Security and the Future of the U.S.-R.O.K. Alliance: Moving Forward to the Past?" in Dong-Sung Kim, Ki-Jung Kim and Hahn-Kyu Park, eds., *Fifty Years After the Korean War: From Cold War Confrontation to Peaceful Coexistence,* Seoul: Korean Association of International Studies, 2000.

Robert B. Strassler, ed., *The Landmark Thucydides,* New York: The Free Press, 1996.

Robert Kegan, *Of Paradise and Power: America and Europe in the New World Order,* New York: Alfred A Knopt, 2003.

Selig S. Harrison, *Korean Endgame,* Princeton: Princeton University Press, 2002.

Sung-Hack Kang, "America's Foreign Policy toward East Asia in the 1990s: From Godfather to Outsider?", *Korea and World affairs,* Vol. 11, No. 4 (Winter 1987).

____________, "Strategic Metamorphosis from Sisyphus to Chameleon? North Korean Security Policy and Military Strategy", *The Korean Journal of Defence Analysis,* Vol. 7, No. 1 (Summer 1995).

____________, "Changing Strategic Milieu for East Asian Security and Korea Unification", *IRI Review,* Vol. 2, No. 4 (Winter 1997).

Vermon V. Aspaturian, *Process and Power in Soviet Foreign Policy,* Boston : Little, Brown, 1971.

William Stueck, "The United States, the Soviet Union, and the Division of Korea: A Comparative Approach", *The Journal of American-East Asian Relations,* Vol. 4, No. 4 (Spring 1995).

동북아 경제통합과 제도화과정에 있어서의 일본의 정책

현 진 덕
강원대학교 교수

Ⅰ. 서 론

탈냉전 이후의 세계를 단순화시켜 표현한다면 통합과 세계화(globalization)라고 하는 하나의 경향과 분산과 붕괴(fragmentation)라고 하는 또 하나의 경향이 관찰된다.[1] 유럽연합(EU)과 같은 전형적인 하나의 국가사회집단의 직전 단계까지 온 지역이 있는 반면 붕괴된 소연방이나 유고연방 지역 등은 후자의 대표적인 사례에 해당된다. 이와 같은 세계질서의 구도 하에서 그동안 정체되고 있던 지역통합과 협력의 움직임이 최근 동아시아

1) John Baylis & Steve Smith, (eds.), *The Globalization of World Politics* (New York: Oxford University Press, 2001), p. 631.

지역에서 일고 있다. 전후 세계경제는 무차별 및 상호주의 원칙을 따르는 GATT 체제하에서 다자주의(multilateralism)에 의한 무역자유화가 추진되었고, 1995년 1월부터는 GATT체제가 막을 내리고 새롭게 WTO가 출범하였다. 그러나 한편으로는 전세계적으로 ASEAN 자유무역지대(1992년 발족), 북미자유무역협정(NAFTA: 1994년), 남미남부공동시장(MERCOSUR, 1995년), EU 확대(1995년) 등의 지리적으로 인접한 국가들 간에 자유화의 이익을 향유하기 위한 지역주의의 움직임이 활발하게 나타나고 있어,[2] WTO 회원국들 중 한국, 일본, 홍콩 등을 제외한 거의 모든 국가들이 지역무역협정에 가입하고 있는 실정이다. 이 중 미국은 더 나아가 2005년을 목표로 북미지역과 남미지역을 함께 묶는 미주자유무역권(FTAA) 설립을 추진하고 있다. 이제 자유무역협정은 세계무역기구와 나란히 중요한 통상정책의 기둥으로 자리잡고 있으며, 이런 국제적인 통상시스템은 다자주의와 지역주의가 공존하는 새로운 시대에 들어섰음을 의미한다. 또한 통화부문의 협력도 아시아통화위기를 계기로 아시아의 새로운 정체성을 자극하는 계기가 되어 여러 지역통화협력의 움직임이 90년대 말과 최근까지 이어지고 있다.

이 논문의 목적은 동북아의 긴장관계를 완화하는 하나의 과정으로서 경제적 통합과 제도화과정의 현황을 알아보고 향후 이 지역에서의 지역통합의 가능성을 전망해 보는 것이다. 그 중 특히 이 지역뿐만 아니라 세계경제의 하나의 큰 관건이 되고 있는 일본경제를 감안할 때 일본의 정책적 역할을 중심으로 동북아 지역의 경제통합과 제도화과정을 살펴보고자 한다. 물론 이 지

2) R. Lawrence, *Regionalism, Multilateralism, and Deeper Integration* (Washington, D. C.: Brookings Institution, 1996).

역은 아직까지 경제적 통합이라고 하는 개념을 사용하는 데는 다소 문제가 있을 정도로 각국의 경제발전 수준, 정치적 관계의 복잡성 그리고 다양한 역사적 차이를 내포하고 있어 정치적 안정의 기초가 되는 경제적 통합의 정도는 상대적으로 낮다고 할 수 있다. 유럽이나 아메리카 지역에 비해 아시아 지역은 경제적 통합의 기초가 되는 제도적 권위(분쟁해결기구)의 수준이 상대적으로 낮다. 동아시아의 경우 이 지역국가가 전원 참여하는 기구는 오직 아시아태평양 경제각료회의(APEC)가 유일한 것이었다. 그러나 APEC는 제도적 구속력과 의제의 다양성으로 인하여 통합의 중심적인 역할을 하지는 못하고 있는 것이 현재의 실정이다.[3]

그러나 이 지역의 경제적 통합 가능성이 새로운 국제경제적 변화로 인하여 점차 높아지고 있다는 사실은 무시할 수 없는 경향이다. 우선 국제경제관계는 인적인 부문을 제외한다면 가장 중요한 영역으로는 통화와 무역이라고 할 수 있는데 이 두 영역에 있어서 아시아 지역 특히 동북아지역의 경제통합은 단순히 경제적 현상에 머물지 않는 국제정치적인 의미에서의 '평화의 경제적 기초'[4]가 된다고 하는 점에서 중요하다고 생각된다. 이 지역의 경제적 통합의 가능성을 제고시키고 있는 요인으로서는 우선 크게 두 가지로 나누어 살펴 볼 수 있다. 그 첫째는 아시아

---

3) 최영종, "지역통합의 비교론적 연구:유럽 · 미주 · 동아시아를 중심으로", 『평화연구』 제9호 (고려대학교 평화연구소, 2000), pp. 13-18.

4) '평화의 경제적 기초'라고 하는 용어는 최초로 영국의 경제학자 케인즈가 사용하였다. 케인즈는 1차대전 이후 독일에 대한 연합국의 과대한 배상금의 부과가 2차대전을 야기시킨 경제적 원인이었다고 하면서 경제협력을 통한 정치적 평화의 중요성을 역설한 바 있다. 이에 대해서는 John M. Keynes, *The Economic Consequences of the Peace* (London: Macmillan, 1919) 참조.

통화협력의 일환으로서의 동북아통화협력을 들 수 있고 둘째는 이 지역의 상대적인 경제발전 수준의 차이와 양국간 무역관계의 상황을 개선하고 상호 호혜적인 무역관계를 발전시키기 위한 자유무역협정이라고 하는 하나의 큰 과제이다.

첫째로, 동북아의 통화협력의 문제를 논의하기 전에 아시아통화위기의 특징에 대해 살펴볼 필요가 있다. 1990년대에 있어서 국제통화위기 중에서 아시아통화위기의 특징은 다음과 같은 점에 있었다.[5] 첫째로는 화폐제도의 경직성이다. 아시아의 다수의 국가에서는 각국 무역 상대국의 실태에도 불구하고 통화를 대부분 달러로 연계시켜 왔기 때문에 이번 위기에 있어서는 이미 그 위험성의 잠재성이 현재화된 것이었다고 볼 수 있다.[6] 그러나 그 중 주목할 만 한 점은 한국, 필리핀, 말레이시아, 인도네시아 등의 아시아 여러 나라들과는 달리 중국은 외환위기를 겪지 않았다는 점이다. 특히 중국은 1987년부터 일본과 무역흑자를 기록하기 시작했는데 일본과의 결제에서 일부의 거래를 엔으로 결제함으로써 외환거래의 리스크를 낮추었던 것이다. 두 번째로는 단기자본의 급격한 유출이었다. 금융・자본시장의 세계화, 자본이동의 자유화의 진전을 계기로 시장의 인식(perception)이 바뀌면 한꺼번에 많은 자금의 흐름이 역전이 되어, 때로는 오버슈트하게 된다. 이러한 때에 단기자금에 대한 의존도가 높은 국가일수록 통화하락에 따른 채무부담의 증대가 커져 결국 이로

5) 다음을 참조. 外國爲替等審議會, アジア金融・資本市場專門部會, 「アジア金融危機に學ぶ-短期資金移動のリスクと21世紀型通貨危機」, 『金融』(1998年 6月), 全國銀行協會連合會, p. 16.

6) 사카기바라 에이스케(榊原英資)는 이러한 의미에서 아시아가 사실상 미국의 달러권이라고 지적하고 있다. 榊原英資, 『國際金融の現場』(PHP新書, 1998), pp. 29-30.

인해 실물경제가 악화되어, 자기실현적으로 통화위기가 심각하게 된 것이다. 세 번째로는 민간부문의 단기대외차입이 문제의 중심이 되었다. 채권채무 관계는 기본적으로는 민간당사자 간에 처리되어야 하는 것이 원칙이지만 은행제도와 같은 공공재적인 성격을 가지고 있는 경우에는, 공적 개입의 필요성이 생기게 된다. 네 번째로 민간금융 부문의 취약성이라고 하는 점이다. 각국이 공히 경제성장의 과정에서 자본이동의 자유화를 배경으로 90년대 이후 직접투자뿐만 아니라 이에 해외로부터의 단기 은행차입에 크게 의존하게 되었는데 금융·자본시장의 성숙 전에 자유화가 선행되어 외적 쇼크를 흡수할 여유가 은행제도에 마련되어 있지 않았던 것이 문제의 원인의 하나였다. 이러한 문제점을 인식한 아시아 국가들은 일본을 중심으로 아시아지역에 있어서의 통화협력의 가능성을 논의하기 시작했다.

두 번째로는 동북아 경제협력의 또 하나의 축을 구성하는 무역관계이다. 이 지역의 무역관계의 특징은 전후 일본의 경제 기적으로 이미 60년대에 세계 제2의 경제선진국이 된 일본과 개발도상국인 중국 그리고 그 중간단계에 있다고 볼 수 있는 한국의 3국간의 관계가 초기에는 수직적인 경제분업에서 출발하였고 중국이 대일본 무역흑자로 돌아서면서 어느 정도 수평적인 분업관계로 나아가고 있다. 이는 국제무역협력의 일환이라고 하는 면도 없지 않으나 장기적인 일본의 자구책이라고 보는 것이 더 정확할 것이다. 1991년 5월부터 시작된 헤이세이 불황(平成不況) 속에서 엔고가 진행됨에 따라 일본기업들은 동아시아 지역으로 생산거점 이전을 가속화하고 있다. 일본의 해외직접투자는 675억 달러에 달했던 1989년을 정점으로 조금씩 감소해왔다. 그러나 1993년도에는 해외직접투자가 360억 달러로 5년 만에 전년

대비 5.6%의 증가세로 돌아섰다. 지역별로 보면 이제까지 투자액이 가장 많았던 북미와 유럽이 주춤해진 반면 아시아(주로 동아시아 지역)가 급부상했다. 이처럼 일본 기업의 아시아 지역에 대한 투자가 늘고 있는 것은 동아시아 지역이 최근 괄목할 경제성장을 이룩함에 따라 21세기 세계경제 성장의 중심지역으로 발전할 것이라는 기대를 모으고 있기 때문이다. 아직 이 지역의 임금과 땅값은 일본에 비해 매우 낮은 수준이다. 각국 정부는 외국인 투자를 지렛대 삼아 경제성장을 실현한다는 전략 아래 외국자본 유치에 적극적으로 나서고 있다. 통산성이 일본 기업들을 대상으로 「동아시아에 대한 투자목적」을 조사한 결과에 따르면 「투자 대상 국가와 그 주변 시장 확보 내지는 점유율 확대를 위해」라는 응답이 가장 많았다. 또한 국가별로는 한국, 대만, 홍콩, 싱가포르 등 이른바 아시아 신흥공업국들(NICS) 에 몰리고 있다. 그 뒤를 이어 ASEAN에 대거 진출하고 있다. 그러나 무엇보다도 최근에 경제가 도약 단계에 접어든 중국에 일본의 투자가 집중적으로 이루어지기 시작하고 있다.7) 이와 같이 동북아 지역의 경제협력을 구성하는 주요 영역인 통화와 무역은 제각기 국제경제의 변화와 3국의 국내경제성장의 변화로 인하여 상대적으로 크게 변화되고 있다. 따라서 이를 반영하여 아시아 지역에서의 통화협력구상이나 자유무역지대안 그리고 ASEAN+3(한국, 중국, 일본)과 같은 경제통합의 제도화의 전초적 움직임이 일고 있다. 따라서 이 논문에서는 이러한 동북아 경제통합의 부분적인 통합과정을 제도화라는 과정에서 파악하여, 그것을 위해 어떠한 노력이 있었으며 문제점은 무엇인가 그

---

7) 일본경제신문사편, 류화선 역, 『메가컴피티션 경영』(서울: 거름, 1996), pp. 27-30.

리고 향후의 과제는 무엇인가 하는 점에 초점을 맞추어 살펴보고자 한다.

Ⅱ. 아시아 통화위기와 일본의 정책

1. ASEAN+3의 제도화와 그 의의

EU, NAFTA 등 지역경제통합이 세계적으로 진행되고 있는 추세에도 불구하고, 동아시아는 역내 지역통합을 위한 논의를 진전시키지 못하고 있었으나, 1997년 이후 정기적으로 개최되고 있는 ASEAN+3 정상회의를 통해 동북아 3국과 아세안 국가 간의 경제협력방안을 강화하는 방안을 논의해 오고 있다. ASEAN+3 수뇌회의가 처음으로 개최된 것은 1997년 11월이다. 이 회합의 당초의 발단은 동년 1월에 하시모토 류타로(橋本龍太郎) 일본 수상이 ASEAN 발족 30주년에 즈음하여 일본과 ASEAN과의 수뇌회담의 개최를 제안한 것에서 비롯되었다. 일본의 제안에 대해 ASEAN측으로부터 한・중・일의 수뇌를 동시에 초대하고 싶다고 하는 제안이 제시되어 ASEAN과 3개국 수뇌간의 회의가 개최된 것이다. 그 이후 이 회합은 원래 통화와 무역에 국한된 경제협력의 장이었으나 최근에는 자유무역이나 통화협력은 물론이고 안보문제와 이 지역에 있어서의 인간안보와 같은 포괄적인 문제를 논의하는 다자협의의 장으로 확대되고 있다.

동아시아는 6조 5천억 달러의 내수시장과 19억의 인구, 2조 6천억 달러의 교역규모를 가진 지역이며 세계의 교역 중 아시아가 차지하는 비중이 약 20%정도 내외인데 이 중 특히 동북아지역이 13.7%라고 하는 아주 큰 비중을 차지하고 있다. 그리고 동아시아는 부존자원 및 경제발전단계 등에서 보완성이 높아 경제협력의 가능성이 아주 높은 것으로 볼 수 있다. ASEAN+3 정상회의는 동북아 3국의 경제협력에 대해서도 논의하지만, 동북아 3국의 대 동남아 경제협력을 강화하는 데 더 큰 비중을 두고 있다. 이는 동남아가 교역, 투자, 건설 분야 등에서 큰 비중을 차지하고 있으며 세계적으로도 성장잠재력이 높기 때문이며 특히 한국은 동남아와의 경제협력을 강화할 필요성을 더 크게 느끼고 있다.[8)]

ASEAN과 한・중・일의 대화는, ASEAN 확대외상회의(PMC), APEC, 아시아・유럽연합(ASEM) 등의 장에서 행해졌다. 그러나 그것이 ASEAN+3라고 하는 형태로 제도화되기까지는 아시아 통화위기와 통화위기를 계기로 하는 일본을 비롯한 관계 제국의 적극적인 「동아시아」에의 관여가 필요했다. 즉 이전에는 반대하던 역내통화협력에 대해 중국 등의 인식이 바뀌기 시작했으며 무역협력에 대해서도 자유무역지대안에 최근 관심을 보이고 있다.

2. 일본의 동아시아통화협력구상과 그 전개과정

우리는 동아시아에서의 통화협력을 논할 때는 항상 일본의 엔의 국제화정책이라는 관점에서만 논의하는 것이 대부분이다. 그러나 엔의 국제화정책은 일본정부의 적극적이고 의도적인 면을 강조하지만 이는 반드시 일본정부의 동아시아에 있어서의 통화협력과 일치한다고 볼 수는 없다. 전 세계적으로 엔의 사용을 국제화하려는 정책은 물론 있어 왔지만 동아시아에 있어서는 일본의 의도적인 정책만으로는 이루어질 수 없는 여러 역사적,

8) 정인교, "ASEAN+3 정상회의의 주요 토의 내용과 정책시사점", 『오늘의 세계경제』 01-53호 (2001. 11. 5), p. 2.

정치적 요인들이 있어서 일본은 그다지 적극적이지 않았다.

이국간 베이스에서의 지원책이나 각료급의 협의를 강화하는 한편 일본은, 아시아의 금융통화시스템을 강화하기 위한 지역적인 제도구축을 마련하기 위한 정책을 추진했다. 원래 아시아 제국의 통화를 안정화시키기 위한 지역적인 제도구축의 구상이 일본의 대장성에서 검토된 것은 이미 통화위기 이전의 1996년 가을이었다고 한다. 그 배경에는 94년의 멕시코 통화위기가 있었다. 당시의 문제의식은, 아시아의 일부에서 통화위기가 발생했을 경우에 미국이나 IMF가 멕시코의 경우와 같이 신속한 대응을 해 주리라고는 기대할 수 없었다고 하는 점, 그리고 한편으로 아시아 여러 국가들은 외자의 보유액만을 보아도 위기에 직면해서 당사자로서 대응할만한 충분한 능력을 가지고 있었다고 하는 점, 따라서 위기에 직면해서 아시아 여러 국가들의 힘을 결집시킬 수 있는 제도적 틀(자금공급 기능)을 만들어야 한다고 하는 것이었다. 이러한 검토 결과, 97년 가을경에는 일단의 안이 작성되었다고 한다.

그러나 그러한 구상을 관계 여러 국가들이 협의하기 전에 아시아 통화위기가 급습하게 되었다. 일본은 긴급지원책을 IMF 중심의 종래의 틀 안에서 처음에는 처리하려 했다. 실제로 일본 정부는 타이로부터의 직접적인 지원요청에 대해 일단은 이를 거절해, IMF와의 협의를 재촉한 바 있다. 97년 8월에 도쿄에서 타이에 대한 금융지원회의가 개최되어 IMF를 중심으로 한 긴급 지원책이 마련되었다. 이와 같은 IMF를 축으로 형성된 지원책은 그 후의 아시아의 협력에 있어서 큰 의미를 가지고 있었다. 타이의 유동성 부족액은 당시 140억 달러로 추산되고 있었으나, 이에 대해 IMF의 40억 달러를 축으로 아시아 각국이 타이에 대해 이국간 지원을 행하는 형태로, 최종적으로 총액 172억 달러의 타이

지원책이 마련되었다. 이 지원책에는 유럽 여러 국가는 참가하지 않았고, 국제기관, 지역기관 이외에는 아시아 국가들만이 참가하는 형태가 되었다.[9)]

1) 아시아통화기금(AMF) 구상

타이에 대한「아시아 주체」의 지원책의 합의는, 일본정부(대장성) 내에서 이전부터 있었던 이 지역의 풍부한 자금을 활용한 지역적인 자금공여 메커니즘 구축의 움직임을 가속화시킨다. 당시 이 구상의 견인적 역할을 했던 사카키바라 에이스케(榊原英資)의 증언에 의하면, 미국이 글로벌리제이션의 정책을 아시아 제국에게 너무 강요했다는 점이 위기의 주요한 요인의 하나였으며 실질적으로 아시아 통화위기 시에 미국은 패권국으로서의 이국간 지원정책을 전혀 하지 않았으며 그러한 지원책이 미국의 국익에도 도움이 되지 않았다고 한다. 즉 미국의 정책과 아시아 제국들의 정책과의 갈등이 통화위기를 통하여 처음으로 인식되었으며 이것이 아시아 통화기금 구상에 더욱 설득력을 가지게 되었다고 한다.[10)]

최초로 ASEM경제장관회의, 이어서 1997년 9월에 홍콩에서 개최된 IMF/세계은행 총회의 장외에서 이 구상이 논의가 되었다. AMF 계획은 크게 두 가지 사항으로 구성된다. 첫째, AMF 감독장치는 아시아지역에서 IMF감독장치를 보완할 것이다. 둘째, AMF참여국은 IMF가 제시하는 구조조정 계획에 부합하여 위기를 당한 역내국가들을 재정적으로 지원해야 한다. 또한

9) 菊池努,「東アジア地域主義の可能性」,『國際問題』(2001. 5), p. 18.
10) 榊原英資・竹内行夫・田中明彦・五百旗頭真,「新世紀を迎える日本外交」,『国際問題』no. 490 (2001. 1), pp. 7-17.

AMF의 필요성에 대해서는 첫째, 통화위기의 재발을 방지하기 위해서는 적극적 역내 정보교환 등을 포함한 협력이 필요하다는 점이다. 두 번째, 통화위기가 발생할 경우, 기존의 IMF 지원이 불충분하기 때문에 AMF의 지원은 필요하다는 것이다.[11)]

타이와 말레이시아, 인도네시아 등의 여러 국가들의 경제장관이나 일본의 민간기업들은 일본정부의 100억 달러의 자금제공을 중핵으로 하는 아시아의 통화기구 구상에 대해 강한 지지의 의사를 표시했다. 그러나 '모럴·헤저드', 'IMF의 기능과의 중복'이라고 하는 등의 반론, 미국이나 중국의 반대에 직면해서 'AMF' 구상은 좌절하고, 11월의 '마닐라·프레임워크'라고 하는 대안에 합의해 AMF 설립 구상은 일단 움직임을 멈추게 되었다.

한편 AMF의 대안으로 제시된 '마닐라·프레임워크'[12)]의 내용은 다음의 네 가지이다. 첫째는, 역내에서의 감시(surveillance)이다. IMF가 행하고 있는 모든 가맹국을 대상으로 하는 글로벌한 감시를 보완하기 위해, 역내 국가들이 연 2회 모여서, 각국의 매크로경제정책, 구조정책, 외환정책, 금융제도에 대해 의견교환을 하는 역내에서의 감시의 틀을 만들자고 하는 것이다. 둘째는, 금융 부문의 강화를 위한 지역협력으로서 IMF·세계은행 등의 국제금융기관에 대해 기술지원을 요청하려고 하는 것이

---

11) 강명세, "동아시아 신지역주의의 정치경제", 『세종정책연구』(세종연구소, 2001), p. 20.

12) 정식 명칭은 '금융·통화 안정을 향한 아시아 지역협력 강화를 위한 새로운 프레임워크'로 1997년 11월 18일-19일에 마닐라에서 아시아 지역과 미국의 경제장관·중앙은행총재대리 레벨의 회합의 결과 합의된 것이다. 제1회합 참가국과 기관은 다음과 같다. 오스트레일리아, 부르나이, 캐나다, 중국, 일본, 한국, 홍콩, 인도네시아, 말레이시아, 뉴질랜드, 필리핀, 싱가포르, 타이, 미국, IMF, 세계은행, 아시아개발은행; 荒巻健二, 『アジア通貨危機とIMF-グローバリゼーションの光と影-』(日本経済評論社, 1999), pp. 165-166을 참고.

다. 셋째는, 금융기관에의 IMF의 대응능력을 강화할 수 있도록 융자 등의 방책을 환영한다고 하는 것이다. 넷째는, 아시아 통화 안정을 위한 협조지원 조치이다. 이 협조지원 조치란, IMF와의 사이에서 합의가 된 참가국에 대해, IMF에 의한 최대한의 지원을 전제로 하여, 이것을 보완하기 위해 다른 참가국이 이국간 레벨에서 행하는 지원을 말한다. 지원의 형태나 규모는 각 사례에 따라서 다르다고 할 수 있다. AMF 구상의 경우에는 미리 각국이 얼마까지라는 형태로 정식으로 기여하는 것을 구상하고 있었는데 이 점에서 '마닐라・프레임워크'의 합의와는 다르다고 할 수 있으나 IMF의 금융지원을 지역에서 보완한다고 하는 AMF 구상의 중핵적인 부분은 계승하고 있다고 볼 수 있다.[13]

또한 위기 당시 AMF 구상에 반대했던 미국도 그 이후의 러시아나 브라질에서의 통화위기 이후 학계 등에서 논의가 활발하게 진행되어 지역협력의 필요성을 지적하는 의견이 점점 강해지기 시작한 것은 주목할 만하다. 또한 미국과 함께 AMF 구상에 대해 부정적이었던 중국에서도 최근에는 분위기가 바뀌고 있다. 중국 사회과학원・세계경제정치연구소의 여영정(余永定) 소장은 최근 "시간이 걸릴지 모르나, 지역통화협력의 기금은 필요하다"고 말하고 있다. 이러한 중국의 미묘한 입장변화는, 중국이 글로벌 경제에 편입되어 가는 가운데, 통화 면에서도 지역협력의 이점을 인식하게 되었다는 것을 나타내 주고 있다고 하겠다.[14]

2) '신 미야자와 구상'

이 구상은 위기에의 직접적인 대처에만 골몰하고 있던 일본이

13) 黑田東彦, 「最近の國際金融情勢について」, 『國際金融』(1998. 6. 1).
14) 『朝日新聞』, 2000년 2월 8일.

중장기적인 관점에서 아시아 각국의 경제적 곤란의 극복과 국제금융자본시장의 안정화를 도모하기 위해 1998년 10월에 제시한 것이었다. 그 주요 내용은 아시아 각국의 실물경제 회복을 위한 중장기의 자금수요를 지원하기 위해 150억 달러, 또한 아시아 각국이 경제개혁을 추진해 나가는 과정에서 발생하는 무역금융 원활화 등의 단기의 자금수요에 대한 지원으로서 150억 달러로, 총 300억 달러의 거액의 지원을 행한다고 하는 것이었다.[15]

이 '신 미야자와 구상'에 대해서는 98년 10월 3일 G7과 같은 날 열린 아시아 경제장관회의・중앙은행총재의 회합(한국, 일본, 인도네시아, 말레이시아, 필리핀, 싱가포르, 타이의 7개국)에서 환영의 의사로 받아들여져 "관계 각국은 이 이니셔티브를 실시하기 위해 조속한 시일 내에 이국간의 대화에 들어 갈 것이다."라고 밝혔다. 원래 이 구상은 위기를 겪은 5개국을 대상으로 한 것이었으나, 통화위기의 영향으로 경제상황이 악화되고 있었던 베트남에 대해 '신 미야자와 구상'과 같은 정책적 고려에서의 지원이 행해지게 되었다. 특히 베트남에 대한 지원은, 베트남 정부의 민간부문 육성 등의 경제개혁정책에 대한 관여를 조건으로 행해진 것으로서 말하자면 정책지원형의 자금제공이었으며, 일본으로서는 새로운 국제금융협력으로서 주목할 만한 시도였다.[16]

그런데 이 구상은 이국간 베이스에서의 협력에 주력한 점에서, 지역적인 제도의 구축이라고 하는 AMF 구상과는 다른 성격을 가지고 있다는 점에 주의할 필요가 있다. 이러한 미야자와 구상에 의해 다액의 지원이 이루어진 이후 일단 아시아 각국의 대일 이미지는 상당히 제고되었다. 총액 300억 달러에 해당하는

---

15) 大藏省,「アジア通貨危機支援に關する新構想-新宮澤構想」.

16) 荒巻健二, 前掲書, pp. 168-169.

막대한 경제지원은 통화위기를 경험한 국가들에게 큰 환영을 받았으며 해당국의 정부는 이 구상에 대해 높은 평가를 한 바 있다. 특히 인도네시아에서는 인도네시아 정부와 IMF와의 사이에 교환된 의견서에서 구조개혁에 관한 여러 조건이 제시되어, 개혁이 지연되었을 경우에는 지불이 일시적으로 연기된 바 있으나, 일본으로부터의 지원은 예정대로 실시된 데 대해서 높은 평가를 했다. 그러나 이러한 긍정적인 평가와는 대조적으로 일본에 대한 부정적인 평가도 없는 것은 아니었다. 즉 당시 일본이 직면하고 있던 방대한 불량채권과 적자재정으로 상징되는 구조개혁의 지연, 일본의 경기후퇴가, 아시아로부터의 수입을 증가시켜 아시아경제의 활성화에 일본이 기여하는 것을 곤란하게 한다고 하는 비판이 제기되었다.17)

이 구상의 향후 아시아 경제재건을 위한 과제로서는 다음과 같은 점을 지적할 수 있다. 첫 번째로는, 이 구상으로 공여되는 공적자금은 경제회생을 위한 기반 조성에 기여할 것으로 기대되나, 각국의 본격적인 경제회복을 진행하기 위해서는 역시 역외의 민간자금의 활용이 불가결하다. 그러나 단기 자금에의 과다한 의존이 이번 위기의 주요한 원인의 하나였고 해당국의 급진적인 자본이동자유화가 위기의 주요한 원인의 하나였다고 본다면18) 통화위기에 빠지기 어려운 자금조달 구조를 형성해 나가는

17) バグテイアル・アラム, 「國內危機とIMF」『朝日新聞』, 2001年 9月 7日.

18) Jagdashi Bhagwati, "The Capital Myth: The Difference between Trade in Widgets and Dollars", *Foreign Affairs*, vol. 77 (May/June, 1998), pp. 7-12; 高橋琢磨・關志雄・佐野鐵司, 『アジア金融危機』(東洋経濟新報社, 1998), pp. 42-48; 關志雄, 『円と元から見るアジア通貨危機』(岩波書店, 1998), pp. 62-63; 國宗浩三編, 『アジア通貨危機-その原因と對応の問題点-』(アジア経濟硏究所, 2000), pp. 70-74. 등 다수의 견해가 이를 지지하고 있다.

것이 중요하다. 구체적으로는, 장기자금의 도입에 노력할 것, 달러 이외의 자금 특히 엔을 포함한 역내의 민간자금의 최대한의 활용에 노력할 것 등이 필요하다. 두 번째로, 아시아경제의 회생과 강화를 위해서는 각국이 필요한 국내개혁을 적극적으로 추진할 필요가 있다. 다시 말하자면, 위기에 의해 양성된 개혁 기운을 전향적으로 파악하여 경제강화의 기회로서 적절하게 활용할 필요가 있다. 또한 이것은, 장기의 경제후퇴가 지속되고 있는 일본 국내에서 이러한 아시아 지원에 대한 일본 국민의 이해를 유지하기 위해서도, 또한 향후 국제사회로부터의 아시아에로의 지지를 유지, 강화해 나가는 데도 필수적인 것이다. 그리고 세 번째로, 최근 고조되고 있는 역내의 상호의존관계를 고려하면 알 수 있듯이, 아시아의 재생과 일본의 재생과는 불가분의 관계를 가지고 있다. 즉 일본에 의한 아시아경제 재생을 위한 지원이 이루어지는 한편, 향후 일본경제 회복을 위한 지금까지의 노력이 결실을 맺어, 일본이 아시아와 함께 신속하게 경제의 재생을 실현하는 것이 강력하게 기대되고 있다.[19]

3) '치앙마이 구상'(Chiang Mai Initiative: CMI)

위기에 직면하여 자금공급능력을 강화하기 위한 지역적 제도의 틀 구축은, 2000년 5월에 타이의 치앙마이에서 개최된 ASEAN+3 경제장관회의에서 소위 '치앙마이 구상'으로 결집된다. 이 구상은 ASEAN이 이미 가지고 있던 ASEAN 스와프협정(외화융통협정)[20] 및 한·중·일이 각각 ASEAN 각국과 이국간

19) 荒卷健二, 前揭書, pp. 170-171.

20) 기존의 ASEAN 5개국(타이, 말레이시아, 필리핀, 싱가포르, 인도네시아)이 1977년 도입한 통화스와프협정을 그 뒤의 ASEAN 10개국으로 확대하고 그 규모를 총 10억

베이스로 체결하는 스와프협정을 네트워크화하려고 한 것이다. AMF라고 하는 '구상'의 구축에는 신중한 입장을 견지하면서, 이국간의 지원 네트워크를 구축해 AMF가 해야 할 기능을 대체하려고 한 것이다. 이것에 의해 이 지역에서의 통화위기가 발생했을 경우에는, 이국간의 외환 준비고를 이용한 통화스와프협정이 일제히 발동되어 위기에 직면한 각 국가들에게 충분한 자금을 제공할 수 있게 되는 것이다.[21]

일본은 총 3,000억 달러에 해당하는 세계최대의 외환 준비고를 가지고 있는 국가이며(물론 이 중 상당한 부분은 미국재무성 증권에 묶여 있기는 하지만), 중국은 1,160억 달러, 한국은 950억 달러의 외환 준비고를 보유하고 있다. 또한 ASEAN 10개국의 외환 준비고는 합계 1,740억 정도의 규모이다. 따라서 사실상 동아시아 전체의 외환준비고는 실질적으로 EU의 그것을 상회하고 있다.[22]

이와 같은 외적규모만을 본다면 통화위기에 대비한 지역적 제도틀로서의 이 구상은 상당한 의미를 가진다고 하겠다. '치앙마이 구상'을 계기로 동아시아에서 보다 진전된 금융통화협력의 제도적 틀을 구축해야 한다고 하는 요구가 높아, 실제로 2001년 1월에 개최된 ASEM 경제장관회의(일본의 효고)에서는 지역통화조정 메커니즘에 대해 EU의 역사적 경험에 대해 연구하는 작업부회의 설치가 합의되었다. 이 '치앙마이 구상'에 대해서는 일단 긍정적인 평가가 내려지고 있으나 몇 가지의 문제점도 지적되고 있다.

달러로 증액시키는 것을 구체적인 내용으로 함.

21) 菊地努, 前揭論文, p. 21.

22) John Ravenhill, "A three blocs world? The new East Asian regionalism", *International Relations of the Asia-Pacific*, vol. 2 (2002), p. 187.

우선적인 의의로서는, '치앙마이 구상'에 따라 동아시아 국가들이 역내에 유동성지원장치를 구비할 수 있게 된 것은 역내 금융협력의 큰 획을 긋는 진일보로 볼 수 있다. 그러나 ASEAN 통화스와프협정과는 별도로 추진하는 양자간 통화스와프협정 체결에 있어서는 주로 일본이 자금 공여국의 입장에서 주도하고 있다는 점에서 매우 비대칭적인 특성이 있다는 점을 부인할 수 없다. 또한 양자간 통화스와프협정이 당사국간에 발동되지 않고 협조적으로 발동되도록 함으로써 네트워크를 구축하고자 한 점이 주목되나, 기본적으로 IMF로부터의 자금지원을 전제로 하고 있다는 점에서 IMF로부터의 자금지원에 대한 부속적 성격이 강하다고 볼 수 있다는 점도 한계라고 할 수 있다. 또한 대다수 ASEAN 후발회원국(베트남, 캄보디아, 라오스, 미얀마, 브루네이)의 경우 양자간 통화스와프협정에서 배제될 가능성이 높고, ASEAN 통화스와프협정을 통해서만 유동성지원을 받을 수 있을 것으로 보여, ASEAN 통화스와프협정이 효과적인 유동성지원장치로 기능할 수 있을 것인지에 대해서도 불분명한 것이 현재의 실정이다. 이와 같이 '치앙마이 구상'은 동아시아 역내 금융협력의 시발점으로서의 의미를 갖지만, 역외국의 반대와 역내국간의 경제력 · 경제발전의 차이를 감안하여 정치적으로 타협된 불완전한 형태의 제도로 볼 수 있다. 따라서 중장기적으로는 환율안정장치의 모색, 유동성지원장치의 설치, 모니터링 및 감독체제의 구축이라는 역내 금융협력의 3대 축이 유기적으로 연결된, 참여국간 구속력을 갖는 체제로 전환하여야 할 것이다.[23] 현재로서는 어디까지나 이국간 베이스에서 IMF를 보완하는 역내통

23) 왕윤종, "동아시아 금융협력의 현황과 향후 과제", 『KIEP 동향분석속보』 01-09호 (대외경제정책연구원: 2001년 7월 11일), pp. 3-4.

화협력제도의 하나로서 평가해야 할 것이다.

지금까지 아시아통화위기를 계기로 동아시아의 통화협력문제를 일본의 정책을 중심으로 살펴보았다. 동아시아의 금융위기를 계기로 동아시아는 무역협력에 비교하여 상대적으로 정치적 논의를 거치지 않은 금융협력에서 경제공동체의 기초가 다져질 가능성이 높다. 또한 현 단계에서의 역내통화협력의 전망은 ASEAN+3의 구도 아래 동아시아 경제공동체 결성은 궁극적으로 한, 중, 일의 역내경제통합 참여의지에 달려 있다고 하겠다.[24] 한, 중, 일은 동아시아에서 역내 GDP와 역내 무역에서 85% 내외의 압도적 비중을 차지하고 있다. ASEAN은 이미 자체적으로 자유무역협정을 단계적으로 추진하고 있기 때문에 한, 중, 일이 주축이 된 '동북아 경제공동체'가 결성되면 ASEAN과는 자연스럽게 통합이 이루어질 수 있다는 전망을 하고 있는 견해도 유력하다. 따라서 동아시아 경제공동체 형성운동은 사실상 동북아 경제공동체 결성이 그 핵심적 내용이 될 수 있다.[25]

Ⅲ. 동북아 무역협력과 일본의 정책

1. 동북아 무역의 현황과 문제점

동북아시아 3국은 인구 및 경제규모나 경제발전 수준 등으로

---

24) 이와 같은 각국의 인식과 정책적 의지에 기반한 상호대화에 의해 ASEAN+3의 제도화를 논한 구성주의의 이론적 분석에 대해서는 다음을 참고. Dirk, Nabers, "The social construction of international institutions: the case of ASEAN+3", *International Relations of the Asia-Pacific*, vol. 3 (2003), pp. 113-136.

25) 안충영, 『현대 · 한국 동아시아 경제론』(박영사, 2001), p. 246.

볼 때, 북미 및 EU와 더불어 세계 3대 핵심지역 중의 하나이다. 이 지역이 세계경제에서 차지하는 비율은 20% 전후이고 경제위기를 겪은 후인 2000년에는 20%에서 약간 떨어졌지만 다시 회복하는 추세에 있다. 또한 이 지역이 1996년 세계무역에서 차지하는 비율도 대만과 홍콩까지 포함하면 수출은 18.5%이고 수입은 17.7%이다. 이처럼 세계무역에서의 비중이 크고 여타 경제강국들이 각종 FTA에 가입하고 있음에도 불구하고, 세계 20대 경제대국에 속하는 동북아 4국(2위 일본, 7위 중국, 한국 및 대만 19위)은 아직 본격적인 FTA에 참여하지 않고 있다.[26]

다음의 <표 1>[27]은 동아시아 국가들과 그 하위의 동북아와 동남아의 역내무역비중을 나타내 주고 있다. 세계적으로는 전반적으로 EU, NAFTA에 이어 역내무역비중은 세 번째이나, 동아시아의 역내무역비중은 경제의 보완성의 의미에서 장래성을 가지고 있다고 하겠다. 또한 다른 지역들이 제도화의 수준이 아주 높은 것에 비하면 현재의 수치는 늘어날 가능성이 크다.

그리고 다음의 <표 2>[28]는 동아시아 국가들 간의 역내무역비중을 나타내 주고 있다. 이 표에 의하면 일본은 1980년에서 1996년의 기간 동안 동아시아국가들에 대한 지역내 수출비중이 25%에서 38%로, 지역내 수입비중은 23%에서 40%로 빠르게 증가되어 동아시아국가들과의 통합이 매우 빠른 속도로 진전되었

26) 박기덕, "동북아시아-동남아시아의 경제협력안 모색: '동아시아자유무역지대(EA-FTA)의 가능성과 한국의 선택'", 진창수 (편), 『동북아시아에서의 경제협력의 정치경제』(세종연구소, 2002), p. 158; 최근 일본은 싱가포르와 한국은 칠레와 FTA를 체결한 바 있으나 본격적인 FTA체결은 향후의 과제라고 하겠다.

27) 정인교(2001), p. 9.

28) 남상열, "동북아시아 삼국간 무역의 보완관계 분석", 『대외경제정책연구』 4-1, 2000, p. 5.

〈표 1〉 東아시아 및 세계 주요지역별 역내교역 추이(1996~2000)

(단위: 십억 달러, %)

구 분		96	97	98	99	2000
한 국		67.4	66.2	47.6	62.6	81.2
중 국		80.1	84.8	79.3	91.2	114.2
일 본		107.6	104.2	84.8	105.7	135.0
동북아역내 교역 소계(A)		255.1	255.2	211.7	259.5	330.4
동북아 총교역(B)		1,421.7	1,457.9	1,324.9	1,472.1	1,780.3
ASEAN역내 교역 소계(C)		153.7	155.8	127.2	146.8	191.1
ASEAN 총교역(D)		691.9	712.8	601.0	662.8	809.8
동아시아역내교역 소계(E)		773.1	764.6	607.1	724.4	877.3
동아시아 총교역(D)		2,113.6	2,170.7	1,925.9	2,134.9	2,590.1
EU역내교역(G)		2,454.7	2,428.9	2,556.6	2,662.3	2,697.7
EU총교역(H)		4,031.0	4,068.3	4,216.3	4,352.4	4,479.7
NAFTA역내교역(I)		859.9	976.1	1,031.8	1,147.5	1,291.8
NAFTA총교역(J)		2,040.2	2,236.1	2,293.8	2,484.2	2,853.7
세계 총교역		10,669.7	11,093.4	10,913.2	11,473.6	13,016.3
역내교역비중	동북아(A/B)	17.9	17.5	16.0	17.6	18.6
	ASEAN(C/D)	22.1	21.9	21.2	22.1	23.6
	동아시아(E/F)	36.6	35.2	31.5	33.9	33.9
	EU(G/H)	60.9	59.7	60.6	61.2	60.2
	NAFTA(I/J)	42.1	43.7	45.0	46.2	45.3

출처 : IMF, Direction of Trade Statistics: Yearbook (2000).

〈표 2〉 동아시아 국가간 지역내무역의 비중

국 가	수 출			수 입		
	1980년	1996년	1998년	1980년	1996년	1998년
일 본	24.8	37.6	38.2	23.3	40.0	29.9
동북아시아개도국						
중 국	32.8	45.2	46.6	52.8	53.5	46.4
홍 콩	57.8	66.8	69.0	30.2	62.4	59.4
한 국	34.9	38.0	39.1	29.9	45.6	37.3
대 만	28.0	50.0	39.8	36.5	45.4	45.3
동남아시아개도국						
인도네시아	51.7	44.9	54.0	68.3	58.8	50.3
말레이시아	48.1	58.5	58.5	52.4	55.9	47.1
필 리 핀	34.9	47.0	56.1	43.1	44.7	40.5
싱가포르	44.3	55.6	53.7	41.6	53.8	47.1
태 국	39.8	50.8	50.8	41.0	50.0	42.8

음을 알 수 있다. 무역 면에서 이러한 지역내 통합화의 진전은 동아시아경제의 빠른 성장과 함께 동아시아 경제간 산업의 수직적 및 수평적 연계가 더욱 진전된 결과로 생각된다.

또한 한중일 삼국의 무역수지의 변화추이를 보면, 다음의 <표 3>[29]과 같다. 한국의 대일무역수지 역조는 계속 악화되어 오다 1997년 경제위기를 맞아 감소되기 시작하였고, 구조조정정책에 따라 채택한 극심한 긴축정책의 여파로 수입을 대대적으로 줄여 1998년에는 65%나 개선하는 효과를 보였다. 한국은 중국에 대해서는 수교이래 계속 해서 무역수지 흑자를 기록하고 있고 이 무역불균형이 계속해서 심화되고 있는데 이것이 외환위기 극복을 위해 수출에 매진하는 한국에 큰 도움이 되었다. 일본은 전후 계속 대중 무역 흑자를 기록했으나 1987년부터 역전되어 대중 적자를 기록해 오고 있다. 일본의 대중 무역적자는 1998년에는 드디어 200억 달러를 상회하게 되었다.

<표 3>에서 보는 바와 같이 동북아 3국간에는 무역수지 불균

〈표 3〉 한 · 중 · 일 무역수지 추이 (단위: 백만 US달러, %)

	한국의 대일		한국의 대중		일본의 대중	
	무역수지	변동률	무역수지	변동률	무역수지	변동률
1991	-8,764		-2,438		-5,912	
1992	-7,858	10.3	-1,071	546.1	-5,643	4.6
1993	-8,451	-7.5	1,222	214.1	-5,005	11.3
1994	-11,867	-40.4	740	-39.4	-3,298	34.1
1995	-15,509	-30.6	1,797	142.8	-8,883	-169.3
1996	-15,394	0.7	2,953	64.3	-13,989	-57.5
1997	-13,136	14.6	3,456	17	-18,578	-32.8
1998	-4,603	64.9	5,460	57.9	-20,136	-8.4

29) 박기덕(2002), p. 158.

형이 순환관계를 형성하고 있어, 전체적으로는 균형을 이루고 있다고도 볼 수 있다. 경제위기 도래 이전인 1996년에는 한국이 일본에 대하여 154억 달러의 적자를 보았고, 중국은 한국에 대하여 30억 달러의 적자를 보았으며, 일본은 중국에 대하여 140억 달러의 적자를 기록했다.

이와 같은 동북아 3국간의 무역확대가 서로의 경제발전이나 무역에 보완관계를 초래할 것인가 아니면 무역수지불균형을 계속 확대할 것인가라는 매우 중요한 문제가 대두된다. 이러한 시점에 동북아 3국간의 보다 긴밀한 경제협력방식이나 FTA의 창설이 논의되고 있는 것이다.

2. 일본의 자유무역지대안 정책

동아시아 지역내 금융협력의 노력과 더불어 무역협력을 진전시키기 위한 방안으로 자유무역지대안이 구체적으로 논의되고 있다. 현재 한국과 일본, ASEAN 지역 내의 논의, 한・중・일 자유무역지대 논의, 나아가 ASEAN과 중국, 일본 그리고 한중일간의 자유무역지대 가능성이 제기되고 있는 상황이다. 일본은 이러한 움직임에 적극적일 뿐만 아니라 주변국의 동의를 얻어 정책논의를 매우 구체적으로 진전시키고 있다. 한마디로 경제통합에 의해 거대한 단일시장을 만들어 역내무역의 활성화를 꾀한다는 것이다.

자유무역협정안은 참여국간의 대외무역정책을 통합시키는 관세동맹보다는 낮은 수준의 경제통합이기 때문에 여러 국가들 사이에서 활발히 논의되고 있다. 자유무역협정은 관세동맹에 비해 무역자유화의 범위와 정도를 역내에 국한시키고 있기 때문에 국내정치적 압력에서 훨씬 더 자유롭다. 즉 자유무역협정안은 양자간에 자유무역을 행하는 반면 제3국에 대해서는 그것이 유보되나 관세동맹은 모든 참여국에 대한 관세철폐가 공동의무화되는 것이다. 이와 같이 자유무역지대안은 참여국간의 상호이익조정이 관세동맹에 비교해 주고 받는 호혜의 방식으로 진행되기 때문에 정치적 협상의 여지가 많아 체결될 가능성이 높은 제도이다.[30]

자유무역협정의 기본 목적은 관세 및 비관세장벽 등의 장애물을 철폐하는 것이다. 일본의 경제단체연합회의 보고서에 의하면 일본이 자유무역협정을 추진해야 할 이유는 다음과 같다.[31] 첫째, 자유무역협정이 상대국이나 상대 지역에 사업기회를 확대하는 데 매우 중요하기 때문이다. EU나 NAFTA의 자유무역협정은 역내무역과 투자확대를 가져왔을 뿐만 아니라 역내 산업 간 분업을 고도화시키고, 역내 기업 간 전략적 제휴를 강화시켰으며, 해외로부터의 투자를 확대시켰다. 둘째, 자유무역협정은 지역내 경쟁을 강화시킴으로써 이를 통해 일본의 경제구조개혁을 촉진시켰다. 셋째, 자유무역협정은 WTO의 무역 및 투자자유화를 지역 차원에서 보완하는 기능을 수행하기 때문에 중요하다. 이 보고서는, 일본과 자유무역협정을 체결해야 할 지역은 동아시아 특히 ASEAN국가와 한국이며 그 다음이 미주지역이라고 언급했다.

2002년 1월 동남아시아를 방문한 고이즈미 일본수상은 싱가포르와 최초의 FTA=신시대경제연계협정을 체결하고 "동아시아 확대공동체" 구상을 제창했다. 일본은 통상정책에 FTA라고 하는 새로운 옵션을 추가하여 지금까지 명확하지 않았던 동아시

---

30) Christopher M. Dent, "The International Political Economy of Northeast Asian Economic Integration", in Christopher M. Dent and David W. F. Huang, (eds.), *Northeast Asian Regionalism* (London: LoutledgeCurzon, 2002), p. 81.

31) 経団連, 「自由貿易協定の積極的な推進を望む」, 2000年 7月 18日.

아 경제전략의 청사진을 제시했다. 이러한 일본의 자유무역정책의 배경에는 무엇보다도 세계적으로 증대하고 있는 FTA의 추세가 그 배경요인으로 지적되고 있다. 1990년대 이후 FTA가 세계적으로 증대하고 있는데 그 수는 WTO에 보고된 것만으로도 120건에 달하고 있고 FTA관련의 무역량은 세계무역의 약 40%를 넘어서고 있다. 즉 지금은 FTA가 이미 각국의 통상정책상의 유효한 무기가 되어 있는 것이다. 미국과 EU가 적극적으로 이를 활용하여 시장확대전략을 추진하고 있는 상황에서 일본만이 다각주의에 고집한다고 한다면 일본의 통상교섭력과 일본기업의 경쟁력은 크게 후퇴할 것이다.[32]

이러한 경향을 반영하여 최근에는 자유무역 확대를 위한 일본의 움직임이 점차 빨라지고 있다. 일본과 싱가포르의 자유무역협정은 산・관・학 검토회에서 연구했으며, 단순히 양국간의 관계강화에 그치지 않고 ASEAN 진출을 위한 입구로서 싱가포르의 역할도 기대했다. 한국과는 지리적으로 가깝고, 역내무역과 투자확대를 통한 분업의 고도화라는 경제적 이점이 매우 크기 때문에 자유무역협정을 적극적으로 추진하려고 했던 것이다. 특히 정치적, 사회적, 문화적인 관계가 강화되는 등 비경제적인 효과도 기대된다는 점은 전통적인 양국관계로 볼 때 중요하다고 하겠다. 멕시코, 캐나다는 NAFTA의 일원이고, 칠레는 MERCOSUR와 자유무역협정을 체결하고 있기 때문에, 남미국가들과의 자유무역협정은 단순히 각국의 국내시장을 향한 사업활성화 뿐만 아니라, 미주에 전략적인 거점을 확보한다는 의미도 있다.

특히 일본은 경제적인 측면에서뿐만 아니라 정치적으로도 한

32) 尹春志, "日本の自由貿易協定戰略と東アジア経済圏の胎動", 『世界』(2002. 3), p. 34.

국과 자유무역지대를 만드는 것이 중요하다고 생각하고 있다. 자유무역지대 구상은 1998년에 부상한 한국과 일본이 공동시장을 만들어 확대하려는 21세기 지역협력체이다. 우선 일본이 먼저 자유무역지대안을 한국에 제안했다. 1999년 9월에는 정부 간 한일투자협정 교섭이 시작되었다. 투자자유협정 체결은 자유무역협정 체결로 가는 과도기로 간주된다. 1998년부터 한일 간 공동연구가 진행되어 그 연구결과가 2000년 5월에 발표되었으며 한일 양국 간 공동성명이 채택되었다. 공동성명은, 자유무역협정 체결로 인해 한일시장의 일체화가 진전되고 생산성이 향상되어 세계적으로 경쟁력 있는 기업이 육성될 것이기 때문에, 한일 양국 정부는 자유무역협정 체결에 노력할 것을 촉구했다. 구체적으로 이 보고서는 관세가 철폐되면 양국의 무역량은 그 양만큼 확대되며, 일본은 기계와 금속류, 화학품 등의 대 한국 수출이 증가하고, 한국은 의류와 피혁제품, 농수산물 등의 대 일본 수출이 증가할 것으로 예측하고 있다. 또한 현재 한국의 대일 평균관세율은 7.9%로 일본의 대 한국 평균관세율 2.9%보다 크게 높아 일본측의 수출신장률이 높아질 것이다.[33)]

이러한 일본의 적극적인 자유무역협정에 대한 자세와 함께 최근 일본에서는 일본경제의 불경기를 감안하여 일본경제의 탈출구를 아시아 자유무역협정에서 찾으려고 하는 새로운 제안이 다시 나와 주목을 끌고 있다. 이 제안은 일본 경단련 회장인 오쿠다 히로시(奧田碩) 도요타자동차 회장의 이름을 딴 것으로서 '오쿠다비전'이라고도 한다. 이 제안은 '활력과 매력이 넘치는 일본을 지향하며' 라는 대담한 국가장기 비전을 제시하고 나섰다.

33) 김용복, 『엔블록과 동아시아 경제』(서울: 책세상, 2002) pp. 75-76에서 재인용.

이 제안은 국내정치경제 부문과 국제경제부문에 걸친 광범위한 내용을 담고 있는데 우선 국내적으로는 1993년 폐지한 기업의 정치헌금을 올해부터 재개하고 정책평가를 정치헌금의 기준으로 삼겠다는 뜻을 분명히 했다. 그리고 이 비전은 우선 연평균 2%의 실질성장을 위해 소비세를 매년 1%씩 올려 현행 5%에서 2014년까지 16%로 인상하자는 파격적인 제안을 하고 있다. 이는 고령화사회에서는 사회보장제도 강화를 위해 노후에 대한 불안을 없애야 소비가 되살아나고 경제회생이 가능하다는 정책적 고려에서 나온 것이다. 여기에 더해 에너지 기술절약 등으로 세계시장을 선도하는 '환경입국'을 추진하고, 한국 · 중국 · 동남아국가연합(ASEAN) 등과 연대해 동아시아 자유경제권을 창설해야 한다고 주장했다. 이와 같이 일본 재계가 경제개혁의 이니셔티브를 쥐고 나온 것은 2011년 4월 출범한 고이즈미 준이치로(小泉純一朗) 내각의 개혁이 정체돼 더 이상 경제회생을 정치인이나 관료에게만 맡길 수 없다고 판단했기 때문이다. 일본정부는 개혁을 계속 부르짖고는 있지만 지난 해 도쿄 증시의 닛케이평균주가가 19년 만에 사상 최저치로 떨어졌고 실업률은 사상 최고인 5.3%까지 치솟았다.[34)]

종래의 양국 간의 FTA의 연구(주로 일본 측)는, 양국 간 호혜적 관세철폐가 한국의 후생수준과 대일 무역수지를 악화시킬 가능성이 있으며, 한국의 중화학공업 부문은 적지 않은 타격을 입을 것이라는 것이었다. 또한 한국정부도, 일본에 비해 상대적으로 높은 관세장벽을 낮출 경우 일본상품이 국내시장을 잠식할 것이며, 한일 양국의 무역구조가 유사하기 때문에 자유무역협정

---

34) 『동아일보』, 2003년 1월 3일.

을 맺을 경우 한국산업이 일본산업에 종속되어 한일 간 수직적인 분업체제가 고착될 것이라고 우려하고 있다. 이에 대해 일본은 관세율 인하가 가져 올 단기적인 시장잠식보다는 일본에 의한 대한 투자활성화로 장기적으로는 한국에 이득이 될 것이며, 한일 간 산업구조가 유사한 수준으로 발달해 있어 수평적 분업체제가 가능하다고 주장하고 있다. 또한 일본의 통산성 관계자들은 한국 정부는 한일자유무역지대안을 적극적으로 추진하려는데 반해, 한국국민들은 부정적인 면이 심화될 것을 우려해 강하게 반대한다고 인식하고 있다.35)

그러나 최근에는 한일 양국에서 자유무역지대안에 대해 상당히 적극적인 자세를 보이고 있다. 2000년 9월 23일 개최된 한일정상회담에서 양국 정상은 자유무역협정 실현을 향해, 양국의 민간인을 중심으로 한 '한일비즈니스 포럼'을 설치하기로 합의했다. 이 포럼은 경제계를 중심으로 국민 차원에서 합의를 도모하려는 조치로 그 동안 연구 차원에서 머물렀던 자유무역구상이 진일보한 것을 의미한다. 또한 주목할만한 점은 중국정부도 최근 개방경제를 실현시키기 위한 조치의 일환으로 한국과 일본 그리고 홍콩과의 자유무역협정의 체결의 필요성을 주장하고 있다는 것이다.36)

최근의 한 연구에 의하면, 한일 FTA에 대한 종래의 부정적인 연구결과와는 다른 긍정적인 결과가 경제학적인 분석을 이용하여 제시되고 있다. 우선 양국 간에 FTA가 체결될 경우, 한국의 무역수지는 약 1억 달러 내외로 악화될 것으로 추정되었다. 한편

---

35) 김용복, 前揭書, pp. 76-77.

36) 구체적인 내용에 대해서는 Hu Angang, "Proposition for Setting Up Free Trade Agreement (FTA) between China, Hong Kong, Japan and Korea" 참조.

단기적으로 한국의 GDP가 증가하며, 장기적으로 규모의 경제가 고려될 경우, 한국의 경쟁력이 제고되어 한국의 무역수지 개선폭이 더 확대될 것으로 나타났다. 또한 산업별 생산규모에 대한 영향도 종래의 연구와는 다르게 기술이 한국보다 뛰어난 기계류를 제외한 대부분의 한국산업의 생산규모가 확대될 것으로 전망되었다. 관세철폐로는 한국의 대 일본 무역수지가 악화되나, 비관세장벽이 완화될 경우, 관세철폐로 인한 무역수지를 상쇄할 만큼 큰 폭의 무역수지 흑자를 기록할 것으로 나타났다.[37] 또한 올해의 FTA체결선언 직후에 나온 신문보도에 의하면 한일 FTA의 추진으로 한국은 중장기적으로 연간 30억~408억 달러의 무역 흑자 요인이 발생할 것으로 분석하고 있다. 한일 FTA 발효 초기에는 한국은 섬유, 철강 등을 제외한 모든 공산품의 경쟁력이 일본에 뒤져 문제가 되나 장기적으로 완성품의 경쟁력을 높이려면 전 공산품 분야의 개방이 기본적으로 필요하며 한국의 경제효율성 제고와 산업 구조조정의 효과를 거둘 수 있을 것으로 전망하고 있다.[38]

Ⅳ. 결 론

본 논문에서는 다자주의와 지역주의가 공존하고 있는 세계경제의 추세 속에 동아시아 특히 한・중・일을 중심으로 한 동북아의 경제적 통합의 현황을 국제통화와 국제무역의 두 가지의 측면

37) 이하의 논의는 정인교, “한・일 FTA는 추진되어야”, 『오늘의 세계경제』 (대외경제정책연구원, 2001년 12월 7일)을 참고.
38) 『동아일보』, 2003년 10월 21일.

에서 살펴보았다. 전체적인 논지를 요약해 보면 다음과 같다.

첫째, 금융통화면에서는 외생적인 변수인 아시아통화위기를 계기로 급속도로 아시아역내의 통화협력의 필요성이 제기되었다. 특히 일본은 경제통합 중 특히 이 통화협력에 있어서 가장 이니셔티브를 가지고 주도하려고 하였다. 그러나 우선 미국의 반대와 함께 역내의 중국의 반대도 있어 항상적인 제도로서의 통화기구 설립에는 실패했다. 또한 종국적으로 아시아에서의 통화협력이라고 함은 엔의 국제화를 포함하는 엔블록을 의미할 가능성이 높으나 그것이 반드시 과거와 같은 대동아공영권이 되리라고는 볼 수 없다. 왜냐하면 일본의 엔 국제화의 노력뿐만 아니라 역내지역협력문제는 역내국가의 광범위한 지지가 없으면 추진하기 어렵기 때문에 양자간의 정책에 달려 있기 때문이다. 그러나 아시아통화위기가 수습된 지금에도 미국의 일부 경제전문가와 위기 당시 일본의 고위정책담당자였던 사카키바라 에이스케는 향후 아시아에 언제든지 통화위기가 발생할 가능성이 잠재되어 있다고 경고하고 있다. 따라서 이러한 의미에서는 역내의 통화협력은 매우 필요한 정책과제라고 하겠다.

둘째, 자유무역지대안에 대해서는 의외로 최근 한・중・일간에 적극적인 평가를 받고 있는 것 같다. 특히 한일간 FTA는 2005년도를 목표년도로 해서 완결한다고 하는 원대한 구상을 벌써 양국의 수뇌가 최근 선언한 바 있다. 그러나 아시아지역에 있어서 이국간 자유무역지대안의 가능성은 국내적 상황에 따라서 합의를 볼 수 있을지 몰라도 아시아자유무역지대안[39]과 같은

39) 박기덕, "동북아시아-동남아시아의 경제협력안 모색: '동아시아자유무역지대(EA-FTA)의 가능성과 한국의 선택'", 진창수(편), 『동북아시아에서의 경제협력의 정치경제』(세종연구소, 2002), pp. 143-196.

광역적인 무역통합에는 역내국가의 경제발전 수준, 비교우위 상품의 차이 등과 같은 복잡한 문제와 함께 통화문제와 같이 과거 일본이 아시아에 남긴 '부(負)의 역사적 유산' 때문에 일본에 대한 경계심이 아직 강한 것이 사실이다. 결국 동북아에 있어서의 무역통합협정의 체결의 문제는 결국 아시아 전체와 연계되지 않을 수 없어 아시아의 무역통합 문제는 일본의 대외무역정책과 함께 아시아 역내국가들의 대일 정책에 따라 좌우될 것이라고 생각된다.

이와 같이 동북아시아에서는 아직 세계의 다른 지역보다는 경제적 통합의 제도화 수준이 낮고 향후의 가능성도 현재로서는 불투명하지만 ASEAN+3라고 하는 현재의 이 지역에서의 제도의 틀의 확립 노력은 그래도 큰 의의를 가진다고 하겠다. 왜냐하면 기존의 ASEAN과는 경제적인 연대를 하지 않을 수 없다는 점에서 특히 동북아 3국은 필요성을 느끼고 있고 동북아 3국이 기존의 ASEAN보다 이니셔티브를 쥐고 이를 추진하고 있다는 의미에서는 이 지역에서의 비경제적인 통합에 대한 기여도 하고 있는 것이 사실이다. 또한 이런 ASEAN+3를 기반으로 하여 향후의 동아시아자유무역지대안의 가능성도 점진적으로 검토되리라 생각한다.

■ 참고문헌 ■

강명세, "동아시아 신지역주의의 정치경제", 『세종정책연구』(세종연구소, 2001).

김용복, 『엔블록과 동아시아경제』, 서울: 책세상, 2002.

남상열, "동북아시아 삼국간 무역의 보완관계 분석", 『대외경제정책연구』 4-1, 2000.

박기덕, "동북아시아-동남아시아의 경제협력안 모색: '동아시아자유무역지대(EAFTA)의 가능성과 한국의 선택'", 진창수(편) 『동북아시아에서의 경제협력의 정치경제』, 세종연구소, 2002.

안충영, 『현대・한국 동아시아 경제론』, 서울: 박영사, 2001.

왕윤종, "동아시아 금융협력의 현황과 향후 과제", 『KIEP 동향분석속보』 01-09호 (2001년 7월 11일).

일본경제신문사편, 류화선 역, 『메가컴피티션 경영』, 서울: 거름, 1996.

정인교, "ASEAN+3 정상회의의 주요 토의 내용과 정책시사점", 『오늘의 세계경제』01-53호 (2001년 11월 5일).

______, "한・일 FTA는 추진되어야", 『오늘의 세계경제』 (대외경제정책연구원, 2001년 12월 7일).

최영종, "지역통합의 비교론적 연구: 유럽・미주・동아시아를 중심으로", 『평화연구』, 제9호 (고려대학교 평화연구소, 2000).

Baylis, John & Steve Smith, (eds.), *The Globalization of World Politics,* New York: Oxford University Press, 2001.

Bhagwati, Jagdashi, "The Capital Myth: The Difference between Trade in Widgets and Dollars", *Foreign Affairs,* (May/June, 1998).

Dent, Christopher M., "The International Political Economy of Northeast Asian Economic Integration", in Christopher M. Dent and David W.F. Huang, (eds.), *Northeast Asian Regionalism,* London: LoutledgeCurzon, 2002.

Keynes, John M., *The Economic Consequences of the Peace,* London: Macmillan, 1919.

Lawrence, R., *Regionalism, Multilateralism, and Deeper Integration,* Washington, D. C.: Brookings Institution, 1996.

Nabers, Dirk., "The social construction of international institutions: the case of ASEAN+3", *International Relations of the Asia-Pacific,* 2003.

Ravenhill, John, "A three bloc world? The new East Asian regionalism",

International Relations of the Asia-Pacific, 2002.

荒卷健二,『アジア通貨危機とIMF-グローバリゼーションの光と影-』, 日本経濟評論社, (1999年).

大藏省,「アジア通貨危機支援に關する新構想-新宮澤構想」.

尹春志,「日本の自由貿易協定戰略と東アジア経濟圈の胎動」『世界』(2002年3月).

關志雄,『円と元から見るアジア通貨危機』, 岩波書店, (1998年)

外國爲替等審議會, アジア金融・資本市場專門部會,「アジア金融危機に學ぶ-短期資金移動のリスクと21世紀型通貨危機」,『金融』(全國銀行協會連合會, 1998年 6月).

菊池努,「東アジア地域主義の可能性」,『國際問題』(2001年 5月).

國宗浩三編,『アジア通貨危機-その原因と對応の問題点-』, アジア経濟研究所, (2000年).

黑田東彦,「最近の國際金融情勢について」,『國際金融』(1998年 6月 1日).

経団連,「自由貿易協定の積極的な推進を望む」, (2000年 7月 18日).

榊原英資,『國際金融の現場』(PHP新書, 1998).

榊原英資・竹內行夫・田中明彦・五百旗頭眞,「新世紀を迎える日本外交」,『國際問題』(2001年 1月).

高橋琢磨・關志雄・佐野鐵司,『アジア金融危機』, 東洋経濟新報社, (1998年).

バグテイアル・アラム,「國內危機とIMF」,『朝日新聞』, (2001年 9月 7日).

러시아의 동북아정책과 안보협력의 제도화*

이 웅 현
고려대학교 평화연구소 연구교수

I. 러시아와 아시아

1992년 10월 20일자 『네자비시마야 가제타(독립신문)』는 후일 러시아의 국가이익에 관한 본격적인 논쟁의 시발점으로 유명해진 블라디미르 루킨의 「러시아의 국가이익: 러시아의 관점과 미국의 관점에서」라는 짧은 논문을 게재했다.[1] 당시 주미 러시아대사였던 루킨은 이 논문에서 러시아가 취할 수 있는 세 가지

---

* 이 논문은 『한국과 국제정치』 제19권 제1호에 게재되었음.

1) Владимир Лукин. Россия и её интересы–С точки зрения России и с точки зрения США. Независимая газета. (블라디미르 루킨, "러시아와 그 국가이익: 러시아의 시각과 미국의 시각에서", 『독립신문』) Oct. 20, 1992.

의 길—민족민주국가, 권위주의적 전제국가, 내부갈등지향적 국가—가운데 첫 번째 길이 가장 바람직하며 당시의 러시아로서는 유일한 대안이라고 주장했다. 대외관계에 있어서 러시아에게 "'근외지역(ближнее зарубежье)'이 사활적으로 중요한 지역이며, 러시아의 압도적 영향력이 당연시되는 지역"이라는 점과 "러시아에게 이익이 되는 것은 미국이 일정한 역할을 수행하는 유럽의 정치적 다극체제"라는 점을 주 내용으로 하는 이 논문은 대서방 특히 대미협력지상주의로 일관하던 옐친-코지레프 대외정책에 대한 균형 잡힌 비판으로 평가받았다.[2)]

그러나 루킨의 이 논문이 언급하고 있는 러시아의 아시아 전략 및 이 지역에서의 러시아의 국가이익은 "중국, 일본, 그리고 다른 국가들과 평탄한 균형관계를 유지하면서 지역의 패권을 요구하는 그 지역의 어떤 강대국과도 협력하지 않는 것"이라는 단 서너 줄에 불과했다. 다시 말해서 신생 러시아에게 있어서 아시아 특히 동북아시아는 설정해야 할 전략적인 이해관계가 빈약한 소외지역으로 간주되었다.[3)]

---

2) 코지레프의 외교노선을 '낭만주의적'이라고 비판하는 루킨의 시각에 관해서는 Dimitri K. Simes, *After the Collapse: Russia Seeks Its Place as a Great Power* (New York: Simon & Schuster, 1999), pp. 212-213. 서방(미국)과의 협력을 최우선의 외교목표로 삼는다는 점에서는 코지레프와 루킨의 시각은 동일하지만, 루킨의 입장은 러시아는 독자적인 특수이익을 가지고 있으며, 미국과의 관계는 일방적 의존이 아닌 강대국 간의 전통적인 유대에 입각해야 한다는 것이었다. 후진적인 러시아는 안보의 딜레마에 시달리게 되고, 특히 이를 극복하기 위해서 권위주의 정체가 수립될 때 이러한 딜레마가 격화될 것이므로 러시아의 자유주의자들을 지원해야 한다는 입장에 관해서는 Jack Snyder, "Russian Backwardness and the Future of Europe", *Daedalus*, Vol. 123, No. 2 (Spring 1994), pp. 179-201 참조.

3) 놀라운 것은 루킨이 아시아-태평양 지역 전문가라는 사실이다. 주미대사로 부임하기 전 그는 15년 동안이나 모스크바의 미-캐나다 연구소에서 아시아-태평양 지역의 연구자로 있었다. Alexei D. Bogaturov, "Russia in Northeast Asia: Setting a New

이러한 사고는 21세기에 접어들어서도 러시아 내에서는 일반적인 추세로 받아들여지고 있는 것으로 보인다.[4] 대외정책의 실무자들은 물론[5] 연구기관의 연구자들조차 다극화된 세계에 있어서의 러시아의 국가안보에 관한 논의를 전개하면서 아시아 특히 동아시아의 중요성에 관해서는 거의 침묵하고 있다.[6]

사실 이러한 현상은 신생 러시아의 탄생 이후 경제재건과 민주화로의 진행을 위한 전략적 방편으로서의 서방의존정책의 결과 때문만은 아니다. 러시아의 역사는 유럽사의 일부였다.[7] 우랄산맥 이동 지역의 장구한 정착의 역사에도 불구하고 20세기 후반에 이를 때까지 국가로서의 러시아는 스스로를 아시아의 국가로 간주한 적이 없었다. 모스크바 공국 시대 이래 시베리아와 아시아 방면으로의 제국건설은 언제나 무계획적인 개척과 정주(定住) 그리고 그 뒤를 이은 정치적 권위의 확립이라는 뚜렷한

Agenda", *Korea and World Affairs*, Vol. 17, No. 2 (Summer 1993), p. 313.

4) Roman Szporluk, "After Empire: What?" *Daedalus*, Vol. 123, No. 3 (Summer 1994), p. 36.

5) 러시아 외무성 내에서는 최근까지도 대서방협력주의가 주류를 이루고 있는 것으로 보인다. 2001년 신년호 『국제생활』지에 기고한 외상 이고리 이바노프의 대외정책방침에 관한 기고 "현 단계에서의 협력의 전망"은 세계화의 추세와 그 문제점의 해결에 관한 논의를 전개하면서 UN과 유럽의 역할을 강조하고 있지만, 아시아의 중요성과 역할에 관해서는 단 한 줄도 언급하고 있지 않다. Игорь Иванов. Перспективы сотрудничества на современном этапе. Международная жизнь. (이고리 이바노프, "현 단계에서의 협력의 전망", 『국제생활』) cc. 3-9.

6) Алексей Арбатов. Национальная безопасность России в многополярном мире. Мировая экономика и международные отношения. (알렉세이 아르바토프, "다극 세계에서의 러시아의 국가안보", 『세계경제와 국제관계』) 2000, No. 10, cc. 21-28. 동아시아의 국가들 중국, 인도, 이란 등은 미국 및 서유럽과의 관계에 있어서 보조적인 역할을 할 뿐이라는 간단한 문장이 있을 뿐이다.

7) Vladimir Myasnikov, "History of Russian Foreign Policy: New Approaches", *Social Sciences*, Vol. XXIV, No. 3 (1993), p. 84.

목적의식이 없는(absent-mindedness) 전개과정에 지나지 않았다.[8] 동시대 서유럽의 식민지 개척과 마찬가지로 1581년 이래 우랄 산맥에서 태평양에 이르는 1천만 평방킬로미터의 광대한 영토의 획득과정은 그 목적과 기술, 농도와 지속기간에 있어서 매우 다양한 요인들의 압력에 의한 충동적 과정이었던 것이다.[9]

러시아가 19세기 말과 20세기 초에 걸쳐서 유럽보다는 아시아를 우선하는 정책으로 일시 전환했던 것은 사실이지만, 러시아 전 역사를 통해서 동아시아는 부차적인 지역이었고, 또 아시아 정책의 부재 혹은 무계획성으로 인해 태평양을 내해로 만드는 데는 실패할 수밖에 없었다.[10] 20세기에 들어서도 수도(쌍트 페테르부르크, 모스크바 그리고 다시 쌍트 페테르부르크)가 유럽 쪽에 가까이 있다는 지정학적인 위치, 기독교 문명권에 속해 있어서 아시아의 국가들보다는 유럽 국가로 분류된다는 문화적인 전통 이외에도 군사전략적인 이유 때문에 냉전 시대의 러시아(소련)는 고르바초프의 등장 이전까지는 동아시아의 국가들과 함께 지역의 경제적 또는 정치적 통합에 관한 논의의 장에 적극

---

8) Nicolai N. Petro and Alvin Z. Rubinstein, *Russian Foreign Policy: From Empire to Nation-State* (New York: Longman, 1997), p. 191.

9) Basil Dmytryshyn, "The Administrative Apparatus of the Russian Colony in Siberia and Northern Asia, 1581-1700", in Alan Wood, ed., *The History of Siberia: From Russian Conquest to Revolution* (London and New York: Routledge, 1991), p. 17; John J. Stephan, *The Russian Far East: A History* (Stanford: Stanford University Press, 1994), pp. 20-21,

10) 19세기 말 20세기 초 러시아의 동아시아 정책이 서유럽의 식민지 팽창에 영향을 받아 충동적이고 모험적인 으로 그리고 경쟁적으로 진행된 것이라는 주장은 A. V. Ignat'ev, "The Foreign Policy of Russia in the Far East at the Turn of the Nineteenth and Twentieth Centuries", in Hugn Ragsdale and Valerii N. Ponomarev, eds., *Imperial Russian Foreign Policy* (New York: Woodrow Wilson Center Press and Cambridge University Press, 1993), pp. 247-267 참조.

적으로 참여하지 않았다.[11]

1472년 짜르의 대관식에서 처음 등장했다가 혁명 이후 사라졌고, 소련 붕괴 후 다시 2000년 12월 러시아의 국장으로 채택된 쌍두 독수리[12]의 머리 하나는 유럽 그리고 다른 하나는 아시아를 바라보고 있다는 상징성을 지니고 있다. 그러나 러시아의 전 역사를 통해서 일시적인 몇몇 기간을 제외하면 아시아를 향하고 있는 독수리는 대체로 잠들어 있었다. 뿐만 아니라 "알파(Аз)요(и) 오메가(Я)" 즉 모든 것이라는 의미로 분해, 분석되는 러시아어 '아시아'(Азия)의 의미를 되새기는 사람도 없었다. 러시아의 대외전략에 있어서 아시아는 결코 알파도 오메가도 아니었다.

Ⅱ. 러시아에서의 '아시아'의 부활과 아시아에서의 '러시아'의 등장

20세기의 혁명과 두 차례의 세계대전, 그리고 냉전체제가 출현하는 과정에 전 세계는 미국과 소련의 대립구도로 양분되었고, 아시아 지역도 예외는 아니어서 전 지역에 지극히 단순한 정치, 경제, 군사적 양극구조가 형성되었다. 중앙아시아의 민족과 국가들은 1917년의 러시아 혁명과 그 이후의 내전을 통해서 소련의 공화국으로 편입되었고, 결국 소련 국내정책의 대상으로 전락했다. 동남아시아에서는 1975년까지 계속된 베트남 전쟁으로

---

11) Eunsook Chung, "Explaining Russia's Interest in Building Security Mechanism in the East Asia Region", in Ted Hopf, ed., *Understandings of Russian Foreign Policy* (University Park: The Pennsylvania State University Press, 1999), p. 252.
12) 『新华通信』 2000年 12月 8日.

격렬한 양극의 갈등이 전개되었고, 동북아시아에서도 이러한 판도는 크게 다르지 않았다.

다만 중국의 공산정권과 러시아는 제2차 세계대전 중의 이념적, 전술적 제휴관계에서 시작된 동맹체제가 잠시 지속되었지만 결국 균열이 생기면서 대립, 1950년대 말 이후 단절의 길을 걸었다. 러시아와 일본은 전후처리에 실패함으로써 즉 1956년에 일시적으로 시도된 평화조약의 체결에 실패했다. 그리고 러시아와 중국 및 일본과의 이러한 관계냉각의 막후에는 미국이 존재하고 있었다. 러시아는 북한과 1961년 상호방위조약(동맹조약)을 체결함으로써 한반도의 양극구조 고착화에도 기여했다. 즉 20세기 후반까지 러시아의 동아시아 지역에 대한 정책 특히 안보, 군사정책은 세계적인 양극구도의 반영에 지나지 않았다.

러시아에서 세계체제와 연계되지 않은 그리고 유럽과의 비교우위의 관점에서가 아닌 대외관계 형성의 독자적인 가치를 지닌 아시아가 부활한 것은 아이러니컬하게도 제국이 붕괴된 이후였다. 즉 러시아는 1991년의 보수파 쿠데타의 실패 이후 냉전 후 시대의 동아시아 국가로 재생하는 계기를 맞이했다.[13] 무엇보다도 소련의 붕괴로 인해 발트해 연안의 국가들과 흑해 연안의 국가들이 새로운 외국 영토로 등장함으로써 축소된 러시아에게는 아시아 태평양이 세계경제로의 진입구로서의 가치를 지닌 지역으로 부상했다. 그리고 중앙아시아의 공화국들이 분리, 독립함으로써 과거에는 구성 공화국들로부터 당연히 수입할 수 있었던 각종 자원과 물자들을 더 이상 저렴하게 획득할 수 없게 되었고, 전략적인 면에서도 핵무기의 발사 및 보유시설이 위치

13) Eunsook Chung, *op. cit.*, pp. 252-253.

하고 있는 중앙아시아의 전략 지역들을 직접 통제할 수 없게 되었다.[14] 그 결과 1980년대 말 소련이 나홋트카를 중심으로 한 자유경제지역을 구상했던 시베리아와 극동러시아 지역이 경제적인 매력을 지닌 그리고 자연자원 개발의 무한한 잠재력을 지닌 지역으로 등장했으며,[15] 상대적으로 이 지역의 군사안보에 관한 우려가 증대되었다.[16]

즉 혁명 이전의 러시아 또는 소련 시절의 그것과는 판이하게 달라진 오늘날의 러시아의 지정학적인 위치는 제국붕괴의 결과라고 하지 않을 수 없다. 비록 심리적으로 러시아인들이 한 번도 스스로를 아시아 국가의 국민이라고 인정한 적이 없다고 하더라도 경제적, 군사적 필요성에 의해서 그리고 서부와 남부의 국경에서 발생한 혁명적 변화의 슬픈 현실을 덮기라도 하려는 듯 현재 러시아인들의 인식의 흐름은 "동쪽으로 이전"하고 있는 것이다.[17]

따라서 안드레이 코지레프(Andrei Kozyrev) 외상의 친서방, 대서양 우선정책이 극성기에 달하던 시절에 조차 러시아의 정치평

14) Alexander Cooley, "Imperial Wreckage: Property Rights, Sovereignty, and Security in the Post-Soviet Space", *International Security*, Vol. 25, No. 3 (Winter 2000/01), pp. 100-127. 일종의 주권교환 또는 임대의 형식으로만 이 지역을 영향권하에 둘 수 있다는 것이다.

15) Mikhail A. Alexseev and Tamara Troyakova, "Russia in Asia or Asia in Russia?: Regional Identity and Economic Incentives for Political Separatism in Primorskiy Kray", *Pacific Focus*, Vol. XIV, No. 2 (Fall 1999), p. 117.

16) 소련 붕괴 이후 러시아 극동지역에 있어서의 러시아 군사력의 쇠퇴와 문제점에 관해서는 Felix K. Chang, "The Unraveling of Russia's Far Eastern Power", *Orbis* (Spring 1999), pp. 257-284.

17) Sherman Garnett, "Russian Power in the New Eurasia", *Comparative Strategy,* Vol. 15 (1996), p. 32; Vladimir Myasnikov, *op. cit.*, pp. 92-93; Petro and Rubinstein, *Op. cit.* p. 191.

론가 알렉세이 보가투로프(Alexei D. Bogaturov)는 다음과 같이 지적했다.

> 안드레이 코지레프 외상이 아무리 개인적으로 "대서양적"—아니 누군가의 말대로 "유럽-대서양적"이라고 하는 편이 나을 것이지만—사고를 외친다고 해도 그가 무시할 수 없는 두 가지의 강력한 사실이 있다: 중세 이래 러시아의 정치적 공간이 대서양 유럽과 이렇게 멀리 떨어져 본 적이 없으며, 러시아의 국가이익이 이처럼 강하게 도전적인 동쪽과 연결된 적도 없었다.[18]

신생 러시아는 현재 본격적으로 동아시아의 국가로 진입하고 있다고 할 수 있다. 그리고 동아시아 국가들의 시각에서 보아 아직까지는 러시아가 안보에 위협적인 존재는 아닐지라도[19] 아시아에서의 존재감(presence)을 느끼게 하는 국가로 등장하고 있다.

특히 1990년대 이후 동아시아 지역에서의 러시아의 활발한 외교행보는 이 지역 국가들로 하여금 지역체제로의 러시아의 진입에 대한 경제적인 기대[20]와 함께 외교 안보 면에서의 우려

---

18) Alexei D. Bogaturov, *op. cit.*, pp. 298-299.

19) 러시아는 전통적으로 동북아시아로의 군사적 진출에 실패해 왔으며, 지정학적인 위치에 있어서도 대륙국가 중국과 해양국가 미국의 대립구도 속에서 일본과 마찬가지로 동북아에서의 부차적 역할에 만족할 것이라는 주장은 Robert S. Ross, "The Geography of the Peace: East Asia in the Twenty-first Century", *International Security*, Vol. 23, No. 4 (Spring 1999), pp. 81-118 특히 pp. 86-90. 로스는 러시아 대외정책의 우선순위가 구소련의 공화국들, 동유럽에서의 미국의 팽창, 동북아시아의 순으로 되어 있다고 주장하고 있다.

20) 러시아가 북한의 전통적인 동맹 국가였다는 점을 논외로 한다면 1990년대 이후의 러시아-북한 관계는 교역, 경제, 문화 그리고 과학기술 등과 같은 분야에서 주로

와 희망을 불러일으키고 있다.

러시아의 동아시아 진출에 대해 가장 우려를 느껴야 할 전통적 경쟁국 중국은 안보분야의 대러 협조에 적극적인 입장을 표명하고 있다. 동북아시아에서의 미-일 동맹의 견제 및 미국의 패권반대 그리고 세계체제의 다극화와 미국의 단극지배 배제라는 공통의 목적[21] 이외에도 중국과 러시아는 군사 분야에서의 협조를 도출할 수 있는 공통의 이슈를 지니고 있다.

중국은 이미 러시아와의 관계를 정상화하면서 4,340마일에 달하는 국경선을 확정하고 국경 100킬로미터 이내의 무장을 제한하기로 약속했을 뿐만 아니라 1996년 4월과 1997년 4월에 각각 타지키스탄, 카자흐스탄, 키르기스 그리고 러시아와 함께 국경

진행되었다고 할 수 있다. 북한의 핵개발 의혹이 동북아시아의 주요 의제로 부각되면서 오히려 러시아와 북한의 정치적인 관계가 관심의 대상으로 등장했다. 따라서 모스크바-평양의 관계는 정치적인 관계의 영역이 경제적인 관계의 뒤를 따랐다고 할 수 있다. 이는 서울-모스크바의 관계와는 뚜렷한 대조를 이루는데, 양국 관계는 경제적인 협조에 앞서서 정치, 군사적인 의도가 선행했다. 특히 한국의 대 러시아 접근은 한반도의 전략적 균형을 변화시키려는 의도에서 추진되었다. Seung-Ho Joo, "Russia and Korea", p. 93; 요코테 신지, 「러시아의 대 북한 정책」, 오코노기 마사오 편, 『김정일과 현대 북한』(서울: 을유문화사, 2000년), 294-324쪽. 한국의 대 러시아 정책은 최근에 와서 이른바 철의 실크로드 구상으로 경제적인 의미를 강하게 띠는 것처럼 보이지만 이미 형성되어 있는 한국과 러시아의 경제교역에 있어서의 성과는 양국의 경제에 특별한 의미를 지닐 정도는 아니며, 시베리아 횡단철도와 한반도 종단철도의 경제적 효과도 미지수이다. 1990년대 한-러 교역관계의 성과가 러시아의 일관성 없는 관세정책으로 인해 보잘 것 없었다는 주장은 Larisa V. Zabrovskaya, "Trade and Economic Links Between Russia and South Korea", *East Asian Review*, Vol. II, No. 1 (March 1998), pp. 45-58. 한반도 종단철도와 시베리아 횡단철도의 연결에 의한 경제적, 문화적 효과에 대한 전망에 관해서는 서선덕 외, 『한국 철도의 르네상스를 꿈꾸며』 (서울: 삼성경제연구소, 2001년), 308-320쪽.

21) Stephen Blank, "Which Way for Sino-Russian Relations?" *Orbis* (Summer 1998), pp. 349-350.

의 군사지역에 있어서의 신뢰구축에 관한 협정 및 국경지역의 군사력 상호감축에 관한 협정 등을 체결하면서 긴장완화를 추진했다.[22] 즉 중국은 중앙아시아의 분쟁지역에서 러시아와 협력할 필요성을 느끼고 있는 것으로 보인다. 특히 중국의 대 러시아 정책은 반미와 반테러를 기축으로 군사적 밀월관계를 환영하고 있다.

예를 들어 홍콩에서 발행되는 친중국계 주간지 『亞洲週刊』은 2000년 7월에 개최된 '상하이 5개국 회의'를 보도하면서 "중국, 러시아, 카자흐스탄, 키르기스, 타지키스탄의 정상들이 모여 이슬람 분리주의에 타격을 가하고 미국의 미사일 방어체계에 반대하는 역량을 결집했다"는 제하의 자극적인 기사를 게재했다.

> 매년 한 차례씩 열리는 '상하이 5개국 회의'가 최근 타지키스탄의 수도 두샨베에서 개최되었다. 중국의 장쩌민 국가주석, 러시아의 대통령 푸틴 그리고 카자흐스탄, 키르기스, 주최국의 원수들이 모여 <u>집단안전보장</u> 등의 중요한 의제에 관해서 토론했다……
>
> 이번의 5개국 회의에서는 미국의 ABM 조약 폐기 움직임에 견고한 반대의사를 표명하였고, 미국의 국가미사일 방어체계에 타이완을 편입시키려는 데 대한 중국의 반대 입장을 만장일치로 지지하였다. 5개국은 또한 테러리즘과 이슬람 원리주의에 대한 반대 그리고 영토적 순수성의 보전에 관한 의견의 일치를 보았으며, 공동의 행동을 취하여 분리와 테러의 위협의 분출에 대한 타격을 가하자는 데

22) 중국과 러시아를 비롯한 서명국들은 국경 100킬로미터 지역 안에 각국의 군사력을 각각 병력 130,400명, 탱크 3,900대, 그리고 무장 장갑차 4,500대 이내로 제한하기로 합의했다. David Shambaugh, "China's Military Views the World: Ambivalent Security", *International Security*, Vol. 24, No. 3 (Winter 1999/2000), p. 72.

> 합의했다……
>
> 현재 러시아는 체첸 반군의 완강한 저항에 부딪치고 있으며, 키르기스와 카자흐스탄 그리고 타지키스탄은 아프가니스탄의 게릴라 위협에 직면하고 있다. 중국 역시 신장 독립운동의 도전과 조우하고 있다. 이번 회의는 키르기스의 수도 비쉬케크에 반(反)테러센터를 설치하기로 결정하고 관련 정보를 교환하기로 하였다…… 중국은 러시아가 체첸의 분리주의자들과의 투쟁에서 얻은 경험을 참고하고자 하고 있다.
>
> 중국과 러시아 양국이 주축인 5개국 회의는…… 냉전적 사고를 초월하는 국제사회의 새로운 국가관계와 안보관 그리고 지역협력의 모델을 모색하게 됨으로써 체첸과 타이완 문제를 포괄하는 모든 문제에 중요하고도 엄숙한 사고를 제공해 주었다.[23)]

2000년 7월 10일 러시아가 새로운 외교독트린을 발표했을 때에도 중국의 『인민일보』는 "러시아의 외교중점이 아시아로 이전"된 데 대하여 환영하는 기사를 게재했다. 중국은 "1991년 구소련의 해체 이후 러시아가 미국과의 관계에 중점을 두면서 아시아정책을 희생했던 것"에 유감을 표명하고 "모스크바의 새로운 외교 전략에 있어서 아시아가 중심지역으로 부상하는 것" 그리고 "러시아가 아시아 국가들 가운데 중국과 인도를 중요시하고 있다는 점"에 대해서 환영을 표명했다.[24)]

중국은 아시아 지역에서의 러시아의 출현과 협력이 미국의 단극지배를 견제하고, 미국의 대 타이완 정책에 제동을 거는 효과가 있을 것이라고 판단하고 있다. 동시에 경제적인 측면 못지

23) 『亚洲周刊』 2000年 7月 16日. 강조는 필자.
24) 『人民日报』 2000年 7月 12日.

않게 중앙아시아에서의 지역분쟁을 해결하는 데 관련 강대국인 러시아의 군사적 협력이 필요하다고 느끼고 있다.

반면 1997년 11월 크라스노야르스크에서 합의되고 1998년 4월 가나가와에서 재확인된 '옐친-하시모토 플랜'에 따라서 국경문제와 평화조약체결 문제를 러시아와 협의 중에 있는 일본[25]은 러시아의 동북아시아 진출에 호의적이지 않다.[26] 일본의 보수적인 일간지는 같은 시기(2000년 7월) 러시아의 적극적 대 동북아시아 정책에 대해서 "아시아 태평양 지역에 있어서의 일-미-중-한의 4극 구조의 일각을 잠식, 아시아 외교무대에서 러시아의 영향력을 고양하려는 의도", "한반도에서의 발언권 확대의 야심" 그리고 "미-중-일-한의 4국 및 북한과 각각 독자적인 대화의 루트를 확보하고 아시아 태평양 지역의 4극 구조에 가담하려는 야심" 등의 표현으로 러시아의 동북아 진출에 의혹의 눈길을 보냈다.[27]

현실적으로 일본은 러시아와의 사이에 전후 처리가 되어 있지 않으며, 해결되지 않은 영토문제까지 안고 있을 뿐만 아니라 패전과 냉전으로 이어지는 과정에 미국의 안보 우산 하에서 지역강대국으로의 성장을 시도해 왔고, 경제 대국으로서의 입지를 공고히 한 국가로서 중립외교 또는 균형외교를 시도할 처지에 있지도 못하다. 또한 재무장에 관한 한 제도적, 법률적, 도덕적

---

25) 러-일관계의 국경획정문제에 관해서는 Tessa Morris-Suzuki, "Lines in the Snow: Imagining the Russo-Japanese Frontier", Pacific Affairs (July 1998), pp. 57-77 참조.

26) 이 플랜에 따르면 2000년까지는 영토문제의 해결과 평화조약의 체결이 이루어질 것이었지만, 결국 러시아와 일본 양국 국내의 여론악화로 타결을 보지 못했다. 『日本経済新聞』 2000年 9月 5日, 『読売新聞』 2000年 9月 5日.

27) 『読売新聞』 2000年 7月 17日.

제약을 받고 있어 러시아의 동북아 진출에 대해서 중국만큼 낙관할 수 없는 상황에 있다. 다만 러시아와 일본 사이의 현안에 관한 해결의 실마리가 적극적인 러시아의 대 아시아 정책에서 제공되기를 기대하는 데 불과한 것으로 보인다.

동북아시아를 구성하는 지역의 국가들은 지역의 안보상황에 대해서 서로 다른 군사적 입장과 정치적 목적을 가지고 있으며, 러시아와의 관계에 있어서도 각각 다양한 현안에 직면해 있다. 따라서 이 지역에서의 러시아의 등장에 관해서도 대응의 공통분모를 형성하지 못하고 있다.

Ⅲ. 러시아의 동북아시아 정책의 변천 : 고르바초프에서 옐친까지

현재의 러시아는 민주적인 정치체제와 다원화된 사회 그리고 자유주의적 시장경제를 지향하는 민주화 도상의 국가이지만, 전통적으로 개혁과 변화는 위로부터의 지시에 따르는 특징을 지녀왔다.[28] 민주국가에서도 대외정책과 안보전략은 그 형성과정에 민주정치제도의 기본적인 속성인 논쟁과 여론수렴의 과정을 거치지 않는 경우가 많다. 최근 10여 년 동안의 러시아의 정치적 변화의 과정은 아래로부터의 민주화라고 규정할 수 있지만, 그것이 시작된 계기는 역시 위로부터의 혁명 즉 고르바초프의 페

28) Lilia Shevtsova, "From Yeltsin to Putin: The Evolution of Presidential Power", in Archie Brown and Lilia Shevtsova, eds., *Gorbachev, Yeltsin and Putin: Political Leadership in Russia's Transition* (Washington, D.C.: Carnegie Endowment for International Peace, 2001), p. 67.

레스트로이카였다.

군사안보의 부문에 있어서 고르바초프는 집권 이후 현대적인 군사독트린으로 진보된 기술과 현대적 군대를 유지하기 위한 혁신적인 체제를 구축하느냐 아니면 병든 초강대국의 지위를 그대로 유지하느냐의 선택지를 놓고 과감하게 전자를 선택했다. 1970년대 이후의 데탕트 정책이 군비경쟁에서 비롯된 소련의 경제적 궤멸을 방지하기 위한 정책적 판단이었던 것과는 달리 고르바초프의 '신사고'는 국제경제에 대한 소련경제의 개방성의 증가로 인해 소련 국내에서도 세계경제에 직접 참여함으로써 이익을 얻는 특정 분야의 지식인과 관료들의 새로운 동맹관계가 형성된 결과였다.29)

고르바초프는 국방예산의 과다지출이 소련의 국가경제를 파탄에 이르게 한다는 점과 미국과의 군비경쟁에서 승리할 수 없다는 사실을 잘 인식하고 있었다. 따라서 그가 표방한 '신사고'는 국가의 안보가 군비에 기반을 두어야 한다는 인식을 거부했고, 모든 국가는 상호의존적이고, 국가의 주권을 존중하고 다른 국가에 개입하는 않음으로써 안보가 강화된다는 점을 기초로 한

---

29) 이는 피터 하스(Peter Haas)의 개념을 빌어 표현하면 일종의 '인식공동체'(epistemic community)라고 할 수 있다. Peter Haas, *Saving the Mediterranean: The Politics of International Environmental Cooperation* (New York: Columbia University Press, 1990); 고르바초프의 개혁정책을 입안, 추진한 그룹의 새로운 사고방식과 그러한 사고방식의 정책적 결과로서의 국제체제의 변화과정에 관한 설명은 Jeffrey T. Checkel, *Ideas and International Political Change: Soviet/Russian Behavior and the End of the Cold War* (New Haven and London: Yale University Press, 1997); Judith Goldstein & Robert O. Keohane, *Ideas and Foreign Policy: Beliefs, Institutions, and Political Change* (Ithaca and London: Cornell University Press, 1993); Anatoly Chernyaev, *My Six Years with Gorbachev* (Pennsylvania: The Pennsylvania State University Press, 2000) 참조.

것이었다.

물론 고르바초프는 우선적으로 미국과의 새로운 관계를 설정하는 데 정책의 우선순위를 두었다. 1985년 레이건과의 제네바 정상회담에서는 핵무기의 50%를 감축하자는 과감한 의제를 던졌고, 1986년 10월의 레이캬비크 회담에서는 미국이 SDI를 포기하지 않음으로써 뚜렷한 결과를 얻지는 못했지만, 1987년 11월의 워싱턴 정상회담에서는 핵무기의 전면폐기라는 역사적 합의를 이루어냈다. 그 결과 중단거리 핵전력(INF)이 전량 폐기되었다.

뿐만 아니라 제네바에서 이루어진 합의에 따라 1989년 2월에는 아프가니스탄의 10년 전쟁을 끝내고 철군했다. 1990년 11월에는 미국의 부시 행정부와 통상병력의 감축에 관한 조약을 체결했고, 1991년 7월에는 START 조약을 체결했다. 그리고 1991년 1월에 시작된 걸프전에서는 국제연합의 결의에 적극적으로 가담했다.

대 유럽 정책에 있어서는 고르바초프는 1989년 7월 스트라스부르그에서 '대서양에서 우랄 산맥에 이르는 거대한 경제적 공간'을 제창하였으며, 전반적인 유럽의 안보에 관한 합의를 '유럽 공동의 집'이라고 표현함으로써 유럽의 공동안보를 더욱 매력적인 것으로 만들었다.[30)]

사실 고르바초프는 국내적인 개혁의 단행을 위해 전통적으로 러시아의 정치지도자들이 구사해 왔던 전략 즉 대 서방 관계개선 및 경제관계의 회복에 초점을 맞추었던 것으로 보인다. 유럽

---

30) Martin McCauley, "From Perestroika Towards a New Order", in Gregory L. Freeze, ed., *Russia: A History* (Oxford and New York: Oxford University Press, 1997), pp. 403-405.

에서의 냉전의 해체과정은 극적으로 전개되어 강한 인상을 남겼고, 아시아에서의 소련의 역할은 전통적으로 미미했다. 한반도의 분단 상황과 일-소 관계정상화의 시도(1956년)의 실패 이후 미-일 안보체제의 공고화가 진행되었던 것을 감안하면 고르바초프의 새로운 정책이라고 하더라도 아시아 태평양 지역에서의 경색을 타파하기 위해서는 유럽 지역 이상의 특별한 정책적 전환이 요구되는 상황이었다.

비록 적극적인 결과를 산출하지는 못했지만 고르바초프는 한국과의 수교, 중국과의 긴장완화 등을 추진하면서 독수리의 오른쪽 머리를 잠재워 두지는 않았다. 특히 고르바초프에게는 일본을 비롯한 동아시아 국가들의 산업화와 근대화 과정이 상상력을 자극하는 것이었고, 이 경제기술의 발전결과가 군사적으로 전용되는 상황도 두려운 것이었다. 이러한 심리적 분위기는 적극적인 동아시아 정책의 원동력이 되었다.31)

고르바초프는 동북아시아를 포함한 아시아 태평양 지역에서의 소련의 역할 강화와 존재감 과시를 위한 몇 가지 정책을 추진했다. 즉 아시아 태평양 지역에서의 주요한 역할을 하려는 고르바초프의 의도는 1986년 7월의 블라디보스토크 선언에서 "아시아판 헬싱키 CSCE회담의 구성" 제안으로 그리고 1988년 9월의 크라스노야르스크 선언에서 "전 아시아 안보협력회의 제의"로 나타났다.32) 뿐만 아니라 그의 대외정책 담당자 셰바르드나제도

---

31) Seweryn Bialer, "Domestic and International Factors in the Formation of Gorbachev's Reforms", *Journal of International Affairs*, Vol. 42, No. 2 (Spring 1989), p. 289.

32) Robert F. Miller, "Russian Policy Toward Japan", in Peter Shearman, ed., *Russian Foreign Policy Since 1990* (Boulder: Westview Press, 1995), p. 135; 블라디보스토크 선언을 포함한 고르바초프의 동아시아 정책의 상세한 분석은 강성학, 『이아고와

1990년 '범 아시아 포럼'을 제의했고, 1993년에는 아시아 외상회담의 개최를 제의하면서 나아가 아시아 정상회담으로 발전시키자는 제의를 거듭했다.[33]

이러한 고르바초프의 전략적 전환은 아시아 국가들의 적극적 호응을 얻지 못한 채 1991년 러시아내 고르바초프의 실각으로 인해 결국 미완의 실험으로 끝났다. 고르바초프의 리더십은 국제적인 전략의 변화로 유럽에서는 새로운 지역체제를 수립하는 데 성공했지만, 아시아 지역에서의 전략은 지역의 역사와 문화적 차이를 극복하지 못했다. 뿐만 아니라 그는 대외전략에 있어서는 절반의 성공을 거두었으나, 그 전략을 추진하는 데 필요한 기반이 되는 국내적인 정치세력의 도전을 효과적으로 극복하지 못했다. 스스로 만들어 놓은 다원화된 사회에서 그의 정책수립과정과 시행은 더 이상 전통적인 위로부터의 개혁의 스타일로 추진할 수 없다는 사실을 깨닫지 못했거나 깨닫고 있었다 하더라도 이미 정치적 자원이 고갈된 상황이었던 것이다. 그러나 그의 페레스트로이카는 신생 러시아의 옐친 정권에 의해서 승계되었다. 옐친은 페레스트로이카의 연장선상에 서 있었다.

옐친 정권 초기의 아시아 태평양은 정책의 우선순위에 있어서 미국과 서방에 대한 정책의 하위에 그리고 그 정책의 연장선상에 놓여져 있었다. 1992년 3월 외상 안드레이 코지레프가 러시아 대외정책의 기본 원칙을 발표했을 때 중점은 서방에 놓여졌고, 아시아 태평양 지역은 간단히만 언급되었다.[34] 따라서 블라디미

카산드라: 항공력 시대의 미국과 한국』(서울: 도서출판 오름, 1997년), pp. 547-578 "러시아의 동아시아 정책" 참조.

33) 정은숙, 『다자안보 및 협력의 한 사례로서 CSCE: 아태지역 다자안보협력 구상에 즈음하여』, 세종연구소 정세분석 93-05(통권 24호), 1993년 8월 14일, 9쪽.

르 루킨의 '러시아의 국가이익'에 관한 논문이 발표된 이 시기의 모스크바의 아시아 태평양 지역에서의 이익은 일본과의 영토문제의 해결 및 중국과 한반도의 중요성에 관한 희미한 인식에 의해서만 결정되었다.[35]

이와 같은 우선순위 속에서 아시아 지역에 대한 접근은 고르바초프 시대의 다원주의적 전략이 그대로 답습되었다. 1986년 7월 블라디보스토크 선언에서 명시된 이 전략은 러시아를 아시아 태평양 지역의 일원으로 받아들이도록 하고 긴장과 갈등을 야기하는 것으로 생각되는 세력균형체제를 최소화하는 것이었다. 따라서 전통적으로 추구해 온 세력균형의 전략과 고르바초프의 다원주의 사이의 갈등의 잔재가 옐친의 대 동북아 정책에 그림자를 드리우고 있었다.[36]

1990년대 전반기는 옐친 정권에게 국내적으로 안정되지 못한 시기였고, 유럽에서도 NATO의 동진정책과 유고슬라비아 사태 등이 러시아의 발목을 잡고 있는 시기였다. 특히 NATO의 팽창이 러시아의 반 유럽적 기운을 조장하고 러시아 내의 제국주의적 정치세력을 자극하여 서방과의 협조거부 및 탈 유럽을 촉진할 것이라는 경고가 발해지던[37] 이 시기는 러시아의 대 동북아 전략이라는 것이 구체적으로 수립되기 어려운 시기였다.

그럼에도 옐친은 1992년 11월 한국을 방문하여 의회에서 연설

---

34) Celeste A. Wallander, "Wary of the West: Russian Security Policy at the Millennium", *Arms Control Today* (March 2000), p. 8.

35) Leszek Buszynski, *Russian Foreign Policy after the Cold War* (Westport: Praeger, 1996), p. 169.

36) *Ibid.*

37) Andrei Kozyrev, "Partnership or Cold Peace?" *Foreign Policy*, No. 99 (Summer 1995), pp. 3-14.

하는 가운데 러시아는 지정학적으로 아시아 태평양 지역의 일원임을 강조하고, 러시아의 국가이익은 이 지역 국가들과의 완전한 동반자관계의 형성이라고 표명했다. 그는 이 자리에서 아시아 태평양 지역과 그 하위 지역에 있어서의 다자협상의 메커니즘을 수립할 것을 강조했다. 뿐만 아니라 갈등방지의 조치로서 지역의 안보전문가들 사이의 정기적인 논의의 장을 마련할 것과 갈등조정의 시스템을 구축할 것을 주장했다. 이는 그 이듬해 외상 안드레이 코지레프가 제26차 아세안 외상회의에서 "러시아는 아시아 태평양 지역의 안보체제의 보장역할을 할 것"이라고 언급한 것과 궤를 같이 한다.[38]

즉 정권 초기의 옐친의 대 아시아 정책은 동북아시아와 동남아시아와의 구별에 의미를 두지 않고 단지 아시아 지역으로의 진입 즉 이 지역에서의 발언권 확보에 무게를 두었던 것으로 보인다. 러시아의 아시아 전략이 세분화되지 않았던 것은 동아시아의 지역적 특성에도 기인한다. 유럽과 같이 냉전기의 대립과 갈등을 거듭하면서도 문화적 동질성을 유지했던 지역에서는 국가 간의 쌍무적인 관계의 여하와는 무관하게 이른바 '집단안보체제' 혹은 '공동안보체제'를 제안하거나 그것을 형성하는 것이 상대적으로 용이하다. 또 문화적 동질성의 문제뿐만 아니라 유럽은 동서냉전의 최성기에도 공동안보체제의 형성을 위해서 노력해 온 경험이 있다. 따라서 고르바초프의 '유럽공동의 집'이라는 집단안보의 개념도 쉽게 수용될 수 있었다.

그러나 아시아의 국가들은 역사적 경험은 물론 각 국가가 보유하고 있는 지정학적 위치와 국가목표 그리고 문화조차 매우

38) Leszek Buszynski, *Op. cit.*, p. 171.

다양하다. 아시아에는 근대국가와 탈근대의 국가들이 공존하고 있고, 냉전의 유산으로 분단되어 있는 국가와 오히려 냉전의 혜택으로 안보에 대한 우려 없이 경제적 성장을 이룩한 국가도 있다. 각 국가의 경제규모나 지리적 크기, 대외관계의 역사도 매우 다르다.39) 따라서 러시아가 대 유럽 정책과 같은 맥락에서 대 아시아 전략을 구상, 추진하기도 어렵지만, 그렇게 한다고 해도 그 기대효과는 낮을 수밖에 없다.

옐친의 행정부와 의회의 대립이 옐친의 친위쿠데타에 의해 행정부의 승리로 끝난 직후인 1993년 11월 발표된 러시아 최초의 군사독트린은 "국제상황이 변화되고 있는 오늘날 이념적 대립의 산물인 대치관계를 극복해 나가는 상황에서, 또 파트너십과 다각적 협력의 확대, 군사부문에 있어서의 신뢰증대, 핵 및 재래식 군비의 감축이 이루어지고 있는 상황에서, 정치 외교적, 국제법적, 경제적 및 다른 비군사적 방법이…… 국제적인 연대행동과 함께 전쟁의 예방에 있어 우선적인 의미를 지닌다"고 되어 있다. 즉 전쟁의 예방과 집단안보의 개념이 국가의 안보정책의 핵심이며, 정치 외교적 수단이 전쟁 도발이나 무력 투쟁보다 우위에 있음을 강조했다. 또한 이념적 대립이 종식됨에 따라 어떠한 국가도 적으로 간주하지 않으며 러시아의 국익을 저해하지 않는 한 모든 국가를 파트너로 간주한다고 명시하였다. 따라서 군사력은 최후의 수단으로서만 사용되어야 하면, 다른 분쟁 해결방법이 성공하지 못했을 때 신중하게 사용해야 한다고 규정하고 있다.40)

39) 타나까 아끼히꼬 (이웅현 역), 『새로운 중세: 21세기의 세계시스템』 (서울: 도서출판 지정, 2000년), 235-258쪽.

40) Celeste A. Wallander, *op. cit.*, p. 8; 한국전략문제연구소, 『동북아 전략균형 2001』 (서울: 한국전략문제연구소, 2001년), 213쪽.

1993년의 러시아에게 이러한 전략은 옐친 정권의 대서방 협조 정책과 맥락을 같이 하는 것이다. 즉 민주주의 정치제도와 시장 경제의 정착을 최우선 과제로 삼고 있던 러시아의 입장으로서는 안보의 개념에 있어서도 방어적이고 상호의존적인 전략으로의 전환이 불가피했으며, 어느 국가도 적으로 간주하지 않음으로써 서방의 의구심을 달래고 있었다.

상호성, 균형 그리고 상호안전보장 등의 원칙에 무조건적인 우선순위가 부여되었고, 신뢰구축조치, 정치적 비폭력적 수단에 의한 국제안정과 평화의 유지가 우선시되었다. 그러나 실제로 이러한 개념들 가운데 주요한 것들은 이미 1987년에 발표된 소련의 군사독트린에 의해 규정된 것들이었다. 즉 군사적 영역에 있어서의 중심적인 정치적 목표는 핵전쟁이든 재래식 전쟁이든 세계전쟁을 방지하는 것이었다.[41] 1993년의 군사독트린은 고르바초프의 대외전략의 연장선상에 있었던 것이다.[42]군사 독트린

---

41) Evgni Shaposhnikov, "The Armed Forces: To a New Quality", in Teresa Pelton Johnson and Steven E. Miller, *Russian Security After the Cold War: Seven Views from Moscow* (Washington and London: Brassey's, 1994), pp. 188-189.

42) 이와 같이 전반적인 국제환경 속에서 1993년의 군사독트린을 해석하는 입장과는 달리 탈 냉전기 러시아의 지정학적 현실과 군사적 열세를 고려하여 러시아가 '선제공격'의 가능성을 강조했다는 해석으로는 Celeste A. Wallander, *op. cit.*, p. 8; 특히 정은숙, "러시아의 대외군사협력: 목표, 현황, 전망", 홍현익 편『전환기 러시아의 대외정책』(서울: 세종연구소, 2000년), 24쪽 참조:

"과거 냉전체제와는 달리 특정 국가나 특정 동맹체를 가상적으로 상정하지는 않았지만 다음 사실에서 사방의 놀라움을 샀다. 첫째, 고르바초프의 신사고 독트린과 달리 군사력의 선제사용 불가항목이 제외되었다. 러시아의 핵전력이 러시아와 그 동맹국들에 대한 전쟁도발 기도를 억제하기 위한 안보수단의 주축임을 명시하는 한편 외부로부터 핵 공격 위협이 있을 경우 핵무기로 선제공격할 수 있음을 밝히고 있다. 이로써 1977년 브레즈네프의 툴라선언 이후 견지되어 오던 핵 선제사용 무용론과 1982년 핵 선제 불사용 선언을 폐기한 것이다. 둘째, 러시아의 위협인식은 러시아

이나 군사기술 정책이 결코 진공상태에서 형성되는 것이 아니라 구체적인 국내외의 정치적 맥락에서 결정되는 것이라면, 1993년의 러시아 군사독트린 역시 냉전의 종결과 민주화 혁명의 잔영 속에서 탄생한 것이라고 할 수 있다.[43] 다시 말해서 대서방 의존 정책을 표명하면서 아시아에 대한 전략은 최소화하지 않을 수 없었던 것이다.

그로부터 4년 뒤인 1997년 12월 대통령령으로 선포된 '국가안보개념'은 실질적인 안보상황과 대응책에 초점을 두면서 현실성을 부여했다. 즉 현재 진행 중인 다극화의 국제사회[44]로부터 가해지는 위협보다는 경제위기를 비롯하여 민족분쟁, 범죄, 부패

영토 이외에 접경하고 있는 구소련 국가들에 대한 방위까지도 포함하고 있다."

이러한 해석은 아마도 러시아의 1993년 군사독트린이 러시아내의 국가이익논쟁을 반영한 부분 즉 '근외지역'에 대한 러시아의 국가이익을 배경으로 형성된 데 기인한 것으로 보인다. 핵전략에 있어서의 이러한 변화가 옐친 그룹과 러시아 국내의 민족주의자들 및 '근외지역'을 중시하는 유라시아주의적 정치세력과의 타협의 산물이라는 해석은 Neil Malcolm and Alex Pravda, "Democratization and Russian Foreign Policy", *International Affairs*, Vol. 72, No. 3 (1996), pp. 546-547. 근외지역에 대한 러시아의 입장에 관한 러시아 국내의 논쟁에 관해서는 Neil Malcolm, Alex Pravda, Roy Allison and Margot Light, *Internal Factors in Russian Foreign Policy* (Oxford: Oxford University Press, 1996), pp. 33-100; Wynne Russell, "Russian Relations with the 'Near Abroad'", in Peter Shearman, ed., *Russian Foreign Policy Since 1990* (Boulder: Westview Press, 1995), pp. 53-70; Leszek Buszynski, *Russian Foreign Policy after the Cold War* (Westport: Praeger, 1996), pp. 95-168을 참조. 1993년 11월에 승인된 러시아의 공식 독트린 즉 핵무기의 선제사용 및 핵억지의 확장이 NATO의 팽창에 의해 영향을 받은 정책이었다는 해석은 Alexei Arbatov, "Eurasia Letter: A Russian-U.S. Security Agenda", *Foreign Policy*, No. 104 (Fall 1996), p. 105.

43) Sergei Kortunov, "International and Domestic Political Factors in the Formulation of Military Doctrine and Military-Technical Policy in Russia", *Comparative Strategy*, Vol. 13, No. 1 (1994), p.44.

44) Celeste A. Wallander, *op. cit.*, p. 8.

만연 등 내부혼란이 보다 심각한 현안이라는 인식에 토대를 두었으며, 개혁정책의 추진에 따른 시장개방으로 인하여 서방에 의한 경제구조 및 기술의 종속 가능성에 대한 우려를 내포하고 있었다. 이는 친 서방 정책을 펼쳐왔던 러시아 초기의 외교기조에서 벗어나 러시아 민족주의의 발흥과 NATO의 동진으로 인한 위기감이 표출된 것이라고 평가할 수 있다.[45]

즉 러시아 지도부는 단기적으로 국가안보에 대한 위협이 군사적이라기보다는 비군사적 측면, 그리고 외부보다는 내부에 있는 것으로 관측하고 있었다. 경제적 위기상황, 사회분열과 긴장, 천연자원 고갈 및 생태환경 악화, 민족분리주의, 중앙과 지방의 갈등, 사회관계의 범죄화, 테러리즘, 국민건강과 인구학적 변화 등을 안보에 대한 주요 위협으로 보고 있었던 것이다.

반면 NATO의 동진과 카스피해 유역에서 서방과의 경쟁이 심화됨에도 불구하고 냉전 이후 러시아의 주요 국가이익이 서방과 직접 무력충돌할 가능성은 비교적 적은 것으로 보고 있다. 러시아가 서방과 마찬가지로 민주주의와 자유주의 시장경제의 길을 걷고 있는 점, 러시아가 인준한 다양한 군비통제조약으로 인해 외부로부터의 급습이 어렵다는 점, 그리고 러시아가 핵억지력을 가지고 있다는 점 등이 그 배경인 것으로 보인다.

물론 군사 차원의 안보위협은 상존하며 이에 대한 대응으로는 러시아군의 구조와 구성의 최적화, 전문요원의 확충, 독립국가연합 내 집단안보체제의 구축을 위한 재정적 지원, 방어에 충분한 군사력의 보장, 핵균형의 유지, 국제기구의 일원으로서 자발전인 평화유지활동에의 참여, 주요 지역 내에서의 동맹의무의

45) 한국전략문제연구소, 앞의 책, 213-214쪽.

수행 준비, 군사안보와 관련된 행정직의 최적화, 세계시장 진출을 위한 군사기술의 향상, 군인의 사회적 보장, 예산지원, 정보수집 등을 들고 있다.[46)]

1993년의 군사전략이 전반적으로 대서방 협조정책을 근간으로 하여 국내의 '국가이익'에 관한 논쟁과 CIS국가들 즉 구소련의 공화국이었다가 독립한 '근외지역'에 대한 준제국주의적 입장이 남아 있는 복합적인 것으로서 '대서양주의'가 우선하는 것이었다면, 1997년에 이르러 이와 같은 군사전략은 옐친 정권의 제2기 안정기의 확립과 때를 같이하여 상대적으로 '유라시아주의' 즉 아시아를 중시하는 것으로 변모하는 과정이라고 해석할 수 있다.

이 시기는 이미 일방적으로 서방에 의존하는 대외정책에 한계가 있다는 점을 확인하는 시기였고, 이러한 인식의 변화는 NATO의 동진에 따라 같은 해 헝가리, 체코슬로바키아, 폴란드가 NATO에 가입하면서 더욱 촉진되었다. 뿐만 아니라 유고슬라비아 지역에 대한 미국 및 유럽 국가들의 일방적인 공세는 러시아의 소외감을 더욱 부추겼을 것이다.

따라서 구소련의 영향권에 대한 러시아의 입장을 강화하고, 타지키스탄이나 키르기스와 같은 국가들에서 발생한 분쟁들에 대해서도 러시아군의 적극적인 개입이 실효를 거둠으로써 자신감을 회복한 결과이기도 하다. 새로운 형태의 전쟁들에 대한 체계적인 정책수립이 필요했기 때문에 중앙아시아를 둘러싼 국가들과의 이 문제에 관한 협력의 필요성이 제기된 시기이기도 하다.

결국 러시아는 중국, 카자흐스탄, 키르기스, 타지키스탄 등과 같은 관련 국가들과 '상하이 5개국 회의'를 결성하여 중앙아시아

---

46) 정은숙, 앞의 글, 25-26쪽.

의 분쟁요소 특히 이슬람 분리주의 움직임에 공동으로 대처하는 것을 중요한 군사정책의 하나로 삼았다. 매년 이 회의를 정기적으로 개최함으로써 미국과 서방국가들의 일방주의를 견제함과 동시에 잠들어 있던 아시아의 독수리를 깨우기 시작했다. 그러나 그 독수리는 아직 멀리 동아시아 쪽까지 바라보기 위해 머리를 들지는 않았다.47)

Ⅳ. 러시아 군사안보전략의 변화와 동북아시아: 푸틴 시대

1998년과 1999년 사이에 러시아는 국제환경에 대한 새로운 평가를 준비해야 했다. 국내적으로도 페레스트로이카의 후예들에 의한 자유화와 세계화의 정책이 1998년의 금융위기로 파탄에 직면했고, 코소보의 전쟁과 이에 대한 NATO의 개입은 여전히 미국과 서방의 일방주의를 확인시켜 주었다.48) 이러한 분위기 속에서 제2차 체첸전쟁을 배경으로 옐친의 권좌를 물려받은 푸틴49)에게는 강력한 심지어 권위주의적 국가건설에의 기대조차

47) 그럼에도 불구하고 옐친 시대 러시아의 경제적 파탄, 손상된 민족자존심, 그리고 러시아의 정부 구성원의 변화로 인해 러시아의 대 아시아 정책이 적극성을 띠게 될 것이라는 전망은 Charles E. Ziegler, "Russia and the Korean Peninsula: New Directions in Moscow's Asia Policy?" *Problems of Post-Communism* (November/December 1996), pp. 3-12. 그러나 지글러 역시 동아시아 지역에서의 러시아의 경제적 영향력에 의존할 것이기 때문에 21세기 초까지는 이 지역에서 부차적(marginal)인 역할밖에는 하지 못할 것이라고 결론짓고 있다. p. 10.

48) Celeste A. Wallander, *op. cit.*, pp. 8-9.

49) 제2차 체첸전쟁과 러시아의 올리가르히, 특히 보리스 베레조프스키 그리고 푸틴의 등장과의 상관관계에 관한 음모적 설명은 Paul Klebnikov, *Godfather of the Kremlin: Boris Berezovsky and the Looting of Russia* (New York: Harcourt, Inc., 2000), pp. 299-307을 참조. 푸틴의 권력기반으로서의 체첸전쟁의 동향에 관한

모아졌다.[50] 다시 말해서 푸틴은 대국의 향수에 젖어 있는 러시아인들이 강력하고 신선한 리더십을 갈구하는 상황에서 등장한 것이다. 푸틴은 집권 이후 지방에 대한 중앙의 통제를 강화하는 정책을 시작으로 대내적인 개혁 작업에 박차를 가하면서 강한 러시아의 건설을 추진하고 있지만 대외정책 특히 동북아시아에 관한 그의 구상은 여전히 미지수이다.[51] 다만 푸틴 집권 이후 발표된 '국가안보개념'과 '군사독트린' 및 군사개혁정책 그리고 2000년 이후 동아시아에서의 그의 외교행보를 통해서 러시아의 동북아정책 혹은 전략을 엿볼 수 있을 것이다. 푸틴 자신이 이러한 일련의 외교활동을 통해서 구상을 정리해 나아가는 입장에 있을지도 모른다.

2000년 1월 10일 러시아가 발표한 '국가안보개념'과 그 뒤 4월에 채택한 '군사독트린'은 이전보다 훨씬 더 강도 높게 안보의 위협을 실체화하고 있다. 2000년 1월 대통령령에 의해 발효된 국가안보 개념은 대외위협으로서 UN과 OSCE를 비롯한 기존의 국제안보기구의 역할을 저하시키려는 일부 국가와 국가군을 지적하고 있으며, 동유럽 너머 발트 3국, 우크라이나로 점차 영향력을 확대해 가고 있던 NATO의 강화, 대량살상무기와 그 운반수단의 확산, 중앙아시아와 아시아 태평양 지역에서의 국익에 대

분석은 池上薫、「プーチン・ロシア大統領代行の実像」『世界』(이케우에 가오루, "푸틴 러시아 대통령대행의 실상," 『세계』) 2000年3月号、170頁。

50) Timothy F. Colton and Michael McFaul, "America's Real Russian Allies", *Foreign Affairs*, Vol. 80, No. 6 (November/December 2001), p. 51.

51) 푸틴은 자신에게도 당혹스러울 만큼 갑작스럽게 강대국의 지도자로 등장했기 때문에 그의 구상에 관해서는 전혀 알려진 바가 없다. 그 자신의 자서전이라고 할 수 있는 Vladimir Putin, *First Person: An Astonishingly Frank Self-Portrait* (New York: Public Affairs, 2000)에도 대외전략의 구상에 관한 언급은 전혀 없다.

한 침해, 국제 테러리즘, 러시아의 영토를 잠식해 들어오는 접경 국가들의 경제, 인구 및 문화, 종교적 팽창, 국경지역 내 분쟁의 발생과 대규모 분쟁으로의 확전 등을 명시했다. 군사영역에 있어서도 UN 안전보장이사회의 승인 없이 영역 밖의 군사행동을 도모하는 NATO 측의 정책, 일부 선진국들의 신기술 선점과 새로운 군비경쟁의 전개, 러시아 자체 군 조직과 군산복합체의 개혁 지연, 국방예산의 부족, 군 병력의 훈련 저하, 무기 및 장비 노후화로 인한 군사안보의 총체적 약화 등을 열거하고 있었다.

특히 2000년 4월 21일 국가안보회의에서 채택된 군사독트린에서는 안보위협 인식이 현재 러시아 국내에서 새롭게 부활되고 있음을 암시했다. 중요한 대외적 위협으로서 '러시아의 군사안보를 저해하는 군사동맹의 확대'를 지적함으로써 NATO의 위협을 간접적으로 지칭하는 한편, '국제 안보문제의 해결에 있어 러시아의 국익을 제한하는 시도'를 명시하여 미국에 의한 단극지배와 ABM질서의 위배를 시사했다.[52] 모든 국가들과의 협조와 파트너십을 강조한 옐친 시대의 대외전략과는 명백한 차이를 보여주고 있는 것이다.

푸틴은 일종의 국가주의자로서의 면모를 보이면서 국내에서는 서방과의 협력과 협조를 요구하는 광범위한 지배계층의 지지를 받고 있지만, 그 대가에 있어서는 유보적인 입장을 취하고 있는 셈이다. 즉 세계경제로의 통합과 협력을 추구하되 영토적 순수성과 주권의 침해 그리고 핵전력이나 통상병력에 있어서의 서구의 지배적 지위는 인정하지 않으려는 모습을 보이고 있다. 서방이 러시아의 이익을 보호해 줄 것이라는 기대는 전혀 나타

52) 한국전략문제연구소, 앞의 책, 214쪽.

나 있지 않는 것이다.[53]

이와 같은 군사안보 면에서의 서방에 대한 신뢰를 감소시키면서 푸틴 정권은 옐친 정권에서 구상되기 시작한 러시아군의 개혁에도 시동을 걸었다. 2000년 9월 국방상 세르게이 이바노프가 발표한 군사개혁의 내용은 11월과 12월의 연방안보회의의 결정에 따라서 5개년 계획으로 구체화되었다. 즉 2005년까지 120만 명의 병력을 85만 명으로 감축하는 것을 비롯해서 기존의 육, 해, 공군 및 ABM부대, 우주항공부대, 전략로켓트부대의 군종을 2005년까지 육, 해, 공군 및 전략로켓트부대, 공수부대 및 우주항공부대의 3군종 3병종으로 전환하기로 결정했다. 이는 주요 전략방면에 있어서 수시로 발생할 수 있는 위기에 대응하기 위해서 육군과 공수부대의 전력을 강화하기 위한 조치이며, 북카프카스, 아프가니스탄, 타지키스탄 등 중앙아시아 지역의 긴장상태를 염두에 둔 조치이기도 하다. 뿐만 아니라 볼가군관구와 우랄군관구를 통합하여 중앙아시아에 있어서 상비군의 역할을 강화했다. 그리고 타지키스탄에는 러시아의 군사기지를 설치하기로 결정했다.[54] 푸틴 정권은 중앙아시아의 군사적 국면을 가장 중요한 위기의 하나로 상정하고 있는 것이다.

핵무기의 선제 사용에 관해서도 이미 2000년의 '안보개념'과 '군사독트린'에서 언급했지만, 이러한 군 개혁의 구상에 관한 러시아 국방성의 공식적인 입장을 설명하면서 국방상 이바노프는 러시아의 영토적 순수성이나 주권을 위협하는 비핵 국가에 대해서도 핵무기를 사용할 수 있다고 밝히고,[55] "군사개혁을 진행함

53) Celeste A. Wallander, *op. cit.*, p. 11.

54) 『日本経済新聞』 2000年9月9日, 『朝日新聞』 2000年9月9日, 『読売新聞』 2000年9月8日, 『人民日報』 2000年9月9日, 『新華通信』 2000年9月9日.

에 있어서 무기와 병력의 감축을 시도하면서도 중요한 것은 핵전력을 활용하여 전투태세를 갖추는 일"이라는 점을 강조했다.[56]

푸틴 정권이 발표한 '안보개념'과 '군사독트린'은 전략의 방향에 있어서 주로 중앙아시아를 타깃으로 하고 있는 것으로 보인다. 그러나 푸틴 집권 2개월 만에 발표된 러시아 외무성의 '외교독트린'은 러시아의 대외정책에서 동아시아가 중요한 전선의 하나로 완전히 자리 잡고 있음을 보여 주었다.

러시아 외상 이반 이바노프가 2000년 7월 10일 발표한 '외교독트린'은 중국, 인도 및 기타 아시아 국가들과의 관계를 강화하면서 아시아에 있어서 외교적인 공세를 전개하는 것을 주 내용으로 하고 있었다. 러시아에 있어서 중국과 인도의 중요성을 언급했다는 점은 이미 서술한 바와 같지만, 특히 이 외교독트린에서는 러-일 간의 국경획정 및 북방영토문제 그리고 평화협정 체결의 문제에 관해서도 교섭을 계속해 나가면서 "양국의 국익에 부합하도록 진정한 선린관계를 구축할 것"이라는 점을 천명했고, 국제연합 안전보장이사회의 역할 강화, 국제테러에 대한 공동의 대책 촉구 등이 강조되었다.[57]

같은 해 7월 15일 역시 외상 이바노프는 푸틴의 중국, 북한, 일본, 인도 등지의 순방계획을 발표하면서, APEC 지도자들의 비공식회담에도 참석할 것이라고 강조했다. 이바노프는 "아시아 태평양 지역이 매우 빠른 속도로 발전하고 있는 지역"이라면서 "러시아는 시베리아와 극동지역이 적극적으로 아시아 태평양 지역의 경제발전 과정에 참여하여 이 지역 국가들과 대외적인

---

55) Celeste A. Wallander, *op. cit.*, p. 11.

56) 『生活時報』 2001年5月2日.

57) 『読売新聞』 2000年7月11日.

경제관계를 희망한다"고 표명했다. 그리고 중국과의 전략적 동반자 관계도 강조했다.[58]

푸틴 정권 등장 이후 러시아 국장의 아시아 독수리는 완전히 잠을 깬 듯이 보인다. 그러나 비상(飛上)할 준비는 갖추어지지 않은 것으로 보인다. 2000년까지의 러시아의 대 동아시아 특히 동북아시아 전략은 구체적인 정치, 군사적 진출이나 협력체제의 제안으로 발전하지 않았다. 그 해와 이듬해에 걸친 푸틴의 아시아 제국 순방을 통해서 러시아는 중국과는 전략적 파트너십을 확인하였지만, 일본과의 평화조약체결 문제는 결렬되었고, 한국과도 경제적 분야 이외의 성과는 미미했다.[59] 단지 러시아는 동북아시아의 지역안정에 대한 중개자의 역할 및 경제적 진출의 의사가 있다는 점만을 표명했다.

Ⅴ. 동북아 테이블의 러시아의 좌석[60]:안보협력의 제도화(?)

냉전이 해체와 소련의 붕괴 이후 영토의 축소와 경제적인 파

58) 『人民日报』 2000年7月16日

59) 예를 들어 2001년 2월 서울을 방문한 푸틴 대통령과 한국의 김대중 대통령 사이에 발표된 공동성명은 첫째, 러시아는 김대중 대통령의 북한과의 화해, 협력정책을 지지한다. 둘째, 한국은 한반도의 평화와 안정을 위한 러시아의 역할을 평가한다. 셋째, 이르쿠츠크에서의 천연가스개발, 나호트카에서의 공업단지 건설 등에서 협력한다. 넷째, 북한의 미사일 문제를 대화계속으로 해결한다. 다섯째, 시베리아 횡단철도와 한반도 종단철도의 연결 협력기관의 설치를 협의한다는 등의 내용으로 되어 있다. 『産経新聞』 2001年2月28日。

60) NATO의 팽창과 관련하여 유럽의 안보제도 속에 러시아가 어떤 위치를 차지해야 하는가를 분석한 Jonathan Haslam, "Russia's Seat at the Table: A Place Denied or a Place Delayed?", *International Affairs*, Vol. 74, No. 1 (1998), pp. 119-130의 제목을 차용한 것.

탄을 경험하면서 러시아는 세계전략 및 군사구조의 변화를 도모하지 않을 수 없게 되었다. 러시아의 군사구조 변화와 새로운 세계전략 속에서 동북아의 의미는 무엇인가? 나아가 러시아의 대 동북아시아 전략 또는 정책은 과연 존재하며 또 존재한다면 그것은 어떤 것인가? 고르바초프의 신사고의 연장선상에서 동북아시아에서도 다자주의적이고 다원적인 통합의 전략을 추구할 것인가 아니면 러시아의 전통적인 세력균형 우선정책을 취할 것인가? 최종적인 전략적 목표는 지역의 안정과 평화가 될 것이지만, 그 정책적 목표를 수행하는 과정의 국가의 움직임은 팽창주의적인 것이 될 수도 있고, 따라서 지역의 다른 국가를 위협하는 것이 될 수도 있다. 러시아가 동북아시아에서 추구하는 전략적 목표와 그 수행을 위한 구체적인 정책은 무엇인가?

구소련의 전선이 미국을 비롯한 서방국가들을 상대로 하여 최우선적으로 형성되어 있었고, 중동과 아시아 지역은 부차적인 전선이었으며, 중앙아시아 지역에는 그러한 전선이 형성되어 있지도 않았었다면, 새로운 러시아는 유럽과 중동 그리고 중앙아시아와 동북아시아 등의 다양한 전선에 직면하고 있다. 영토는 축소되고 국가의 규모는 작아졌지만 유럽과 아시아에 걸친 영토의 속성 상 오히려 방위해야 할 전선은 다양해졌고, 따라서 양극시대의 초강대국 위상만으로는 유지하기 어려운 지역 강대국으로서의 새로운 과제를 안게 되었다.

동북아시아는 이와 같은 러시아의 여러 개의 전선 가운데 하나이지만 과거와는 달리 그 중요성의 상대적 비중은 높아졌다. 러시아는 일본이나 한국은 서방국가로 분류하고 중국과 북한을 비슷한 이념적 성향의 동맹국 혹은 준 동맹국으로 보던 소련의 시각에서 벗어나 이제는 이 4개국 모두를 동북아시아를 구성하는 잠재적인 협력 또는 경쟁의 대상으로 보고 있다. 그리고 일본과는 영토문제와 평화조약의 문제, 중국과는 중앙아시아 지역에서의 대 테러 공동대처 문제와 연해주와 시베리아 개발에서의 협력문제, 무기 수출입 문제, 한국과는 채무상환과 철도연결 문제, 한반도의 통일논의 문제 등을 현안으로 가지고 있다.

즉 동북아시아에서 러시아는 공동의 안보를 추구할 수 있는 입장에 있기보다는 이 지역의 국가들과 쌍무적이고 개별적인 관계를 형성하고 있다. 러시아는 동북아시아의 각 구성국들과 각기 전혀 다른 성격의 현안들을 안고 있으며, 특히 중앙아시아를 둘러싼 국가들과의 관계에서와 같은 공통의 군사적 이슈는 더욱이 존재하지 않는다. 동북아시아의 국가들도 경제성장을 바탕으로 러시아가 포함된 지역 경제협력체제에서부터 시작하고자 할 것이다.61)

물론 모스크바는 장기적으로 고르바초프 시대 이래 추진되어 온 다자주의와 다자안보협력체제가 아시아 태평양 특히 동북아 지역에서도 형성되고 그 속에서 일정한 역할을 할 것으로 기대할 수 있다. 그러나 현재 러시아와 일본의 관계는 오히려 이 지역에서 러시아를 소외시키는 방향으로 진행되고 있다. 라틴아메리카의 국가들보다 결코 우월하지 않은 경제적 상황의 러시아가 동북아시아 지역에서 일본과의 관계를 정리하고 일본의 경제협력을 받지 않는 한 지역의 강대국으로 등장할 가능성은 낮아진다.

중국과의 관계개선과 강화, 전략적 동반자관계의 형성은 중국과의 관계에 있어서는 안보상의 불안을 제거해 줄 수 있지만,

---

61) Ralph A. Cossa and Jane Khanna, "East Asia: Economic Interdependence and Regional Security", *Internatioanl Affairs*, Vol. 73, No. 2 (1997), pp. 219-234.

동북아시아 지역에서의 다른 국가들 특히 일본과 미국의 불안을 고조시킬 수도 있다. 더욱이 중국은 다자안보체제 또는 다자안보포럼의 형성이 군사적 투명성을 요구함으로써 자국의 (타이완에 대한) 억지 능력이 저하될 것이라는 판단 하에 이에 적극적이지 않다.[62] 최근의 푸틴의 대 동북아시아 외교행보와 군사개혁 정책은 러시아의 지역적 한계를 감안한 것이기는 하지만 여전히 지역의 안보정세를 판단하는 데 있어서 과거의 초강대국적 입장에 서 있는 징후가 보인다.

또한 러시아의 국내여론도 동북아시아 지역에서의 러시아의 '강대국'화를 요구하고 있다. 특히 연해주와 사할린 지역의 국제적 위상도 증가하고 있어 이 지역의 중앙정부에 대한 이해관계의 주장은 강화될 것으로 보인다. 일본과의 관계개선이 난항을 겪고 있는 데에는 이러한 요소도 작용하고 있다. 즉 동북아시아에서의 러시아의 위치는 이 지역의 통합자를 자처할 수 있지 못하다. 그렇다고 해서 군사개혁이 완료되는 시기까지는 이 지역의 세력균형의 균형추로서의 역할을 자처하기도 어려운 형편이다.

러시아는 1992년부터 ASEAN의 확대장관회의에 옵서버로 참여하기 시작하면서, 1994년에는 ARF에 처음부터 참가했고, 1996년에는 ASEAN의 정식 대화상대국으로서의 지위를 확보했다. 이 시기를 즈음해서부터 러시아는 꾸준히 동남아시아 지역에서

---

62) Thomas J. Christensen, "China, the U.S.-Japan Alliance, and the Security Dilemma in East Asia", *International Security*, Vol. 23, No. 4 (Spring 1999), p. 71. 코지레프의 표현을 빌면 중국은 이른바 "제도화의 덫(institutional trap)"에 걸리지 않으려 한다고 할 수 있다. Andrei Kozyrev, "Partnership or Cold Peace?" *Foreign Policy*, No. 99 (Summer 1995), p. 11.

의 안보협력의 제도화를 제안해 왔다. 1992년 7월에는 코지레프 외상이 해군의 기동훈련을 제한하는 신뢰구축, 안보구축 장치를 제의했고 동아시아 지역의 안보레짐 형성을 제창했다. 코지레프는 1993년에도 ASEAN 확대외상회담에서 러시아가 동아시아 지역안보체제의 보장자 역할을 할 것을 제안했으며, 1994년과 1996년에도 ARF에서 비슷한 제안을 거듭했다.[63] 그러나 이러한 일련의 제의들에 대한 구체적 반응은 현실화되지 않았고, 또 러시아는 동북아시아를 포함한 아시아 태평양 지역에 관한 한 APEC에서는 ASEAN과 비슷한 대우를 받고 있지도 못하다.

2000년 11월 러시아 국방상 이고리 세르게예프는 ASEAN의 ARF에서의 러시아의 활동을 예로 들면서 아시아 태평양 지역의 다국간 집단안보 및 협력에 관한 틀을 만들자고 제안하면서, 2국간-소지역-지역전체의 성격을 지니는 안보교섭의 메커니즘을 창설하자고 주장했다. "세계 대국의 하나로서 러시아는 다극화 세계에서 중요한 위치를 점하고 있기" 때문에 "아시아 태평양의 군사 균형 유지에 중요한 역할을 수행할 수 있다"는 것이다.[64] 그러나 동북아시아 지역 각 국가들과의 쌍무적인 소규모 군사협력 이외에, 이러한 제의에 호의적 반응을 보이는 국가도 없다.

경제협력의 제도화와 안보협력의 제도화는 모두 반복되는 상호작용의 맥락에서 비롯되는 안정적 기대(stable expectations) 위에서 가능한 것이지만, 일반적으로 경제협력의 제도화보다 안보협력의 제도화의 성공사례가 극히 희소한 이유는 협력에 가담했을 경우 보장받는 미래의 이익이 가시적이지 않거나 크게 보이지 않으며, 호혜적 협력의 위반 또는 이탈에 대한 페널티가 치명

63) Eunsook Chung, *op. cit.*, pp. 261-262.
64) 『産経新聞』 2000年11月27日.

적일 수 있기 때문이다.[65] 동북아시아의 국가들은 대체로 안보협력체제를 결성했을 때 보장받을 수 있는 미래의 이익을 느낄 수 있을 만큼 심대한 공동의 안보위협을 느끼지 못하고 있다. 오히려 다자안보협력체제에서 논의하는 것 자체를 "제도화의 덫"에 걸려드는 일이라고 판단할 만한 쌍무적인 관계의 이슈들을 러시아와 가지고 있다.

현재의 러시아가 직면하고 있는 상대적 취약성과 지정학적인 도전은 러시아로 하여금 아시아와 유럽을 연결하는 균형자로서의 강대국으로의 부활을 꿈꾸게 할 것이다. 현재의 취약함과 미래의 강대국지향 사이의 긴장을 전통적으로 러시아인들은 민족주의적이고 제국주의적인 목적의식과 레토릭에 의한 적극적 외교정책을 구사하면서 해소하려고 해 왔다.[66]

이 적극적 외교정책의 한 방편으로 푸틴정권은 등거리 외교가 아니라 전방위 외교를 동북아시아에서 추진하고 있다. 각국과 최대한으로 관계를 개선함으로써 세계에 있어서의 러시아의 입장을 강화하려 하고 있으며, 이러한 외교 스타일은 상당히 성공을 거두고 있는 것으로 보인다. 그러나 전방위 외교를 무엇을 위해서, 어떻게 추진할 것이며, 어떠한 전략에 입각하고 있는지에 관해서는 확실하게 수립되어 있지 않다. 현 단계의 푸틴의 동북아 전략은 아직 확고하게 규정되어 있지 않고 단지 전술만이 구사되고 있다. 즉 아시아 각국을 적극적으로 외유하면서 각국과의 관계개선으로 미래의 외교적 선택지를 넓히려 하는 단계

---

65) Charles Lipson, "International Cooperation in Economic and Security Affairs", *World Politics*, Vol. 37 (October 1984), pp. 1-23.

66) Sherman Garnett, "Russian Power in the New Eurasia", *Comparative Strategy,* Vol. 15 (1996), p. 31.

에 있는 것이다.[67]

러시아는 동북아시아에서 안보협력의 제도화 또는 군사적 제도화를 도모하기 힘든 아직은 이 지역의 신참에 불과하며, 안정적 기대를 형성할 만한 상호작용(TIT-FOR-TAT)의 축적도 없다. 아시아 쪽 독수리의 비상(飛上)을 위한 날개 짓은 시작되지도 않았다.

러시아는 동북아시아에서 지역 구성 국가들과의 쌍무적인 안보 파트너십을 구축하는 데 주력하면서 군사개혁이 달성될 때까지 당분간은 지역안보의 중개자 또는 보장자의 역할을 자임하려 할 것이다. 물론 분명한 것은 러시아가 궁극적으로는 유럽과 중앙아시아 그리고 동남아시아의 경우를 교훈 삼아 동북아시아에서도 안보협력체제가 가시화되기를 원하고 그 과정에 주도적인 역할을 하는 것이 현재로서는 최선의 정책이라고 생각하고 또 그렇게 희망할 것이라는 점이다. 그러나 더욱 더 분명한 것은 "희망은 정책이 아니라(Hope is not a Policy)"[68]는 점이다.

■ 참고문헌 ■

단행본

강성학, 1997, 『이아고와 카산드라: 항공력 시대의 미국과 한국』 (서울:

67) 元ロシア外務次官ゲオルギー・クナーゼインタビュー (下) 「歯舞、色丹の引き渡し交渉を：国後・択捉の地位にも重要な影響」『世界週報』 (전 외무차관 게오르기 쿠나제 인터뷰 (하) "하보마이, 시코탄의 인도 교섭을: 쿠나시리, 에토로푸의 지위에도 중요한 영향" 『세계주보』) 2001年4月24日、19–20頁。

68) Stephen Blank, "Which Way for Sino-Russian Relations?" *Orbis* (Summer 1998), p. 360에서 빌어온 표현.

도서출판 오름).

정은숙, 1993,『다자안보 및 협력의 한 사례로서 CSCE: 아태지역 다자안보 협력 구상에 즈음하여』, 세종연구소 정세분석 93-05(통권 24호).

타나까 아끼히꼬 (이웅현 역), 2000,『새로운 중세: 21세기의 세계시스템』(서울: 도서출판 지정).

한국전략문제연구소, 2001,『동북아 전략균형 2001』서울: 한국전략문제연구소).

Buszynski, Leszek. 1996, *Russian Foreign Policy after the Cold War* (Westport: Praeger).

Checkel, Jeffrey T. 1997, *Ideas and International Political Change: Soviet/Russian Behavior and the End of the Cold War* (New Haven and London: Yale University Press).

Chernyaev, Anatly. 2000. *My Six Years with Gorbachev* (Pennsylvania: The Pennsylvania State University Press).

Goldstein, Judith & Keohane, Robert O. 1993, *Ideas and Foreign Policy: Beliefs, Institutions, and Political Change* (Ithaca and London: Cornell University Press).

Haas, Peter. 1990, *Saving the Mediterranean: The Politics of International Environmental Cooperation* (New York: Columbia University Press).

Klebnikov, Paul. 2000, *Godfather of the Kremlin: Boris Berezovsky and the Looting of Russia* (New York: Harcourt, Inc.).

Malcolm, Neil. Pravda, Alex. Allison, Roy and Light, Margot. 1996, *Internal Factors in Russian Foreign Policy* (Oxford: Oxford University Press).

Petro, Nicolai N. and Rubinstein, Alvin Z. 1997, *Russian Foreign Policy: From Empire to Nation-State* (New York: Longman).

Putin, Vladimir. 2000, *First Person: An Astonishingly Frank Self-Portrait* (New York: Public Affairs).

Simes, Dimitri K. 1999, *After the Collapse: Russia Seeks Its Place as a Great Power* (New York: Simon & Schuster).

Stephan, John J. 1994, *The Russian Far East: A History* (Stanford: Stanford University Press).

논문

고상두, 1997, "러시아의 동아시아 정책과 중국", 『한국과 국제정치』 Vol. 25.

연현식, 1996, "러시아의 대동북아정책 변화와 전망", 『슬라브학보』 Vol. 11, No. 2.

요코테 신지, 2000, "러시아의 대 북한 정책", 오코노기 마사오 편, 『김정일과 현대 북한』(서울: 을유문화사).

이영형, 1997, "러시아의 개혁과 대외정책: 개혁과 안보의 갈등", 『동북아연구』 Vol. 3.

정은숙, 2000, "러시아의 대외군사협력: 목표, 현황, 전망", 홍현익 편 『전환기 러시아의 대외정책』(서울: 세종연구소).

池上薫、"プーチン・ロシア大統領代行の実像", 『世界』 2000年3月号。

元ロシア外務次官ゲオルギー・クナーゼインタビュー(下)「歯舞、色丹の引き渡し交渉を：国後・択捉の地位にも重要な影響」『世界週報』 2001年4月24日。

Alexseev, Mikhail A. and Troyakova, Tamara. 1999, "Russia in Asia or Asia in Russia?: Regional Identity and Economic Incentives for Political Separatism in Primorskiy Kray", *Pacific Focus*, Vol. XIV, No. 2 (Fall).

Antonenko, Oksana. 2001-02, "Putin's Gamble", *Survival*, Vol. 43, No. 4.

Arbatov, Alexei. 1996, "Eurasia Letter: A Russian-U.S. Security Agenda", *Foreign Policy*, No. 104 (Fall).

Bialer, Seweryn. 1989, "Domestic and International Factors in the Formation of Gorbachev's Reforms", *Journal of International Affairs*, Vol. 42, No. 2 (Spring).

Blair, D. C. and Hanley, J. T. 2001, "From Wheels to Webs: Reconstructing Asia-Pacific Security Arragements", *The Washington Quarterly*, Vol. 24, No. 1 (Winter).

Blank, Stephen. 1998, "Which Way for Sino-Russian Relations?" *Orbis* (Summer).

Bogaturov, Alexei D. 1993, "Russia in Northeast Asia: Setting a New Agenda", *Korea and World Affairs*, Vol. 17, No. 2 (Summer).

Chang, Felix K. 1999, "The Unraveling of Russia's Far Eastern Power", *Orbis* (Spring).

Christensen, Thomas J. 1999, "China, the U.S.-Japan Alliance, and the Security Dilemma in East Asia", *International Security*, Vol. 23, No. 4 (Spring).

Chung, Eunsook. 1999, "Explaining Russia's Interest in Building Security Mechanism in the East Asia Region", in Ted Hopf, ed., *Understandings of Russian Foreign Policy* (University Park: The Pennsylvania State University Press).

Colton, Timothy F. and McFaul, Michael. 2001, "America's Real Russian Allies", *Foreign Affairs*, Vol. 80, No. 6 (November/December).

Cooley, Alexander. 2000/01, "Imperial Wreckage: Property Rights, Sovereignty, and Security in the Post-Soviet Space", *International Security*, Vol. 25, No. 3 (Winter).

Cossa, Ralph A. and Khanna, Jane. 1997, "East Asia: Economic Interdependence and Regional Security", *Internatioanl Affairs,* Vol. 73, No. 2.

Dmytryshyn, Basil. 1991, "The Administrative Apparatus of the Russian Colony in Siberia and Northern Asia, 1581-1700", in Alan Wood, ed., *The History of Siberia: From Russian Conquest to Revolution* (London and New York: Routledge).

Garnett, Sherman, 1996, "Russian Power in the New Eurasia", *Comparative Strategy*, Vol. 15.

Haslam, Jonathan. 1998, "Russia's Seat at the Table: A Place Denied or a Place Delayed?", *International Affairs*, Vol. 74, No. 1.

Herd, G. P. and Akerman, E. 2000, "Russian Strategic Realignment and the Post-Post Cold War Era?" *Security Dialogue*, Vol. 33, No. 3.

Ignat'ev, A. V. 1993, "The Foreign Policy of Russia in the Far East at the Turn of the Nineteenth and Twentieth Centuries", in Hugn Ragsdale and Valerii N. Ponomarev, eds., *Imperial Russian Foreign Policy* (New York: Woodrow Wilson Center Press and Cambridge University Press).

Kortunov, Sergei. 1994, "International and Domestic Political Factors in the Formulation of Military Doctrine and Military-Technical Policy in Russia", *Comparative Strategy*, Vol. 13, No. 1.

Kozyrev, Andrei. 1995, "Partnership or Cold Peace?" *Foreign Policy*, No. 99 (Summer).

Lipson, Charles. 1984, "International Cooperation in Economic and Security Affairs", *World Politics,* Vol. 37 (October).

Malcolm, Neil and Pravda, Alex. 1996, "Democratization and Russian Foreign Policy", *International Affairs,* Vol. 72, No. 3.

McCauley, Martin. 1997, "From Perestroika Towards a New Order", in Gregory L. Freeze, ed., *Russia: A History* (Oxford and New York: Oxford University Press).

Miller, Robert F. 1995, "Russian Policy Toward Japan", in Peter Shearman, ed., *Russian Foreign Policy Since 1990* (Boulder: Westview Press).

Morris-Suzuki, Tessa. 1998, "Lines in the Snow: Imagining the Russo-Japanese Frontier", *Pacific Affairs* (July).

Myasnikov, Vladimir. 1993, "History of Russian Foreign Policy: New Approaches", *Social Sciences,* Vol. XXIV, No. 3.

Ross, Robert S. 1999, "The Geography of the Peace: East Asia in the Twenty-first Century", *International Security*, Vol. 23, No. 4 (Spring).

Russell, Wynne. 1995, "Russian Relations with the 'Near Abroad'", in Peter Shearman, ed., *Russian Foreign Policy Since 1990* (Boulder: Westview Press).

Shambaugh, David. 1999/2000, "China's Military Views the World: Ambivalent Security", *International Security,* Vol. 24, No. 3 (Winter).

Shaposhnikov, Evgni. 1994, "The Armed Forces: To a New Quality", in Teresa Pelton Johnson and Steven E. Miller, *Russian Security After the Cold War: Seven Views from Moscow* (Washington and London: Brassey's).

Shevtsova, Lilia. 2001, "From Yeltsin to Putin: The Evolution of Presidential Power", in Archie Brown and Lilia Shevtsova, eds., *Gorbachev, Yeltsin and Putin: Political Leadership in Russia's Transition* (Washington, D.C.: Carnegie Endowment for International Peace).

Snyder, Jack. 1994, "Russian Backwardness and the Future of Europe", Daedalus, Vol. 123, No. 2 (Spring).

Szporluk, Roman. 1994, "After Empire: What?" *Daedalus*, Vol. 123, no. 3 (Summer).

Wallander, Celeste A. 2000, "Wary of the West: Russian Security Policy at the Millennium", *Arms Control Today* (March).

Ziegler, Charles E. 1996, "Russia and the Korean Peninsula: New Directions in Moscow's Asia Policy?" *Problems of Post-Communism* (November/December).

Арбатов, Алексей. 2000, "Национальная безопасность России в многополярном мире", *Мировая экономика и международные отношения*. No. 10.

Лукин, Владимир. 1992, "Россия и её интересы-С точки зрения России и с точки зрения США", *Независимая газета*. Oct. 20.

Иванов, Игорь. 2001, "Перспективы сотрудничества на современном этапе", *Международная жизнь*. No. 1.

정기간행물

Независимая газета

『人民日報』『新華通信』『生活時報』『亜洲周刊』

『日本経済新聞』『読売新聞』『朝日新聞』『産経新聞』『世界』『世界週報』

미국의 동북아정책과 군사안보적 제도화

조 철 호
고려대학교 평화연구소 연구교수

Ⅰ. 서론

본 연구는 "탈냉전이 되었음에도 불구하고 왜 유럽과 달리 동북아에서는 다자주의가 발달되지 못하고 있는가"를 미국의 동북아정책과 군사안보적 제도화를 통하여 분석하고자 한다. 21세기 동북아 평화체제를 군사안보적 차원에서 보다 안정적으로 보장하기 위한 제도화의 모색은 중요하기 때문에, 앞으로 동북아에서 이러한 역할을 수행할 수 있는 군사제도화의 수립 가능성의 여부를 검토하는 연구작업을 필요로 하고 있다. 이러한 문제의식의 연장선상에서 본 연구는 적어도 남・북한을 포함하여 미국, 일본, 중국, 러시아와 같은 동북아지역[1]을 구성하는 주요

국가들이 군사안보적 제도화에 대한 입장과 이해를 파악해야 될 것이다. 특히 본 연구는 우선적으로 냉전시기 뿐만 아니라 탈냉전 시기에서도 계속해서 동북아 국제질서의 구성에 있어서 결정적 역할을 하고 있는 미국의 동북아정책과 군사안보적 제도화와의 상관관계에 대하여 고찰하고자 한다. 이런 면에서 본 연구는 "왜 미국은 동북아지역에서 쌍무동맹에 기초한 양자주의(bilateralism)을 유지 · 강화하고 있는가"에 대한 연구이며 또한 "왜 미국은 동북아지역에서 다자간 안보협력체제와 같은 다자주의(multilateralim)를 선택하지 않는가에 대한 연구이다.

탈냉전 시대 이후 신국제질서 수립과 새로운 안보와 관련하여 지역주의(regionalism), 다자주의(multilateralism), 협력안보(cooperative security), 포괄적 안보(comprehensive security) 등의 주제가 평화체제와 제도화와 관련된 논쟁을 주도하고 있다. 특히 탈냉전 시대의 신국제질서와 지역안보협력과 관련하여 현실주의와 자유주의로 대별되는 두 가지 시각이 대립하면서 논쟁이 전개되고 있다. 국제정치는 무정부적 질서라는 기본 속성으로 인하여 권력에 기초한 생존경쟁으로 보는 현실주의는 제도가 평화에 기여한다는 자유주의의 가설을 입증할 아무런 증거가 없으며, 따라서 제도와 평화와는 아무런 상관관계가 없다고 주장한다.[2] 이와

1) 동북아지역이라는 개념을 정의하는 데 있어서 본 연구는 일반적으로 논의되어지는 지리적 근접성보다는 지역체제의 국제관계에 외부 강대국가들의 정치적으로 중요한 참여로 정의된 캔토리와 스피겔의 '침투체제(intrusive system)'를 고려하고 있다. 이 경우 동북아지역의 주요 구성국가로 남 · 북한을 포함하여 미국, 일본, 중국, 러시아가 포함된다. Louis J. Cantori and Steven L. Spiegel, *International Politics of Regions* (Englewood Cliffs, N, J.: Prentice-Hall, 1970), pp. 22-25; 강성학, 『카멜레온과 시지프스: 변천하는 국제질서와 한국의 안보』 (서울: 나남, 1995), pp. 220-221.

2) 신속하게 승리할 수 있다는 신념 및 자신감이라는 낙관주의를 증가시키는 것이 전쟁의 원인이며, 이러한 낙관주의를 억제하는 것이 평화의 원인이 된다고 주장하고 있는

관련하여 본 연구는 냉전시기에 지속되었던 쌍무동맹과 같은 양자주의와 탈냉전 시기에 새롭게 제기되고 있는 다자간 안보협력체제와 같은 다자주의에 대한 평가도 포함하고 있다.

일반적으로 탈냉전이 되었음에도 불구하고 동북아지역에서 다자주의가 발달되지 못하였는가에 대한 이유로 미국의 반대를 들고 있다. 부시 행정부 등장 이후 중국위협론 및 미사일 방위정책(MD: Missile Defense)을 추진하기 위해서는 동북아 지역국가들의 이해와 협력을 필요로 하기 때문에, 다자주의에 대한 미국의 인식이 변화하게 되었다는 주장이 있다.[3] 더 나아가 다자주의에 대한 미국의 적극적인 태도로 인하여 동북아지역에서 다자주의가 발달될 가능성이 높아졌다는 논의도 있다. 이러한 주장과 논의를 평가하는 하나의 방법으로 현재 부시 행정부의 정책방향에 있어서 과연 다자주의의 비중이 높아졌는가에 대한 실질적인 검토를 필요로 하고 있다. 이에 본 연구는 먼저 부시 행정부의 집권을 전후로 하여 다자주의에 대한 미국의 이해와 입장이 이론적 논의 차원에서 어떻게 표출되고 있는가를 살펴보고, 다음으로 동북아지역에 있어서 다자간 안보협력체제의 현황과 미국

지오프리 블레이니(Geoffrey Blainey)의 경우, 국제평화가 산업주의라는 우연의 일치를 인과관계로 결론지어 버린 맨체스터 신조(the Manchester creed)에 대하여 반박하면서 제도화가 평화를 보장하지 못한다고 보고 있다. 여기서 '맨체스터의 신조'라고 이름 붙인 이유에 대하여 블레이니는 자유무역의 상징으로서 산업도시 맨체스터가 면제품과 자유무역의 철학을 수출하고 있었기 때문이었다고 설명하고 있다. 지오프리 블레이니 저, 이웅현 역, 『지오프리 블레이니의 평화와 전쟁』, (서울: 지정, 1999), pp. 37-38, 52-53.

3) 이헌경의 경우 부시 행정부는 출범 이후 힘을 통한 평화를 유지하려는 '미국적 국제주의'(American Internationalism)을 지향하고 있다고 강조하고 있다. 이헌경, "부시 행정부의 안보전략과 미사일방어체제 구상", 통일연구원, 『부시 행정부 출범이후 동북아정세와 한·중협력』, 제10차 한·중워크샵(2001. 6. 4) 발표 논문집, pp. 18-31.

의 참여와 역할을 규명함으로써 탈냉전 시기 동북아지역에 있어서 다자주의 안보협력이 적실성을 갖고 있는가를 평가하고자 한다.

또한 본 연구는 탈냉전 이후 양자주의 안보협력과 다자주의 안보협력에 대한 세력분포는 어떠하였으며 비중관계는 어떻게 변화하여 왔는가, 더 나아가 현재에는 어떤 추세로 진행되고 있는가 등의 검토를 통하여 동북아지역에서 다자간 안보협력체제의 가능성을 모색하고자 한다. 미국이 동북아지역에서 자신의 패권 유지와 강화를 위한 방식으로 양자주의 또는 다자주의를 추구할 것인가의 여부는 냉전시기 동안 미국의 동북아정책이 중미관계에 의해 결정되어 왔다는 점을 단초로 삼아야 할 것이다. 이에 본 연구는 현재 중미관계에 중요한 영향을 미치고 있는 중국위험론의 실체를 규명하고 미국의 동북아정책에서는 어떻게 작동하는가를 알아보고자 한다. 더 나아가 동북아 평화를 위해서는 한반도의 안정이 중요하다는 점과 북한의 핵문제가 미국의 동북아정책의 형성에 중요한 영향을 미치고 있다는 점을 감안하여 한반도의 남북관계와 다자간 안보협력체제와의 상관관계를 살펴보고자 한다. 이를 통해 동북아에서 다자주의 안보협력이 진전될수록 남북관계의 변화 진전에 기여한다는 주장[4]이 타당성이 있는가 아니면 오히려 남북관계의 변화 진전에 따라 다자주의 안보협력의 가능성이 증가된다는 주장이 설득력이 있는가를 검토하고자 한다. 본 연구의 결론에서는 미국의 동북아 정책과 군사안보적 제도화와의 상관관계가 한반도 통일을 위한 남북관계에게 주는 현실적 · 이론적 함의에 대한 논의를 통하여

4) 이석수, "분단과 대립을 넘어서: 한반도 평화체제의 모색", 『통일연구』, 제3권 제1호(1999).

한반도의 안정과 평화에 바람직한 동북아 다자간 안보협력체제를 모색하고자 한다.

Ⅱ. 탈냉전 이후 미국의 동북아 패권유지와 양자동맹의 강화

1. 양자주의와 다자주의에 대한 미국의 이해

제2차세계대전 이후 성립된 얄타체제의 상징으로 자리잡아 온 베를린 장벽이 1989년 11월 9일에 붕괴되고 이어서 1991년 소련이 와해됨에 따라 시작된 탈냉전으로 말미암아 미국과 소련이라는 초강대국에 의해 형성된 양극체제가 해체되어 국제질서에 있어서 불안정성이 증대되었다. 이에 따라 탈냉전 시기에서는 보다 안정된 평화를 위한 새로운 국제질서의 모색에 관심이 집중되었다. 냉전이 맑스·레닌주의와 정치적·경제적 자유주의(자본주의적 민주주의)라는 두 이데올로기 대립과 미국과 소련의 두 초강대국의 양극 대립이었기 때문에, 냉전(cold war)은 더러운 평화(dirty peace)이지만 전쟁이 일어나지 않았다는 점에서 개디스(John Lewis Gaddis)는 냉전을 긴 평화의 시기(long peace)로 명명하기도 하였다.[5] 또한 아롱(Raymond Aron)은 이와 같이 '열전'(hot war)에는 이르지 않은 역설적인 측면을 강조하여 "평화는 불가능하지만 전쟁은 일어날 것 같지 않은" 상태라고 말하기도 했다.[6] 이러한 냉전 시기에서는 미·소 양극체제의 구조적

---

5) 타나까 아끼히꼬(田中明彦) 저, 이웅현 역, 『새로운 중세』 (서울: 지정, 2000), pp. 17-18; 강성학(1995), p. 33; John Lewis Gaddis, *The Long Peace: Inquires Into the History of the Cold War* (Oxford: Oxford University Press, 1987).

제약에 의해서 쌍자동맹관계가 핵심을 이루었기 때문에, 다자간 안보협력체제가 발달될 수 없었다. 그러나 탈냉전이 됨에 따라 적어도 국제체제 수준에서는 다자간 안보협력체제가 성립될 수 있는 여건이 마련됨에 따라 다자주의가 발달될 것이라고 예상되었다. 그러나 역내국가들 간의 화해와 협력에 따른 상호의존성이 증진되었음에도 불구하고 동북아 지역에서는 아직까지 군사적 안보뿐만 아니라 비군사적 안보를 포괄할 수 있는 다자간 안보협력체제가 유럽의 수준에 비하여 상대적으로 미진한 상태에 있다.[7] 단지 지역내 특정국가들간의 쌍무동맹에 기초한 양자간 안보협력체제의 구축 내지 강화가 추진되고 있는 정도이다. 탈냉전이 되었음에도 불구하고 군사안보적 차원에서 여전히 불안정성이 존재하고 있는 동북아지역의 안보환경을 개선하기 위해서는 냉전 시대의 산물인 양자간 안보협력체제만 의존하기에는 한계가 발생되었고, 따라서 동북아지역은 신뢰구축, 군비통제, 그리고 무기이전 등 제반 의제를 종합적으로 다룰 수 있는 다자간 안보협력체제를 필요로 하고 있다.

동북아 안보환경은 유럽 안보환경에 비하여 상이한 구조적 특징을 갖고 있다. 유럽의 경우 다자간 안보협력이 비교적 용이한 '확산적 억지'(extended deterrence)구조를 갖고 있는 데 반하여

---

6) 타나까 아끼히꼬(2000), 위의 책, p. 18; 永井陽之助『冷戰の 起源』(中央公論社, 1978年), pp. 6-10에서 재인용.

7) 유럽과 비교하여 아・태지역의 안보지역협력체제가 발달되지 못한 요인으로 1) 문화적, 역사적 이질적 체제(heterogeneous system), 2) 다자주의(multilateralism)의 미경험, 3) 지리적 광역성, 4) 군사적, 경제적, 사회적 격차, 5) 영토적 분쟁과 무력충돌의 가능성, 6) 정부간 국제기구에 대한 의심 등을 들 수 있다 또한 지역내 다자안보협력체계가 실현될 수 있는 요인으로 1) 유럽의 경험, 2) 상호의존성의 증대, 3) 전쟁혐오증, 4) 경제발전의 경험, 5) 문화적, 사회적, 경제적 다양성, 6) 미국 헤게모니의 대안 필요성, 7) 지역협력체의 자율성 등을 들고 있다. 강성학(1995), pp. 214-215.

동북아의 경우 심각한 대립구조를 특징으로 하는 '제한적 억지'(finite deterrence)구조를 갖고 있기 때문에, 동북아의 경우 다자간 안보협력을 구축하기가 어렵다고 제임스 쿠스(James R. Kurth)는 분석하고 있다.[8)]

유럽의 경우 북대서양조약기구(NATO), 서유럽연합(WEU), 유럽안보협력기구(OSCE) 유럽연합 공동외교안보정책(CFSP) 등 다수의 다자간 안보협력체제가 다층적으로 중첩되어 존재하고 있으며 유럽지역의 군사・안보영역에 직접적으로 연계되어 있다. 이에 반해 동북아의 경우 아・태안보협력이사회(CSCAP), 동북아협력회의(NEACD), 아세안지역포럼(ARF) 등 소수의 다자간 안보협력체제가 존재하고 있으나, 주로 아・태지역의 비군사적 영역에 국한되어 있는 정도이다.

일반적으로 미국의 정치구조 특성상 정책결정과정에서 하나의 대외정책만이 존재하는 것이 아니라 여러 대외정책의 대안들이 제시되어 상호경쟁하고 있다. 특히 동북아에 있어서 군사안보적 제도화에 대한 미국의 동북아 및 한반도정책과 관련하여 양자주의(bilateralism)를 강조하는 국방부 중심의 강경세력[9)]과 다자주의(multilateralism)를 필요로 한다는 국무부 중심의 온건세력[10)]이 있으며 또한 백악관 중심의 중도세력[11)]이 있다.

---

8) James R. Kurth, "The Pacific Basin versus the Atlantic Alliance: Two Paradigms of International Relations", *The Annals,* Vol. 505 (September 1989), pp. 34-35.

9) 체니(Dick Cheney) 부통령, 럼스펠드(Donald Rumsfeld) 국방장관, 올포비츠(Paul Wolfowitz) 국방부 부장관, 데이비드(Mac David) 국방부 차관보, 테닛(George Tenet) CIA국장, 헤리티지재단의 폴너(Edwin J. Feulner) 이사장과 워첼(Larry M. Wortzel) 소장 등이 강경세력으로 분류되고 있다.

10) 파월(Colin Powell) 국무부 장관, 아미티지(Richard Armitage) 국무부 부장관, 켈리(Jemes A. Kelly) 아・태담당차관보 등이 온건세력으로 분류되고 있다.

11) 라이스(Condoleezza Rice) 안보보좌관, 패터슨(Torkel Patterson) NSC 아시아담당

미국의 동북아정책에 있어서 강경론은 냉전 시대부터 지속되어 온 것으로 미국의 동북아 패권을 유지하기 위해서는 양자동맹을 강화하고 그 구체적 수단으로 미사일 방위정책을 추진하기 위한 보완적 방법으로 다자주의를 활용해야 한다는 입장을 갖고 있다. 실제로 이러한 강경론자들은 비공식적으로 중국위협론을 명분으로 내세우고 미사일방위정책을 통하여 중국이 동북아에서 새로운 패권국으로 등장하는 것을 막아야 한다고 주장하고 있다. 이러한 입장을 가진 강경론은 한반도정책을 대일정책과 대중정책의 하위개념으로 파악하고 중미관계에서 미국의 이익을 관철하기 위해서는 주한미군의 지속적 주둔과 같은 한미동맹의 강화가 중요하다고 보고 있다. 특히 주한미군의 역할은 한국안보의 수호자로서의 역할보다 동북아의 지역균형자로서의 역할을 담당해야 한다고 강조하고 있다.

반면에 온건론은 미국의 동북아 패권을 유지하기 위해서는 냉전시대의 산물인 양자동맹만 가지고는 불완전하며, 동북아의 불안정성을 해소하고 군사적 영역만이 아닌 비군사적 영역에서 역내국가간의 협력을 필요로 하기 때문에 다자주의에 치중해야 한다는 입장을 갖고 있다. 실제로 이러한 온건론자들은 경제력과 군사력에서 중국을 미국의 경쟁상대로 파악하지 않고 있으며, 오히려 미국의 민주주의 가치를 중국으로 하여금 수용하게 하는 것을 미국의 이익으로 파악하고 있다. 이러한 입장을 가진 온건론은 동북아 평화의 불안정성의 해소를 위한 한반도 통일정책의 우선, 한반도정책의 독립성 유지, 한미간의 상호의견 조율 등을 강조하고 있다. 주한미군의 주둔문제에 있어서도 온건론은 북한

선임보좌관 등이 중도세력으로 분류되고 있다.

억제의 측면을 인정하고 있으나, 단계적 주한미군 철수를 용인하는 유연한 입장을 가지고 있다. 대북정책에 있어서도 온건론은 북한이 불량국가임을 인정하고 있으나, 북한의 독자성을 인정하여 엄격한 상호주의보다는 포괄적인 상호주의를 선호하고 있다.[12)]

탈냉전 이후 미국이 주도하려는 신국제질서에 대한 미국 정부의 계획은 '신NSC 68'로 불리우는 미 국방성의 "방위정책지침(Defense Policy Guidance)에서 잘 표현되었다. 이 정책문서는 미국은 어떤 경쟁적 초강대국가가 서유럽, 아시아 그리고 과거 소련 영토에서 등장하는 것을 허용하지 않아야 한다고 주장하고 있다.[13)] 즉 단극적 국제체제를 영구화하기 위해서는 냉전 종식 이후에도 그 이전과 같이 미국의 주도권을 추구하기 위해 동일한 방법을 사용할 것이 요구된다는 것이다.[14)]

탈냉전 이후에도 냉전시기에 가졌던 미국의 패권을 신국제질서 속에서 계속해서 유지하고 강화하려는 미국의 세계전략과 동북아전략은 다음과 같은 보고서에 잘 나타나 있다.

- 1993년 '아래로부터의 검토'(BUR: Bottom-Up Review)
- 1995년 2월 '나이보고서: 동아시아전략보고서'(EASR: East Asian Strategic Review, Nye Initiative)
- 1997년 '4개년 국방보고서'(QDR: Quadrennial Defense Review)

---

12) 이대우, 『남북 정상회담 이후 한 · 미관계 변화』 (서울: 세종연구소, 2002), pp. 29-30.
13) Christopher Layne, "The Unipolar Illusion: Why New Great Powers Will Rise", *International Security*, Vol. 17, No. 4 (Spring 1993), p. 33; 강성학(1995), pp. 182-183에서 재인용.
14) Christopher Layne(1993), p. 33.

- 1998년 '미국의 동아시아・태평양지역에 대한 안보전략' (The United States Security Strategy for the East Asia-Pacific Region)
- 1999년 '아미티지보고서: 대북한 포괄적 접근'(A Comprehensive Approach to North Korea)
- 2001년 9월 '4개년 국방보고서'(QDR: Quadrennial Defense Review)
- 2001년 '랜드(RAND)보고서'(The United States and Asia: Toward a New U. S. Strategy and Force Posture)

1997년 미국 국방부가 의회에 제출한 '4개년 국방보고서(QDR: Quadrennial Defense Review)'는 미국의 군병력 및 군사기지가 감축되고 축소되었음에도 불구하고 첨단군사기술의 개발과 적용과 같은 '군부문혁명(RMA)'과 절대적인 정보우위의 유지 등을 통하여 앞으로도 최강의 군사력을 유지할 수 있을 것이며, 최소한 2015년까지 미국에 대한 군사적인 도전세력은 없을 것으로 전망하고 있다.[15]

기존 동북아정책의 기조를 거듭 확인하는 클린턴 행정부의 '4개년 국방보고서'의 주요 내용은 1) '관여와 확대전략'을 지속적으로 추구하고, 2) 아・태지역에 10만 명 규모의 미군을 계속 주둔시키며, 3) 2개의 주요 지역분쟁(MRCs: Major Regional Contingencies)에서의 동시승리를 목표로 하는 기존의 윈-윈전략(Win-Win Strategy)을 앞으로도 견지한다는 것이다.[16]

---

15) 외무부 외교안보연구원, 『주요국제문제분석』(1997. 9. 3); *IISS, The Military Balace 1997/98*, pp. 12-17.

16) 클린턴 행정부의 동북아정책에 대해서는 엄태암, "미국 클린턴 2기 행정부의 아・태 전략", 『국방논집』, 37호 (1997년 봄), pp. 152-187 ; 최종철, "미국의 동북아 안보정

이를 통해 볼 때 클린턴 행정부는 한국의 포용정책으로 인하여 남북관계가 진전된다면, 한미동맹의 원래 목적인 북한으로부터의 위협제거가 힘과 군사력에 의존하기보다는 대화와 경제협력 등의 수단으로 대체될 가능성을 배제하지 않고 있었다. 단 미국이 남북정상회담에 따른 남북 화해 및 협력의 분위기 고조로 인한 한미동맹의 약화를 초래할 가능성을 우려하고 있었다. 이러한 우려는 주한미군의 주둔문제와 직결된 문제로 동북아에 있어서 미국의 패권유지와 강화라는 미국의 동북아정책에 반할 가능성이 높을 것이라고 판단하고 있었다.[17] 특히 클린턴 행정부는 동북아 지역에서 미국의 영향력 감소를 막기 위해 2000년 6월 대북 경제조치를 완화하고 북한을 '불량국가'(rogue state)에서 '우려국가'(state of concern)로 명칭을 변경하는 등 북한에 대한 가시적인 정책변화를 보여주는 적극적인 대북외교정책을 구사하였다고 볼 수 있다.

반면에 부시 행정부 시기인 2001년 9월 30일에 발표된 '4개년 국방보고서(QDR: Quadrennial Defense Review)는 클린턴 행정부

책: 지배와 리더십의 이중주." 정진위 외, 『새로운 동북아 질서와 한반도』(서울: 법문사, 1998); Barry Posen and Andrew L. Ross, "Competing Visions for U.S. Grand Strategy", *International Security*, Vol 21, No. 3(Winter 1996/97), pp. 5-53 등 참조.

17) 이 시기를 전후하여 미국의 고위관리들이 주한미군의 필요성을 잇달아 강조하였다는 사실로부터 잘 알 수 있다. 케네스 베이컨 미국 국방부 대변인은 6월 16일 "주한미군은 한반도 통일 후에도 안정세력으로 남을 것"이라고 밝혔으며, 리차드 바우처 국무부 대변인도 6월 19일 "주한미군은 한국과 미국의 문제이며 양국이 필요로 하는 한 주둔할 것"을 강조하였다. 특히 매들린 올브라이트 국무부 장관은 6월 24일 "주한미군 철수나 감축은 시기상조이며 이를 고려하지 않고 있다"고 언급하였고, 스티븐 보스워스 주한 미국대사도 6월 28일 "북한의 위협이 존재하는 한 주한미군이 계속 주둔할 것"이라고 발표하였다. 박영규, "미국의 대한반도정책: 한반도 문제해결을 중심으로", 『국제문제』(2000. 10), p. 27에서 재인용.

시기에 나온 미국의 세계전략과 동북아전략에 비하여 많은 차이점을 갖고 있다. 특히 럼스펠드 국방장관이 9·11 테러가 향후 미국의 전략의 방향 및 계획원칙을 확인시켰다고 언급하였다는 점에서, 이 보고서가 향후 미국의 국방정책의 지침으로 활용될 것을 알 수 있고 또한 이러한 점에서 이 보고서의 주요내용을 이해하는 것은 중요하다. 특히 이 보고서는 1) 미국은 동맹국과 우방국에게 한 안보공약을 충실히 이행할 수 있는 능력을 확보하고 이를 그들에게 확인시켜 주어야 한다. 2) 미국과 동맹국을 위협할 수 있는 프로그램을 진행시키는 적들의 노력을 단념시켜야 한다. 3) 적들의 공세를 억제하기 위한 방법으로 신속한 승리를 위해 미군을 전진배치시키며, 공격에 대한 대가를 확실히 지불하도록 만들어야 할 것이라는 내용을 미국의 기본전략으로 제시하고 있다.

4개년 국방보고서의 주요내용에서 알 수 있듯이, 9·11 테러 직후에 나온 '4개년 국방보고서'에서는 미국과 동맹국을 위협할 수 있는 프로그램인 불량국가들의 미사일을 단념시켜야 된다는 것을 강조했다는 점에서 부시 행정부는 미사일 방위정책을 계속 지속적으로 추진할 것이라는 점을 알 수 있다. 또한 신속한 승리를 위해 미군을 전진배치시켜야 된다는 점도 강조했다는 점에서 향후 미국은 원거리 투사능력을 제거하고 해외주둔군의 재배치를 실시할 것이라는 것을 시사하고 있다. 이러한 미사일 방위정책 및 해외주둔군의 재배치 등을 비롯한 미국의 전략을 원활히 수행하기 위해서는 동맹국과 우방국에 대한 협력을 필요로 하고 있으며, 또한 이런 면에서 부시 행정부는 다자주의 접근을 보완적으로 선택하고 있는 입장이라고 할 수 있다.

특히 미국의 패권 유지 및 강화라는 세계전략의 연장선상에서 미사일방위정책은, 부시 대통령이 선거전에서부터 아시아의 중요성을 과거에 비해 더욱 부각시켰다는 점에서,[18] 동북아에서 새로운 패권국으로 부상할 가능성이 높은 중국을 견제하기 위한 것을 알 수 있다. 동북아지역과 같은 미국 국익에 매우 중요한 지역에서 미국의 안전과 이해를 위협할 수 있는 충분한 능력을 잠재적으로 보유한 중국과 같은 지역 강대국이 새로운 패권국으로 등장하는 것을 배제하려 하고 있다는 것을 알 수 있다.[19] 또한 미국은 이를 위하여 주로 기존의 쌍무동맹과 같은 양자주의를 강화하고 보완적으로 다자주의를 활용하고 있다고 말할 수 있다.

이런 면에서 볼 때, 비록 미국이 9·11테러에 효율적으로 대처하고 미사일 방위정책에서 원활히 추진하기 위해서는 동맹국들의 동의와 협력을 필요로 하여 부분적으로 다자주의를 활용하고 있다고 하더라도 국제평화체제를 보장하는 하나의 제도로 작동되기에는 한계가 있다고 주장할 수 있다.

이러한 점은 보다 구체적인 아시아 군사정책을 제안하고 있는 랜드연구소가 2001년에 제시한 '랜드(RAND)보고서'(The United States and Asia: Toward a New U. S. Strategy and Force Posture)[20]에서도 잘 나타나고 있다. 다시 말하면 21세기 미국의 대아시아 안보전략에 대한 심층적인 연구를 담고 있는 이 보고서는 아시

---

18) 2000년 선거캠페인에서 부시 대통령 후보는 세계 인구의 56%가 거주하고 있고, 미국 무역의 38%가 이 지역과의 교역에서 발생하고, 특히 10만 미군이 주둔하고 있는 아시아는 미국 국익에 매우 중요한 지역이라고 역설한 적이 있다. Stuart M. Buttler and Kim R. Holms, *Issues 2000: The Candidate's Briefing Book* (The Heritage Foundation, 2000) 참조.

19) 비록 중국의 국방예산이 매년 10%씩 증가하고 있으나, 미국의 군사력과 비슷해지기 위해서는 약 30년이 소요될 것으로 분석하고 있다.

20) Zalmay Khalizad, *et. al., The United States and Asia: Toward a New U. S. Strategy and Force Posture* (Santa Monica, CA: RAND, 2001) 참조.

아에서 지역패권국의 등장이 미국에게 큰 도전이 될 것이므로 저지해야 함을 강조하고 있다. 특히 이로 인하여 미국이 아시아에 대한 정치, 경제, 군사적 접근에 방해받지 않기 위해 자원이 한 국가로 집중되는 것을 막아야 된다고 주장하고 있다. 이를 위하여 미국이 실질적으로 취할 수 있는 전략은 아시아지역에서 지도력을 발휘하면서 미국 동맹국들과 책임을 분담하는 것이라고 주장하고 있다. 구체적인 정책으로 첫째, 일본의 군비강화를 지원해야 한다는 것과 둘째, 아시아지역에서 중국, 인도, 러시아의 세력균형을 유지시켜야 한다는 것, 셋째, 어느 국가도 무력을 사용해서는 안된다는 것을 주지시켜야 한다는 것, 넷째, 아시아지역에서 안보대화를 촉진시켜야 된다는 것을 제시하고 있다.[21] 특히 안보대화는 지역갈등에 대한 논의의 장이 되어야 하고, 궁극적으로 미국이 주도하는 다자적 틀에 편입시켜야 된다는 것이다. 다시 말하면 보다 넓은 협력체제를 구축하기 위해 미국은 양자 안보동맹을 심화시키고 확대해 나아가면서 다자주의를 강화해야 한다는 것이다.[22]

2. 동북아 다자간 안보협력체제의 현황과 미국의 참여비중

먼저 동북아지역의 다자간 안보협력체제에 미국이 어느 정도의 비중으로 어떻게 참여하고 있는가를 알아보기 위하여 동북아지역의 다자간 안보협력의 상황[23]을 정리하면 다음과 같다.

---

21) 이대우, "부시 행정부의 중국정책: 양국 현안을 중심으로", 이태환 편, 『미・중관계의 변화와 한반도: 부시 행정부 출범 이후를 중심으로』(서울: 세종연구소, 2002), pp. 20-21.

22) 이대우(2002), pp. 25-27.

- 아세안지역포럼(ARF: ASEAN Regional Forum)
- 아・태안보협력이사회(CSCAP: Council for Security Cooperation in Asia-Pacific)
- 동북아협력회의(NEACD: Northeast Asia Cooperative Dialogue)
- 한・미・일 3국 대북정책조정감독그룹(TCOG: Trilateral Coordination and Oversight Group)

1) 아세안지역포럼(ARF: ASEAN Regional Forum)

아세안지역포럼은 1994년 7월 25일 아세안 6개국과 한국, 미국, 일본, 캐나다, 오스트레일리아, 뉴질랜드, 유럽연합 등 아세안의 7개 대화상대국 및 중국, 러시아, 베트남, 라오스, 파푸아뉴기니 등을 합친 아시아・태평양지역 18개국 외무장관들이 제1회 '아세안지역포럼'에서 '역내 국가들간의 상호 군사적 신뢰구축방안 마련 및 이의 실천'을 목표로 수립된 아・태지역에 있어서 최초의 정부 차원의 다자간 안보협력체제이다.[24] 북한은 2000년 5월 초 ARF의 원칙과 목적을 준수하겠다고 약속하면서 가입신청을 함으로써 ARF 구성원으로 참여하게 되었다. 신뢰구축과 예방외교를 목표로 하는 ARF가 그동안 이룬 업적은 ARF의 방위정책성명, 국방백서 및 유사 출판물 발간, UN 재래식 무기등록 참여, UN 재래식무기등록 회람, 지역안보대화, 고위국방인사 접촉, 군사훈련 교류, 군비철폐와 비확산레짐 참여 등과 같은 신뢰

---

23) 이규열・구본학・차두현,『아・태지역 주요 다자안보협력 관련 군사분야 정책추진 방안』(서울: 한국국방연구원, 1998); 이석수, "다자간 안보협력과 아・태 안보질서의 재구축" 김달중・문정인・이석수 외,『새천년 한반도 평화구축과 신지역질서론』(서울: 오름, 2000), pp. 291-293 참조.

24) ARF의 설립과정에 대하여서는 변창구, "ARF 운영에 있어서 ASEAN의 리더십: 유용성과 한계",『국제정치연구』제4집 2호 2001년, pp. 49-51 참조.

구축조치 정도이다.[25] 이를 통해 알 수 있듯이 ARF가 비록 아·태지역에서 트랙 1에 해당되는 정부 차원의 다자간 안보협력체제이지만, 해당국가의 안보에 침해되거나 위협이 될 수 실질적인 군비통제나 대만문제, 한반도문제와 같은 지역분쟁의 평화적 해결에는 별다른 역할을 하지 못하는 명목상의 다자간 안보협력체제라고 할 수 있다. 또한 비록 ARF의 구성원에 동북아지역의 구성국가인 한국, 미국, 일본, 중국, 러시아, 북한이 참여하고 있다고는 하지만, 남북관계의 평화체제로의 전환과 같은 이해대립적 문제의 경우 ARF를 통하여 해결하기 어렵다. 한반도의 전략적 변화에 대한 직접적 이해가 없는 국가들이 의사결정과정에 참여하고 있다는 점을 제외하더라도 총 22개국으로 구성된 ARF의 다수 국가들의 이해를 모두 만족시키면서 상호 이해가 밀접하게 대립되는 문제에 대하여 합의하기가 어렵기 때문이다.[26]

2) 아·태안보협력이사회(CSCAP: Council for Security Cooperation in Asia-Pacific)

아·태안보협력이사회는 아·태지역의 모든 국가 간의 지역안보에 대한 트랙 2 간의 대화를 촉진시키는 것을 목표로 1993년에 수립되었다.[27] CSCAP의 경우도 동북아지역의 구성국가인 한국, 미국, 일본, 중국, 러시아, 북한이 참여하고 있다고 하지만,

---

25) http://www.dfat.gov.au/arf 참조.

26) 지오프리 블레이니는 적어도 5개국이 참가하고 그 가운데 3개국은 주요 강대국이 참여하는 대전(general war)가 장기전이 되는 중요한 이유들 중의 하나로 다수의 참가국들이 평화교섭을 위한 회담에 쉽사리 끌리지도 않았을 뿐만 아니라 화평을 위한 조건에도 쉽사리 동의하지 않기 때문이라고 지적하고 있다. 지오프리 블레이니(1999), pp. 277-278.

27) http://www.cscap.org 참조.

아·태지역 차원의 정치·안보문제에 대한 정책지향의 연구를 수행하려는 모든 국가에게 개방되어 있다는 점에서 위에서 언급한 ARF와 같이 이해대립적 문제에 대한 합의 불가능성이라는 한계를 가지고 있다. 더구나 CSCAP는 아·태지역의 해상협력, 북태평양지역의 안보협력증진, 협력 및 포괄안보의 개념, 신뢰와 안보구축방안, 예방외교, 재난구제 등과 같은 주제를 연구하는 실무진들에 의하여 주요 활동이 이루어지기 때문에 다자간 안보협력체제가 제기능을 수행해야 하는 군사부문에서 정부의 정책으로 현실화되기에는 어렵다는 한계를 갖고 있다.

3) 동북아협력회의(NEACD: Northeast Asia Cooperative Dialogue)

동북아협력회의는 미 국무성의 후원으로 캘리포니아의 샌디에고 대학 부설 국제분쟁 및 협력연구소(IGCC: Institute for Global Conflict and Cooperation)가 주관하여 1993년 10월에 수립되었다. 민·관이 개인자격으로 참여하는 트랙 1.5 형태의 안보관련 대화채널인 NEACD는 해상재난구조 및 안전협약체결, 각국 방위정보교환, 군비통제 및 군수품 수출규제 완화, 긴급 통신망 구축, 해상안전 및 안보대화, 자연재해 긴급구조대화, 경제협력 등과 같은 상호안심조치(MRMs: Mutual Reassurance Measures)의 개발을 목표로 하고 있다.[28] NEACD의 경우 동북아지역의 구성국가인 한국, 미국, 일본, 중국, 러시아, 북한만이 참여하고 있고, 미국이 적극적으로 참여하고 주관하고 있다는 점에서 동북아지역의 다자간 안보협력체제의 모델이 될 수 있다고 할 수 있다. 그러나 NEACD는 정부간 기구가 아니며 동북아지역의 주요 군사적 문

---

28) http:/www.igcc.ucsd 참조.

제를 해결하려는 것을 주요 활동으로 설정하고 있지 않다는 점에서 한계를 가지고 있다.

4) 한미일 3국 대북정책조정감독그룹(TCOG: Trilateral Coordination and Oversight Group)

한·미·일 3국 대북정책조정감독그룹은 클린턴 행정부 후반에 북미관계의 진전에 따른 대북문제에 대한 한·미·일 공조필요성이 제기됨에 따라 1999년 5월 도쿄에서 1차회의가 개최된 이후 주요 사안이 있을 때마다 개최도어 왔다. 특히 TCOG는 미국이 주도하여 한반도문제를 북한과 해결해 가는 과정에서 한국과 일본의 지원을 받고 대북정책에 대한 한·미·일 3국의 공조를 조율하는 역할을 수행하여 왔다. 부시 행정부 출범 이후에도 북한 변화에 대한 인식, 대북정책의 목표, 수단, 협상원칙 등과 관련하여 한·미·일 3국간의 입장 조율을 위한 TCOG는 계속해서 개최되고 있다.[29]

TCOG의 경우 동북아지역의 관련국가인 한국, 미국, 일본만이 참여하고 있고, 중국, 러시아, 북한이 배제되어 있다는 점에서 한계를 가지고 있다. 그러나 미국이 주도적으로 주관하고 있다는 점, 또한 한반도문제와 관련하여 대북한정책에 대한 3국의 이해를 조정해야 하는 필요성에 의해 수립된 점에서, 한반도문제에 관련하여 중국, 러시아, 북한이 참여할 경우 동북아지역의 실질적인 다자간 안보협력체제의 모델이 가능성이 높다고 할 수 있다.

---

29) 통일부 통일교육원 편, 『통일문답 2001』(서울: 통일부 통일교육원 연구개발과, 2001), pp. 55-57.

Ⅲ. 중국위협론의 명분과 미사일방위정책(MD)의 다자주의 한계

냉전 시기 동안 중미관계가 미국의 동북아정책의 내용과 성격을 규정하는 데에 결정적인 영향을 미쳤다는 점을 감안하여, 탈냉전 이후 중미관계와 밀접하게 관계되는 중국위협론과 미사일방위정책이 현재 부시 행정부의 동북아정책에, 특히 다자주의에 어떻게 영향을 미치고 있는 지를 알아보고자 한다. 이를 통해 탈냉전 시기 동안 미국이 추진하여 온 다자주의가 어떠한 한계를 갖고 있는 지를 규명하고자 한다.

미국과 일본을 비롯한 서방세계에서는 미국에 대적할 수 있을 정도로 동북아지역에서 새로운 패권국가로서의 중국의 등장에 대하여 우려하는 중국위협론이 제시되고 있다. 이러한 중국위협론은 12억 인구와 넓은 영토를 가진 중국이 고도의 경제성장과 더불어 군사력 증강을 함에 따라 중화민족주의에 기초하여 자신의 이익을 추구할 수 있는 초강대국으로서의 등장 가능성을 우려하는 것을 기본내용으로 하고 있다.

일반적으로 중국위협론의 현실적인 근거로 1) 중국의 경제대국화 경향, 2) 중국의 군사대국화 경향, 3) 중국의 중화민족주의적 경향 등을 들고 있다.[30] 그러나 1) 중국 경제의 외연적 성장의 한계, 2) 중국 국방비의 수준 및 기술적 수준의 한계, 3) 개방적 국제주의세력의 성장 등을 고려할 때,[31] 중국위협론이 실제보다 과장되어 있으며, 오히려 미국의 동북아 패권 유지 및 강화의 명분으로 활용되고 있다고 보는 것이 더 타당하다.[32]

30) 서진영, 『현대중국정치론: 변화와 개혁의 중국정치』 (서울: 나남, 1999), pp. 430-433.
31) 서진영(1999), pp. 434-435.

먼저 중국의 경제대국화 경향과 관련하여 초기 클린턴 행정부에서 국방부 국제안보담당 차관보로 재직하면서 미 · 일안보조약을 통해 일본과 정치 · 경제 · 군사 협력을 강화하는 대신 중국을 포용하는 '나이 이니셔티브'(Nye Initiative)를 수립하였던 나이(Joseph Nye)도 중국위협론과 관련하여 다음과 같이 언급하고 있다.

> 중국이 초강대국이 될 것으로는 생각하지 않는다. 미국을 위협하는 글로벌 파워가 되지는 않을 것이다. 중국이 최근과 같은 높은 경제 성장률을 계속 유지하더라도 20년 후 1인당 국민소득이 미국의 40%정도 수준에 그칠 것이다. 중국이 괄목할 만한 경제 성장을 이룰 것은 분명하지만, 초강대국 수준에 이르기에는 미흡하다. 하지만 중국이 중진국 반열에 올라서면 아시아에서 보다 중요한 역할을 하는 국가로 성장할 것으로 본다.[33]

다음으로 중국의 군사대국화 경향과 관련하여 중국의 공식입장은 1999년도 현재 중국의 국방비가 GNP에서 차지하는 비중이 1.31%에 불과하며, 이것은 미국과 한국의 국방비 비중인 3.0%와 2.80%에 훨씬 못 미치는 것이라고 주장하고 있다. 절대액수의 차원에서 2002년도 현재 부시 행정부의 국방예산은 약 3,790억

---

32) 이에 대하여 서진영은 "부강한 중국의 등장과 중국위협론, 그리고 한반도"에서 "미국과 일본의 입장에서 부강한 중국의 등장이 '직접적 위협'은 아니지만 '경쟁과 도전의 대상'으로 인식될 수 있고, 따라서 탈냉전시대의 중미관계와 중일관계는 상당 기간 협력과 경쟁의 이중적이고 복합적인 관계가 유지될 것이지만, 그렇다고 냉전시대와 같은 갈등과 대결 관계로 악화되지 않을 것"으로 보고 있다. 서진영, "부강한 중국의 등장과 중국위협론, 그리고 한반도", 『한국과 국제정치』, 제18권 제2호(2002년 여름호), 통권 27호, pp. 1-27.

33) 『조선일보』, 2000년 12월 31일.

달러이며, 일본의 국방예산은 450억 달러를 책정하고 있지만, 중국은 겨우 200억 달러에 불과하다고 주장하고 있다. 또한 중국의 국방예산은 대부분 병사들의 처우개선을 위한 것이고 일부만 인민해방군의 현대화를 위한 예산증액이라고 주장하고 있다.[34] 결국 중국의 국방예산 증액은 미국 및 일본의 군비증강에 대한 최소한의 방어체제를 유지하려는 방어적 대응이라는 것을 강조하고 있다.[35]

그러나 미국은 중국군의 현대화사업이 지역안정을 해치는 요인이 될 수 있다는 판단 하에 중국의 군사력 증강에 신경을 쓰고 있다. 특히 중국이 보유하고 있는 300여개의 핵탄두와 장거리 미사일에 우려를 표명하였다. 미국 국방예산의 삭감은 아시아에서 적절하고도 믿을 만한 군사력을 유지하는 데 문제를 야기시킬 것이라며 국방예산의 증대를 주장하였다. 그리고 아시아의 안보와 안정에 기본인 미일동맹을 강화하고, 한국, 호주, 필리핀, 태국 등과의 양자동맹을 강력히 유지해야 함을 강조하였다. 특히 서태평양과 인도양에서 미군 병력의 자유로운 활동을 위하여 유럽과 동북아 이외의 지역으로 동남아지역에 미군 기지를 확보할 것을 주장하였다. 이러한 정책목표를 달성하기 위해서 미국은 아시아에서 동맹을 강화하고 동맹공약을 성실히 수행할 것이며, 중국의 대만 압력도 예의 주의할 것이며, 아시아 국가들이 건전한 경제정책을 수행하도록 유도할 것이며, 아시아에서 미국의 무역기회를 증진시키고, 북한으로 하여금 제네바합의를 이행하도록 종용할 것임을 강조하였다.[36]

이를 통해 볼 때 미국은 현재 뿐만 아니라 잠재적으로 중국이

---

34) 『人民日報』, 2002年 3月 7日.

35) 서진영(2002), pp. 6-7.

36) 이대우(2002), p. 25.

갖고 있는 경제력과 군사력을 과대평가하여 중국위협론을 실제보다 과장해서 강조하는 경향을 갖고 있다고 할 수 있다. 냉전 시기 동안 미국의 주적이었던 소련이 사라진 상태인 탈냉전 시기 동안에도 기존의 미국의 패권을 유지하고 강화시키기 위해서는 중국위협론과 같은 명분을 미국이 필요로 하고 있다는 점에 기인한다. 이러한 중국위협론에 기초한 미중관계를 중심으로 미국의 동북아정책이 수립되고 집행되어 왔다. 실제로 미국은 동북아지역에서 자신의 기존 패권을 유지시키기 위하여 중국에 대하여 한미동맹과 미일동맹을 계속 강화시켜 왔었다. 이처럼 역사적으로 미국은 한미동맹과 미일동맹과 같은 주로 양자주의에 의존하여 왔었다. 단지 최근에 들어서 미국은 중국위협론의 최종적 단계라고 할 수 있는 미사일방위정책을 실질적으로 달성하기 위한 조치로 다자주의적 접근을 보완적으로 취하고 있는 정도라고 할 수 있다.

따라서 실제보다 과장된 중국위협론의 구실 하에 추진하고 있는 미사일 방위정책을 완성하기 우한 보조적 수단으로 미국이 취하고 있는 다자주의는 근본적으로 미진하게 진행될 수밖에 없는 성격을 갖고 있다고 할 수 있다. 특히 미사일 방위정책의 추진과 같은 미국의 이해를 보장해 주는 이러한 다자주의에 대하여 중국이 반대하고 있다는 점에서 동북아지역에서 다자주의에 기초한 안보협력체제가 성립되기는 어려울 것이라는 예상이 가능하다.

Ⅳ. 남북관계의 평화체제 전환과 다자간 안보협력체제의 모색

동북아 평화를 위해서는 한반도의 안정이 중요하다는 점과 탈냉전 이후 현재 부시 행정부 시기에 있어서도 북한의 핵문제가 미국의 동북아정책의 형성에 중요한 영향을 미치고 있다는 점을 감안하여 한반도의 남북관계와 다자간 안보협력체제와의 상관관계를 살펴보고자 한다. 이를 통해 동북아에서 다자주의 안보협력이 진전될수록 남북관계의 변화 진전에 기여한다는 주장이 타당성이 있는가 아니면 오히려 남북관계의 변화 진전에 따라 다자주의 안보협력의 가능성이 증가된다는 주장이 설득력이 있는가를 검토하고자 한다. 마지막으로 미국의 동북아정책과 군사안보적 제도화와의 상관관계가 한반도 통일을 위한 남북관계에게 주는 현실적 · 이론적 함의에 대한 논의를 통하여 한반도의 안정과 평화에 바람직한 동북아 다자간 안보협력체제를 모색하고자 한다.

냉전 시기에는 미 · 소 양극체제라는 구조적 제약 때문에 동북아지역에서 군사안보적 제도화는 쌍무동맹관계에 의한 양자주의가 주축을 이루었다. 또한 탈냉전 시기에는 미국이 지속적으로 가져 왔던 미국의 패권을 유지하고 강화하기 위해서 기존의 쌍무동맹관계에 의한 양자주의가 강화되고 오히려 다자간 안보협력체제와 같은 다자주의는 보완적 역할정도를 수행하고 있다. 이를 그대로 수용한다면 동북아지역에서 미국이 자국의 패권을 유지하고 강화시키는 것을 포기하지 않는 한 동북아지역에서 다자주의는 활성화되지 못하고 앞으로도 활성화되지 못할 것이라는 논리로 나갈 수밖에 없게 된다. 과연 동북아지역에서 다자주의가 필요하지 않을 뿐만 아니라 활성화될 수 없는 것인가? 기존의 미국의 패권을 유지하고 강화시키는 수단으로 양자주의만이 최선인가 아니면 다자주의가 차선으로도 선택될 수 없는 것인가 등의 의문을 갖게 된다.

현실주의 국제정치이론의 관점에서 본다면 자신의 헤게모니를 유지하려는 신국제질서에 대한 미국의 전략은 미국의 헤게모니 전략이 아무리 온화해도 새로운 강대국가들의 출현을 막을 수는 없기 때문에 필연적으로 실패할 수밖에 없다는 것이다.[37] 이처럼 미국의 헤게모니 전략이 영구히 지속될 수 없다는 것 이외에도, 미국의 헤게모니를 유지하고 강화시키는 수단으로 양자주의가 아닌 다자주의가 선택될 수 있는 가능성을 배제할 수는 없을 것이다.

한반도 안정과 통합을 포괄할 수 있는 동북아 평화체제를 모색하려는 본 연구는 한반도의 안정이 동북아 평화에 중요하다는 가정 아래에서 남북관계가 정전체제에서 평화체제로 전환하는 과정에서 한반도의 전략적 위상 변화와 관련하여 한반도 주변 강대국인 미국, 일본, 중국, 러시아의 이해를 조정할 필요성이 대두됨에 따라 동북아의 전체지역 차원이 아니지만, 한반도와 같은 일정지역 차원에서 다자간 안보협력체제가 수립될 가능성이 있을 것이라고 보고 있다.

한반도의 남북관계가 정전체제에서 평화체제로 전환됨에 따라 주한미군문제는 한미 양국의 문제에서 한반도 주변 강대국들의 이해가 달린 동북아지역의 문제로 그 성격이 변화될 가능성이 높다. 현재의 동북아지역질서는 완전한 탈냉전의 성격을 보여주고 있는 것이 아니라 냉전과 탈냉전이 혼재되어 있는 성격을 보여주고 있다. 적어도 한반도의 경우 여전히 남북관계가 정

---

37) 왜냐하면 첫째, 온화한 헤게모니의 전략은 군사 및 경제면에서 타국들의 무임승차를 허용하기 때문이고, 둘째, 헤게모니 유지전략은 미국이 주도하는 국제질서를 가정하고 미국의 민주적 이념과 인권의 가치에 대한 미국식의 이해를 반영하려할 것이나, 다른 문명권의 세계로부터 적지 않은 저항에 직면하게 될 것이기 때문이다. 강성학(1995), pp. 186-191.

전체제 단계에 머물러 있음으로 인하여 냉전적 성격을 강하게 보여주고 있다.

이러한 정전체제가 유지되고 있는 현단계에서는 다자주의가 아닌 양자주의가 적실성을 가지고 있다. 이런 측면에서 주한미군의 존재이유에 대한 설명이 가능하다. 남북관계가 정전단계에서 벗어나지 못하는 냉전적 상황에서는 주한미군 철수 주장은 한반도라는 지정학적 위치상 국제적 조건, 특히 미국의 전략적 이해에 어긋나는 것이기 때문에 한민족에게는 이상적이고 당위적인 주장이지만 현실적 적합성이 없는 주장이 될 가능성이 높다. 이러한 점을 염두에 둔다면 동북아에서 다자주의 안보협력이 진전될수록 남북관계의 변화 진전에 기여한다는 주장도 현실적 적합성이 없는 주장이 될 가능성이 높다. 왜냐하면 남북관계의 변화 진전이 없는 경우 실질적인 의미있는 다자간 안보협력체제가 수립되기는 어렵기 때문이다. 다시 말하면 남북관계의 변화인 정전체제, 전환체제, 평화체제에 따라 동북아에 있어서 양자주의와 다자주의의 적실성은 결정될 수 있을 것이다.

그러나 남북관계가 정전체제에서 평화체제로 모색되는 과정은 한반도에 대한 주변 강대국의 전략적 이해와 관련된 변화를 수반하기 때문에, 남북관계의 변화에 따른 이러한 주변 강대국의 이해를 조정할 필요성에 의해서 한반도를 중심으로 한 다자간 안보체제가 성립될 가능성이 높다고 할 수 있다.

이와 더불어 탈냉전 이후 계속해서 제기되어 온 북한의 핵문제의 경우 미국을 비롯한 한반도 주변 강대국들 중의 일국이 해결할 수 있는 문제가 아니라는 점과 한반도 주변 강대국 전체가 유기적인 협력과 공조를 필요로 하고 있다는 점에서 적어도 북핵문제에 관련된 다자간 안보협력체제가 구성될 가능성이 높다. 최근 북한 김정일 위원장이 핵무기 개발 사실을 시인함에 따라 북핵문제에 대처하기 위하여 한국, 미국, 일본, 중국, 러시아의 정상이 양자간 또는 다자간 형태의 정상회담을 가지려고 한다는 사실에서도 잘 알 수 있다.

따라서 본 연구는 동북아지역에서 다자간 안보협력은 남북관계가 정전체제에서 평화체제로 전환과정에서 한반도와 관련한 이해 당사국들간의 다자간 안보협력체제가 필요하고 수립될 것이라고 보고 있다. 또한 남북관계의 진전변화를 감안하지 않은 어떠한 미국의 다자주의 안보협력은 동북아에서 성공할 수 없다고 말할 수 있을 것이다.[38] 더 나아가 한반도의 남북관계라는 현실적 상황을 무시한 미국의 동북아정책은 오래 지속될 수 없을 뿐만 아니라 실패할 수밖에 없다고 주장할 수 있을 것이다. 따라서 동북아지역에서 다자간 안보협력체제를 모색하고 이에 대한 방안을 제시하기 위해서는 한반도의 남북관계상황에 유념해야 할 것이다.

이러한 동북아 다자간 안보협력에 대한 대안과 관련하여 한승주 전 한국 외무부장관은 아・태지역 전체를 포괄하는 기구와는 별도로 신뢰구축, 군비통제, 분쟁해결 같은 문제를 적극적 목표로 하는 동북아지역에서의 안보협력체제를 상정해야한다고 역설한 적이 있다. 아세안 포럼과는 별도로 한반도 문제를 포함하여 동북아 안보문제에 집중할 다자간 안보협력체제의 필요성을

---

38) 2000년 6월 15일 남북정상회담 전후하여 북한은 다음과 같은 많은 서방국가들과의 외교관계를 수립하였다는 점에서 동북아 다자간 안보협력체제에 북한이 참여할 가능성이 높은 상태에 있다. 이탈리아(2000. 1), 오스트레일리아(2000. 5), 필리핀(2000. 7), 영국(2000. 12), 네덜란드(2001. 1), 벨기에(2001. 1), 캐나다(2001. 2), 독일(2001. 3), 룩셈부르크(2001. 3), 그리스(2001. 3), 브라질(2001. 3), 뉴질랜드(2001. 3), 쿠웨이트(2001. 4), 바레인(2001.5) 등

암시하면서도 아세안지역포럼의 다자간 안보대화에 찬성입장을 표명하였다.[39]

이석수의 경우 동북아 지역 내에서 기존의 동맹관계를 전적으로 폐기할 수 없는 현실적 한계를 인정하면서, 현재의 안보협력 진전속도를 점진적으로 가속화면서 협력영역을 단계적으로 확장하는 것을 대안으로 지적하고 있다.[40] 또한 아・태지역에서 이러한 역할을 수행할 수 있는 다자간 안보협력을 촉진시키기 위한 '다층적(multi-layered) 접근방식'을 제안하고 있다.[41] 좀 더 구체적으로 그는 동북아지역에서 다자간 안보협력체제의 구축을 실현시킬 수 있는 대안을 다음과 같이 제안하고 있다.

> 동북아 안보협력체제의 구축에 대한 제안을 추진원칙・의제・구성국가 등의 순으로 제시하겠다. 첫째 원칙은 남북한이 동북아 안보협력체제 추진의 주도권을 행사해야 한다는 것이고, 둘째는 안보협력체가 다층적 안보질서의 구성요소로서 여타 냉전적・탈냉전적 안보질서와 공존할 수 있다는 점이고, 셋째는 지금까지 제시된 안보협력체제 구성제안들을 바탕으로 가능한 한 빨리 정부 차원

39) 『동아일보』, 1993년 7월 29일.

40) 이석수의 경우 다자간 지역안보협력의 중요성에 대하여 1) 안보협력은 궁극적으로 지역의 새로운 안보질서 구축에 기여 할 뿐만 아니라, 증대하는 정치・군사적 불확실성을 완화하는 역할을 할 것이다. 2) 다자간 지역안보협력체제는 탈냉전 시대에 있어서 군사・안보 영역에만 국한되지 않는 포괄적 안보에 기여할 것이다. 3) 동북아 다자간 안보협력체제는 한반도문제의 평화적 해결에 기여할 것이라고 보고 있다. 이석수(2000), pp. 271-301.

41) 여기서 이야기하는 다층적 접근방식은 아・태지역의 새로운 안보질서를 양자관계(동맹 혹은 우호관계), 삼각관계(정책공조・우호관계), 다자관계(안보협력) 등을 상호보완적으로 관계를 지음으로써 지역의 평화와 안정을 보장할 수 있는 방법을 강구하는 방식이라고 설명하고 있다. 이석수(2000), p. 277.

의 동북아 안보협력협력체제를 구성하는 것이고, 넷째는 단계적・점진적 접근방법을 통해 안보협력체의 기능을 강화시켜 나가는 것이다. 의제는 광범위한 군사적・비군사적 분야(인권문제・환경문제・난민문제・마약문제・신뢰구축・군축)를 포괄하는 것이 바람직하나 군사분야에 중점을 두어야 한다. 회원국은 남・북한, 미, 일, 중, 러시아 등 6개국으로 한정한다.42)

그러나 전형적인 유럽 사례인 이러한 다층적 접근방식을 아・태지역 또는 동북아지역에 적용하려는 시도는 논리적으로는 타당하나, 현재의 동북아 현실을 감안할 필요성이 있다. 현재 동북아에서는 위에서 언급한 양자관계, 삼각관계, 다자관계가 존재하고 있지만, 강대국 간의 전략적 이해관계가 대립하고 있기 때문에, 이러한 각각의 관계들이 상호보완적으로 작동되지 않고 있다.

이와 관련하여 본 연구는 남북관계가 정전체제에서 평화체제로 전환되는 과정에서 북한 핵문제, 주한미군의 위상문제 등과 관련하여 남북한을 포함하여 한반도 주변 강대국인 미국, 일본, 중국, 러시아가 참여하는 한반도 관련문제에 대한 각국의 이해를 조정할 수 있는 '한・미・일 3국 대북정책조정감독그룹'(TCOG: Trilateral Coordination and Oversight Group)의 확대판 형태로 볼 수 있는 '대한반도정책조정협의회(MCCF: Multilateral Coordination and Cooperation Forum)를 동북아 다자간 안보협력체제의 모델로 제시하고자 한다.

클린턴 행정부 후반 1999년에 북미관계의 진전에 따른 대북문제에 대한 한・미・일 공조필요성이 제기됨에 따라 수립된

42) 이석수(2000), p. 300.

TCOG는 미국이 주도하여 한반도문제를 북한과 해결해 가는 과정에서 한국과 일본의 지원을 받고 대북정책에 대한 한·미·일 3국의 공조를 조율하는 역할을 수행하여 왔다. TCOG의 경우 동북아지역의 관련 국가 중에서 한국, 미국, 일본만이 참여하고 있고, 중국, 러시아, 북한이 배제되어 있다는 점에서 한계를 가지고 있다. 그러나 미국이 적극적으로 참여하고 주도적으로 주관하고 있다는 점, 또한 한반도문제와 관련하여 대북한정책에 대한 3국의 이해를 조정해야 하는 필요성에 의해 수립된 점에서, 한반도문제에 관련하여 중국, 러시아, 북한이 참여할 경우 MCCF와 같은 기구가 동북아지역에서 실질적인 다자간 안보협력체의 모델이 될 가능성이 높다고 할 수 있다.43)

Ⅴ. 결론

본 연구는 "탈냉전이 되었음에도 불구하고 왜 유럽과 달리 동북아에서는 다자주의가 발달되지 못하고 있는가"를 미국의 동북아정책과 군사안보적 제도화를 통하여 분석하였다 특히 우선적으로 냉전시기 뿐만 아니라 탈냉전 시기에서도 계속해서 동북아 국제질서의 구성에 있어서 결정적 역할을 하고 있는 미

43) 한국과 일본은 새로운 부시 행정부의 등장 이후 강경해지는 미국의 대북정책에 대한 우려를 TCOG를 통해 전달함으로서 미국의 대북정책 형성에 긍정적인 영향을 미쳤다. 2002년 3월 TCOG 9차회의에서는 한국 측은 제2차 남북정상회담을 개최하여 남북간의 교류·협력확대를 통하여 한반도에서의 긴장완화를 이루어야 한다고 주장하였다. 일본은 북일관계의 정상화 및 대북 포용정책을 지속적으로 추진할 것을 표명하였다. 미국도 이를 수용하여 6월 한국의 대북포용정책을 대폭 수용하는 대북정책을 발표하였고 북미대화가 재개되었다.

국의 동북아정책과 군사안보적 제도화와의 상관관계를 중심으로 고찰하였다.

먼저 "탈냉전 이후 미국의 동북아 패권유지와 양자동맹의 강화"에서는 동북아에 있어서 군사안보적 제도화에 대한 미국의 동북아정책은 상대적으로 양자주의(bilateralism)를 강조하는 국방부 중심의 강경세력에 의해 주도되어 왔음을 알 수 있었다. 또한 탈냉전 이후 미국이 주도하려는 신국제질서에서 어떤 경쟁적 초강대국가의 등장을 허용하지 않아야 한다는 입장에서 미국은 동북아지역의 패권유지를 위하여 오히려 다자주의보다는 양자동맹을 강화하여 왔다는 것을 규명하였다. 동북아지역과 같이 미국 국익에 매우 중요한 지역에서 미국의 안전과 이해를 위협할 수 있는 충분한 능력을 잠재적으로 보유한 중국과 같은 지역강대국이 새로운 패권국으로 등장할 수 있는 가능성을 배제하려하고 있고 또한 이를 위하여 미국은 주로 기존의 쌍무동맹과 같은 양자주의를 강화하고 보완적으로 다자주의를 활용하고 있다고 할 수 있었다. 이런 면에서 볼 때, 비록 미국이 9·11테러에 효율적으로 대처하고 미사일 방위정책을 원활히 추진하기 위해서는 동맹국들의 동의와 협력을 필요하여 부분적으로 다자주의를 활용하고 있다고 하더라도 국제평화체제를 보장하는 하나의 제도로 작동되기에는 한계가 있다고 할 수 있었다.

더 나아가 실제 차원에서 동북아 다자간 안보협력체제의 현황에 대한 검토 결과, 아세안지역포럼(ARF: ASEAN Regional Forum), 아·태안보협력이사회(CSCAP: Council for Security Cooperation in Asia-Pacific), 동북아협력회의(NEACD: Northeast Asia Cooperative Dialogue)와 같은 동북아지역에서 수립된 다자간 안보협력체제에 미국이 참여하고 있지만, 실질적인 다자간 안보협력체제에

도달하지 못하고 있다는 것을 알 수 있었다.

“중국위협론의 명분과 미사일방위정책(MD)의 다자주의 한계” 에서는 중국위협론이 실제보다 과장되어 있으며, 오히려 미국의 동북아 패권 유지 및 강화의 명분으로 활용되고 있다고 보는 것이 더 타당하다고 보았다. 냉전 시기 동안 미국의 주적이었던 소련이 사라진 상태인 탈냉전시기 동안에도 기존의 미국의 패권을 유지하고 강화시키기 위해서는 중국위협론과 같은 명분을 미국이 필요로 하고 있다는 점에 기인한다는 점을 알 수 있었다. 또한 이러한 중국위협론에 기초한 중미관계를 중심으로 미국의 동북아정책이 수립되고 집행되어 왔으며, 미국은 이러한 과정을 통하여 기존의 미국의 패권을 유지시켜주고 있는 한미동맹과 미일동맹을 계속해서 강화시킬 수 있었다는 점도 알 수 있었다.

단지 중국위협론의 최종적 단계라고 할 수 있는 미사일방위정책을 실질적으로 달성하기 위한 보완적인 조치로 다자주의적 접근을 적용하고 있으나, 중국이 반대하고 있다는 점에서 근본적으로 실패할 수밖에 없을 것이라고 예상하였다.

“남북관계의 평화체제 전환과 다자간 안보협력체제의 모색” 에서는 동북아 평화를 위해서는 한반도의 안정이 중요하다는 점과 탈냉전 이후 현재 부시 행정부 시기에 있어서도 북한의 핵문제가 미국의 동북아정책의 형성에 중요한 영향을 미치고 있다는 점을 감안하여 한반도의 남북관계와 다자간 안보협력체제와의 상관관계를 살펴보았다. 그 연구결과 미국의 헤게모니 전략이 영구히 지속될 수 없다는 것 이외에도, 미국의 헤게모니를 유지하고 강화시키는 수단으로 양자주의가 아닌 다자주의를 선택될 수 있는 가능성 속에서 동북아지역에서 실질적으로 의미 있는 다자주의가 출현할 수 있을 것이라고 전망하였다. 특히 한반도의 안정이 동북아 평화에 중요하다는 가정 아래에서 남북관계가 정전체제에서 평화체제로 전환하는 과정에서 한반도의 전략적 위상 변화와 관련하여 한반도 주변 강대국인 미국, 일본, 중국, 러시아의 이해를 조정할 필요성이 대두됨에 따라 동북아에서 전체지역 차원이 아니지만 부분지역 차원에서 다자간 안보협력체제가 수립될 가능성이 있을 것이라고 보았다.

그럼에도 불구하고 현재 한반도의 경우 여전히 남북관계가 정전체제 단계에 머물러 있는 현단계에서는 다자주의가 아닌 양자주의가 적실성을 가지고 있다고 파악하였다. 이런 측면에서 남북관계가 정전단계에서 벗어나지 못하는 냉전적 상황에서는 주한미군 철수 주장은 한반도라는 지정학적 위치상 국제적 조건, 특히 미국의 전략적 이해에 어긋나는 것이기 때문에 한민족에게는 이상적이고 당위적인 주장이지만 현실적 적합성이 없는 주장이 될 가능성이 높다는 것을 밝혔다.

그러나 남북관계가 정전체제에서 평화체제로 모색되는 과정은 한반도에 대한 주변 강대국의 전략적 이해와 관련된 변화를 수반하기 때문에, 남북관계의 변화에 따른 이러한 주변 강대국의 이해를 조정할 필요성에 의해서 한반도를 중심으로 한 다자간 안보체제가 성립될 가능성이 있을 것이라고 주장하였다. 더 나아가 이를 위한 구체적인 대안으로 남북관계가 정전체제에서 평화체제로 전환되는 과정에서 북한 핵문제 주한미군의 위상문제 등과 관련하여 남북한을 포함하여 한반도 주변 강대국인 미국, 일본, 중국, 러시아가 참여하는 한반도 관련문제에 대한 각국의 이해를 조정할 수 있는 '한·미·일 3국 대북정책조정감독그룹'(TCOG: Trilateral Coordination and Oversight Group)의 확대판 형태인 '대한반도정책조정협의회(MCCF: Multilateral Coordination and Cooperation Forum)를 동북아 다자간 안보협력체제의 모델로 제시하기도 하였다.

■ 참고문헌 ■

강성학, 『카멜레온과 시지프스: 변천하는 국제질서와 한국의 안보』, 서울: 나남, 1995.

_____, "주한미군과 한미관계: 중년의 위기인가 황혼이혼인가?", 『IRI 리뷰』, 제7권, 제1호, 2002년 가을호.

_____, "한반도 주변 전략환경과 미국의 역할: 미국은 시이저인가 아니면 이아고인가?", 『한국정치학회보』, 제30집, 제3호, 1996년 가을.

김달중 · 문정인 · 이석수 외, 『새천년 한반도 평화구축과 신지역질서론』, 서울: 오름, 2000.

박영규, "미국의 대한반도정책: 한반도 문제해결을 중심으로", 『국제문제』, 2000년 10월.

변창구, "ARF 운영에 있어서 ASEAN의 리더십: 유용성과 한계", 『국제정치연구』, 제4집 2호, 2001년.

서진영, 『현대중국정치론: 변화와 개혁의 중국정치』, 서울: 나남, 1999.

_____, "부강한 중국의 등장과 중국위협론, 그리고 한반도", 『한국과 국제정치』, 제18권 제2호, 2002년 여름호, 통권 27호.

외무부 외교안보연구원, 『주요국제문제분석』(1997. 9. 3).

엄태암, "미국 클린턴 2기 행정부의 아 · 태전략", 『국방논집』, 37호, 1997년 봄.

이규열 · 구본학 · 차두현, 『아 · 태지역 주요 다자안보협력 관련 군사분야 정책추진 방안』, 서울: 한국국방연구원, 1998.

이대우, 『남북 정상회담 이후 한 · 미관계 변화』, 서울: 세종연구소, 2002.

———, "부시 행정부의 중국정책: 양국 현안을 중심으로", 이태환 편, 『미 · 중관계의 변화와 한반도: 부시 행정부 출범 이후를 중심으로』, 서울: 세종연구소, 2002.

이석수, "다자간 안보협력과 아 · 태 안보질서의 재구축", 김달중 · 문정인 · 이석수 외, 『새천년 한반도 평화구축과 신지역질서론』, 서울:

오름, 2000.
———, “분단과 대립을 넘어서: 한반도 평화체제의 모색”, 『통일연구』, 제3권 제1호, 1999.
이태환 편, 『미 · 중관계의 변화와 한반도: 부시 행정부 출범 이후를 중심으로』, 서울: 세종연구소, 2002.
이헌경, “부시 행정부의 안보전략과 미사일방어체제 구상”, 통일연구원, 『부시 행정부 출범 이후 동북아정세와 한 · 중협력』, 제10차 한 · 중워크삽(2001. 6. 4) 발표 논문집.
정진위 외, 『새로운 동북아 질서와 한반도』, 서울: 법문사, 1998.
지오프리 블레이니 저, 이웅현 역, 『지오프리 블레이니의 평화와 전쟁』, 서울: 지정, 1999.
통일부 통일교육원 편, 『통일문답 2001』, 서울: 통일부 통일교육원 연구개발과, 2001.
타나까 아끼히꼬 저, 이웅현 역, 『새로운 중세』, 서울: 지정, 2000.
Buttler, Stuart M. and Kim R. Holms, *Issues 2000: The Candidate's Briefing Book*, The Heritage Foundation, 2000.
Cantori, Louis and Steven L. Spiegel, *International Politics of Regions,* Englewood Cliffs, N, J.: Prentice-Hall, 1970.
Gaddis, John Lewis, *The Long Peace: Inquiries Into the History of the Cold War,* Oxford: Oxford University Press, 1987.
IISS, *The Military Balance* 1997/98.
Khalizad, Zalmay, *et. al., The United States and Asia: Toward a New U. S. Strategy and Force Posture*, Santa Monica, CA: RAND, 2001.
Kurth, James R., “The Pacific Basin versus the Atlantic Alliance: Two Paradigms of International Relations”, *The Annals,* Vol. 505 (September 1989).
Layne, Christopher, “The Unipolar Illusion: Why New Great Powers Will Rise”, *International Security,* Vol. 17, No. 4 (Spring 1993).
Posen, Barry and Andrew L. Ross, “Competing Visions for U. S. Grand Strategy”, *International Security,* Vol 21, No. 3 (Winter 1996/97).

II 부

동북아의 평화사상과 문화

개화기 한국인의 대외 인식과 '동양평화' 구상

김 현 철
고려대학교 평화연구소 연구교수

Ⅰ. 머리말

'평화'가 추구하는 것이 구체적으로 어떤 상태를 지칭하는 것인가에 대한 정의는 역사적 상황에 따라 또는 학자 및 정치가에 따라 다르게 내려지고 있다. 일반적으로 '평화'를 지역국가간 전쟁이 억제되고 정치적, 경제적 갈등이 완화된 상태라고 볼 때, 동북아 지역 내 평화질서의 모색은 21세기 현재에만 국한되지 않고 고대로부터 19세기에 걸쳐 현재까지 지속되는 이 지역의 주요 과제였다.

19세기 후반이후 동북아지역에서 중국 중심의 전통적 국제질서체제가 붕괴되고 서구중심의 근대국제질서체제로 편입되는 과정에서 한반도를 둘러싸고 청일전쟁, 러일전쟁의 발발 등 동북아 지역 국가간 세력균형을 바꾼 전쟁이 일어났으며, 서구 열강, 특히 일본의 제국주의적 진출과 침략으로 한국과 중국 등 인접 지역국가들이 국권을 상실하고 식민지로 전락하였다. 주변 열강의 전쟁터가 된 조선으로서는 국가적 자주독립의 보전 차원에서 뿐만 아니라 당시 국제정치의 현실에 대한 인식과 외교정책의 차원에서 동북아 지역국가간 전쟁을 해소하고 평화로운 국제질서의 수립에 많은 관심을 갖지 않을 수 없었다. 그리고 한국(조선)의 지식인들이 당시 밖으로부터의 위협에 대처하는 과정에서 대외적 위협요소에 대한 인식과 정책결정자들의 이미지, 그리고 국내여론의 대외관 등이 상호 결합되어 나름대로 상당한 역할을 하였다.

개화기 및 구한말 한국의 지성사적 분위기는 전통적 유교사상에 대한 비판 속에서 서구 근대 정치사상의 수용이 병행되고 있었으며, 청일전쟁의 소용돌이에 휩싸인 상태였다. 이 점을 고려할 때 약 1세기전의 한국 지식인들의 평화와 동북아 국제질서에 관한 구상이 일종의 초보적, 또는 단편적인 언급에 불과할지라도, 이 시기 한반도의 평화에 대한 관심과 전쟁 방지에 대한 염원은 매우 컸다. 개화기 한국인의 대외인식과 '동양평화' 구상은 이후 20세기 초 일제 식민지시기, 해방이후를 거쳐 현재에 이르기까지 한국인의 '평화사상', 그리고 한국 정부의 동북아 지역협력체제구상의 연속성과 단절의 측면을 파악하는 데에 매우 중요하며, 시사하는 바가 크다.

이와 관련, 개화기 한국의 지식인 또는 정치가들이 국제정치 현실을 어떻게 인식하였으며, 어떠한 방식으로 한반도를 둘러싼 전쟁과 분쟁을 억제하고 평화로운 국제질서를 수립할 것인가에 관한 구상에 대해 기존 연구에서는 다음과 같은 접근이 이루어졌다. 개화기부터 20세기전반기까지 한국의 주요 정치지도자의 대외인식에 관한 개괄적 설명을 시도하였으며,[1] 개화파와 위정척사파의 대외인식을 비교하거나,[2] 고종의 대외관을 살펴보았다.[3] 또한 개화기 한국의 대외인식 또는 국제정치사상의 측면을 종교적, 문화적, 문학적 측면에서 접근하였으며,[4] 안중근 등 개별 인물의 사상과 활동을 설명하면서 평화에 관련된 부분을 일부 언급하였다.[5] 근대이후 한국의 평화구상과 평화의식에 대해 접근한 일부 연구들의 성과가 있었지만,[6] 현재까지 근대 동북아 평화질서의 모색 내지 한・중・일간 평화구상의 비교라는 측면에서 시도된 연구는 매우 적은 편이다. 이런 상황에서 최근 근대 한국과 일본의 대외인식의 형성과정에서 동양평화론을 주창하게 된 배경과 그것의 사상사적 의의 등에 주목하는 일련의 연구들이 진행되었으며,[7] 안중근 의사의 '동양평화론'이 국내외에서

---

1) 이호재, 『한국인의 국제정치관: 개항후 100년의 외교논쟁과 반성』(서울: 법문사, 1994).

2) 총성의, "위정척사파와 개화파 지식인의 대외인식 비교연구", 고려대 정치외교학과 박사학위논문, 1994.

3) 정통일, "고종의 대외인식과 외교정책 변화에 관한 연구", 고려대 정치외교학과 석사학위논문, 1995.

4) 이호재 편, 『한반도평화론: 한국인의 평화철학과 한반도평화의 조건과 방법』(서울: 법문사, 1989).

5) 안병욱, "한국의 사상과 평화", 최상용 편, 『현대 평화사상의 이해』(서울: 한길사, 1976).

6) 이호재 편(1989); 이호재・오택섭・최상용・안문석 공저, 『한국인의 평화의식과 통일관』(서울: 법문사, 1989).

7) 정낙근, "개화지식인의 대외관의 이론적 기초." 『한국정치학회보』 27집 1호(한국정치학회, 1993); 장인성, "'인종'과 '민족' 사이: 동아시아연대론의 지역적 정체성과 '인종'", 『국제정치논총』 제40집 4호(한국국제정치학회 2000); 김현철, "을사보호조약 전후시기 조선 지식인의 국제질서관", 『2001년도 하계학술회의 발표논문집』(한국정치학회, 2001. 7).

재조명되고 있다.[8]

이러한 기존 연구를 바탕으로 19세기 후반 한반도를 둘러싼 동북아 지역국가간 전쟁과 분쟁, 갈등과 식민지화의 역사를 돌이켜 볼 때, 개화기 한반도를 비롯하여 당시 세계 각국간 전쟁과 갈등을 방지하고 평화로운 국제질서를 수립하기 위해 한국에서는 지역국가간 협력 또는 평화유지의 수단에 대한 관심과 구체적 구상들이 언제부터 어떠한 형태로 언제부터 표명되었는가? 라는 질문을 제기할 수 있다. 이하 본문에서는 당시 관련 지식인의 저작 및 신문들에 실린 전쟁과 평화문제에 관한 언급들을 중심으로 개화기 '동양평화' 구상이 대두하게 된 배경과 사상적 기초, 그리고 한국인의 대외인식의 전개과정에서 '동양평화' 구상이 지니는 성격, 주요 내용, 한계 및 시사점 등을 살펴보고자 한다.

Ⅱ. 개화기 한국인의 동양평화 구상의 사상적 기초

1. 동아시아의 '평화' 문제와 개화기 한국의 국제질서관

'평화'(peace)에 관해 고대로부터 현재까지 수많은 정치가와 학자들에 의해 매우 다양한 정의가 내려졌지만, 본 논문에서는 '평화'의 일반적 상태를 주로 전쟁의 반대개념으로서 국가간의 갈등과 분쟁이 없는 평화, 즉 '戰爭없는 상태'로 바라보고자 한다. 이러한 평화 개념을 개화기 한국이 처한 상황에 원용할 경우 당시 한반도를 비롯한 동북아에서 발발한 일련의 전쟁과 외세의

8) 洪淳鎬, "安重根의 國際思想과 '東洋平和論'" 『梨花女大社會科學論集』 13(1993. 12); 光復會 國家報勳處, 『21세기와 동양평화론』(국가보훈처, 1996); 김호일, "안중근의사의 '동양평화론", 김호일, 『한국근현대이행기 민족운동』(도서출판 신서원, 2000).

간섭으로부터의 해방을 의미하며, 이를 위해 청일전쟁, 러일전쟁시기 한반도의 전쟁발발과 국권상실 및 식민지화를 방지하기 위한 노력으로서 외국에의 중재요청, 반전운동, 자주독립 국가건설 노력 등이 그 범주에 포함된다.

19세기 후반 동북아 평화질서의 모색과 한반도의 평화 문제는 전세계적 차원과 지역질서차원에서 공통 적의 상정과 이에 대한 대응이라는 측면에서 다음과 같이 접근해 볼 수 있다.

첫째, 전세계적 차원에서 주요 강대국간 합의에 의한 국제질서의 안정과 유지라는 측면에서 볼 때, 한반도의 평화 문제는 소위 '강대국간의 세력균형을 통한 평화'라는 큰 틀에 의해 규정되어진다.

19세기 당시 동북아가 처한 상황은 중국, 한국, 일본 등 지역국가들이 서구중심의 국제질서체제에 편입되었으며, 서구의 제국주의적 팽창과 진출에 대해 아시아 지역국가의 저항이 전개되었다. 이러한 '서세동점(西勢東漸)'의 상황은 동북아 지역내에서 서로 다른 인종·민족간 대립, 즉 백인종 대 황인종간의 대결구도로 파악되었다. 이러한 측면에서 볼 때, 당시 동북아에 대해 남하정책을 펴고 있던 러시아 등 백인종의 진출에 대비하기 위해 동북아 지역국가간 유대와 협력을 주장하는 논의들이 상당한 파장을 초래하였다.

둘째, 동북아 지역질서 차원에서 동북아 주요 국가간 합의에 의한 지역질서의 안정과 유지라는 측면에서 볼 때, 한반도의 평화 문제는 '동북아 국가간 합의와 세력균형을 통한 평화'라는 틀에 의해 크게 좌우되어진다. 특히 근대동북아에서 새롭게 주도국가로 부상하고 있는 일본과의 관계가 현실적으로 커다란 의미를 지닌다.

이러한 한반도와 동북아에서 평화 문제에 대한 접근은 근대 한국의 지식인들이 당시 국제정치의 현실을 어떻게 인식하였는가와 밀접한 관련을 갖는다. 전통적 유학에서는 평화를 '국제간에 있어서 전쟁 없는 화해로운 교린(交隣) 관계를 유지하며, 기존 정부에 대한 반역 형식의 쟁투(혁명, 민란)없이 국민 화합을 이룬 상태'를 의미하는 것으로 이해되어졌다. 즉 국내외적으로 아무런 쟁투도 일어나지 않고 인간간에 화합의 분위기가 조성되는 이른바 '태평(泰平)'의 상태가 평화 개념에 해당된다. 서구의 평화(peace)라는 용어로 상응하는 것으로서 유학에서는 '화평(和平)'이라는 용어를 사용하며, 여기에는 국민의 화합(和)을 평화의 조건으로 중시하는 측면을 반영한다. 또한 유학에서 이상적으로 평화가 실현되는 상태를 지칭하여 '대동(大同)'이라고 불리어진다. 유학에서 바라보는 평화로운 세계상, 즉 '대동(大同)'의 구체적 모습 중 일부분을 묘사하면, '전세계 인류 전체(天下)가 공(公)의 기준으로 간주되어, 어느 누구도 사리사욕을 도모치 않으며, 현인(賢人)들에게 정치가 맡겨지고 인민들에게 신의(信義)와 화목(和睦)을 가리켜 익히도록 함으로써, 인간들이 상호간에 친애(親愛)를 나누며, 그 친애(親愛)를 바탕으로 병고빈궁(病苦貧窮)이 사회 및 국가차원에서 구제되어 복지와 도의가 충분히 구현되는 것'으로 상정되었다.[9)]

유학적 사고를 견지한 지식인들의 경우, 일찍이 평화가 최대

9) 윤사순, "한국 유학의 평화사상", 이호재 편, 『한반도평화론』(서울: 법문사, 1989), pp. 25-28. 전통시대의 일종의 국내적 평화상태를 지칭하는 '대동(大同)'이라는 용어는 『莊子』, 『呂氏春秋』등에서도 언급되지만 그 개념이 정립된 것은 『禮記』 "第九篇 禮運"에서이다. 위 『禮記』에서 '대동(大同)'에 관련된 언급 부분은 이민수 譯解, 『禮記』(中)(서울: 한림출판사, 1982), pp. 32-33을 참조하기 바람.

한 실현되는 이상사회의 전형으로 '대동사회'를 설정하고 그 모델로서 중국 요순시대(堯舜時代)의 실현을 추구하여 왔다. 그리고 '대동세계(大同世界)'란 만민의 신분적 평등과 재화의 공평한 분배, 인륜(人倫)의 구현을 특징으로 하는 유교의 이상사회를 지칭하며, 외적 강제성보다는 인간의 자율성에 기초한 복지사회를 이상적 사회, 즉 대동사회(大同社會)로 인식하였다. 이러한 사회관은 무위자연(無爲自然)의 세계관에 입각한 도가(道家)의 소국과민(小國寡民)의 이상 사회나 힘(力)의 논리에 입각한 법가(法家)의 중앙집권적 법치사회와도 구별되었다.10)

이러한 대동 세계상은 노동능력이 있는 자를 노동에 종사할 수 있게 하며, 노동능력이 없는 노인이나 어린이를 잘 부양하도록 하며, 그리고 자기 부모와 자식, 그리고 모든 사람에게 널리 사랑을 베풀도록 한다는 점을 포함하는 측면에서 일종의 복지국가의 측면을 엿볼 수 있다. 조선시대 일부 유학자들의 경우 이러한 유가의 대도(大道)가 실현된 대동사회(大同社會)를 이루기 위해 인민(人民)을 '공(公)'의 기준으로 생각하였으며 '봉공(奉公)' 행위를 통해 '민안민화(民安民和)'의 상태에 도달하는 것을 평화 실현의 구체적 방안으로 간주하였다.11)

위에서 살펴본 유교적 '태평' 내지 '대동' 개념 등 전통적 사유

---

10) 김현철, "제2장 전통 유교정치사상의 전개와 정부(官)의 역할", 한국정신문화연구원 편, 유병용 · 신광영 · 김현철 공저, 『유교와 복지』(서울: 백산서당, 2002), pp. 46-47. 유교정치사상의 특징과 민본주의, 민생안정과의 측면에 대한 개괄적 설명에 대해서는 김현철(2002), pp. 29-56을 참조.

11) 윤사순, 『조선시대 성리학의 연구』(고려대학교 민족문화연구원, 1990), pp. 123-124; 김현철(2002), pp. 47-48. 조선시대 유학자들인 조광조, 이이, 정약용 등에게서 평화사상적 측면을 추출해내는 접근에 대해서는 윤사순(1989), pp. 28-38을 참조하기 바람.

를 기반으로 하는 한편, 개화기에 서구 근대 평화사상에 관련된 서적 및 논의들이 전파 및 수용되는 과정을 거치면서, 개화기 조선의 지식인들은 한반도와 동북아, 나아가 세계의 전쟁과 평화 문제에 대해 나름대로 고민하였을 것으로 추정된다.

현재까지의 연구에 의하면, 박은식의 경우 1909년 대한민보사(大韓民報社)에서 '평화회(平和會)'를 조직하여 평화사상을 전파하였으며 1925년 평등사상을 설명하는 "몽배금태조(夢拜金太祖)"를 저술하면서 칸트의 "영구평화론"과 톨스토이 등 서양의 평화관련 서적을 읽고 자신의 평화사상을 구상하는데 영향을 받았다.[12] 그리고 20세기 초 안중근의 '동양평화론'의 형성과정에서도 조선에 체류 중인 프랑스 신부 등으로부터 지적 자극과 영향을 받아서 유교사상, 개화사상 및 기독교 사상이 복합되어 자신의 동양평화론을 전개하였다.[13]

19세기 후반 외국에 문호를 개방하기까지 조선은 중국중심의 동아시아 국제질서의 틀내에서 '사대자소(事大字小)'의 예(禮)라는 명분 하에 중국에 대하여 조공국의 의례적인 절차로서 종주국에 대하여 정기적으로 조공을 바쳐왔지만, 외교와 내정에 있어서 자주성을 유지하여 왔다. 반면 서구 열강이 중심이 된 근대 국제질서는 그 구성원인 주권국가간의 평등과 독립을 전제로 하였으며, 국가간의 관계를 규제하는 주요 운영원리로서 서구의

---

12) 李炫熙, "朴殷植의 平和思想", 『東國史學』 제14집(東國史學會, 1980. 1). pp. 91-110.

13) 홍순호(1993); 김홍수, "안중근의 생애와 동양평화론", 『공사논문집』, 제46호 (공군사관학교, 2000. 7); 김호일(2000), pp. 301-313. 한편, 한국의 전통사상 중 '한' 사상이 일종의 평화사상으로서 종교적, 문화적 측면에서 계승되어 왔다고 보는 견해로서 최세현, "'한' 思想과 韓國의 傳統思想: 平和를 中心으로", 『空軍評論』 96호(1995. 8)도 있으나, 본 논문에서 주로 살펴보는 '동양평화' 구상과 관련성을 찾기가 어려운 점이 많아 이에 대한 설명은 생략하였다.

근대 국제법(만국공법), 그리고 서구식의 외교 제도 및 절차 등이 중시되었다.[14] 이러한 국제질서의 전환기에 조선의 시점에서 바라본 국제질서상은 크게 서구 중심의 근대국제질서에서 서양의 제도와 관념의 수용을 통해 빠른 시일 내로 실력을 양성하여 하나의 독립국가로 인정받느냐, 아니면 전통적 가치와 제도를 회복하여 중국 중심의 국제질서를 재건하느냐의 접근으로 구분되어진다. 그리고 이러한 국제질서상의 대립은 각자의 세계관과 정치관에 입각하여 어느 국가를 동북아, 나아가 세계의 중심 국가로 상정하느냐와도 관련된다.

먼저 19세기 조선의 전통적 사유를 대표하는 위정척사파(衛正斥邪派)의 대외인식을 보면, 기본적으로 중화주의적 세계관에 기초하였으며 존화양이(尊華攘夷)의 명분론을 주자학의 이기론(理氣論)적 이분법적 사고에 적용하였다. 이에 따르면 중국 등 아시아인과 서양인간의 관계를 천리(天理)-인욕(人慾), 도(道)-기(器), 존(尊)-비(卑), 상(上)-하(下), 화(華)-이(夷)의 관계로 양분하였으며, 서양인은 보기에 인간과 같으나 실제 마음은 금수와 같다고 보았다. 그리고 중국 중심적 세계관에 접해온 유학자들에게 서양 국가들은 중국 문명의 바깥에 존재하는 일종의 야만인(夷)의 범주에 속한 것으로 인식되었다. 이러한 인식 하에 19세기 중엽 위정척사파는 조선이 금수와 같은 야만인인 서양과 교류할 수 없다고 보아 교류를 금지하였으며, 서구화된 일본 역시 서양 오랑캐와 같다는 '왜양일체론(倭洋一體論)'을 주장하여 일본과의 수교 통상을 적극 반대하였다.[15]

---

14) 김현철, "개화기 朴泳孝의 자주외교론", 『국제정치논총』 제39집 2호(한국국제정치학회, 1999. 12), pp. 150-151.

15) 전복희, "19세기말 진보적 지식인의 인종주의적 특성: 『독립신문』과 『윤치호 일기』를

그러나 19세기 후반에 들어 서양 문명과 과학에 대한 지식과 인식이 증대될수록 그동안 서양인을 '금수(禽獸)'로 여기던 양상에서 오히려 아시아의 황인종이 야만인에 속하는 것으로 인식의 커다란 변화가 초래되었다.16) 19세기 후반 조선의 지식인들은 서구 유럽국가, 즉 '백인종의 침략'에 주목하여 아시아 황인종들이 백인종의 노예노릇을 하는 현실을 개탄하면서, 동양 3국의 황인종이 백인종들에게 포위당할 것을 우려하였으며, 백인종에 의지하려는 조선인과 청국인의 태도를 비판하였다.17)

전반적으로 이 시기 조선에서는 서구 근대국제질서체제에의 편입이 불가피하다고 판단하면서 당시 동북아 등 국제정치의 현실을 '춘추전국시대'의 혼란상에 비유하거나 '동·서 인종간의 전쟁', '약육강식의 시대' 등 구체적 표현의 차이는 있었으나 대체적으로 국가간 '전쟁상태'로 파악하였다.

그 예로서 1880년대 초 『한성순보(漢城旬報)』 1983년 12월 20일자(제6호)의 "소병의(銷兵議)"를 보면, 당시 각국이 전쟁의 이

중심으로", 『한국정치학회보』 제29집 1호(한국정치학회, 1995). pp. 130-131. 근대 한국의 대외관을 살펴본 기존 연구 중 19세기 조선내 중국중심적 세계관과 이에 따른 존화사상(尊華思想), 척사론에 대해 개괄한 연구로서 정옥자, 『조선후기 조선중화사상연구』(서울: 일지사, 1998)를 들 수 있다. 그리고 조선내 근대적 국제관의 형성이라는 측면에서 1880년대까지 위정척사사상의 전개과정과 집권사대파의 대외관에 대해 개괄한 연구로서 박충석·유근호, 『조선조의 정치사상』(평화출판사, 1995)를 들 수 있다. 정낙근(1993)의 경우 화이론의 유교내재적 변용으로서 신화이론, 지역적 운명공동체론, 그리고 경쟁과 진보를 주요 개념으로 하는 사회진화론을 들고 있다.

16) 이와 관련한 『독립신문』 1899년 9월 11일자 논설 "인종과 나라의 분별"에서는 세계 각 지역 사람들을 5개 인종(五種)으로 나누며, 각국을 "야만의 나라, 미개화한 나라, 반개화한 나라, 참 개화한 나라"로 구분하고 있다. 송재문화재단, 『독립신문 논설집』(1970), pp. 816-818.

17) 『제국신문』, 1898년 8월 25일자 논설; 1899년 2월 20일자 논설, 장인성(2000), pp. 122에서 재인용; 『독립신문』, 1899년 11월 9일자 논설, 『독립신문 논설집』, pp. 891-892.

익만을 위해 군비증강하며 약육강식만을 일삼는 현실을 다음과 같이 설명하고 있다.

> 세상이 날로 개화되어 모든 문물이 더욱 발달함에 따라 사람의 기욕(嗜慾)도 더욱 심해진다. 저 강성하다는 나라를 가지고 보더라도 모두 만족을 모르고 갑(甲)이 군함을 만들면 을(乙)은 대포를 만들고, 저쪽이 육지를 질식하면 이쪽은 해도(海島)를 병탄(倂呑)하여 서로 상대 나라보다 우월하기를 힘써 백성들을 도륙하고 화기(和氣)를 해친다. 비록 우주 가운데 큰 나라를 차지한 자라도 인애(仁愛)하는 마음을 뒤로 하고 전쟁의 이익만을 추구하며 욕심이 그치지 않고 더욱 자라고 분노하는 마음을 항상 품어 약육강식(弱肉强食)이 항상 그치지 않는다. 그래서 비록 작은 나라라 하더라도 자주(自主)하려면 나라의 있는 힘을 다해 피로써 지키려다가 도리어 화를 입어 수천만 명이 죽는 일을 당하게 되니 이는 형세가 부득이한 점에서 나온 것이다.[18]

그리고 1880년대 개화파의 대표적 지도자 중 한 사람인 박영효는『1888년 상소문』에서 서구 근대 국제질서의 양상을 과거 중국의 전국(戰國)시대의 혼란상에 비유하였으며, 국제질서의 기본 성격을 강대국이 약소국들을 자국의 식민지로 삼는 약육강식의 상황으로 파악하였다.[19]

이와 같이 근대 국제정치의 현실을 '적자생존'과 '약육강식'의 시각에서 보면, 국가적 독립을 보전할 수 있는 군사력 등 국력이 뒷받침되지 못하면 타국의 식민지를 면할 수 없음을 기정사실로

18) 博文局,『漢城旬報・漢城週報』, 번역문(서울: 寬勳클럽신영연구기금, 1983), p. 90.
19) 김현철(1999), p. 156.

수용하게 된다. 이러한 국제정치현실 인식과 위기의식이 고조되는 상황에서 개화기 한반도와 동북아 국가들의 평화 달성을 위해서는 지역국가간 전쟁 방지와 국권회복이 주요 선결 과제로 부각되었다.

2. 일본의 '동양평화론' 및 한 · 중 · 일 3국 협력론의 대두

개화기 한반도의 전쟁발발과 국권상실의 위기에 처하여 한반도의 평화와 안정을 희구하는 한국 지식인들의 관심과 우려는 저술 내지 신문기고 등을 통해 '동양삼국 정족론', '동양삼국 공영론', 또는 '아시아연대론' 등 그 명칭은 달랐지만 일종의 '동양평화'에 관련된 구상으로 표명되었으며, 이를 기반으로 아래에서 살펴보는 바와 같이 한 · 중 · 일 3국간 유대와 협력이 필요하다고 보았다.

기존 연구자에 의하면, 19세기말이후 조선에서 러시아 등 백인종에 대항하여 한 · 중 · 일 3국의 단결과 관계개선, 그리고 일본의 역할 등을 강조한 논의로서 '동양삼국 정족론(東洋三國 鼎足論)'이 대두되었다. '동양삼국 정족론'의 경우 한 · 중 · 일 3국간의 문화적 유사성, 인종적 동질성, 그리고 지정학적 상호의존성에 기초하여 백인종에 대항하고 '동종(황인종)'간의 균형을 꾀함으로써 한 · 중 · 일 3국간의 안정과 독립 보존을 목표로 삼았다. 이와 비슷한 시기에 '동양삼국 공영론'은 20세기초 러일전쟁을 거치면서 을사보호조약이후의 보호국(保護國)과 한일합방론 등을 포괄하는 논의로서 대두되었다. '동양삼국 공영론'은 한 · 중 · 일 3국간 지역적 상호의존성을 거론한 점에서는 앞의 '동양삼국 정족론'과 유사하지만, 실제 내용은 문명화된 일본이 맹주가 되어 한국과 중국을 문명화시켜 동양 3국의 번영을 시도하며 이를 기초로 아시아에서 리더쉽을 발휘해야 한다는 점에서는 앞의 논의와 차이를 보이고 있다. '동양삼국 공영론'의 경우 구성 국가간 관계에 있어 일본 민족의 우월성이 전제되는 등 일본의 맹주적 역할을 강조하고 있다.[20]

또한 '아시아 연대론(連帶論)'은 19세기 후반 일본의 자유민권 운동의 전개과정에서 일부 당원들(자유민권 좌파)에 의해 제창되었으며, 한・중・일 3국이 힘을 합칠 경우 아시아에 대한 유럽인들의 침략을 막을 수 있다고 보았다. 이러한 아시아연대론의 대두 배경에는 일본이 서구 열강의 압박하에 있다고 보고 열강의 침략 위협 하에 같은 처지의 아시아 국가들과의 연대를 통해 자국의 약함을 보충하려는 의도가 반영되어 있었다.[21]

이러한 아시아 연대론을 주창한 초기의 단체로서 1880년 3월 10월 일본 동경에서 창립된 흥아회(興亞會)를 들 수 있다. 이 단체는 창립당시 일본 정부의 관리, 군인 및 신문 관련 인사들이 참여하는 일종의 관변단체의 성격을 띠었으며, 1883년 1월 20일 아세아협회(亞細亞協會)로 개칭되었으며, 1900년에는 동아동문회(東亞同文會)에 흡수되었다. 당시 흥아회의 월례 모임에 1880년대 초 수신사로서 일본을 방문한 조선 사절인 김홍집(金弘集) 일행과 이동인(李東仁) 일행, 그리고 청국측으로서 일본 주재 외교관

20) 전복희(1995), p. 127; 장인성(2000), pp. 127-130.

21) 메이지 유신시기 등 근대 일본에서 대두된 아시아연대론 및 평화사상의 주요 내용에 대한 개괄적 설명은 이성환, "근대 일본의 전쟁과 아시아 인식", 『국제학논총』 6집 (계명대학교 국제학연구소, 2002. 2), pp. 205-222; 다바타 시노부(田畑忍) 編, 『近現代日本の平和思想: 平和憲法の思想的源流と發展』(ミネルヴァ書房, 1993), pp. 7-93; 최원식・백영석 편, 『동아시아인의 '동양' 인식: 19-20세기』(문학과 지성사, 1997), pp. 29-132 참조.

인 하여장(何如璋) 등이 참석하였으며, 이들 참석자들은 아시아 각국간의 연대의식을 높이자는 흥아회의 취지 자체에 많은 관심을 표명하였으며 상당히 공감하였다.[22] 이러한 흥아회 및 아세아협회의 존재는 조선에도 소개되었다. 『한성순보(漢城旬報)』 1884년 7월 3일자 "인교론(隣交論)" 기사에 위 협회의 취지에 대해 '아시아의 두 대국이 협력동심하여 피차가 서로 유익하게 하여 부강하게 하려고 한다면 중국과 일본이 국교를 굳게 하지 않으면 안된다'고 설명하면서, 위 협회의 회원 "원중모(源仲謨)"의 "인교론(隣交論)"을 소개하였다.[23]

개화기 조선의 지식인들은 당시 국제정치현실을 백인종과 황인종간의 대결 상황으로 파악하고 백인종들의 침략으로부터 아시아를 방어하기 위해 황인종들의 단결을 주장하는 '아시아연대론'에 상당한 정도로 공감하였다.[24] 1890년대에 들어 이러한 아시아 연대에 대한 공감이 확산되는 추세였다. 이를 보여주는 예로서, 『독립신문』 1898년 4월 7일자 논설에서는 서구 열강과 백인종의 진출과 위협에 공동대응하며 자주독립을 보전하기 위해서는 같은 아시아 대륙에서 지리적 근접성, 같은 인종, 문화적 유사성을 보이는 한・중・일 3국간에 상호 교류와 원조가 필요함을 다음과 같이 거론하였다.

> 대한과 일본과 청국은 하나의 아시아속에서 살뿐만 아니라 종자가 같은 종자인 고로, 신체모발이 서로 같으며 글을 서로 통용하며 풍속에도 같은 것이 많이 있는지라. 이 세 나라가 별도로 교제를

22) 이광린(1989), pp. 138-144.
23) 이상의 내용은 『漢城旬報・漢城週報』, 번역문, p. 506 참조.
24) 전복희(1995), p. 127.

> 친밀히 하여 서로 보호하고 서로 도와주며, 구라파 학문과 교육을 본받아서 빨리 동양 삼국이 능히 구라파의 침범함을 동심으로 막아야 동양이 구라파의 속지가 아니 될 것이다.[25]

이와 더불어 『독립신문』에서는 유럽인과 미국인이 국적은 다르더라도 아시아를 침탈하기 위해 뭉치고 있는 상황에서 아시아인들이 뭉치지 않고 오히려 서양인들에 의해 교란당하고 있다고 보면서, 아시아에 대한 백인종의 침탈에 대항하고 아시아의 평화를 위해 황인종의 단결을 주창하였다.[26] 그렇지만 당시 조선의 지식인들은 인종적 불평등이 고정적인 것이 아니라 가변적인 것으로 파악하여 하위의 인종들인 아시아인종들이 노력하여 문명화된다면 상위의 인종들인 백인종들과 동등해질 수 있다고 그 가능성을 시사하였다.[27]

이와 같이 조선에서 당시 아시아의 단결 필요성에 공감한 데에는 서양 백인종에 대한 대항의식의 측면이 고조되는 한편, 조선보다 앞서 문명개화한 일본의 지도에 의한 문명화를 용인하는 분위기도 작용하였다.[28] '동양평화'에 관련된 일련의 논의들의 성격을 보면, 당시 한국인들이 주장하는 동양평화 구상이 일본

---

25) 『독립신문 논설집』, pp. 360-362.

26) "… 어찌하여 동양에 황인종들은 한뭉텅이가 되지 않고 서양 사람들의 반간질 하는데만 빠지며 농락질 하는 수중에만 쓰러지며 …" 『독립신문』, 1899년 11월 9일자 논설, 『독립신문 논설집』, pp. 891-892.

27) "두가지 힘", 『독립신문』, 1899년 9월 5일, 『독립신문 논설집』, pp. 809-810.

28) 조선과 중국 내 이러한 위기의식의 고조에는 당시 일본인 삼본단방(森本丹芳)과 당시 조선과 중국에 전파된 다루이 도키치(樽井藤吉)의 『大東合邦論』(1893년 간행)이 영향을 끼쳤을 것으로 추측되고 있다. 특히 20세기 초 소위 대표적 친일세력에 속하는 일진회의 이용구와 송병준의 한일합방구상은 다루이 도키치(樽井藤吉)의 『大東合邦論』로부터 영향을 받은 것으로 알려져 있다. 장인성(2000), pp. 121-122.

이 주장해온 아시아 연대론과 맥락을 같이하는 측면도 일부 있으며, 아시아내에서 일본의 맹주적 위상과 의식을 강화시키는 결과를 초래한 점은 부정하기 힘들다.[29)]

Ⅲ. 개화기 한국인의 대외 인식의 유형과 동양평화구상의 대두

앞 장에서 살펴본 바와 같이 19세기 후반이후 유럽 국가 및 백인종의 대아시아 진출에 따라 '밖'으로부터의 위협과 위기의식이 고조되었다. 이에 대한 '안'의 대응 과정에서 한국의 집권층과 국내 여론을 이끄는 신문발간인 등 지식인들은 아시아 및 한국의 평화와 안정을 위협하는 구체적인 적대국가를 상정하였으며, 이에 대비하기 위한 협력 내지 동맹 관계를 모색하는 과정에서 다음과 같이 그 성격과 내용에 있어 차이를 보여주고 있다.

1. 주변 국가에 대한 위협 의식과 적대국가의 설정: 러시아 경계론, 청국 경계론 및 일본 경계론의 대두

1882년 영・미・독과의 조약 체결을 계기로 한국이 서구 중심의 국제사회에 하나의 국가로서 편입된 이후, 한국은 전세계적 차원에서의 영-러간 대립, 그리고 동북아 지역차원에서의 일-청간, 일-러간 대립구도에 편입되었다. 당시 주요 강대국간의 대립구도의 영향을 받아 19세기 영국 등의 대러시아 봉쇄정책을 제시하는 『조선책략(朝鮮策略)』이 조선에 유포되면서 러시아 경계

29) 장인성(2000); 이광린(1989).

론이 조선의 주요 관심사였다. 당시 『조선책략』에서는 아시아국가들에 대해 가장 커다란 위협요소로 러시아를 지목하고서 이에 대비하기 위한 한국(조선)의 외교전략으로서 '친중국(親中國), 결일본(結日本), 연미국(聯美國)'을 제시함으로써 한・중・일 3국간 협력의 필요성을 강조하였다.

개화기 조선이 러시아를 적대 국가로 상정할 경우, 한반도와 아시아의 평화와 안전은 반러 연합측 국가들간에 조선 문제를 둘러싸고 상당한 합의가 이루어질 때, 즉 조선의 독립을 보장해 주거나 특정국가의 우월한 영향권하에 속하는 것으로 간주하고 이에 개입하지 않을 때 현실적으로 보장받을 가능성이 컸다. 그러나 만약 반러 연합측 국가들간에 갈등 내지 적대관계가 형성될 때, 특히 조선을 자국의 영향권 내지 속국으로 삼기 위해 쟁탈전을 벌일 경우 한반도의 평화는 보장되기 어려웠다. 게다가 방아론(防俄論)의 실질적 입안국가이며 당시 전세계적 반러 연합의 핵심 국가인 영국의 실제 정책을 보면, 조선에 대해 우호적이지 않고, 오히려 제국주의적이었다. 특히 1880년대 중반 영국의 거문도 점령사건은 반러 연합의 명분하에 조선의 영토 일부분이나 주권이 반러 연합의 배후국가에 침탈당하는 역설적 현상이 발생하였다.

조선에서 러시아에 대한 관심을 보여주는 예로서 1880년대 전반기에는 『한성순보(漢城旬報)』, 1880년대 후반기에는 『한성주보(漢城週報)』, 그리고 1890년대 후반에는 『독립신문』에서 러시아의 강대함과 동아시아 지역에 대한 진출과정을 소개하는 기사 내지 논설들이 소개되었다.[30] 『독립신문』의 경우 1896년

30) 이러한 기사 내지 논설의 예로서 『漢城旬報』의 경우 1884년 6월 14일자(제24호), "申報俄高立約論", 1884년 9월 29일자(제35호), "防俄助法論" 등의 기사가, 그리고 『漢城週報』의 경우 1886년 2월 8일자(제6호), "俄人自辯", 1886년 10월 11일(제32

5월 16일자 논설에서는 러시아와 일본이 조선을 보호국화하려는 논의가 있음을 소개하면서, 조선이 자주독립해야 하며 이를 위해서는 조선의 인민들이 각성하며 외국과 교제시 조선의 국익을 먼저 생각할 것을 촉구하고 있다.[31] 특히『독립신문』1899년 3월 25일자 "동양풍운"이라는 논설에서는 중국과 한반도 주변 지역에 각국 군대가 집결하여 긴장이 고조되어 감을 지적하면서 러시아의 대아시아 진출현황에 대해 다음과 같이 설명하였다.

> 아라사(러시아)에서는 시베리아 연륙을 말미암아 만주와 길림성과 성경성 권세를 수중에 넣고 인하여 여순구와 대련만을 차지하여 일변 군항을 만들어 병함과 해군을 운전하여 들이며, 육지로는 육군을 모아 나오고 시베리아 철도를 급히 마치려고 힘쓰며 그 철도에 인접한 여순구 지역은 이후 군량과 군사 운전하기에 대단히 편리하게 한다. 일변으로는 대한 북도 해륙권을 모두 잡고 석탄과 그 외 각종 군비를 장만하고 있다.[32]

이러한 기사들은 지식인 사회에 러시아경계론을 형성 내지 확산하는데 영향을 끼쳤을 것으로 추정된다. 이와 같이 러시아 경계론은 1890년대에도 상당한 영향력을 발휘하였으며, 그 예로서 조선내 집권층 중 '방아(防俄)'의 필요성을 잘 보여주는 것으로서 민영환(閔泳煥)의 "천일책(千一策)"을 들 수 있다. 민영환의 "천일

호), "續瀛海各國統考", 1887년 6월 13일(제67호), "防俄芻言" 등이 있다.『漢城旬報·漢城週報』, 번역문, pp. 458-459, 684-685, 749-750, 855-856, 953-955.『독립신문』, 1897년 1월 5일자 논설 등을 들 수 있다.

31)『독립신문 논설집』, pp. 20-21.

32)『독립신문 논설집』, p. 642.

책"에서는 조선의 지정학적 위치가 러시아의 남하 진출에 불가피한 요충지점에 위치하고 있어, 이에 대한 대비가 불가피하다고 보았다. 그리하여 '방아(防俄)'를 위한 조선의 현실적 외교정책으로서 중국과의 긴밀한 관계 유지가 제시되었다. 특히 러시아의 남하를 두려워하는 중국이 독일, 영국 등 서구 국가들과 긴밀한 관계를 유지하고 있으므로 조선도 이들 서구 국가들과 사귀어 러시아의 남하에 대비하는 것이 바람직하다고 여겨졌다.[33]

그리고 조선에서 일부 지식인들 사이에 청국 경계론이 대두되는 과정을 보면, 1880년대 초 조선에 반러연합을 권한 청국이 오히려 조선을 사실상 속국화시키려는 정책을 전개함에 따라, 조선의 일부 지식인과 고종은 청국의 의도와 대조선 진출 강화 정책에 대해 우려와 반감를 표명하였다. 좀더 구체적으로 살펴보면, 1882년 임오군란 당시 청국은 조선이 속방(屬邦)임을 대내외적으로 공포하였다. 그리고 1882년 양력 10월 17일자 체결된 '중조상민수륙무역장정(中朝商民水陸貿易章程)'에서는 조선을 청의 번(藩) 내지 속방으로 간주하였으며, 통상분야에서 청의 배타적인 경제적 이득을 보장하였다.[34]

청의 이러한 대조선 정책과 태도는 그 이전 『조선책략』을 통해 한・중・일 3국의 협력을 권고한 것과는 대치되는 것으로서, 당시 김옥균, 박영효 등 갑신정변 주도 개화파는 청의 태도를 조선의 독립과 자주성을 침해한 침략행위로서 규탄하게 되었다. 이후 조선내에서 청국 경계론이 본격적으로 제기되었으며, 나아가 갑신정변 주도 개화파들은 조선에 대한 청의 간섭을 배제하

33) 국사편찬위원회, "千一策", 『閔忠正公遺稿』, 卷二, 1958, pp. 45-46, 66-68; 민홍기 편・이민수 역, 『민충정공 유고(전)』 (서울: 일조각, 2000), pp. 69-70, 106-108.
34) 김현철(1999), pp. 150-153.

며 조선의 자주성과 독립을 확보하는 것(反淸)을 개혁활동의 최우선 목표로 삼았다. 그리하여 1884년 갑신정변 당시 혁신정강에서 '대원군(大院君)의 조속한 환국과 조공・허례 의식의 폐지'가 공포됨으로써, 청의 종주권 행사를 부정하며, 청으로부터 조선의 독립을 선포하겠다는 개화파의 독립의지가 국내외에 표명되었으나, 당시 일본의 배반과 영국과 미국 등 구미 각국의 소극적 반응으로 성공하지 못하였다.[35]

한편, 앞장에서 살펴본 일본의 동양평화론의 대두에도 불구하고 조선내 대일경계론이 확산되는 과정을 보면, 청일전쟁에서 승리한 일본이 조선을 침략하고 내정개혁에 간섭한 것이 주요 계기중의 하나가 되어서 한국내에서 일본의 태도에 대한 비판 및 저항이 고조되었다. 당시 조선의 지식인들은 일본이 '조선의 독립'과 '동양평화'라는 약속을 지키지 않았다고 비판하면서, 일본측이 신뢰구축을 위한 노력을 하지 않는 한 아시아의 평화를 이룩하기는 힘들다고 보았다.

특히 1890년대 청일전쟁으로 동북아 국제질서의 세력균형이 변화되는 시점에서 민영환은 "천일책"에서 일본의 침략에 대한 경계심을 보여주고 있다. 위 "천일책"에서는 동학농민봉기의 발발이후 일본의 군함이 조선의 해안 주변에 상주하고 있어 언제든지 군사적 침략이 가능하다고 보았으며, 일본이 조선 침략 의도를 실행에 옮기지 못하는 것은 배후에 러시아 세력이 존재하며, 중국의 조선 지원을 꺼리기 때문이라고 설명하였다. 또한 민영환은 당시 거론되는 합방 논의에 대해 조선이 일본을 사귀

35) 김옥균, 박영효 등 갑신정변 주도 개화파가 청국을 경계하게 되는 과정과 이에 대한 반발로서 청국으로부터 조선의 자주와 독립을 추구하게 되는 일련의 활동에 대해서는 김현철(1999) 참조.

는 것은 좋지만 합치는 것은 좋지 않다고 보면서 한일합방에 반대하였다.[36]

2. 일본 주도의 동양평화 구상과 중국 중심의 지역질서 구상

앞에서 살펴본 바와 같이 19세기말 조선에 진출하는 러시아, 청국 및 일본 등 주변 열강에 대한 경계 내지 위협의식이 고조되는 상황에 처하자, 당시 조선의 지식인들로서는 주변 열강 중 어느 국가가 조선의 자주독립과 개혁 추진에 도움을 줄 수 있는, '협력국가' 또는 '동맹관계'의 국가가 될 수 있는지의 여부와 그 가능성에 커다란 관심을 기울이지 않을 수 없었다. 1880년대 초 조선에 커다란 파급효과를 미친 『조선책략』의 주장에 따른다면, 러시아의 남하를 막기 위해 청국, 일본, 미국 그리고 조선은 협력하는 것이 바람직한 것으로 여겨졌다.

그리고 1880년대이후 한국(조선)에서 당시 일본의 동양평화 구상에 영향을 받아 한・중・일 3국이 서구의 침략적 진출에 대처하기 위해 한・중・일 3국간 일종의 연대를 모색한 정치가의 선구로서 김옥균(金玉均)의 '삼화주의(三和主義)'를 들 수 있다. 김옥균은 평소에 한・중・일 3국이 제휴하여 서구 세력의 침략적 진출을 막을 것을 염두에 두었다. 그는 1894년 청국의 이홍장(李鴻章)을 만나 한・중・일 3국간의 연대를 모색하기 위해 청국에 건너갔으나 암살당함으로써 한국의 개화파가 관여한 한・중・일 3국간의 연대 모색이 시도되지 못하였다.[37]

---

36) 『閔忠正公遺稿』 卷二, pp. 46-47, 66-68; 『민충정공 유고 (전)』 (번역본), pp. 70-72, 105-108.
37) "東京의 金氏墓", 한국학문헌연구소 편, 『金玉均全集』(아세아문화사, 1979), pp. 159-160. 또한 당시 일본측 인사의 기록(井上角五郎先生傳記編纂會, 『井上角五郎先

그러나 이러한 한・중・일 3국간 협력과 연대라는 정치적 이상은 어느 국가를 주도 국가로 상정하느냐에 따라 다음과 같이 국제정치현실에서 국가간 갈등과 정치세력간 균열을 초래하였다.

실제로 서구 국가들의 아시아 지역에 대한 식민지적 진출과 침략을 전개하는 과정에서 아시아 국가들이 분열되었으며, 특히 청국이 이에 대처하는데 많은 무능력과 한계를 드러냈다. 이에 1890년대 말 『독립신문』에서는 일본이 빠른 시일 내로 문명개화되어서 아시아 황인종의 능력과 독립의지를 서구 국가들에게 보여준 것에 영향을 받아서, 일본을 주도 국가로 상정하는 한・중・일 3국간 협력론을 언급하였다. 그 예 중의 하나로서 『독립신문』 1899년 10월 2일자 논설에서는 청국 서태후의 부덕함과 수구정치세력의 부패 등으로 인해 청국이 위태로운 상황에 처해 있음을 지적하면서 한・중・일 3국이 협력할 것을 주창하였다.[38]

이어서 『독립신문』 1899년 11월 9일자 논설에서는 당시 서구인의 침략을 경계하면서 인종간 대결상황에서 동양 황인종의 단결을 촉구하면서, 동양평화를 위한 일본의 역할을 다음과 같이 상정하였다.

> 진실로 원하건대 동포되는 황인종의 모든 나라는 일본 형제의 분발한 기개와 떨쳐 일어나 경략(經略)을 본받아 독립국의 대등권을 회복들 할지어다. 오늘날의 일본은 곧 동양에 황인종의 앞으로 나아갈 움싹이며 안으로 정치와 법률을 바르게 할 거울이며, 바깥 도적을 물리칠 장성이다.

生傳』, p. 117)에 의하면 김옥균은 위의 삼화주의에 입각하여 <興亞之意見>을 작성하였으나 현재 전해지지 않는다. 이광린(1989), pp. 144-145에서 재인용.

38) 『독립신문 논설집』, pp. 843-845.

> 구미 각국과 조약을 고쳐 명하여 실시한 일본 사람들은 황인종 형제의 모든 나라를 권고하고 인도하되 작은 이익을 탐내지 말며 작은 분에 충격 받지 말고, 한 가지 종자를 서로 보호할 큰 계책을 세워 동양의 커다란 판에 평화로움을 유지케 하는 것이 하나님께서 명하여 주신 직분의 당연한 의무라 하노라.[39]

한편 위의 '동양평화'를 위해 한・중・일 3국간 단결과 협력을 주창하는 논의와 더불어, 한・중 또는 한・일간 등 양자간 유대와 연대를 강조하는 논의들도 전개되었다. 일본과 한국 내에서 2개국간 연대를 거론하는 과정에서 양국간 지리적 상호의존성과 인종・문화의 상호의존성이 강조되었으며, 이를 상징적으로 표현하는 언어로서 "순치보거(脣齒輔車)"와 "형제붕우(兄弟朋友)" 등이 사용된 점은 주목할 만하다.[40] 조선의 일부 지식인들의 경우 "순치보거(脣齒輔車)"를 거론하면서 한・중 양국간 긴밀한 유대관계가 필요하다고 보았다. 그 예로서 『독립신문』의 경우 청일전쟁의 패배로 청국이 조선에서 물러간 후에도 한국과 중국이 인종과 문물이 비슷하며 국경이 인접해 있는 상황을 '이와 입술'의 관계에 비유하면서, 청국의 위급한 정세가 조선에 악영향을 끼칠 것으로 파악하였다.[41] 그리고 위정척사파 계열에

---

39) 『독립신문 논설집』, pp. 881-892.

40) 근대 일본에서 한・중・일 3국내에서 2국간 긴밀한 지리적 인접성을 상징하는 "脣齒輔車" "脣亡齒寒", "輔車相依", "輔車脣齒"라는 일련의 용어가 사용된 이면에는 지정학적, 전략적 함의가 포함되어 있다. 그리고 "형제붕우", "동포" 등의 심정적 용어의 사용에는 백인종에 대응하는 황인종으로서의 인종의식과 공동방어의 필요성에서 비롯된 측면이 강하다. 그리고 일본측이 주장한 아시아연대론에서 위 용어들을 사용할 때에는 동북아 지역내 일본의 지역적 리더십을 암묵적으로 내포하고 있다. 장인성(2000), pp. 126-127.

41) 『독립신문』, 1899년 3월 24일자 논설 "한청문제", 『독립신문 논설집』, p. 641.

속하는 유인석(柳麟錫)은 조선과 중국간 관계를 '광대뼈와 잇몸(輔車)', 또는 '입술과 이(脣齒)'의 관계에 비유하여 그 의존관계가 지극하며, 중국과 조선이 친척(親戚)의 대소가(大小家)와 같이 상호 의지함이 마땅하다고 보았다. 과거 조선시대에 명(明)을 섬겨 중화 제도를 따름에 따라 조선과 중국 사이에는 '작은 나라를 사랑하는 마음'(字小之心)과 '사대의 정성'(事大之誠)이 지극했음을 상기시키고 있다.[42]

1890년대 중반이후 민영환 등 집권층이나 위정척사계열의 재야 지식인들의 경우 '일본경계론 또는 항일운동'의 측면에서 '친중국(親淸)'의 대외전략을 택하였다. 이러한 접근은 청일전쟁이후에도 기존의 동북아 국제질서의 주도국가인 청의 몰락과 분열이라는 국제정치의 현실을 인정하기보다는 '새로운 중화질서'의 재건 내지 부활을 통해 조선의 독립을 바라는 측면을 띠었다.[43]

특히 청일전쟁이후 중국의 몰락과 서구의 무관심 속에서 러시아의 남하 내지 서양 국가들의 진출을 우려한 국내 지식인들의 경우, 『독립신문』 등에서 보여주는 바와 같이 동양평화론에 내포되어 있는 일본 중심의 이데올로기적 함의를 파악하면서도 이를 수용하거나 공감하는 현상이 전개되었다. 19세기 후반이후 일본과의 유대 모색 및 일본 중심의 동북아 평화구상을 주창한 정치세력은 일본을 경계하는 조선의 다른 정치세력들과 협력 내지 통합하기 힘들었으며, 현실국제정치의 힘의 논리를 그대로 받아들일 수밖에 없는 한계에 처하게 되었다.

---

42) 柳麟錫, 『宇宙問答』, 1913; 서준섭 외 공역, 『毅菴 柳麟錫의 思想: 宇宙問答』 (서울: 종로서적, 1984), pp. 97-99.

43) 개화기 위정척사파에 속하는 조선 지식인들의 대청 의존론 및 대일 경계론 등 대외인식에 대한 개괄적인 설명은 박충석 · 유근호(1995) 참조.

이러한 비극이 초래된 데에는 '일본중심의 동북아 평화 구상' 자체의 한계와 제약성도 있었다. 그러나 더 근본적으로는 1880년대 초 『조선책략』에서 제시하고 있는 '러시아 경계론'의 전파와 이에 기반한 '반러 연합'이라는 세력균형의 수용이 그나마 미약한 조선의 개혁지향적 정치세력들과 국력을 대립 내지 분열시키며, 조선의 적대국가를 여러 국가로 상정시키는 결과가 초래된 상황 자체를 들 수 있다.

3. 동양평화의 구체적 보장 방안의 강구: 국제법 · 국제평화기구 · 국제평화회의

앞에서 살펴본 바와 같이 개화기 한국에서 한반도를 포함하여 아시아 지역에서 전쟁을 억지하고 평화를 유지할 필요성을 인식함에 따라, 평화를 보장하는 구체적 방안이 관심과 고려의 주요 대상이 되었다.

이와 관련, 개화기에 서구의 국제법(만국공법)이 전래됨에 따라 세계 각국이 국제법을 준수함으로써 국가간 전쟁을 예방할 수 있을 것으로 여겨졌을 것이다. 특히 『한성순보』 1883년 12월 20일자(6호)에는 서구의 전쟁법 관념이 다음과 같이 소개되었으며, 평화유지의 구체적 방안으로 사해동포주의에 의거하여 일종의 세계정부와 국제평화군의 창설을 언급한 것은 주목할 만하다.

> 네덜란드인 호가(虎哥)가 처음으로 공법(公法)을 주창하자 그걸 강술하는 자가 다투어 일어나 지금에는 세계 각국이 그걸 신봉하니, 약소국가가 강국에게 병탄되지 않음은 모두 그의 덕택이라 하겠다. 그러나 그 공법이란 내용이 국제간의 교제, 교전 등 지켜야할 의법

> (義法)과 관행하는 조례일 뿐, 교전이 천리(天理)에 어긋난다는 사실은 언급하지 않았다. … 그러므로 만국이 서로 상대하는 모양이 일변하여야 공법이 세계에 밝아지고, 또 다시 일변하여야 반드시 세계의 전쟁이 사라질 것이다.[44]

위의 인용구문에서 네덜란드인 호가(虎哥)는 그 내용상 그로티우스(Grotius)를 지칭하는 것으로 보인다. 그리고 위 기사 말미에 청의 왕도(王韜)가 『순환일보(循環日報)』에 실기를 "이상은 일본 역사가 목하진홍(木下眞弘)의 의론(議論)으로서, 그 견해가 참으로 절정에 이르렀고 입의(立義)한 것 역시 비범하다. 그의 말대로 5대주의 크고 작은 나라들이 참으로 하나가 되어 공법을 유지하여 영토를 다투지 않아 전쟁이 그친다면 인류의 고생은 거의 사라질 것이다"라고 평하고 있다.[45] 이로 미루어 보아, 위 『한성순보』의 발간인은 분쟁의 해결 및 전쟁 억지수단으로서 국제법에 호소하는 것이 설득력있는 것으로 파악하였다.

『한성순보』 발간인들의 국제법에 대한 관심은 그 후에도 계속 표명되어서 위 신문 1984년 9월 19일자(34호)의 "공법에 대한 논설", "국가간의 전쟁과 국외외교(局外外交)의 조례를 논함"의 기사가 실리기도 하였다. 특히 이날 자 "국가간의 전쟁과 국외외교(局外外交)의 조례를 논함"라는 제목의 기사에서는 위에서 언급한 호가(虎哥)가 지은 국제법 서적의 내용 중 전시 중립 부분 등에 대해 비교적 상세히 소개하고 있다.[46]

---

44) 『漢城旬報·漢城週報』, 번역문, p. 91.

45) 『漢城旬報·漢城週報』, 번역문, p. 91. 위의 내용과 관련, 그로티우스의 '전쟁과 평화의 법' 등 서구의 근대 평화사상에 대한 설명은 최상용, 『평화의 정치사상』 (서울: 나남출판, 1997) 참조.

위에서 살펴보았듯이 세계평화에 대한 논의로서 1880년대에는 『한성순보』에서 유럽 국가들의 평화에 대한 논의를 소개한 측면을 띠었다. 이후 1890년대에는 『독립신문』에서 다음과 같이 서구의 평화논의가 서구 중심적이며 일련의 평화논의에도 불구하고 아시아 국가들에 대한 침략은 계속되고 있다고 비판하고 있다.

> 구라파에서는 평화를 하자 하면서 동양에 대해서는 군대를 크게 갖추는 자가 있으니, 그것은 또한 무슨 마음인가? 무릇 평화를 서양과 동양에 고르게 시행함이 마땅할 것이로되, 두루 흡족하지 못할 평화는 문득 그만둘지니라. 만약 자기들의 집안싸움은 둘이 서로 손실되는 것이니 싸움은 되도록 먼데 다른 사람의 땅에 가서 하는 것이 가하다고 한다. 이는 실로 참 바른 마음, 생각이라 이르지 못할 것이다.
>
> 만일 평화를 참으로 생각하는 생각이 있으면 적국(프러시아 지칭)은 알사스와 로렌 두 고을을 법국(프랑스)으로 도로 보내며, 영국은 지브로터의 무비(武備)를 해제하며, 러시아는 청국 요동의 군사를 철수하며, 프러시아는 청국 교주의 점령을 그만두며, 영국은 청국 위해위를 조차한 것을 그만두어야 한다.47)

당시 조선의 신문 사설을 보면, 평화를 보장하기 위한 구체적 수단들도 다음과 같이 소개되고 있다. 1880년대 초 『한성순보』의 경우, 1883년 12월 20일자(6호)에서는 세계평화를 유지하는 구체적 방안으로서, 대의원(大議院) 등 국제적인 상설협의기구의 설치, 세계 군대의 창설, 각국의 군비축소 등을 제시하고 있다.

---

46) 『漢城旬報·漢城週報』, 번역문, pp. 660-665.

47) "평화론", 『독립신문』 1899년 7월 22일, 『독립신문 논설집』, pp. 760-761.

이와 관련된 내용을 언급하면 다음과 같다.

> 먼저 여러 강국의 군장(君長)들로 하여금 서로 회의하여 하나의 대의원(大議院)을 5주(洲) 가운데 적당한 곳에 설치하고, 세계 각국의 멀고 가깝거나 크고 작은 나라를 막론하고 군장이나 혹은 왕자, 대신들을 그곳에 모아 친목과 신의를 돈독히 하고 약속을 엄격히 하여 만국의 대법(大法)을 세워 나라를 세우는 일, 교제를 맺는 일, 국경을 분할하는 일, 일국의 일만이 아닌 일들을 모두 공의(公議)에 붙여 그 결정에 따라 시행하되 감히 어기지 못하게 한다. 그래서 정치가 잘 행해진 나라는 모두가 장려하고, 법이 문란하고 풍속이 파괴된 나라는 모두가 바로 잡아 주며, 세계를 위해 공로가 있는 자는 모두가 표창하며, 각국의 종래 있던 병비(兵備)를 철거하고 다시 세계 공공의 군사를 창설, 그 장수를 공선(公選)하고 군법(軍法)을 정하여 그 군사로 하여금 세계의 바다와 육지를 순행(巡行)하게 하되, 공의를 저버리고 흉포를 부리거나 반역을 꾀한 자는 즉시 그 군사를 발동하여 정토(征討)한다.[48)]

그리고 1890년대의 경우 『독립신문』 1899년 7월 22일자 "평화론"이라는 논설에서는 당시 유럽에서 열린 만국평화회의의 개최사실을 소개하면서, 세계 평화유지를 위해 일종의 국제적 군대의 창설과 청(淸)의 북경에서 만국평화회의를 개최할 것을 제의하였다.[49)]

20세기초의 경우, 한국에서도 동양평화와 전쟁방지를 위한 구체적 방안들이 제시되었다. 그 대표적 예로서 동양평화를 위협

48) 『漢城旬報·漢城週報』, 번역문, p. 90.
49) 『독립신문 논설집』, pp. 760-781.

하는 주요 원흉으로서 이토오 히로부미(伊藤博文)을 사살한 안중근은 1910년 2월 옥중에 수감되어 있는 동안 일종의 '동양공동체론'을 제창하면서, 다음과 같이 한・중・일 3국간 협력의 방안을 제시하였다.

첫째, 뤼쑨(旅順)을 영세중립지로 개방하여 일・청・한 3국 대표에 의한 상설위원회를 설치하는 등 동양평화회의체를 구성한다. 이를 위해 3국 인민 중에서 회원을 모집하고 재정확보는 1인당 회비 1원씩을 모금하여 운영한다.

둘째, 동북아 3국이 공동으로 뤼쑨에 은행을 설립하고 각국 공용화폐를 발행하여 금융, 경제적 측면에서의 공동 발전을 도모한다.

셋째, 각국의 중요한 지역에 평화회의의 지부와 은행지점을 개설하여 재정적 안정을 도모한다.

넷째, 영세중립지 뤼쑨을 보호하기 위해 일본 군함 5-6척을 정박시켜 놓는다.

다섯째, 동북아 3국의 청년들로 하여금 군단을 편성하여 최소한 2개 국어로 교육시켜 평화군을 양성하도록 한다.

여섯째, 한국과 중국은 일본의 지도아래 상공업을 발전시켜 공동으로 경제발전에 노력한다.

일곱째, 한・청・일 동북아 3국의 황제가 국제적으로 신임을 얻기 위하여 로마 교황으로부터 대관을 받는다.[50]

주목할 만한 사항은 첫 번째와 관련되어, 한・중・일 3국의 대표가 뤼쑨구에서 동북아 평화문제를 논의하기 위해 평화회의의 개최를 다음과 같이 제안한 점이다.

---

50) 이상의 내용은 안중근이 1910년 2월 17일 관동도독부 고등법원장과의 면담내용인 '청취서'에 실린 것으로서 김호일(2000), pp. 327-328; 김홍수, "안중근의 생애와 동양평화론", 『공사논문집』제46호(2000. 7), pp. 24에서 재인용.

> 그래서 동양평화를 위한 의전(義戰)을 하얼빈에서 개전하고, 담판(談判)하는 자리를 뤼쑨구(旅順口)로 정했으며, 이어 동양평화문제에 관한 의견을 제출하는 바이다. 여러분의 눈으로 깊이 살펴보아 주기 바란다.[51]

특히 뤼쑨을 중심으로 한·중·일 3국간 평화회의를 구성하자는 안중근의 제안은 한·중·일 등 동북아 다자간 협의기구를 구성하는 것을 의미한다. 이러한 지역협력 방안들은 비록 하나의 선언적 성격을 띠었지만 20세기 후반 동북아에서 논의되는 다자간 지역협력체 구상의 하나의 맹아적 요소로 볼 수 있다.

Ⅳ. 맺음말

본문에서 살펴보았듯이, 개화기 한국의 지식인들은 당시 국제정치의 현실을 '춘추전국시대'의 혼란상에 비유하거나 '동·서 인종간의 전쟁', '약육강식의 시대' 등 구체적 표현의 차이는 있었으나 대체적으로 국가간 '전쟁상태'로 파악하였다. 이러한 국제정치현실 인식과 위기의식이 고조되는 상황에서 개화기 한국의 지식인들은 한반도와 동북아, 나아가 세계의 전쟁과 평화 문제에 대해 나름대로 관심을 보이면서, 일련의 '동양평화'의 가능성과 수단에 관해 구상하였다. 그 과정에서 개화기 한국에서는 사상사적으로 유교적 '태평' 내지 '대동' 개념 등 전통적 사유를 기반으로 하는 한편, 개화기에 서구 근대 평화사상에 관련된 논의

51) 안중근, "東洋平和論"의 '서문', 안중근 저, 편집부 역, 『안중근 의사 자서전(安應七歷史)』(서울: 범우사, 2000), pp. 122-123.

들을 소개하는 양상을 보여주었다.

당시 근대 한국인은 주변 열강 중 러시아, 중국 및 일본을 한국의 안전과 평화를 위협하는 세력으로 파악하여, 각기 러시아경계론, 청국경계론 및 일본경계론이 대두되었다. 그리고 개화기 한국인의 동양평화구상은 사상적 · 이념적 분열, 공동 위협요인 인식의 차이 및 주도 국가의 역할 문제 등으로 인해 중국 중심의 기존 국제질서 재건 구상과 일본 주도하의 동북아 구상으로 구분되어 대립되는 양상을 띠었다. 일본의 동양평화론의 영향을 받은 개화파 및 애국계몽운동가들은 청국 또는 러시아를 주적으로 상정하고 일본 중심의 동북아 국제질서의 형성을 국제정치의 현실로서 인정하였다. 반면, 전통 사상에 기반한 위정척사파는 일본을 주적으로 상정하고 중국 중심의 동북아 국제질서로의 복귀를 염두에 두었다.

위 2개의 상호 대립적인 대외인식과 주적 관념에 각기 기반하여 조선의 지식인 그룹이 정치적, 사상적 분열과 대립 현상을 보임에 따라, 개화기 한국에서 하나의 통합된 평화구상을 형성하기 어려웠다. 청일전쟁이후 중국의 몰락과 러시아의 남하 현상에 직면하자 한국 지식인들 중 일부는 동양평화론에 내포되어 있는 일본 중심의 이데올로기적 함의를 파악하면서도 이를 수용하거나 공감하는 현상이 전개되었다. 19세기 후반이후 일본과의 유대 모색 및 일본 중심의 동양평화구상을 주창한 이들 정치세력은 일본을 경계하는 조선의 다른 정치세력들과 협력 내지 통합이 힘들었으며, 현실국제정치의 힘의 논리를 그대로 받아들일 수밖에 없는 한계에 처하게 되었다.

본론에서 살펴보았듯이 근대 한국인의 대외인식, 러시아 · 청국 · 일본에 대한 경계의식의 대두, 그리고 중국 중심 내지 일본

주도하의 동양평화 구상은 이후 일제 식민지시기를 거쳐 현재에 이르기까지 근・현대 한국인의 '평화사상'과 동북아 지역협력체제구상의 일종의 맹아적 요소로 볼 수 있다는 점에서 시사하는 바가 크다.

끝으로 본 논문에서 미처 자세히 밝히지 못한 근대 한국의 평화구상과 동북아 지역협력 구상들에 대해 좀더 심층적 연구가 진행되기 위해서는 동시대의 중국과 일본의 지식인 및 정치가들이 당시 국제정치의 현실을 어떻게 인식하였으며, 한・중・일 3국간 평화질서의 구축과 지역협력을 위해 어떠한 구상을 하였는가에 대해 비교사상사의 측면에서 접근되어질 필요가 있다. 향후 한・중・일 3국의 대외인식과 평화 구상 및 지역협력 구상들에 대한 심층적 연구를 통해 근대 동양평화 구상의 형성과정에서 나타나는 사상사적 특징과 국제정치적 의미, 그리고 그것이 현대 동북아 평화질서 및 평화사상의 형성에 미치는 시사점들이 충분히 설명되어질 것으로 기대된다.

■ 참고문헌 ■

金玉均, 『金玉均全集』, 한국학문헌연구소 편, 서울: 아세아문화사, 1979.
국사편찬위원회, "千一策", 『閔忠正公遺稿』, 1958; 민홍기 편・이민수 역, 『민충정공 유고 (전)』, 서울: 일조각, 2000.
柳麟錫, 『宇宙問答』, 1913; 서준섭 외 공역, 『毅菴 柳麟錫의 思想: 宇宙問答』, 서울: 종로서적, 1984.
안중근 저, 편집부 역, 『안중근 의사 자서전(安應七歷史)』, 서울: 범우사, 2000.
博文局, 『漢城旬報・漢城週報』, 원문과 번역문 3권, 서울: 寬勳클럽신영연구기금, 1983.

송재문화재단, 『독립신문 논설집 (1896. 4-1899. 12)』, 1970.
윤임술 편, 『한국신문사설선집』 1·2 권, 서울: 방일영 문화재단, 1995.
최원식·백영석 편, 『동아시아인의 '동양' 인식: 19-20세기』, 서울: 문학과 지성사, 1997.
이민수 외 역주, 『한국의 근대사상』, 서울: 삼성출판사, 1983.
이민수 譯解, 『禮記』(中), 서울: 한림출판사, 1982.
光復會 國家報勳處, 『21세기와 동양평화론』, 국가보훈처, 1996.
김신재, "독립신문에 나타난 '삼국공영론'의 성격", 『경주사학』 제9집 (동국대학교, 1995).
김현철, "개화기 朴泳孝의 자주외교론", 『국제정치논총』 제39집 2호 (한국국제정치학회, 1999. 12).
______, "을사보호조약 전후시기 조선 지식인의 국제질서관", 『2001년도 하계학술회의 발표논문집』 (한국정치학회, 2001. 7).
______, "제2장 전통 유교정치사상의 전개와 정부(官)의 역할", 한국정신문화연구원 편, 유병용·신광영·김현철 공저, 『유교와 복지』, 서울: 백산서당, 2002.
______, "근대 한국의 대동북아 인식과 '동북아 평화' 구상", 학술세미나 발표논문집, 『동북아 평화질서의 모색: 사상·민족·제도화』 (고려대 평화연구소, 2002. 10. 25).
김호일, "안중근의사의 '동양평화론", 김호일, 『한국근현대이행기 민족운동』, 도서출판 신서원, 2000.
김홍수, "안중근의 생애와 동양평화론", 『공사논문집』 제46호 (공군사관학교, 2000. 7).
박치문, "이완용의 대외인식 변화와 친일논리 연구", 고려대 정치외교학과 석사학위논문, 1994.
박충석·유근호, 『조선조의 정치사상』, 평화출판사, 1995.
백영서, "진정한 동아시아의 거처: 20세기 한·중·일의 인식", 최원식·백영석 편, 『동아시아인의 '동양' 인식: 19-20세기』, 서울: 문학과 지성사, 1997.
안병욱, "한국의 사상과 평화", 최상용 편, 『현대 평화사상의 이해』, 서울: 한길사, 1976.

윤사순, “한국 유학의 평화사상”, 이호재 편, 『한반도 평화론』, 서울: 법문사, 1989.

______, 『조선시대 성리학의 연구』, 고려대학교 민족문화연구원, 1990.

이광린, “개화기 한국인의 아시아연대론”, 이광린, 『개화파와 개화사상 연구』, 서울: 일조각, 1989.

이성환, “근대 일본의 전쟁과 아시아 인식”, 『국제학논총』 6집(계명대학교 국제학연구소, 2002. 2).

李炫熙, “朴殷植의 平和思想”, 『東國史學』 제14집(東國史學會, 1980. 1).

이호재 편, 『한반도평화론: 한국인의 평화철학과 한반도평화의 조건과 방법』, 서울: 법문사, 1989.

______, 『한국인의 국제정치관: 개항후 100년의 외교논쟁과 반성』, 서울: 법문사, 1994.

이호재・오택섭・최상용・안문석 공저, 『한국인의 평화의식과 통일관』, 서울: 법문사, 1989.

장인성, “‘인종’과 ‘민족’ 사이: 동아시아연대론의 지역적 정체성과 ‘인종’.” 『국제정치논총』 제40집 4호(한국국제정치학회, 2000. 12).

전복희, “19세기말 진보적 지식인의 인종주의적 특성: 『독립신문』과 『윤치호 일기』를 중심으로”, 『한국정치학회보』 제29집 1호(한국정치학회, 1995).

정낙근, “개화지식인의 대외관의 이론적 기초.” 『한국정치학회보』 제27집 1호 (한국정치학회, 1993).

정옥자, 『조선후기 조선중화사상연구』, 서울: 일지사, 1998.

정통일, “고종의 대외인식과 외교정책 변화에 관한 연구”, 고려대 정치외교학과 석사학위논문, 1995.

총성의, “위정척사파와 개화파 지식인의 대외인식 비교연구”, 고려대 정치외교학과 박사학위논문, 1994.

최상용, 『평화의 정치사상』, 서울, 나남출판, 1997.

최세현, “‘한’ 思想과 韓國의 傳統思想: 平和를 中心으로”, 『空軍評論』 96호(1995. 8).

洪淳鎬, “安重根의 國際思想과 ‘東洋平和論”, 『梨花女大社會科學論集』 13(1993. 12).

田畑忍編, 『近現代日本の平和思想: 平和憲法の思想的源流と發展』, ミネルヴァ書房, 1993.

한반도 평화와 안보를 위한 국제기구들: 일본의 시각*

쇼지 마리코(庄司真理子)
일본 게이아이(敬愛)대학 교수

Ⅰ. 서 론

본 논문에서는 북한의 문제를 논의하고자 한다.[1] 나는 일본이 과거 식민 제국시대에 저지른 범죄에 대해 유감스럽게 생각한다. 오늘날을 살고 있는 우리 일본인들은 이 역사적 책임에서 벗어날 수 없다.

---

* 이 논문에서 필자의 관점은 반드시 일본정부의 정책과 연관된 것이 아니고, 단지 일본 학자로서의 개인적인 관점일 뿐이다. 필자의 주된 연구 분야는 국제기구이론이며, 특히 국제기구를 통한 평화와 안보영역이다. 이 논문에서 필자는 본인의 개인적 견해를 한반도의 평화를 위해 소개하고 싶을 뿐이다.

1) 물론 고이즈미 일본총리의 신사참배, 고등학교 역사교과서, 군대 위안부 같은 한국과 일본의 많은 문제들이 존재한다. 한국과 일본간의 이런 많은 마찰은 일본 제국주의 시절 동아시아 국가의 침범에 기인한 것이다.

한국과 일본은 1965년 외교관계의 성립이후 우호적 관계를 구축해오고 있다. 그리고 2002년 한국과 일본의 월드컵 공동개최는 서로의 이해와 교류를 통해 더 공고화된 상호신뢰의 기초를 쌓는데 도움을 주었다. 반대로, 2차 세계대전 이후 일본과 북한사이는 부정적인 관계로 일관하여 오고 있으며, 아마도 북한은 아직까지는 일본의 식민지 시대의 과오를 용서할 의향이 없어 보인다.

Ⅱ. 본 론

1. 한반도 평화와 안전을 위한 4가지 관점과 5가지 개념들

국제기구 이론에서, 국제관계의 4가지 다른 관점을 살펴볼 수 있다. 즉, (a) 국제체제이론의 관점 (b) 국제레짐의 관점 (c) 기능주의적 접근의 관점 (d) 정치적 현실주의의 관점이다.

이 논문에서는 한반도 문제를 이들 4가지 관점에 접목시켜 볼 것이며, 이 글의 목적은 각각의 국제기구와 관련하여 적절한 관점을 소개하는 것이다. 그러므로 정확한 분석을 위해 특정 관점들 중 하나를 선택하지 않을 것이다.

국제체제 이론의 정의는 국제 체제의 구조 내에서 다양한 과정들을 통해 상호작용하는 행위자 그룹 및 상호작용의 여러 과정들에 초점을 두고 있다. 체제이론은 사회과학뿐만 아니라 자연과학에서도 많은 과학적 규칙에 적용 가능하다. 여기서, 죠셉 프랑켈(Joseph Frankel)의 말을 인용하자면 "많은 체제이론의 정의들은 부분의 합으로서의 체제, 상호 연관된 전체로서의 체제라는 일반적인 체제이론의 정의와 크게 다르지 않다."[2]고 설명하고 있다. 물론, 한반도 평화와 안보 문제 분석에 국제체제의 관점을 적용시키는 데는 장애물이 있다. 왜냐하면 북한은 실질적으로 외부세계와 폐쇄되어 있으며, 북한을 포함할 수 있는 국제체제 형성의 가능성이란 매우 적기 때문이다.

하나이(Hanai)가[3] 언급했던 것처럼, 국제체제 이론의 취약점은 다른 체제간 관계를 분석하는데 적용시킬 수 없다는 것이며, 호프만(Stanley Hoffmann)은 "국제 체제의 효용성은 국제체제가 얼마나 이완되어 있느냐에 달려 있다는 것은 분명하다. 초강대국의 라이벌 관계와 이데올로기 갈등에 의해 침식당한 혁명적 체제가 그중 하나이다. 그 안에서 국제기구란 경쟁하는 국가들 사이에서 별 도움이 안 되는 존재 자체로서의 의미만 갖는 것이다."라 언급하고 있다.[4]

크라스너(Stephen D. Krasner)에[5] 의하면 국제레짐의 정의는, 행위자들의 관심이 집중되는 주어진 이슈 영역에 관한 원칙, 규범, 규칙 그리고 의사결정 과정이라고 정의할 수 있다. 아래의 두 가지 조건은 국제 레짐이 효율적이기 위한 요소들이다.

첫 번째 조건은, 레짐은 구성원들이 레짐의 규칙과 규범을 준

---

2) Joseph Frankel, *Contemporary International Theory and the Behaviour of States*, Oxford University Press, 1973, p. 34.

3) Hanai Hitoshi, Gendai Kokusai Kankeiron, *A Modern Theory of International Relations*, Mineruva Shobou, 1987, p. 112.

4) Stanley Hoffmann, "International Organization and the International System", Leland M. Goodrich and David A Kay eds., *International Organization : Politics & Process*, The University of Wisconsin Press, 1973, p. 50.

5) Stephen D. Krasner, *International Regimes*, Cornell University Press, 1983, p.19. Donald J. Puchala and Raymond F. Hopkins, "International regimes: lessons from inductive analysis", Stephen D. Krasner, *International Regimes*, Cornell University Press, 1983, p. 61.

수할 때 효율적이라는 것이며, 두 번째 조건은 레짐은 특정한 목적을 달성하거나, 특정한 목표들을 충족시킬 수 있을 경우에 효과적이라는 것이다.[6]

하지만, 북한과 다른 국가간의 관계에서 효과적일 수 있는 국제레짐의 가능성은 매우 적다.

다음 장에서는, 북한과 주변국과의 국제 레짐 형성 가능성은 거의 존재하지 않는 점에 대해서 그리고, 국제레짐 접근법의 적용 가능성을 연구해 볼 것이다.

이 논문에서 정치적 현실주의의 접근법은 세력균형 이론의 접근법에 관한 것이다. 모겐소(Hans J. Morgenthau)는 "다른 모든 정치 영역에서와 마찬가지로 국제정치에서도 언제나 권력(power)이 가장 우선적으로 취해야 할 목표이다. 정치가들과 국민들은 궁극적으로 자유, 안보, 번영 혹은 권력을 추구할 수도 있다"[7]라고 설명한다. 정치적 현실주의의 관점은 국가간 권력정치에 기반을 두고 있다. 그리고 모겐소는 "여러 국가들 중에서 일부 국가들의 권력에 대한 열망 및 현상유지 정책, 현상타파 정책 등의 권력 추구 행위들은 결국 세력균형이라고 불리는 형국 혹은 세력균형상태 지향적인 정책 형성의 필요성을 낳게 한다."[8]고 설명한다. 마키아벨리적 세계처럼 모겐소는 국제관계를 개별 국가간의 권력투쟁의 관계라 보고 있다. 정치적 현실주의의 관점은 국제 관계이론의 전통적인 관점이다. 그러나 북한과 주변국들의

---

6) Andreas Hasenclever, Peter Mayer and Volker Rittberger, *Theories of International Regimes*, 1997, p. 2.

7) Hans J. Morgenthau, *Politics among Nations; The struggle for power and peace, fifth* ed., Alfred. A. Knopf, New York, 1973, p. 29.

8) *Ibid.* p. 173.

관계는 마키아벨리적 세계의 원시적 단계에 머물러 있다.

기능주의적 접근은 국제관계에서 전통적인 이론의 하나이다. 모겐소에 따르면 "다른 나라와 관계되는 국가의 모든 행위들이 정치적인 본성에 의한 행위들은 아니다. 많은 행위들은 권력 관계를 고려하지 않은 것이며, 그러한 행위들이 국가 권력에 영향을 미치지 않는다. 그러한 행위에는 많은 종류의 법률적, 경제적, 인도주의적 행위 그리고 문화적 행위 등이 있다."[9] 미트라니(David Mitrany)의 설명에 따르면 정치적 "중립성"이 불가능한 곳에서라도, 기능적 "중립성"은 가능하다.[10] 기능주의적 접근은 정치 영역과 분리된 경제 사회적 영역에서 기능적 공동체를 형성하려 한다. 기능주의적 접근은 정치적 문제들과는 별도로, 사회, 경제 부분에만 제한된 국제기구 설립을 더 쉽게 하는 것임에 틀림없다. 또한 프랑켈은, "기능주의는 하나의 이론 그 이상의 것이다. 사실 기능주의는 국가간 경계를 뛰어넘어, 세계 모든 국민들의 사회 경제적 복지에 집중하는 방식이나 혹은 인간의 사회경제적 욕구를 충족시키기 위해 다양한 기능들과 행위들에 헌신하기 위한 국제기구의 성립 등의 방법을 통해 전쟁을 비롯한 국가간 관계에 내재된 갈등을 제거하려는 노력에 기반을 둔 하나의 철학이다"라 설명하고 있다.[11]

이 논문은 평화와 안보를 위한 5가지 개념을 다루었다. 그것은 양자협상(bilateral negotiation), 동등안보(coordinated security), 동맹(alliance), 협력안보(cooperative security), 집단안보(collective

---

9) *Ibid.* p. 30.

10) David Mitrany, "The Functional Approach to World Organization", *International Affairs,* Vol. 24, No.3, 1948, p. 358.

11) Frankel, *op. cit.,* pp. 49-50.

security) 등의 개념들이며, 이 개념들은 한반도 평화와 안보의 맥락에서 다음 장에 논의될 것이다.

2. 두 가지 채널: 일본과 북한간의 협상

일본과 북한의 양자대화와 협상은 장점과 단점을 동시에 가지고 있다. 두 나라는 제 3 자의 개입 없이 직접적인 협상이 가능하다. 그러나 협상은 설득과 양국의 입장이 어느 정도 비슷하다는 것에 기초하고 있다. 만약 두 당사자 모두 단지 서로의 권력의 추구를 위해 자기주장만 내세운다면, 협상은 결렬될 것이다.

일본수상 고이즈미 준이치로와 북한의 국방위원장 김정일은 평양에서 만나 협상을 했으며, 2002년 9월 17일 평양선언문에 조인하였다. 선언문에서 일본과 북한은 동북아시아의 평화와 안정의 유지 및 강화를 위해 서로 협조한다는 것을 확인시켰다. 일본과 북한간의 관계에서 중요한 이슈를 두 가지 정도로 나누어 볼 수 있다. 하나는 안보이슈에 관한 문제이고, 다른 하나는 인권에 관한 것이다. 양국은 그들의 요구를 고집하였고 결국 협상은 이루어지지 않았다. 그 두 가지 이슈들은 북한과 일본의 관계에서 가장 중요한 문제이지만, 일본과 한반도의 평화와 안정을 가져올 방법을 찾지 못하였다.

1) 인권문제

(1) 납치문제

1970년대 이후로, 많은 일본인들이 북한 괴선박에 납치되었다. 2002년 9월 17일 평양선언 이후, 납치되었던 5명이 일본으로 귀환하였다. 그러나 여기에는 두 가지 문제점이 남아있다.

첫째, 5명의 납치자들의 가족문제이다. 일본정부는 이들 가족들이 자유로운 의사개진, 신변안전, 신속한 소환을 요구할 수 있는 조건을 제공받는 것이 중요하다고 강조했다. 둘째, 다른 납치자들이 여전히 실종상태에 있다는 것이다. 일본정부는 북한측이 다른 납치자들의 상황과 현 상태를 철저히 조사할 것을 요구했다.

(2) 재일북한인 문제

일본 내에는 대략 636,000명의 재일 한국인들이 거주하고 있다. 이들은 재일 북한인과 남한인을 포함한 수치이다. 그리고 일본 내에는 재일 북한인의 대학과 은행도 건립되어 있다. 인간적인 차원에서, 북한과 소통할 수 있는 많은 수단이 열려 있다.

그러나 불행하게도 금융기관들과 제휴했던 북한인의 연이은 실패 때문에, 2002년 11월 일본 수사당국은 조총련 본부에 대한 공식수사를 실시하였다. 이에 북한 정부는 강한 반응을 보이며, 일본정부를 비난하였다. 이 사건 이후, 북측은 납치된 것으로 추정되는 실종자들에 대한 조사를 유보하였다.

그리고 금융기관을 제휴했던 북한인 문제는 아직도 해결되지 않고 있다.

2) 안보문제

(1) 핵과 미사일문제

일본정부는 북측이 "한반도 핵문제의 포괄적인 해결을 위해서, 관련된 모든 국제협정에 응할 것"을 명시했던 평양선언을 준수할 것을 역설해왔다. 그리고 일본 측은 다음 세 가지 사항을 강력히 요구했다.

(a) 우라늄농축프로그램의 내용에 대한 해명

(b) 핵문제 해결을 위한 구체적인 조치, 즉 신속하고 검증 가능

한 방식으로 우라늄농축프로그램 제거

(c) 기본합의문에 기초가 되는 핵시설 동결 유지, 그리고 IAEA 보호협정의 완전한 이행을 확보하기 위한 조사의 즉각적인 수용

그리고 북한은 노동미사일을 보유하고 있고, 일본은 미사일의 사정거리 안에 들어 있다. 노동미사일의 존재는 일본뿐만 아니라 한반도의 평화와 안보에도 위협이 되고 있다. 일본측은 이 미사일의 폐기를 강력히 요구하였다. 2003년 4월 24일 북한은 최소 1개의 핵폭탄을 보유하고 있다고 시인하였다. 이는 일본에게 큰 위협이다.

그러나 북측은 한반도 긴장의 원인은 미국의 적대적인 정책이라고 반응하였다. 북측은 우선적으로 미국과 협상하기를 바라고 있다. 만약 미국의 적대적인 정책이 변화한다면, 북측은 이 지역의 평화와 안보에 대해서 일본측과 협상할 수 있을 것이다. 북한과 일본 사이의 안보문제에 대한 양자협정은 해결의 실마리를 찾지 못하였다.

(2) 군사작전 선박 문제

2001년 12월에, 괴선박이 큐슈(일본 해안선 지역의 일부) 해안의 남서쪽 해상에 나타났다. 일본 해안경비대가 일본해역에서 나갈 것을 경고하였으나 아무런 응답이 없었고, 결국 괴선박은 침몰 당했다. 후에 그 선박은 북한의 특별편성함대로 밝혀졌다.

인권과 안보문제 두 가지는 기능적인 측면뿐만 아니라, 정치적인 측면도 가지고 있다. 이 단계에서, 북한과 일본간에는 협력의 기능적 측면이 전혀 존재하지 않는다. 앞서 언급했듯이, 미국이란 요인은 일본과 북한의 관계에서 매우 중요하다. 만약 미국이 자신의 적대정책을 바꾸지 않는다면, 일본과 북한의 관계문제

는 해결이 아주 어려울 것이다. 그래서 일본정부는 양자협상채널에만 의존할 수가 없다. 반면, 저명한 북한 연구자, 항창온(Hang Chang On)은 2000년 6월 남북공동선언, 2001년 북-러 모스크바선언, 그리고 2002년 북-일 평양선언 같은 양자관계의 축척이 북한을 지역협력으로 유도해낼 수 있을 것이라고 보고 있다.12)

이즈미(Izumi) 교수는 한반도 데탕트를 위해 일본이 할 수 있는 중요한 역할은 2002년 9월 17일 "평양선언"의 약속을 북한이 꾸준히 실행하도록 설득하는 것이라고 보고 있다.13) 일본정부는 일종의 다자간 채널을 추진해야 한다. 국제기구의 관점에서, 일본과 북한의 문제에는 양자간 해법보다는 다자간 해결책을 찾는 것이 더 바람직할 것이다.

3. 다자간 채널: 국제기구의 틀

대체적으로, 다섯 개의 다자간 채널을 고려해 볼 수 있다.

1) 3자조정과 해외그룹　　2) 아세안지역포럼
3) 한반도에너지개발기구　　4) 유엔
5) 다자간협의체

1) 3자조정그룹(TCOG)

TCOG는 국제안보 동맹으로 볼 수 있다. 2003년 7월 TCOG는 미국, 한국 그리고 일본 등 삼국 대표단은 북한의 핵개발 프로그

---

12) Hang Chang On, "Chiiki Kyoryoku ni Fukaketsu na Jyoken towa(Necessary Condition for Regional Cooperation)", *NIRA Seisaku Kenkyu,* Vol.16. No.1, 2003.

13) Izumi Cen, "2003 nen no Chosen Hanto Jyosei Tenbo (A Prospect of the situation on the Korean Peninsular 2003)", *East Asia,* February 2003.

램이 국제적 의무의 위반이라며 이를 종결할 것을 요청하였다. 대표단들은 삼국간의 더욱 밀접한 협의와 조정이 심각한 북한 핵문제를 다루는데 있어서 필수적이라는 사실을 재확인하였다. TCOG는 두 가지 점에서 의미가 있다.

첫째, 미국의 적대적인 태도가 충분히 완화되었다. 2003년 1월 7일 TCOG는 합동기자회견성명서에서, 미국대표단은 미국이 북한에 대한 어떠한 위협도 가하지 않을 것이며, 침공할 의도도 가지고 있지 않다는 부시 대통령의 성명을 재표명하였다. 한국과 일본 대표단은 미국의 취지를 지지하며 열렬한 환영을 표했다. 미국은 북한이 국제사회의 의무에 응하도록 하는 방법에 대하여 북한과 대화 할 용의가 있음을 밝혔다. 이 성명서에서, 미국은 자신과 협의하기를 바라는 북한측의 우선적인 요구를 수용했다. 그러나 동 성명서에서, 미국대표단은 현재의 의무에 응하도록 하기 위해서 북한에 보상을 제공하지는 않을 것이라고 강조했다. 미국의 관점에서는 북한에 대한 어떠한 개발원조도 제공할 수 없다. 이는 다른 개발도상국들이 개발원조를 얻기 위해서 북한을 모방하여 핵프로그램을 개발할 수 있다는 우려 때문이다.

둘째, TCOG는 하나의 대외적인 안보동맹이다. 이 경쟁적인 동맹의 회원들은 자신의 목표 실현은 서로간의 상대적인 능력에 달려있음을 인식하고 있다. 동맹의 회원들은 "(1) 회원들의 연합 탈퇴 방지 (2) 경쟁연합의 회원들이 자신의 연합을 탈퇴하도록 조장 (3) 비동맹국들의 경쟁연합에 대한 가입 방지 (4) 비동맹국들에게 자신의 연합 가입을 조장하는 것을 추구한다."(Zacher, 1979, p.11) 한반도 문제의 상황에서도, TCOG와 북한간의 세력균형이 존재하지는 않는다. 하나의 동맹과 타동맹 간의 세력균형에 대한 고전적인 구도가 이 경우에는 타당하지가 않다. 자커(Zacher)

는 경쟁관계에 있는 주요한 연합의 회원들 간의 안보갈등에서는, 비동맹국들이 어느 한쪽을 선택하는 것을 꺼릴 것이라고 주장한다. 그러나 북한의 경우에는 비동맹국이 불리한 입장에 처하는 이 동맹-비동맹관계는 일반적인 동맹이론에 적용될 수 없다. 특히 TCOG는 북한에게 강한 강제력으로 작용하는 것이 확실하다. TCOG가 견고하게 제휴하면 할수록, 북한의 태도는 더욱 경직될 것이다. 이는 이솝우화의 여행자와 북풍의 관계라고 할 수 있다.

2) ASEAN지역포럼(ARF)

ARF는 국가들 간의 느슨한 의사소통 연대이다. 협력안보의 개념이 ARF의 조직에 적용될 수 있다. 에반스(Evans)가 언급한 것처럼, "협력안보는 안보에 대한 폭넓은 접근법으로써 유용하게 서술되어 왔으며, 범위에 있어서는 다차원적이고 성격은 일반주의적이며 억지보다는 재보장을 강조한다. 배타적이기보다는 총괄적이며 회원자격에 제한이 없고 양자주의를 넘어서 다자주의를 지지한다. 비군사적인 것을 넘어 군사적 해결을 선호하지 않고 안보체제 내에서 국가들이 주행위자란 것을 전제로 하지만, 비국가행위자들이 중요한 역할을 수행하는 것을 인정하지는 않는다. 공식적인 안보제도의 창설을 필요로 하지는 않지만, 그 자체를 거부하지도 않으며 결국 다변적인 토대 위에서 "대화의 습관"을 창출하는 가치를 강조한다." 주로, ARF는 세 가지 단계, 1단계: 신뢰구축조치의 증진, 2단계: 예방외교의 발전, 그리고 3단계: 분쟁해결장치의 발전에 따라서 점진적이고 발전적인 접근법을 취한다. 이 시기에는 신뢰구축조치(CBMs), 예방외교 그리고 평화유지의 실제적인 기제가 존재하는 것은 아니다. 그러나 이들 세 단계에 대한 대화의 문화가 존재한다.

한편, ARF는 한반도 문제를 해결할 몇 가지 가능성을 가지고 있다.

첫째, 북한은 2000년 6월에 ARF의 회원국이 되었다. 그리고 북한은 2003년 6월 프놈펜에서 개최된 ARF에서 장관급회담 참여를 표명하였다.14) 국제체제의 관점에서, 북한은 ARF 같은 국제체제에서 하나의 행위자로 분석될 수 있다.

둘째, 다수의 세미나, 워크샵, 회의 등을 통해서 약하지만 점진적으로 레짐이 발전하고 있다.15) 이들은 실질적인 법규는 아니지만 CBMs와 예방외교의 레짐들에 대한 공통된 전망이 점진적으로 육성되고 있다.

셋째, 유럽안보협력기구(Organization for Security and Cooperation in Europe: OSCE)와 같은 실질적인 기구를 건설하기에는 많은 시간이 걸린다고 하더라도, 위에서 언급된 세미나, 워크숍, 회의 등을 소집하는 것은 평화와 안보를 위한 기능적인 측면이다.

한편으로, ARF를 한반도 문제에 대한 적절한 해결책으로 만들 수 없게 하는 2가지 문제점이 있다.

첫째, ARF는 한반도 문제에 전념하기에는 너무 큰 기구이다. ARF는 22개 회원국과 EU를 포함하고 있다. 더구나, ARF는 주로

---

14) 『每日新聞』, 2003년 4월 18일.

15) ARF는 2002년 7월부터 2003년 7월까지의 기간동안 아래의 활동프로그램을 개최했다. 1. Workshop on Defence/Military Official's Cooperation within the ARF. (Republic of Korea, 28-30 August 2002. 2. 6th ARF Meeting the Heads of Defence Colleges/Institutions, (Russia, 16-20 September 2002). 3. 2nd Workshop on Counter-Terrorism Measures, (Japan, Republic of Korea and Singapore, September or October 2002). 3 ARF Seminar on Outsourcing of Military Logistic Support, (China, September 2002). 4. Workshop on Maritime Security Challenges, (US. India, September-October 2002). 5. Humanitarian Assistance and Disaster Relief Seminar, (Singapore, December 2002). http://www.aseansec.org/12534.htm (검색일:2003년 4월 24일).

ASEAN 문제를 다루기 위해서 구성되었다. 북한 문제를 집중적으로 처리하는데 전념하기가 쉽지 않다.

둘째, 이 단계에서, ARF의 조직은 평화와 안보를 보장하기에는 너무 느슨하다. 비록 창설 이후 CBMs와 예방외교에 관계된 다수의 세미나, 회의 그리고 훈련프로그램을 개체하고 있긴 하지만, ARF는 예방외교 혹은 평화유지를 위한 실질적인 조치를 이행할 조직화된 장치를 가지고 있는 것은 아니다.

3) 한반도에너지개발기구(KEDO)

KEDO는 기능적 접근을 통해서 북한을 정치적으로 변화시키려는 것을 목표로 한다.

1994년 10월, 미국과 북한은 기본합의문의 역사적 협정에 서명했다. 기본합의문 하에서, 북한은 핵프로그램을 동결하고 궁극적으로는 그것을 제거할 것에 동의하였다. 대신, 미국은 금융지원과 2기의 경수로 원자로를 건설할 것과 첫 번째 원자로가 완공될 때까지 난방과 전기 생산을 위해서 중유의 형태로 대체에너지원을 제공할 것에 동의하였다.

일본, 한국 그리고 미국이 기본합의문의 핵심조항을 이행하려는 공동의 희망을 표명하자, 이러한 목적을 지원하기 위해서 1995년 3월 15일에 KEDO가 설립되었다.

2002년 10월 16일 북한이 핵무기에 필요한 우라늄을 농축할 프로그램을 시행하고 있음을 시인한 이후, KEDO위원회는 기본합의문에 따라서, 12월 선적에 대한 중유운송을 보류하기로 결정하였다.

이런 맥락에서, 두 가지 종류의 국제레짐이 존재한다. 하나는 기본합의문이고 다른 하나는 한반도에너지개발기구의 성립에 관한 협정이다. 기본합의문이라는, 이 국제레짐은 북한을 포함하고 있다는 것이 명확한 특징이다. 주변국가와 관련되어 북한을 포함하고 있는 어떠한 국제레짐도 부재한 상태다.

KEDO의 성립 협정은 북한을 포함하고 있지 않다. KEDO가 13개 회원국을 가지고 있는데 반해, 미국, 한국 그리고 일본은 창립멤버이자 KEDO의 이사회를 구성하고 있다. 다른 10개회원국은 KEDO의 목적을 지지하고 기금, 재화, 혹은 서비스 같은 원조를 제공하고 있다. 기능적 접근의 관점에서, 다수의 회원에 의해서 KEDO가 구성됨으로써, 그 결과 긴급 시에 많은 회원국들이 난방과 전기생산에 필요한 중유 같은 평화적인 에너지 공급을 통해서 북한 사람들을 도울 수 있을 것이다. 이런 측면에서, 협력안보의 개념이 적용될 수 있을 것이다.

국제체제의 관점에서, 기본합의문은 한반도에너지개발기구 협정의 하위체제에 위치할 수 있을 것이다. 후자는 직접적으로 북한을 포함하고 있지는 않지만, 그러나 기본합의문을 통해서 북한을 연계시킬 수 있을 것이다.

정치적 현실주의의 관점에서, 미국과 북한 사이에는 어떠한 세력균형도 존재하지 않는다. 세력균형을 추구하기 위해서, 북한은 핵무기 개발프로그램을 포기하지 않을 것이다. 한 일본 외교관은 "북한의 경제적 어려움과 군사력의 열세를 극복하려는 욕망을 고려해 볼 때, 북한이 '외교카드'로써 핵을 포기하리란 것을 상상할 수 없다"고 언급했다. 일본정부는 북한의 핵개발 포기에 비관적인 견해를 가지고 있다, 그러나 대조적으로, 한 한국 관계자는 "우리는 평양이 안전을 느끼고, 핵무기를 추구하지 않을 환경을 조성시킬 수 있다"고 밝혔다. 결국 이것이 북한이 핵개발을 포기하도록 유도하는 유일한 방법이다. 아마도 후자의 견해가 건설적인 것이고, 그것이 기능적 접근을 이루게 할 것이다.

4) 유엔(UN)

유엔기구들과 북한 사이에는 두 가지 측면의 관계가 존재한다. 첫째, 북한과 세계식량프로그램(WFP), 유엔아동기금(UNICEF) 그리고 세계보건기구(WHO) 간의 관계이다.

북한은 최근 수십 년 동안 심각한 식량난에 처해 왔다. 냉전 이후, 이전 소연방과 동유럽 국가들과의 사회경제적 관계가 붕괴되었다. 북한은 식량과 의료서비스의 긴급한 인도주의적 지원이 필요하다. WFP, UNICEF 그리고 WHO 같은, 유엔기구들은 식량을 공급하거나 의료프로그램을 지원하기 위해서 활발한 활동을 해왔다.

세계보건기구는 1997년 11월에 평양에 사무국을 설치하고 인도주의적 지원의 부분으로 기술적인 자문 기능을 제공하고, 그리고 결핵의 통제, 전염병의 감독과 통제 같은 의료프로그램을 지원하고 있다.[16]

유엔아동기금은 북한에 현장 사무국을 두고 있다. 2003년 3월 12일, 유엔아동기금의 동아태지역이사 메르 칸(Mehr Khan)은 북한에 대한 인도주의적 지원을 위한 기금수준의 급격한 하락으로 인해서, 최근의 어려움을 해소해왔던 아동건광관리 약품과 필수품이 없는 채로 진료소들이 곧 방치될 것이라고 경고했다.[17]

1995년 이후, WFP는 5억 달러에 달하는 총 2백만 톤의 식량원조를 배급하였고, 프로그램의 활동이 광범위한 식량부족을 방

---

16) "World Health Organization, Department of Emergency and Humanitarian Action: Democratic People Republic of Korea (2000년 5월)", http://www.who.iht/disasters/repo/5843.html, (검색일: 2003년 4월 24일)

17) "북한에 대한 원조의 급격한 하락은 아동건강을 위협할 수도 있다고 유니세프는 경고한다." http://www0.un.org/apps/news (검색일: 2003년 4월 24일)

지한다는 동의가 있었다. WFP는 북한에 많은 사무국을 두고 있다. 우선 WFP의 국가사무국이 평양에 위치하고 있다. 또한 북한에는 청진, 혜산, 함흥, 신의주 그리고 웅산과 같은 다수의 현장사무국이 있다.[18] 북한의 쇄국에도 불구하고, 유엔기구들은 북한 내에 많은 수의 사무국을 두고 있다. 이들 유엔기구들에게, 북한은 대부분의 유엔회원국처럼 동일한 국제체제 내에 위치하고 있는 것이다. 국제체제의 관점에서, 유엔의 국제체제 안에서 북한은 행위자들 중의 하나이다. 나아가 북한은 세계보건기구헌장과 유엔헌장의 회원이다. 북한과 다른 회원국들은 동일한 국제레짐 뿐만 아니라, 동일한 법적 질서에 참여하고 있다. 북한은 유엔헌장과 세계보건기구헌장에 대해서 법적 책임을 져야만 한다. 그리고 이들 유엔기구들이 북한에 대해서 취하고 있는 것이 기능적인 접근이다. 기능적 접근에서, 식량공급과 의료서비스는 북한 사람들을 위한 기본적인 인도적 필요성에 의한 것이다. 코피아난 사무총장의 특별자문인 모리스 스트롱(Maurice Strong)은 2003년 1월에 북한을 방문하고 돌아온 후에, 가장 시급한 사안은 인도주의적인 것이며, 인도주의적 지원이 다시 진행되고 있다고 밝혔다. 장기적인 개발 사안에 대해서, 그는 평화와 안보는 북한의 경제안보와 분리되는 것이 불가능하다고 계속해서 밝혔다. 그의 보고서에 따르면, 북한은 몇 가지 개혁을 실시하고 있으며 경제발전의 관점에서 국제공동체와의 협력을 추구함으로써 이를 준비하려고 시도하고 있다고 한다. 기능적 접근의 관점에서, 정치적 문제의 영역에서 벗어나 사회경제적 영역에서 점진적으로, 비록 느슨할지라도 기능적인 공동체들이 나타나기

18) "World Hunger Korea(DPR)", http://www.wfp.org/country_brief/index country (검색일: 2003년 4월 24일)

시작하였다.[19] 그리고 UN인권위원회가 북한의 인권침해에 깊은 우려를 표명하며 해결책을 채택하였다는 것을 추가하고자 한다. 위원회는 '만연하고 심각한' 사상과 표현의 자유에 대한 제한뿐만 아니라, 고문과 공개사형 같은 '만연된' 학대로 특징지어지는 북한의 '불확실한' 인권상황에 심각한 우려를 나타냈다.[20] UN활동의 목표는 북한주민들을 돕는 것이며 북한정부를 위한 것이 아니다. 위에서 언급된 UN산하기구들의 기능적 접근은 인간안보의 개념에서 이해되어야 한다.

두 번째 측면은 평화안보를 담당하는 유엔안전보장이사회, 국제원자력에너지기구와 핵확산금지조약 같은 유엔 기구와 북한과의 관계이다.

근본적으로, 유엔은 국제적인 집단안보기구이다. "집단안보의 조직원리는 동맹국에 대한 어떤 국가의 공격도 동맹국 전체에 대한 공격으로 간주하는 도덕적, 법적 의무를 존중한다. 결국, 집단안보는 자동적인 군사행동을 상정한다. 그것은 일단 침략이 발생하면 상대동맹국이 군사행동을 수행하도록 요청하고, 그 결과 최대한 가능한 능력을 동원하여 평화와 안보를 지켜내는 것이다."[21] UN헌장에서, 집단안보원리는 헌장 7장을 반영한다. 그리고 유엔안전보장이사회는 집단안보에 책임이 있다.[22] 이 근본

---

19) "Press Briefing on Mission to Democratic People's Republic of Korea by Secretary-General's Special Adviser", http://www.un.org/News/briefings/docs/2003/strngbrf.doc.htm (검색일: 2003년 4월 13일)

20) "Top UN rights body adopts resolutions on DPR of Korea, Turkmenistan and Myanmar", http://www.un.org/apps/news (검색일: 2003년 4월 24일)

21) Morgenthau. *op. cit.,* p. 200.

22) 유엔헌장 39장은 "안보위원회는 평화에 대한 어떠한 위협, 평화의 위반, 혹은 공격행위의 존재를 단정하고 권고하여야 하며, 혹은 국제평화와 안보를 유지하고 혹은 복원하기 위해서 41과 42장에 따라 어떤 행동을 취할 것인지를 결정하여야 한다"고

원칙은 물론, 한반도의 경우에도 해당된다. 그리고 유엔회원인 북한은 유엔의 규칙을 준수할 의무가 있다.

북한은 1974년부터 1994년 6월13일까지 IAEA의 회원이었다. 이 기간에 1985년 12월 12일, 북한은 NPT의 일원이 되었다. 1992년 4월 10일, NPT 보호협정은 효력을 발휘하였고 그리고 1992년 5월에 보호협약 하에서 북한이 IAEA에 최초의 보고서를 제출한 후에 사찰이 시작되었다. 이리하여 북한은 IAEA-NPT 레짐의 회원이 되었다.

그러나 1994년 6월 13일에, 북한은 IAEA를 탈퇴하였다. 국제체제의 관점에서, 북한은 IAEA의 행위자가 되지 않았다. 그러나 북한은 NPT 보호협정의 회원지위는 유지하였다. 그래서 IAEA는 IAEA탈퇴가 보호협정에 대한 북한의 의무에 영향을 주지는 않는다는 견해를 취했다. 반대로, 북한은 보호협정에 대해서 특수한 위치에 있고 보호협정 하에서 작업을 수행하도록 사찰단에게 허용할 의무가 더 이상 없다는 입장을 취했다.[23] 그 당시, 북한은 NPT 보호협정을 탈퇴하지 않았기 때문에, 어떠한 특정 지위도 인정될 수 없었다. 국제레짐의 관점에서, 북한이 IAEA-NPT 내에 지위를 가지고 있었다는 것이 이해되어야 한다.

2002년 10월 16일에, 미국 보좌관 켈리는 북한이 핵무기제조에 필요한 우라늄농축 프로그램을 가지고 있다는 것을 시인했다고 발표했다. 11월 29일에, IAEA 이사회는 북한이 포괄적인 보호협정 하에서 요구되는 것과 같이, IAEA 사찰과 보호협정에 모든

규정하고 있다.

23) "Fact sheet on DPRK unclear Safeguards (8 January 2003), International Atomic Energy Agency", http://www.iaea.org/worldaton/Press/Focus/IaeaDprk/fact_sheet_8jan2003.html (검색일: 2003년 4월 24일)

관련 시설을 즉시 공개하려는 입장에서 IAEA와 협력할 것을 재촉하는 해결책을 채택하였다.[24] 그러나 북한은 한반도 위기는 미국의 적대적인 대북정책 때문이라며, 유사한 논리에서 그 해결책을 거부했다. 북한은 신고되지 않은 우라늄농축 프로그램을 가지고 있다는 보고를 명백히 하지 않았고, 비엔나 혹은 북한에서 고위급회담을 하기 위한 10월 18일 IAEA 이사총회의 초청에도 응하지도 않았다.[25] 북한 관계자는 IAEA 사찰단이 즉시 북한을 떠나야하고 영변 핵시설 현장에 사찰단의 체류허용을 주장하는 IAEA의 서한에 답하지 않기로 결정했다는 것을 사찰단에게 직접 확인시켰다. 사찰단은 12월 31일에 북한을 떠나기로 예정되어 있었다.[26] 2003년 1월 10일에, 북한은 2003년 1월 11일 현재로 NPT의 효력을 철회한다고 선언하였다. 유엔은 철수 결정을 유감스러워 했고, IAEA는 평양이 이 문제를 재고할 것을 설득했지만 유엔안보리는 북한의 탈퇴를 통보 받았다.[27] 결국, 북한은 현재 IAEA와 NPT라는 두 가지 국제체제 밖에 있다. 일단 북한이 두 개의 국제체제를 탈퇴하자, 이것은 다른 체제간의 관계를 분석하는 데에는 적용될 수 없는 국제체제의 관점의 취약점이 되었다. 그리고 북한의 탈퇴는 IAEA NPT 레짐의 유효성에 영향을

24) "Report by the Director General on the Implementation of the Safeguards Agreement between the Agency and the Democratic People's Republic of Korea; Resolution adopted by the Board on 29 November 2002", IAEA, GOV/2002/60, 29 Nov. 2002.

25) "Statement by the IAEA Director General on DPRK", IAEA Press Center, PR 2002/19 (4 December 2002).

26) "IAEA Inspectors to leave North Korea", IAEA Press center, PR 2002/27 (28 December 2002).

27) "December People's Republic of Korea, IAEA reports unclear issue to UN Security Council, General Assembly", UN News Centre, http://www.un.org /apps/news (검색일: 2003년 3월 31일)

미쳤고 이것은 하나의 레짐은 회원들이 그것의 규범과 규칙을 따르는 한에서만 오직 유효하기 때문이다. 유엔안보리에서 북한 문제를 처리하는 것 외에는 어떠한 방법도 없다. 2003년 4월 현재, 북한은 유엔의 회원국이다. 국제체제의 관점에서, 유엔은 북한을 포함하고 있다. 유엔안전보장이사회는 북한의 핵 프로그램 문제를 처리할 권한을 갖고 있다. 4월 9일에, 안보리는 북한 핵문제에 대한 회담을 개최하였고, 그리고 그들의 우려와 안보리가 이 문제의 전개에 적절한 조치를 지속적으로 취할 것을 표명하였다.[28] 4월 24일 베이징에서, 미국과 북한 외교관간의 토론이 개최되었다. 전하는 바에 의하면, 이 토론에서 북한은 핵무기를 이미 개발했다고 경고하고 핵무기능력의 "물리적인 증명"을 수행할 것이라고 위협했다고 한다.[29] 집단안보의 관점에서, 북한이 핵무기를 보유하고 있다는 것은 유엔헌장 7장 "평화에 대한 위협"의 문제임이 틀림없다. 그리고 미국은 이라크문제를 처리한 것처럼 북한 문제를 단독으로 행하지 않고, 유엔안전보장이사회에 이 문제를 제기하는 것이 더 나을 것이다. 만약 북한이 핵무기로 위협하는 자세를 취하게 된다면, 유엔헌장 7장에 규정된 집단안보를 위한 조치를 취할 가능성이 있다.

유엔은 두 가지 가능성을 가지고 있다. 하나는 집단조치를 발의하는 것이다. 그리고 다른 하나는, 모리스 스트롱이 보고한 것처럼, 국제적인 수준에서 협력을 요구하는 북한의 장기적인

---

28) "Security Council holds talks on DPR of Korea unclear issue", UN News Centre, http://www.un.org/apps/news/story,asp, (검색일: 2003년 4월 13일)

29) "North Korea Planning a Nuke Test?", Tine online edition, 24 April 2003, http://www.tine.com/tine/world/article/0.8599,446776,00.html, (검색일: 2003년 4월 26일)

발전을 지원하는 것이다. 왜냐하면 북한도 국제 공동체 속으로 편입되기를 원했다는 것을 보여주었기 때문이다.[30]

5) 다자적 협의체 구성: 안보협정을 위한 메커니즘

많은 학자와 정치가들은 다자적 협의체 구성이 중요하다고 주장해 왔다.[31] 그러나 현재까지 다자적 협의체의 구성도 지역 기구도 동북아시아에는 존재하지 않는다. 그 결과 지역문제를 다루는 국제 레짐이나 국제 시스템이 없다.

이런 지역 국제기구가 없는 몇 가지 이유가 있다. 첫째, 이 지역 국가들에 존재하는 다양한 특성과 사회·경제 시스템의 단절성이 동북아시아에서의 지역 협력이 되지 않는 근본원인이다.[32] 둘째, 이 지역의 3개의 강대국인 일본, 중국, 러시아는 남북한에 대해 강한 영향력을 갖고 세력게임을 전개하고 있다. 셋째, 아세안국가들은 영어를 공통으로 사용하고 있는 반면 공통 언어(Lingua Franca)는 부재하다는 점이다.[33]

---

30) "Press Briefing on Mission to Democratic People's Republic of Korea by Secretary-General's Special Adviser", *op. cit.*

31) Okonogi Masao, "Rokusya Kaidan, yori Jyuyo ni (It becomes more important to hold six countries' talk)", *Asahi Shinbun,* 25 April 2003. Takagi Seiichiro, "Koizumi Hocho to Hokuto Asia no Takokukan Kyoryoku (Koizumi's visit to North Korea and Multilateral Cooperation in North East Asia)", *NIRA Seisaku Kenkyu,* Vol.15, No. 11, 2002, pp.13-15. Harlan Ullman, "Kitachosen no Kaku mondai wa Gaiko to Nintai de (Nuclear problem of North Korea should be dealt with diplomacy and endurance)", *Sekai Shuho,* 25 February 2003, pp. 9-11.

32) Nagase Yoseki, "Hokuto Asia no Kaihatsu Kanousei to chiikikyouryoku no kousou (Possibility of development and an idea of regional cooperation in North. East Asia", *NIRA Seisaku Kenkyu,* Vol.15, No.11, 2002, p. 8.

33) Takeda Isami, "ASEAN Mechanism kara mita Hokuto Asia Kyoryoku heno Teigen (Proposal to Cooperation in North East Asia from the viewpoint of ASEAN mechanism)", *NIRA Seisaku Kenkyu,* Vol.16, No.1, 2003, p. 46.

다자적 협의체를 구성하는 데는 2가지 접근법이 있다.

첫째, 정치적 현실주의자들의 시각에서 북한의 핵프로그램 문제를 해결하기 위한 다자적 협의체를 갖는 것은 중요하다. 이 접근법은 가장 급박한 북한의 핵프로그램 문제에 집중한 것이다. 그리고 미국, 남한, 중국, 러시아, 일본이라는 5개 국가가 북한에 대한 국제적 압력 단체를 구성하려고 한다. 이는 북한과 그 주변 국가간의 세력게임이다. 구체적인 초점은 누가 게임에서 승리하는가이다. 이 접근법의 기본 토대는 미국과 북한의 관계이다. 그러나 미국과 북한 사이는 치킨게임(chicken game)으로 끝날 가능성이 있기 때문에 양자해결책에 있어 한계가 있다. 상호의존적이고 상호보완적인 시각이 이 여섯 국가들에 있어서 다른 세력간에 대해 요구되어 진다. 양자해결책의 한계점을 극복하기 위해서는 다자적 협의체 구성이 요구된다. 그러나 이러한 유형의 다자 협의체는 안보협력이 될 수는 없다. 북한과 다섯 국가들 사이에는 협력이 거의 없기 때문이다. 따라서 첫 번째 단계로 평화와 안보를 위해서 협력보다는 동등성이 필요하다. '동등성'(coordination)은 동일한 질서와 지위 등에 위치하는 것을 의미하는 반면 '협력'은 공동의 목적을 위해 함께 행동하고 일하는 것을 의미한다.[34] 한반도에 있어 평화와 안보의 문제는 북한을 다른 다섯 개 국가들과 동등한 테이블 위에 앉히고 시작해야한다. 이것을 '동등한 안보'(coordinated security)라고 말하고자 한다.

두 번째는 기능주의적 접근법으로, 동북아시아 모든 지역 국가들의 사회적, 경제, 문화적 발전이 동등해질 필요가 있다. 남한, 북한, 중국, 러시아, 몽고, 캐나다, 미국, 일본의 8개 국가는 구성

34) The Random House, *College Dictionary*, p. 296.

국가로서 이 지역의 협력을 생각해야 한다. 이미 언급했듯이, 기능적 접근법은 경제적, 사회적으로 활동하는 기능적 공동체를 만들려고 한다. 사회, 경제적 활동 영역으로 제한하는 국제적 지역 조직을 형성하는 것은 더 쉽다. 이런 기능적 시각에서 안보협력의 개념을 협력체에 적용할 수 있다. 맥도넬(McDonnell)은 동북아 지역을 위해서 협력 증진 과정과 신뢰구축 수단으로 하위지역수준에서의 그룹화가 중요하다고 지적했다. 또한 동북아 국가들의 지역협력체 조직목적은 타국을 위협하려는 것이 아니고, 이민, 수자원, 환경, 산림, 자원, 농작물 정책이나 공공위생정책 혹은 HIV-AIDs, 인구, IT활용과 같은 공동의 문제를 위한 것임을 확실하게 표명해야한다고 주장했다.[35]

다자적 협력체 구성을 위한 기능적 접근법은 3가지 장점을 갖는다.

첫째, 북한의 경제적 빈곤이 개선될 수 있다. 이는 남한 단독으로 짊어져야할 문제가 아니다. 다자적인 구성을 증진시키기 위해 북한의 경제적 발전은 다자적 협력체의 구성 국가들의 도움을 받고 지원받아야 한다.

둘째, 동북아의 인적사원은 발전될 것이다. 일본의 인구는 현재 감소하고 있다. 직접적으로 일본은 인적자원을 필요로 하고 있고, 중국은 인구의 폭발적 증가 문제를 갖고 있다.

셋째, 시베리아의 발전이 증진될 것이다. 시베리아는 유럽발전의 그늘 아래 남겨져 있다. 지리적 위치 때문에 시베리아는 동북아 국가들과 협력하는 것이 더 좋을 것이다.

기능적 접근법의 시각에서 다자적 협력체 구성은 북한의 안보

35) Mary B. McDonnell, "Takokukan Anzenhosho no Wakugumi Kochiku (Constructing the Framework of Multilateral Security)", *NIRA Seisaku Kenkyu,* Vol.16 No.1, 2003, p. 43.

이슈측면에서 절실한 것은 아니다. 오히려 이는 사회적, 경제적 그리고 문화적 발전 측면과 밀접하게 관련되어 있다.

이 2개의 접근법은 서로 연관되어는 안 된다. 첫 번째 단계에서는 기능적 접근법에 우선권이 주어져야한다. 포괄적인 다자적 구성체 조직보다는 동북아 미디어 네트워크 조직, 동북아 에너지 공동체, 동북아 환경 협력조직과 같이 기능적으로 분할된 지역조직 구성이 더 현실적이다.[36] 시작에 있어 다자적 구성체의 멤버쉽은 남한, 북한, 일본, 중국, 러시아 그리고 미국 이 다섯 나라로 제한되어야 한다. 왜냐하면 ARF와 같은 너무 거대한 조직은 너무 느슨한 결속력을 초래할 것이기 때문이다. 다자적 구성체는 몽고와 캐나다를 포함하도록 점진적으로 확대되어져야한다.

쉐머(Schermers)와 블로커(Blokker)는 국제조직은 국제법 하에서 그 자신의 의지를 가진 최소한 하나의 조직을 창조할 국제적 동의에 바탕을 둔 협력체로 규정되어야 한다고 말했다.[37]

이 다자적 구성체 조직화의 목적을 위해서 3가지 점들이 중요시되어야 한다.

첫째, 구성 국가들 사이에 공통의 목적이 있어야 한다. 국제 체제적 시각에서 북한은 동북아 국가들 중 한 국가로서 동일한 국제시스템에 포함되어져야 한다. 그리고 우선권은 사회, 경제, 문화적 과정에서 주어져야한다. 이것이 북한으로 하여금 기능적 목적을 위한 다자적 구성체에 더 쉽게 참여할 수 있게 할 것이다. 역사적으로, 국제기구의 대부분은 기능적인 협력에서부터 시작되었다.

둘째, 국제체제는 창조되어져야한다. 우리는 북한을 포함한

---

36) Nagase, *op.cit.* p.11. Takeda, *op.cit.* p. 47.

37) Henry G. Schermers and Niels M. Blokker, *International Institutional Law,* 3rd revised edition.

국제체제를 창조해야한다. 동북아에는 식량공급, 의료서비스와 환경협력을 위한 북한이 포함된 국제체제가 존재하지 않는다. 국제체제는 국제적 법적 질서와 국제조직으로 이끌어간다. 국제체제를 만들 필요가 있다.

셋째, 다자적 협의체는 정기적으로 그리고 지속적으로 열려야 한다. 이것은 정기적으로 북한을 다른 국가들과 동등한 입장에 놓는 것을 촉구하기 위해 중요하다. 국제조직과, 국제회의를 여는 것은 UN의 일반회의와 안보회의처럼 국제적 기구를 상설할 수 있게 할 것이다. 정기적인 다자 협의체는 국제회의를 정기적으로 개최하게 하고, 결국은 이것이 국제기구로 발전될 것이다.

Ⅲ. 결 론

앞서 6가지 점이 논의되었다.

첫째, 5개 국제기구의 구성 속에서 동북아의 다자적 협의체를 강화하는 것을 최우선으로 두어야 한다. 다자적 협의체 구성은 북한정권을 공격하는 것이 아니라 북한주민을 돕는데 이용되어져야 한다. 그리고 남한뿐만 아니라 동북아의 다른 국가들도 함께 한반도 문제를 심각하게 대처해야 한다.

둘째, 북한의 법적 책임성은 재확인되어야 한다. 북한이 국제법에 따라야한다고 인식하는지의 여부가 불확실하다. 국가의 인식과 정부의 인식은 다르다. 여기서 말하고자 하는 바는 정부의 인식보다 국가의 인식이 더 중요하다는 것이다. 정부의 선택은 북한 국내의 문제이다. 일본정부는 국내정책에 있어 개입해선 안 된다. 그러나 국가의 인식은 국제적 문제로 국제 법질서에 기초가 된다. 국가는 국제적 권리와 의무를 지니는 존재이다. 만약 북한이라는 국가에 그런 인식이 없다면, 우리는 북한과 어떤 국제적 조직을 형성할 수가 없다. 북한은 이미 UN 회원국이다. 따라서 북한은 UN헌장이라는 국제법에 대한 책임성을 갖는 국가로 인식된다. 게다가, 북한은 UN헌장 1조에 따라 국제적 평화와 안보를 유지하기 위한 법적 책임감을 갖는다.

셋째, 국제체제의 관점에 따라 KEDO와 1994년 미국과 북한의 제네바합의, 2000년 6월 남북공동선언, 2001년 러시아 북한의 모스크바선언, 2002년 일본과 북한의 평양선언과 같은 양자 합의는 매우 중요하다. 이 합의들을 통해서, 북한은 국제체제의 행위자가 되었다. 만약 이 합의들이 국제조약이 아니라면 그리고 법적 제한을 갖지 않는다면 그 장래가 불확실하게 된다. 그러나 이 국제체제의 축적이 북한을 국제사회의 국제시스템에 참여하도록 할 것이다.

넷째, 북한이 기능적인 국제 조직들인 느슨한 연합에 참여하는 것은 쉽다. 국제시스템의 시각에서 북한은 2003년 1월 11일까지 IAEA-NPT체제의 행위자였음에도 불구하고 오직 UN과 ARF에만 소속되어 있다. 우리는 북한을 다양한 국제시스템에 참여하도록 방법을 강구해야 한다. 기능적 접근법이 그 한 방법이 될 수 있을 것이다.

다섯째, 필자는 안보협력을 제안한다. 이 연구에서, 평화와 안보에 대한 5개의 개념이 고려되었다. 그것은 양자협상, 안보동등성, 동맹, 안보협력, 집단안보이다. 평화와 안보에 관한 이 개념들은 대안적 선택지가 아니다. 그것들은 동등하게 추구되어야 한다. 양자협상의 조화는 안보협력 공동체를 형성하도록 발전되어야 한다. 지역 동맹은 지역집단안보를 위해 고려되어야한다.[38] 이는 다른 역사, 문화, 사회, 경제적 배경을 지닌 국가들의 다양한 국민들이 평화적으로 이루기는 매우 어려운 과제이다. 이렇게 다양하고 모순된 차이점을 극복하기 위한 철학적 필요성이 있다. 공생의 철학은 일본의 여러 학자들이 주장해왔다. [39] '공생'이란 용어는 생태학에서 기원한다. '공생'은 Random House of College Dictionary에서 "서로 다른 2개의 생물체가 함께 사는 것으로 이 때 이 연합은 상호적으로 이익이다"라고 설명되어 있다.[40] 일본의 유명한 건축가인 구로가와(Kurokaw)는 신성하게 다른 편을 인식하는 개념처럼 공생의 철학을 연구했다.[41] 이노우에(Inoue), 나와타(Nawata), 카츠라기(Katsuragi)는 경쟁적인 공생의 양상은 좋은 것이라고 주장했다.[42] 그리고 나는 협력적 공생안보를 주장하고자 한다. 협력적 공생은 일본의 동양철학 연구 그룹을 따른 것이다.[43] 동북아 사람들은 동양기원의 사상을 갖은 지역공동체를 구상할 수 있다. 협력적 공생의 이념은 협력이 있는 공생을 추구하고 경쟁적인 공생을 극복한다.

여섯째, 매우 야심적으로 보임에도 불구하고, 필자는 동북아에서 EU와 같은 초국가적인 기구창설을 보여주고자 한다. 이상적인 시각일지라도, 우리는 미래에 대한 비전이 필요하다. 만약

---

38) Takahara Akio, Fujiwara Kiichi and Lee Jongwon, "Higashi Asia no Heiwa Koso (A plan for peace in East Asia)", Kaneko Masaru, Fujiwara Kiichi and Yamaguchi Jiro eds., *Higashi Asia de Ikiyo,* Iwanami Shoten, 2003, pp. 40-41.

39) Yoshida Masatoshi, Pyen Chondao and Ozeki Shuji, *'Kyosei' Shiso no Tankyu (Pursuit of Symbiotic Thought),* Aoki Shoten, 2002.

40) The Random House, *College Dictionary*, 1988, p. 1331.

41) Kurokawa Kisho, *Kyosei no Shiso (Philosophy of Symbiosis),* Tokuma Shoten, 1989.

42) Inoue Tatsuo, Nawata Yoshihiko and Katsuragi Takao, *Kyosei heno Boken (Adventure for Symbiosis),* Mainichi Shinbunsha, 1992.

43) Yoshida, Pyen and Ozeki, *op.cit.*

우리가 어떤 비전도 갖지 않는다면, 인류의 역사는 진보하지 못했을 것이다. 따라서 필자는 이 연구에서 논의한 국제기구의 기초적인 가능성을 믿는다. 미래에 이 기구들은 새로운 국제기구의 탄생으로 이어질 것이다. 그런 국제기구를 창설하기 위해서는 KEDO, TCOG 등과 같은 국제기구와 연계되어야 한다. 그런 다음에야 국제기구를 뛰어 넘는 초국가적 기구로 성장할 것이다. 이런 초국가적인 기구에 대한 비전에 따라 북한은 우리가 다루려는 문제 중 하나가 된다. 그리고 북한의 문제는 실제로 초국가적 기구를 창설하기 위한 기회가 될 지도 모른다.

■참고문헌■

Andreas Hasenclever, Peter Mayer and Volker Rittberger, *Theories of International Regimes,* 1997.

Hanai Hitoshi, Gendai Kokusai Kankeiron, *A Modern theory of international relations*, Mineruva Shobou, 1987.

Hans J. Morgenthau, *Politics among Nations;* The struggle for power and peace, fifth ed., Alfred. A. Knopf, New York, 1973.

Hang Chang On, "Chiiki Kyoryoku ni Fukaketsu na Jyoken towa (Necessary Condition for Regional Cooperation)", *NIRA Seisaku Kenkyu,* Vol.16. No.1, 2003.

Henry G. Schermers and Niels M. Blokker, *International Institutional Law*, 3rd revised edition.

"IAEA Inspectors to leave North Korea", IAEA Press center, PR 2002/27 (28 December 2002).

Inoue Tatsuo, Nawata Yoshihiko and Katsuragi Takao, *Kyosei heno Boken (Adventure for Symbiosis)*, Mainichi Shinbunsha, 1992.

Izumi Gen, "2003 nen no Chosen Hanto Jyosei Tenbo(A Prospect of the situation on the Korean Peninsular 2003)", *East Asia,* February 2003.

Joseph Frankel, *Contemporary International Theory and the Behaviour of States,* Oxford University Press, 1973.

Kurokawa Kisho, *Kyosei no Shiso (Philosophy of Symbiosis)*, Tokuma Shoten, 1989.

Marry B. McDonnell, "Takokukan Anxenhosho no Wakugumi Kochiku (Constructing the Framework of Multilateral Security)", *NIRA SeisaKu KenKyu,* Vol. 16 No. 1, 2003.

Nagase Yoseki, "Hokuto Asia no Kaihatsu Kanousei to chiikikyouryoku nokousou (Possibility of development and an idea of regional cooperation in North East Asia," *NIRA Seisaku Kenkyu,* Vol. 15, No.11, 2002.

Okonogi Masao, "Rokusya Kaidan, yori Jyuyo ni (It becomes more important to hold six countries' talk)", *Asahi Shinbun,* 25 April 2003.

Takagi Seiichiro, "Koizumi Hocho to Hokuto Asia no Takokukan Kyoryoku (Koizumi's visit to North Korea and Multilateral Cooperation in North East Asia)", *NIRA Seisaku Kenkyu,* Vol.15, No. 11, 2002.

Harlan Ullman, "Kitachosen no Kaku mondai wa Gaiko to Nintai de (Nuclear problem of North Korea should be dealt with diplomacy and endurance)", *Sekai Shuho,* 25 February 2003.

The Random House, *College Dictionary*, 1983.

"Report by the Director General on the Implementation of the Safeguards Agreement between the Agency and the Democratic People's Republic of Korea; Resolution adopted by the Board on 29 November 2002", IAEA, GOV/2002/60, 29 Now. 2002.

Stanley Hoffmann, "International Organization and the International System", Leland M. Goodrich and David A Kay eds., *International Organization: Politics & Process,* The University of Wisconsin Press, 1973.

"Statement by the IAEA Director General on DPRK", IAEA Press Center, PR 2002/19(4 December 2002).

Stephen D. Krasner, International Regimes, Cornell University Press, 1983.

Donald J. Puchala and Raymond F. Hopkins, International regimes: lessons from inductive analysis.

Stephen D. Krasner, International Regimes, Cornell University Press, 1983.

Takahara Akio, Fujiwara Kiichi and Lee Jongwon, "Higashi Asia no Heiwa Koso (A plan for peace in East Asia)", Kaneko Masaru, Fujiwara Kiichi and Yamaguchi Jiro eds., *Higashi Asia de Ikiyo*, Iwanami Shoten, 2003.

Takeda Isami, "ASEAN Mechanism kara mita Hokuto Asia Kyoryoku heno Teigen (Proposal to Cooperation in North East Asia from the viewpoint of ASEAN mechanism)", *NIRA Seisaku Kenkyu*, Vol. 16, No. 1, 2003.

Yoshida Masatoshi, Pyen Chondao and Ozeki Shuji, *'Kyosei' Shiso no Tankyu (Pursuit of Symbiotic Thought)*, Aoki Shoten, 2002.

『마이니치 신문』.

http://www.aseansec.org/12534.htm

http://www.iaea.org/worldaton/Press/Focus/IaeaDprk/fact_sheet_8jan2003.html

http://www0.un.org/apps/news

http://www.un.org/News/briefings/docs/2003/strngbrf.doc.htm

http://www.un.org/apps/news

http://www.un.org /apps/news

http://www.un.org/apps/news/story,asp

http://www.tine.com/tine/world/article/0.8599,446776,00.html

http://www.wfp.org/country_brief/indexcountry

http://www.who.iht/disasters/repo/5843.html

한반도의 미래에 대한 중국의 우려

장샤오밍(張小明)
중국 북경대학 교수

Ⅰ. 서 론

지금 세계가 이라크전에 주목함에 따라 한반도의 핵문제가 관련 국가들 뿐 아니라, 전 세계적으로 커다란 관심사가 되고 있다. 몇몇 논평자들은 심지어 이라크전쟁이 제 2의 한국 전쟁에 대한 전초전이 될 지도 모르며, 워싱턴에서는 이라크 이후에 북한을 표적으로 삼는 계획을 세우고 있을지도 모른다고 이야기함으로써 이라크전쟁을 현재의 한반도에서의 핵 위기와 연관시키기도 했다. 이것은 부시 대통령이 북한을 이라크, 이란과 더불어 "악의 축"에 해당되는 국가로 분류했기 때문이다. 한반도의 이웃 국가이자 전통적인 북한의 동맹국인 중국은 항상 한반도의 상황에 예의 주시해 왔다. 또한, 중국은 이 지역에서의 실질적, 잠재적 위기를 해결하기 위하여 적극적인 노력을 기울여 왔는데, 이는 한반도의 미래가 중국에게 큰 관심사였기 때문이다. 이 논문은 한반도의 미래에 대한 중국의 관심과 우려에 관한 나의 개인적인 설명을 제공할 것이다.

Ⅱ. 한반도에서의 갈등과 불안정

중국이 자국의 근대화 추진이 지속될 수 있는 국제적 환경을 조성하려고 노력하는 것은, 1970년대 후반, 특히 냉전 종식 이후 '개혁 · 개방'정책의 선언 이래로, 중국 정부의 아젠다 가운데 가장 우선시 되어온 부분이다. 중국 국민들에게 번영을 가져다주는 급속한 경제 발전은 중국 정부가 이루어내기 위해 엄청나게 노력을 기울이고 있는 가장 중요한 정치적 목표들 가운데 하나가 되었다.

따라서 중국은 선진 공업 국가들(특히 미국과 그의 동맹국들)과의 관계에서 긴장을 유발하는 상황을 피하려고 노력해왔는데, 이는 선진국들의 중국에 대한 부정적인 반응이 1970년대 후반 이래 중국의 경제번영에 필수적 조건으로 인식되고 있는, 국제경제체제로의 통합을 위협할 수도 있기 때문이다. 이러한 생각으로 중국은 그들의 중요한 경제적 파트너인 미국과 그의 동맹국들과 가질지도 모르는 상황에 대해 크게 우려하고 있다. 따라서 중국과 미국은 이 지역에서 평화를 유지하고 번영을 증진시키려는 국가들이라는 점에서 공동의 이해관계를 견지하고 있다. 그런데 동시에, 이러한 이유로 한반도 문제는 베이징과 워싱턴이 쌍방의 긴장관계를 포함하면서까지, 그들의 입장을 확고하

게 표명하도록 하는 주요 원인이 되고 있다.[1)]

또한 중국은 지속되는 경제성장과 국내안정을 보장하기 위하여 북한과 한국을 포함한 주변국들과의 관계개선에 애써왔다. 베이징은 접경하고 있는 국가들과의 영토분쟁을 보류시키거나 해결해왔으며, 최근에는 ASEAN과 남중국해에서 더 이상 일방적인 영토 주장을 하지 않기로 동의하였다. 베이징은 궁극적으로 한반도의 평화와 안정을 바라면서 한국과 북한과의 정치적·경제적 유대를 정착시키고 강화하기 위해 엄청난 노력을 기울여왔다. 이런 행동들로 인해 주변 국가들은 중국을 더 이상 위협적인 대상으로 인식하지 않고 있으며, 실제로 중국의 급속한 경제발전은 이웃국가들에게 그들이 베이징과의 관계를 개선시킬 유인을 제공하고 있다.[2)] 중국의 한국과의 경제적 관계는 특히 놀라운 속도로 발전해왔고, 두 국가 사이의 경제적 의존도 역시 급속히 증가했다. 다른 분야에서의 중국과 한국, 쌍방의 제반 관계들 또한 더욱 밀접해지고 있다.[3)]

과거에 중국은 청일전쟁(1894~1895), 한국전쟁(1950~1953)과 같은 한반도에서의 군사적 분쟁들에 관여했으며, 이러한 관여는 중국에게 커다란 충격을 부여했던 것이 사실이다. 따라서, 중국이 자신이 개입될 지도 모를 한반도에서의 전쟁 발발 가능성에 대하여 매우 우려하는 것은 당연한 것이다. 그것이 바로 중국 정부가 반복해서 평화와 안정을 유지하는 것이 한반도에

---

1) Byung Chul Koh, *ed., The Korean Peninsula in Transition: The summit and Its Aftermath* (Seoul: Kyungnam University press, 2002), p. 201.

2) Michael Swaine's presentation at the Carnegie Endowment for International Peace, on Fed. 12, 2003, http://www.ceip.org/files/events/NEAsiaSecurity. asp?pr=2&EventID=590

3) Zhang Xiaoming, "China and Inter-Korean Relations", *Asian Perspective* (Vol. 26, No. 3, 2002), pp. 131-144.

대한 중국 입장의 "기본적인 핵심들" 가운데 하나라고 주장하는 이유이다. 그리고 중국은 "그것이 쌍방의 대화와 관련이 있건 다자적 협의와 관련이 있건, 한반도 핵문제에 대한 평화적 해결을 위한 어떠한 계획도 환영하고 지지"할 것이다.[4]

Ⅲ. 한반도의 핵무장

자국의 안보를 위하여 중국은, 한반도에서의 핵확산 가능성에 대해 매우 우려하고 있다. 만약 한반도에서의 핵확산이 현실화된다면 중국은 더 많은 핵보유 이웃국가들과 함께 지내야만 하며, 이것은 중국이 원하지 않는 상황이다. 더 나아가서 한반도에서의 핵확산이 미국에 의해 전개될 북한에 대한 군사 공격을 가져올지도 모른다. 이는, 제2차 한국전쟁이 한반도에서 발생할 수도 있다는 것이다. 따라서, 한반도의 비핵화를 실현하고, 외교적이고 평화적인 수단을 거쳐서 북한 핵문제를 해결하려는 것이 중국 정부가 한반도 핵문제에 대하여 취해온 입장이다.

중국인들에게 한반도의 핵문제는 역사적인 근원에 기인한다. 그것은 냉전의 산물, 또는 수십 년 동안의 미국과 북한 사이의 적대적 관계의 결과이다. 따라서 핵문제를 해결하기 위한 열쇠는 미국과 북한간의 직접적인 협상과 쌍방의 관계개선이다.

이미 우리가 잘 알고 있듯이, 한국전쟁 동안에(1950~1953) 미국 정부는 중국과 북한에 핵폭탄을 사용하겠다고 위협했다. 휴전 협정에 서명한 후 4년 뒤에 미국은 북한을 겨냥해 핵무기

4) "China willing to 'mediate, promote dialogue' on DPRK neclear issue: FM spokensman", March 27, 2003, http://www.chinadaily.com.cn/news/cn/2003-03-27/109696.html.

발사대와 미사일들을 남한에 배치하였다. 1960년대를 거치는 동안 미국은 핵 파괴 군수품들과 핵탄두를 장착한 나이키 허큘러스(Nike Hercules) 미사일을 남한의 핵무기 비축 목록에 추가시켰는데, 두 가지 모두 비무장지대 근처에 전진배치되었다. 그러한 배치는 이들 무기가 전쟁의 초기 순간에 사용되어야 할 것이라는 것을 의미했다. 1950년대 후반에 접어들면서 중국과 북한의 과학자들은 미국으로부터의 핵위협에 대항하기 위해 자체적인 핵무기 개발계획 작업을 시작하였다. 그리고 그들은 소련의 지지를 얻었다. 비록 중국이 한때 냉전기간 동안 북한 핵무기 개발계획에 도움을 주었는지는 확실치 않지만, 중국이 탈냉전 시대에 한반도가 비핵화 상태로 유지되는 것을 지지해왔다는 점은 확신한다. 미국의 한 학자는 중국이 아마 북한에 핵무기 개발프로그램을 위하여 1960년대에 도움을 주었을 것이라고 한다. 그러나 중국이 한반도의 핵무장을 원치 않았기 때문에 그 시기 이후로 중국의 도움은 명목상의 것이었다고 할 수 있다.[5)]

북한은 1974년 9월 6일에 국제원자력기구(IAEA)의 회원국이 되었다. 그리고 아마도 소련의 압력이 가해졌다고 보이긴 하지만, 1985년 12월 12일에 핵확산금지 조약(NPT)에 서명하였다. 그러나 북한은 애초부터 미국 핵무기가 먼저 한반도에서부터 철수되어야만 한다고 주장하며 핵안전조치 동의(nuclear safeguards agreement)에 서명하지 않았고, 북한 핵 시설물들에 국제 사찰을 허용하는 것을 거부하였다. 북한은 부시 대통령이 1991년 9월에 한반도에서의 전술적 핵무기 철수를 발표한 이후인 1992년 1월 30일에야 이

5) Michael Swaine's presentation at the Carnegie Endowment for International Peace, on Feb. 12, 2003, http://www.ceip.org/files/events/NEAsiaSecurity.asp?pr=2&EventID=590.

조약에 서명하였다. 국제원자력기구 사찰단은 1992년 5월에서 1993년 1월까지의 기간 동안 6번에 걸쳐 북한 핵시설에 대한 조사를 실시하였다.[6] 북한과 한국은 또한 1992년 1월 20일에 "한반도 비핵화 공동선언"을 이끌어냈다. 이 선언은 "남・북한은 핵무기를 실험, 제조, 수입, 보유, 보관, 배치하지 않을 것이고, 한반도의 비핵화를 증명하기 위해서 남한과 북한은 사찰을 시행할 것이다"라는 내용을 언급하고 있다.[7] 중국 정부는 한반도의 비핵화에 대해 지지하였으며, 한반도 비핵화 공동선언을 높게 평가하였다.[8]

1993~1994년 한반도의 핵위기 동안에, 중국은 강력하게 이 지역에서의 핵 확산을 반대하고 미국과 북한이 협상을 통하여 위기를 종식시키기를 촉구하였다.[9] 몇몇 분석가들이 지적한 바와 같이, 이 위기 동안에 중국은 개별적으로, 조용히, 그리고 확고하게 북한이 핵확산금지조약의 일원으로 남아있기를 설득하였고, 마침내 위기는 기본 합의문(Agreed Framework)의 체결로 일단락되었다.[10] 1994년 10월 21일에 미국과 북한에 의해서 서명된 기본 합의문의 내용에 따라, 북한은 흑연 원자로의 가동을 중지시키고 이후에는 해체시키기 위한 조치로 이루어질, 현존하는 핵개발 가능지역에 대한 완전하고 지속적인 조사에 동의하였다. 그리고 미국은 완전한 외교적 관계

---

6) Martin Hart-Landsberg, *Korea: Division, Reunification, and U.S. Foreign Policy* (New York: Monthly Review Press, 1998), pp. 161-176.

7) Cited from Yang Byung Kie, "Changes in North Korea's Military Policy and East Asian Security", *Korea Focus* (Vol. 11, No. 1, January-February 2003), pp. 51-71.

8) Liu Jinzhi, Zhang Minqiu, Zhang Xiaoming, Dang Dai Zhong, Han Guan Xi *Contemporary Sino-Korean Relations,* (Beijing: Chinese Social Sciences Press, 1998), p. 217.

9) Liu Jinzhi, *et, al.* (1998), pp. 218-222.

10) Sol Sanders, *ed., The U.S. Role in the Asian Century: A Panel of Experts Looks at National Interest in the New Environment* (Lanham, Maryland: University Press of America, 1997), p. 348.

의 수립을 이끌어내면서, 북한에 중유를 공급하는 것과 덜 위험한 경수로 방식에 기초한 새로운 원자로 건설을 위한 국가들의 협의체를 구성하고 점진적으로 교역, 투자, 외교적 협정에 대한 규제들을 완화하는 것에 동의하였다. 중국은 평화적 수단에 의한 핵 위기의 안정과 북한과 미국의 관계 개선을 보고 반가워하였다.

미국의 대통령 조지 W. 부시가 취임한 이후에, 그는 클린턴 전 대통령에 의해 체결된 조약 프로그램을 거부하고 미국의 대(對) 한반도 정책에 대한 전면적인 재검토를 실시하겠다고 말했다. 몇 달 뒤에 연두교서의 발언에서 부시 대통령은 북한을 이라크, 이란과 함께 "악의 축"으로 분류하였다. 미국의 특사인 제임스 켈리가 2002년 10월 3일에 북한을 방문하였을 때 북한 외무성 부상은 자신들이 핵무기 생산을 위한 핵분열 물질의 대체 원료를 얻어낼 수 있는 우라늄을 농축해왔었다고 인정하였다. 북한은 미국의 위협 때문에 그들이 핵무기를 보유할 권리를 가지고 있다고 주장하였다. 미국은 핵무기에 사용될 북한의 고농축 우라늄 생산 계획이 기본 합의문을 비롯한 국제 원자력기구의 안전조치협정, 핵확산금지조약, 한반도 비핵화 공동선언에 대한 명백하고 심각한 위반이라고 주장하였다. 그리고 북한이 핵개발 계획을 포기하고 핵사찰을 허용할 것을 요구하였다. 이에 따라 한반도에너지개발기구(KEDO) 집행위원회 구성원들인 유럽연합, 일본, 한국 그리고 미국의 대표들은 2002년 11월 14일의 뉴욕 회담에서 중유 공급 중단, 경수로 건설 일정 재조정을 포함한 북한에 대한 제재조치를 부과하기로 결정하였다.11) 북한은 이에 반발하여 UN 사찰단이 영변에서 나가 줄 것을 요구하였고, 원자

11) http://www.kedo.org/news_detail.asp?NewsID=1.

로에 저장되어 있던 사용된 연료를 다시 꺼내어 재가동에 필요한 행동들을 취하기 시작하였다. 결과적으로 새로운 한반도의 핵위기가 분출되었다. 이것은 전 미국 국방장관인 윌리엄 페리가 주장한 바와 같이, 여러 가지 측면에서 1993~1994년 사이에 벌어졌던 한반도 핵위기의 재현인 것이다.12)

중국 정부는 핵위기의 새 국면에 대하여 심각한 우려를 표명하였으며, 미국과 북한이 직접 회담을 가질 것을 촉구하였다. 중국의 장쩌민 주석과 러시아의 블라디미르 푸틴 대통령은 2002년 12월 2일 베이징 정상회담 결과로 나온 공동성명에서, 북한은 핵무기 개발을 포기하고 기본합의문에 기초한 미국과의 대화를 재개하라고 촉구하였다. 새로 선출된 중국의 후진타오 주석은 2003년 3월 19일 미국의 조지 W. 부시 대통령과의 전화통화에서, 중국은 한반도에서 평화와 안정이 유지되고, 핵위험이 없는 상태가 지속되는 것, 그리고 대화를 통해 문제가 해결되는 상황을 희망한다는 입장을 견지해 왔으며, 동시에 사태를 점차 확대시킬지도 모르는 행위들은 지양되어야 한다고 말했다. 그리고 후진타오는 핵문제 해결의 열쇠는 특히 미국과 북한 사이에 가능한 빨리 대화가 시작되는 것이라고 말했다.13) 2003년 3월 27일에 중국과 러시아의 외무부장관이 베이징에서 북한의 핵문제에 관한 공동성명을 발표하였다. 이 공동성명은 미국과 북한 사이에 동등하고 건설적인 대화가 대단히 중요할 것으로 여기고, 북한과 미국이 가능한 빨리 쌍방간의 대화와 협상을 시작할 것을 촉구하였다.14)

---

12) A Brookings Leadership Forum, "Crisis on the Korean Peninsula: Implications for U.S. Policy in Northeast Asia", The Brookings Institution, January 24, 2003.

13) "Hu, Bush discuss relations, Iraq and DPRK", March 19, 2003 (Xinhua News Agency), http://www.chinadaily.com.cn/news/2003-03-19/108597.htm.

한편 중국 정부는, 핵문제의 평화적인 해결을 위한 적극적인 노력과 건설적인 역할을 하겠다는 의지를 나타내었다. 중국의 외무성 대변인이 말하듯이, 핵문제에 대한 중국의 입장은 "대화를 촉진"시키고 "양쪽을 진정"시키기 위한 조정자로서 요약될 수 있다.[15] 그러나 중국 정부가 "조정자"로서의 "건설적인 역할"을 위해 구체적인 조치를 취하는데 노력을 기울이지는 않았다.

중국은 북한에 강한 압력을 가하지는 않을 것이다. 사실 중국 정부는 특히 북한에 제재를 가하는 것에 반대한다. 비록 중국이 북한의 오랜 역사를 지닌 동맹국이자 주된 경제적 원조국으로서 북한에 영향력을 미칠 수 있다고 하더라도, 중국은 그런 영향력에 기반해서 북한에 압력을 가하는 것을 매우 꺼려할 것이다. 윌리엄 페리가 언급한 바에 따르면 "중국의 경험에 기초한 그들의 지론은 바로, 북한에 압력을 가할 때 문제가 개선되는 것이 아니라 오히려 더 악화된다는 것과 온건한 방법으로 그 문제들을 다루려고 애써야 한다는 것이다."[16] 따라서 중국은 북한에 연료와 식량 원조를 차단함으로써 북한이 미국과 대화하도록 강요하는 것을 원치 않는다.

Ⅳ. 북한의 국내상황 악화

김일성 사후 북한의 정치적 변화 과정은 이제 종결되었다고

14) "China willing to 'mediate, promote dialogue' on DPRK nuclear issue: FM spokesman", March 27, 2003, http://www.chinadaily.com.cn/news/cn/2003-03-27/109696.html.

15) *ibid.*

16) A Brookings Leadership Forum, "Crisis on the Korean Peninsula: Implications for U.S. Policy in Northeast Asia", The Brookings Institution, January 24, 2003.

판단되며, 현재는 김정일이 북한의 상황을 효율적으로 통제하고 있다. 그러나 북한의 앞으로의 정치발전 방향은 여전히 불분명하고, 북한은 아직도 식량과 연료 부족을 포함한 심각한 경제적 어려움으로부터 고통을 받고 있다.

북한의 이웃국가로서 중국은, 북한의 국내 상황이 앞으로 어떻게 전개될 지에 관해 매우 걱정스러워하고 있다. 중국의 입장에서, 과거 동독정권의 급속한 붕괴와 같은 극적인 정치적 격변은 중국의 국가이익에 도움이 되지 못할 것이라고 본다. 북한의 정치적 무질서와 경제적 붕괴는 중국에 부정적 영향을 미칠 것이 분명하다. 북한과 중국은 수십 년 동안 정치적 동맹자였으며, 중국에게 있어 북한의 생존을 보장하고 북한과의 관계를 강화하는 일은 매우 중요하다.

그러나 미국과의 대결양상 속에서 이루어지는 북한에 대한 강력한 지원은, 중국에게 미국뿐 아니라 그의 동맹국들과의 경제적 관계에 해가 될 뿐만 아니라, 극단적인 경우 한반도에서 군사적 충돌을 초래할 수도 있는 지역의 불안정성을 가져올 것이 틀림없다. 따라서 중국은 북한이 개방과 개혁 정책을 수행하도록 장려하고 있다. 북한 정권의 취약성과 고립은 수많은 난민의 발생과 같은 문제로 중국을 포함한 그 주변국들을 난처하게 만들 수도 있다. 만약 북한이 어떤 면에서 중국의 개혁전략을 모방한다면 그것은 북한의 국제경제와의 광범위한 결속을 가져오고 한국과의 더욱 밀접한 경제적 교역과 외부 세계와의 관계 개선을 야기할 것이다. 이러한 개혁과정으로 나타날 결과는 중국의 이해관계와 잘 맞을 뿐 아니라 다른 관련 국가들의 이해관계와도 잘 부합되는 상황이 될 것이다. 그러나 중국은 스스로를 북한의 역할 모델로서 규정할 의도가 없다. 그리고 베이징이 북한에게 어떻게 그들의 국내적인 문제들을 조정해 나갈지 이야기해주는 것은 적절하지도, 도움이 되지도 않는다.

나는 북한이 점진적인 국내개혁, 특히 경제적인 분야에서 개혁의 방향으로 움직이도록 장려하기 위해서는 중국과 다른 관련 국가들이 긍정적이고 건설적인 노력을 해야만 한다고 본다.

그러나 일부 분석가들은 미국이 이러한 시나리오에 대해 불만을 가질 수 있다고 이야기한다. 한 미국인 학자가 이야기 한 바에 따르면, "매우 포괄적인 수준에서는 그 지역에서의 축소된 군사적 역할이나 혹은 잠재적인 중국의 위협을 다루기 위해서라고 할 수 있지만, 이 각본 아래에서 더욱 더 명확한 의도를 재설정해야 하는 어려운 문제에 직면하게 되는 국가는, 중국이라기보다 오히려 미국이다. 북한에 대한 근본적인 명분을 상실한 미사일 방어체제는 미국과 중국의 대치과정에서 하나의 장애물처럼 인식될 것이다. 비록 '지역적 평화와 안정'이라는 관점에서 이해될 수도 있지만, 한국, 일본과의 동맹과 대규모 군대의 주둔으로 인해 미국이 개입하는 우발적 사건들이 점진적으로 협조적이며 개혁적인 북한이 아닌 중국과 문제가 될 수 있다는 인식을 주지 말아야 한다는 압력을 강하게 받게 될 것이다.[17]

Ⅴ. 재통일의 과정

알려져 있다시피, 많은 사람들은 중국이 강하고 통일된 한반도와 공존하기보다는 두 개의 분단된 국가로서의 한반도와 공존

17) Byung Chul Koh(2002), pp. 305-206.

하는 것을 선호하기 때문에, 한반도 분단상황의 유지가 중국 국익을 극대화한다고 주장한다.[18]

그러나 나는 그러한 주장에 동의하지 않는다. 내 생각에 중국은 그러한 의지는 물론이고, 한반도의 재통일과 남북한간의 관계개선을 멈출 능력도 가지고 있지 못한 것 같다. 중국이 관심을 가지는 것은 재통일의 방법과 과정이다. 중국은 한반도의 재통일이 평화적이고, 상호 자발적이며, 단계적인 기반 위에서 실현되어야 한다고 주장한다. 군사력을 사용해서 한반도의 재통일을 실현하려는 시도는 위험하다. 북한의 갑작스런 붕괴와 한국에 의한 북한 흡수는 정치적·경제적 격변과 혼란을 야기할 것이다. 그리고 실제로 다른 주요 관련국들도 이러한 관점에서 중국과 유사한 입장을 공유하고 있다.[19]

중국의 입장에서 재통일의 가장 큰 방해물 중의 하나는 단시간 내에 극복할 수 없는 남북한간의 정치·경제·심리적인 장벽이다. 중국의 지도자들은 평화적인 재통일을 위해 남북한이 수행하는 노력들을 지지하고, 그로 인한 남북한간의 관계개선을 환영한다고 되풀이해서 강조한다. 그리고 그들은 또한, 한반도의 미래를 고려할 때 북한과 한국은 가장 중요한 당사자들이며, 재통일의 과정에서 중추적인 역할을 수행해야 한다는 견해를 지속적으로 표현해 왔다.[20]

따라서 중국은, 북한이 갑자기 사라지고, 통일된 한반도가 강

18) Such as Andrew Nathan, Robert Ross,"*The Great Wall and the Empty Fortress: China's Search for Security* (New York: W. W. Norton, 1997), p. 97.

19) Zhang Xiaoming, "China's Relations with the Korean Peninsula: A Chinese View", *Korea Observer* (Vol. 32, No. 4, Winter 2001), pp. 481-500.

20) Zhang Xiaoming(2001).

대국과 동맹을 맺는 가능성에 대해 우려한다. 어느 한 분석가가 언급했듯이, "비록 미국이 중국과 한반도를 가로지르는 압록강 매우 가까이에 위협적으로 군대를 배치하는 조치를 취할 가능성이 적다고는 할지라도, 베이징이 대응해야 할 최소한의 불확실한 군사적 도전의 측면에서, 고립된 국가로서의 북한의 종말은 곧 미국의 동맹국을 중국의 국경에 놓는 결과를 초래한다고 이해할 수 있다."[21)]

중국은 재통일 이후에도 한반도의 미군 주둔이 지속될 것이라는 전망에 관해서도 우려한다. 미국과 한국의 관리들은 재통일된 후에도 한반도에 미군이 배치될 것이라는 예상들을 제시해왔다. 한국의 전 대통령인 김대중은 '한반도에서의 신뢰할 만한 전쟁 억지력, 이 지역에 형성된 전략적 불균형을 해소해 줄 수 있는 조정자, 그리고 한반도 재통일 이후의 궁극적인 평화 정착자 또는 평화 보증자'라는 세 가지 이유를 들어, 한반도에서 미군의 지속적인 주둔에 대해 정당화하였다.[22)]

한국의 한 연륜 있는 학자는 최근 다음과 같이 서술함으로써 한국에 주둔한 미군의 역할 증대를 옹호하였다. 그는 "비록 공산권으로부터의 위협이 사라졌다 하더라도 한국과 미국의 동맹은 동북아시아 세력균형의 붕괴를 예방하기 위해 필요하다. 따라서 한국에 주둔한 미군의 역할은 오직 한반도에만 제한되어서는 안된다. 이러한 관점은 이미 서울과 워싱턴의 행정부에 잘 받아들여

21) Byung Chul Koh(2002), p. 207.

22) Chung-In Moon, "Security Pragmatics for Korean Peninsula", a working paper for the Second Collaborative Workshop on East Asia Regional Security Futures, Fudan University, on March 3-4, 2001, http://www.nautilus.org/nukepolicy/workshops/shanghai-01/moonpaper.

지고 있다. 따라서 맹목적으로 반미 구호를 외치는 사람들은 이러한 점을 잘 인식할 필요가 있다. 나아가 한국에 주둔 중인 미군은 확대된 역할을 재확인할 필요가 있는 데, 그것은 동북아시아 세력균형의 유지를 포함하는 것이다"라고 서술하고 있다.[23)]

중국은 한반도를 지배하거나, 소위 '중화'라고 일컬어지던 때의 지역구도를 되살릴 의지도 능력도 가지고 있지 않다. 그러나 몇몇의 분석가들은 중국과 한국의 경제통합을 우려하고 있다. 최근 한국의 교역, 투자 그리고 기술적 협력은 점점 더 중국을 향해 가고 있다. 실제로 몇몇 관찰자들은 한국경제가 이미 중국경제영역에 편입되었고, 그것은 정치적 통합을 초래할지도 모른다라는 견해를 가지고 있다.[24)]

몇몇의 분석가들은 재통일된 한국이 '중국적 세계'와 '미국적 세계' 중의 하나를 선택해야만 한다고 주장한다. 내가 생각하기에는 재통일된 한국이 선택할 것은 "초강대국과 동맹관계를 맺은 재통일된 한국" 또는 "중립적 자세의 재통일된 한국"이다. 또한, 이러한 모습의 한반도가 바로, 모든 관련 당사자들이 받아들일 만한 해결책일 것이다. 그러나 이것은 어디까지나 개인적인 견해이다. 한반도의 미래를 예측하는 것은 사회과학의 영역에 있는 정치학자에게는 위험한 것이다.

---

23) Kyung-won Kim, "Significance of the Korea-U.S. Alliance", *Korea Focus* (Vol. 11, No. 1, January-February 2003), pp. 12-13.

24) Young-Ho Kim, "Three Dilemmas Facing President-elect Roh", *Korea Focus* (Vol. 11, No. 1, Jan-Feb. 2003), pp. 6-9.

"Hu, Bush discuss relations, Iraq and DPRK", March 19, 2003, Xinhua News Agency, http://www.chinadaily.com.cn/news/2003-03-19/108597.htm.

A Brookings Leadership Forum, "Crisis on the Korean Peninsula: Implications for U.S. Policy in Northeast Asia", The Brookings Institution, January 24, 2003.

Hart-Landsberg Martin, *Korea: Division, Reunification, and U.S. Foreign Policy,* New York: Monthly Review Press, 1998.

Jinzhi Liu, Zhang Minqiu, Zhang Xiaoming, Dang Dai Zhong. Han Guan Xi, *Contemporary Sino-Korean Relations,* Beijing, Chinese Social Sciences Press, 1998.

Kim, Kyung-won, "Significance of the Korea-U.S. Alliance", *Korea Focus,* Vol. 11, No. 1, Jany-Feb. 2003.

Kim, Young-Ho, "Three Dilemmas Facing President-elect Roh", *Korea Focus,* Vol. 11, No. 1, Jan-Feb. 2003.

Koh, Byung Chul, *ed., The Korean Peninsula in Transition: The summit and Its Aftermath,* Seoul: Kyungnam University press, 2002.

Moon, Chung-In, "Security Pragmatics for Korean Peninsula" a working paper for the Second Collaborative Workshop on East Asia Regional Security Futures, Fudan University, on March 3-4, 2001, http://www.nautilus.org/nukepolicy/workshops/shanghai-01/moonpaper.

Nathan Andrew, Robert Ross, *The Great Wall and the Empty Fortress: China's Search for Security*, New York: W. W. Norton, 1997.

Sanders Sol, *ed., The U.S. Role in the Asian Century: A Panel of Experts Looks at National Interest in the New Environment* Lanham, Maryland: University Press of America, 1997.

Swaine Michael, presentation at the Carnegie Endowment for International Peace, on Feb. 12, 2003, http://www.ceip.org/files/events/NEAsiaSecurity.asp?pr=2&EventID=590.

Yang Byung Kie, "Changes in North Korea's Military Policy and East Asian

Security", *Korea Focus,* Vol. 11, No. 1, January-February 2003.

Zhang Xiaoming, "China's Relations with the Korean Peninsula: A Chinese View", *Korea Observer,* Vol. 32, No. 4, Winter 2001.

_______________, "China and Inter-Korean Relations", *Asian Perspective,* Vol. 26, No. 3, 2002.

"China willing to 'mediate, promote dialogue' on DPRK neclear issue : FM spokensman", March 27, 2003, http://www.chinadaily.com.cn/news/cn/2003-03-27/109696.html.

中華思想과 근대 동북아국제관계의 재편

이 정 남
고려대학교 평화연구소 연구교수

Ⅰ. 서론

근대 이전 동북아국제사회는 中華秩序 혹은 華夷秩序로 간주되고 있으며, 이는 單元的인 天下觀 속에서 항상 단일 上國(중국)의 天下를 정상적인 것으로 보았고 중국과 주변 국가와의 관계를 상하차등관계로 간주하는 것을 주요한 특징으로 한다. 바로 이같은 중화질서는 중국의 문화적 우월성을 나타내주는 華夷觀을 사상적인 기초로 하고 있으며, 대외관계의 제도적인 기초로써 租貢制度가 자리하고 있다. 그러나 동북아지역국가들은 이같은 역사적 공통성에도 불구하고 근대화과정에서 각 국가별로 상이한 경로를 통하여 서구중심적인 국제사회로 편입되었다.[1] 중국은 서방과 일본에 의한 半식민지의 길로, 일본은 제국주의의 길로, 그리고 한국은 일본 식민지의 길로 각기 다른 역사적인 경로를 통하여 중화질서로부터 서구중심적인 국제질서 속으로 편입되었다.

그렇다면 왜 중화질서라는 동일한 국제질서의 틀 내에 존재했던 동북아3국이 상이한 경로를 통하여 서구중심적인 국제사회로 편입되었는가? 본 논문은 여기에 대한 질문을 동북아중화질서의 중층적 구조에 초점을 맞추어서 설명하려 한다. 즉 중화질서는 중국중심적인 문화론에 근거한 설명으로, 실제 역사적인 과정을 통해서 볼 때 중국이 추구하는 이상과는 달리 타민족과 국가의 태도는 자국이 처한 역사적인 조건에 따라 상이한 입장과 차이를 나타내었다. 각국은 현실주의적 외교원칙에 근거하여 중화주의적 질서로의 편입을 활용하였으며, 그 결과 역사적인 과정을 통하여 중화질서의 이상적인 대외관계로서의 조공제도가 전 과정을 통하여 관철된 것은 아니었다. 뿐만 아니라 조선과 일본의 태도에서 알 수 있듯이 조공제도에 대한 국가별 태도 역시 자국의 국내적인 상황에 따라 상이한 대응양태를 보여주었다. 따라서 동북아지역국제사회는 單元的 中華秩序로 비칠 수 있지만, 그 내부에는 각 시기마다 각국의 상이한 태도로 인하여 중화질서라는 큰 틀 내에 중층적인 질서의 형태가 등장하였다.

바로 이같은 중층적인 중화질서의 틀은 동북아지역의 국가들이 근대화와 함께 서구중심적 국제사회로 편입되어 가는 과정에

---

1) 근대 이전의 동아시아국제사회가 單元的 天下觀 속에서 향상 單一 上國인 중국의 天下를 정상적인 것으로 보았으며 중국과 주변 민족·국가간의 상하차등관계를 당연시하였다면, 근대 서구국제사회의 경우는 多元的 국가관을 전제로 하여, 현실적으로는 몇몇 강대국간의 경쟁적 공존을 중심으로 하고 그 사이에 여타 약소국들을 점철하는 식의 국제정치를 정상적인 것으로 간주하였으나, 적어도 명분상으로는 주권국가간의 평등원칙을 내세웠다는 점에서 양자간의 차이를 찾을 수 있다.

서 상이한 경로로 갈 수 있는 조건으로 작용한 것으로 보인다. 즉 19세기 서구와 접촉하여 그 문물을 수용할 시기에 中華思想과 事大主義思想은 서방의 문화를 적극적으로 수용하고 발전시키는데 장애요인으로 작용함으로써, 중화질서의 중심에 있었던 중국은 서방과 일본에 의한 半식민지의 길로, 한국은 일본에 합병되는 식민지의 길로 나아갔으며, 반면에, 일찍이 중화주의적인 세계관으로부터 독립된 길을 걸었던 일본은 빠른 근대화를 통하여 제국주의의 길로 나아갔다.

따라서 이 글은 중국의 전통적인 동북아지역에 대한 대외정책 추구의 이상과 이에 대한 韓·日 양국의 태도를 비교 분석하여 동북아지역에서의 중화질서의 중층적 양상을 밝혀주고, 이같은 중층적 양상으로 인하여 근대화와 함께 진행된 동북아국제사회의 재편과정에서 각국이 상이한 경로를 통하여 서구중심적인 국제사회로 진입해 갔음을 밝혀 줄 것이다.

이를 위하여 이 글은 우선, 이상형으로서의 중화질서의 사상적, 제도적인 기반이 되는 華夷思想과 朝貢制度의 이념과 실제를 설명하고, 다음으로 明·清交替期를 중심으로 하여 韓·中·日 3국의 국제관계의 특징 및 그 다양성을 밝혀줄 것이다. 마지막으로 중화체제의 해체과정에서 한·중·일 3국이 각기 어떠한 상이한 역사적인 경로를 통해서 서구 중심적인 국제사회로의 진입해 갔는가를 밝혀줄 것이다.

이를 위한 분석시기로 이 글은 明·清 交替期의 韓·中·日관계와 아편전쟁 이후부터 清·日전쟁시기까지의 韓·中·日관계에 초점을 맞추고 있다. 그 이유는 역사적으로 이 시기는 동북아지역에서 중화질서가 가장 극에 달한 시점이면서 동시에 중화질서가 해체되어 가는 시기로 간주될 수 있기 때문이다. 즉 明·清시기를 통하여 제도적으로 가장 정비된 전형적인 조공제도가 형성되었고 대외관계가 조공제도를 통하여 일원화되었으며,[2] 또한 명・청 교체기를 전후로 하여 일본이 조공관계로부터 실질적으로 분리되어 독자적인 세계관을 형성해 간 것과는 달리 조선은 中華世界觀을 이념적이고 규범적인 수준으로 끌어올려 조공제도와 결합시킴으로써 이념적이고 실제적 차원에서 事大關係를 형성한 시기이기 때문이다. 그리고 아편전쟁이후부터 청・일전쟁시기 까지는 동북아중화질서가 실질적으로 해체되는 시기이기 때문이다.

Ⅱ. 中華思想에서의 국제관계

1. 華夷思想과 朝貢制度

근대 이전 중국의 국제사회의 기본적인 구조에 대한 인식은 사상적 이념적 차원에서 중국 스스로가 지리적 및 문화적 요인으로 세계의 중심이라고 자처하면서 아울러 中華와 夷狄의 존재를 전제로 하는 中華思想(혹은 華夷思想)과 그 주변국들이 중국에 대하여 가졌던 事大觀念을 기반으로 하였으며, 이를 바탕으로 중국과 주변국 사이에는 현실적인 외교제도로서 조공제도가 수립 유지되었고, 이들 모두는 유교의 禮규범과 명분에 따라 인식되고 또한 정당화되었다고 보여진다.

華와 夷를 구분하여 차별하는 이른바 華夷思想의 발전은[3] 공간

2) 全海宗, "韓中 朝貢關係 槪觀", 『韓中關係史 硏究』(서울: 일조각, 1981), 50-54쪽.
3) 이같은 華夷觀念의 출발점은 殷(商)나라시기까지 거슬러 올라갈 수 있지만, 周나라 이전에는 차등관념의 형태를 띄고 있지 않았다. 즉 주나라 이전에는 夷狄이 夏商(華夏)인과 문화적으로 큰 차이가 있다기보다는 오히려 서로 뒤섞여 살았던 것으로

적인 개념과 자질로 설명되었는데, 즉 夷의 위치는 王畿(천자의 권력이 미치는 곳)에서 너무 멀기 때문에 사실상 王化가 미치기 어렵기도 하거니와 실제로 그들은 문명적 가치를 이해할 수 있는 충분한 자질을 구비하지 못한 존재라는 것이다. 이리하여 華=漢族, 王化된 문명, 夷=異民族, 미개한 민족, 야만이라는 등식이 성립하였다.[4] 그러나 실제로 화이사상에는 華夷의 간격을 없애고 天下一家를 지향하는 華夷融合論과 그 차별을 더욱 굳건히 하려는 華夷分別論의 두 흐름이 존재하여 왔으며, 이는 중국의 국력과 함께 주변국가와의 역학관계 속에서 때로는 이상을 중시하는 전자가, 때로는 현실을 중시하는 후자가 전면에 나서기도 하였지만, 기본적으로는 大一統사상의 주도하에 華夷分別論이 강조되었던 것에서 크게 벗어나지 않았다.[5]

바로 상술한 華夷觀念에 근거한 세계질서, 즉 中華世界秩序는 天下=世界를 하나의 단위로 삼고 그 질서원리가 개인으로부터 가족, 사회, 국가, 국가간 관계에 이르기까지 규율한다는 의미에서 세계질서의 성격을 띄고 있다고 볼 수 있다. 그리고 그 질서원리의 기본은 유교 원리다. 이러한 華夷秩序는 춘추전국시대이래 중국대륙에서 흥망성쇠한 국가들 사이의 질서로 등장하여, 주변

보인다. 周代에 이르러 武보다는 文을 숭상하며 고도로 화려한 자신들의 문화를 형용하기 위하여 華夏라는 말을 만들어냈을 뿐만 아니라, 이적에 대하여는 한없이 탐욕스러운 시랑(승냥이와 이리) 등 금수와 다름없는 존재로 격하시켰다. 李春植, 『中華思想』(서울: 교보문고, 1998년), 161-162쪽; 권선홍, "유교문명권의 국제관계사상," 『국제문제논집』(부산외국어대학교), 9집(1997년 12월), 12쪽.

4) 김성규, "중화사상과 민족주의", 『철학』(한국철학회), 379집 5호(1992년), 32쪽; 이홍종・공봉진, "중국의 華夷思想에서 華夷개념의 재해석" 『세계지역연구논총』(세계지역연구협의회), 제15집(2000년), 168-169쪽.

5) 권선홍, "東아시아국제사회의 사상적 기반; 中華思想과 事大觀念을 중심으로", 『국제연구논집』(부산외국어대학교), 제2집(1989), 11-14쪽.

제국에 퍼져나간 후 동아시아지역국가를 정치적, 문화적으로 포괄하는 세계제국을 건설한 당나라 무렵부터 세계질서의 성격을 띄게 되었다고 볼 수 있다.[6)]

상술한 화이사상은 중국 역대왕조의 對異民族政策(=대외정책)에 핵심적인 영향을 주었다.[7)] 전통적으로 중국의 이민족지배방식으로는 郡縣지배와 冊封·朝貢制度를[8)] 들 수 있는 데, 그 중 郡縣지배는 이민족을 무력으로 제압하여 중국의 판도로 편입시키고 직접 지배하는 방식으로 가장 강도 높은 것이라고 볼 수 있다. 반면에 가장 약한 지배방식으로 이민족의 군장에게 관작을 수여하여 명분상의 신복·신속관계를 설정하고 그를 통하여 간접적으로 지배하려는 책봉·조공제도를 들 수 있는 데, 이같은 朝貢·冊封制度가 대외관계에 적용되기 시작한 것은 漢代부터라고 볼 수 있다.[9)]

그 후 이 제도는 魏晋南北朝시대를 거쳐 隋唐시대에 이르러 제도적으로 더욱 성숙되어 중화세계질서의 견실한 기초를 마련하

---

6) 김봉진, "華夷秩序의 재해석",『전통과 현대』(1997년 겨울호), 245-246쪽.

7) 이외에도 마르크스-레닌주의, 영토확장과 이민족문화의 흡수 및 분열시기 분열된 국가들 사이의 각종 책략과 무자비한 경쟁, 그리고 정복이민족에 의해 이루어진 同化 등 다양한 요소들이 중국의 외교관계의 전통에 영향을 미치는 요소로 작용하였음은 물론이다. Michael H. Hunt, *The Genesis of Chinese Communist Foreign Policy* (New York: Columbia University Press, 1996), pp. 1-9.

8) 역사적으로 조공체계는 춘추전국시대의 周(서주와 동주)나라 왕조가 지방의 제후를 冊封함으로써 그 정통성을 확립시켜주는 대신 제후는 그에 대한 충성의 표시로서 전시에 왕조를 보위하고 평시 일정시기에 예물(貢)을 가지고 왕조를 참배(朝)한 데서 유래한다. 그 후 이 체계는 大小의 제후국 사이로, 그리고 漢대에 이르러 주변국에게로 퍼져나가 국제관계를 규정, 규율하는 원칙, 질서의 하나로 발전하였다. 金翰奎,『古代中國的世界秩序硏究』(서울: 일조각, 1982), 113-114쪽.

9) 권선홍, "동아시아국제사회의 외교제도",『국제문제논집』(부산외국어대학교), 제4집(1992, 12), 102쪽.

게 되었던 것이다. 한편 宋代에 이르러 북방 이민족의 끊임없는 침략으로 漢族의 민족적 감정이 크게 자극 받았고, 특히 성리학이 대두하면서 中外관계를 매우 규범적인 것으로 만들어 놓게 된다. 그 결과 中·外간에 대등관계의 가능성은 근본적으로 부정되고 오로지 상하차등의 조공관계만이 강조되게 되었다. 이같은 宋代의 태도는 明·淸시대에 그대로 전수되었을 뿐만 아니라 더 한층 강화된다. 그리하여 중국과 이민족간에는 조공관계 외에도 대등관계나 사적인 통상관계 등 다양한 관계가 존재해 왔지만, 明代에 이르러서는 폐쇄적인 외교정책으로 원칙상 조공관계만이 유일한 것으로 되었다.10) 그리하여 明代에 이르러서 朝貢은 교역이나 문화적 교류까지 포함하는 광범위한 외교적 형식으로 다듬으려고 노력하였으며, 이는 그 이전시기에 朝貢이 주변 이민족을 통제하는 기능을 수행하였다면, 明代에 이르러서는 조공체제가 세계를 관리하는 제도로 인식되어졌음을 말해 준다.11)

이같은 조공제도의 기본내용은 중국 황제의 冊封과 朝貢國의 朝貢 및 奉正朔의 이행이다. 즉 조공국은 정기적으로 중국에 朝貢을 바쳐야 하며, 이에 대하여 황제는 조공국의 국왕, 조공사절 및 수행원에게 回賜品을 내려주었으며, 조공사절의 주요 임무가 끝난 후 일정기간 교역을 하도록 허가하였다. 또한 봉정삭으로,

---

10) 全海宗은 明·淸시기에 정치적인 朝貢과 冊封이외에도 교역이나 문화적인 교류가 존재하였지만, 이들 관계는 조공관계에 의하여 규제되었으며 따라서 광의의 조공관계라고 할 수 있다고 본다. 그에 따르면 이는 반드시 조공관계라고는 할 수 없으나 조공관계와 밀접한 연관이 있어서 원칙적으로 조공관계에 의하여 규제되는 양국간의 관계를 가르치기 때문에 準朝貢關係로 간주할 수 있다는 것이다. 全海宗, "淸代韓中朝貢關係考", 『韓中關係史 硏究』 (서울: 일조각, 1981), 59쪽.

11) 曺秉漢, "淸代 중국의 '大一統'적 중화체계와 대외인식의 변동: 아편전쟁까지 「주제토론」," 『아시아문화』 (한림대학교 아시아문화연구소), 제10호(1994), 43쪽.

이는 중국의 종주권을 인정하는 가장 상징적인 표시이다. 이에 따라 조공국은 중국이 만든 曆法과 年號를 써야만 하였고, 독자적인 연호를 사용한다는 것은 중국문화권 또는 조공제도로부터 벗어나겠다는 의사 표시라고도 할 수 있다. 마지막으로, 중국의 황제는 조공국의 君長작을 국왕으로 임명하고 金印을 수여하는 이른바 冊封인데, 대체로 朝貢이 없으면 冊封은 존재할 수 없으며, 또한 책봉을 받은 나라는 반드시 조공을 바쳐야 했다.12)

바로 이러한 것들은 중국과 주변이민족 국가와의 관계를 유지하는 기본방식으로 간주되었다. 중국은 이같은 조공국을 근대 서구적인 의미의 외국으로 간주하기보다는 內外 上下로 층을 이루며 황제를 호위하는 울타리로 간주하였다. 따라서 서구의 주권국가체계가 국가간 평등 및 상호 불간섭을 원칙으로 하는 국제법체계에 근거하고 있지만, 조공체계에서는 중국의 조공국에 대한 간섭은 정당한 것으로 간주된다고 볼 수 있다.13)

2. 朝貢制度의 실제

화이사상에 근거한 조공제도는 중국의 天子가 중국을 넘어 天下의 유일한 통치자이며, 중국이 천하의 중심이라는 인식에 근거하여 중국 중심의 세계질서관을 강조하는 제도적인 형태이다. 그러나 그 이상과는 달리 중국의 역대 왕조들은 실제 정치상황에 적응하여야 하였으며, 따라서 이들은 종종 이념에 얽매이지 않고 대외관계에서 현실주의적인 정책을 채택하였다.14)

---

12) 권선홍(1992), 106-107쪽.

13) 喩希來, "重新審視中國曆史大時代", 『北京: 戰略與管理』 5期(2000年), p. 66.

14) 17세기 말 준가르와의 결전을 앞두고 있던 淸朝의 강희제가 흑룡강지역에서의 영토

그리하여 중국이 이상으로 생각한 조공제도에 입각한 국제관계는 중국인들의 일방적인 자기중심적인 사고였다. 그것이 객관적인 정치적인 사실이 되기 위해서는 이른바 조공국가들이 그러한 생각을 그대로 받아 들여야 하기 때문이다. 중국이 우수한 문화와 풍부한 물자를 소유하고 있음으로 인해서 주변의 작은 나라들이 스스로 來附한다고 중국인들은 믿었지만, 실제로는 중국이 군사적으로 지배적인 위치에 있던 시기에만 가능하였다.[15] 여느 국제정치상황과 마찬가지로 중국과 그 이웃 국가와의 관계는 상대적인 군사력에 따라 결정되었고, 조공제도라는 개념에는 타민족에 대한 중국의 완전한 지배로부터 동등한 관계, 심지어는 타민족의 우세에 이르기까지 폭 넓은 정치적인 관계가 모두 포함되어 있다.[16] 즉 타민족이 조공제도에 참여하였다는 것이 곧 중국의 이념적 문화적 우월성을 수용하였음을 뜻하지는 않았으며, 중국이 실제로 종주국으로서의 권리를 행사한 것은 더더욱 아니다.

실제로 중국의 정치적, 문화적 제도들을 받아들여 중국중심적인 세계질서에 가장 밀접하게 위치지워졌다고 평가되는 한국과 베트남조차도, 장기적인 역사적인 시각에 비추어 볼 때 조공제도를 통한 대외관계는 실리주의적인 외교의 하나의 방편이었다. 가령, 한국의 경우 중화적 세계질서관이 유학계나 집권층의 대

분규 등을 해결하기 위하여 러시아와 대등한 입장에서 네르친스크조약을 체결한 것은, 당시의 淸朝가 보편적인 중화이념을 국제체제의 안정과 황제의 권위에 봉사하는 효율적인 정책과 양립할 수 있는 방향에서 적용하고 있음을 알 수 있다.

15) Benjamin I. Schwartz, "The Chinese Perception of World Order: Past and Present", in John K. Fairbank(eds.), *The Chinese World Order* (Cambridge, Massachusetts, 1968), pp. 276-278.

16) 피터 윤, "서구학계 조공제도이론의 중국중심적 문화론 비판", 『아세아연구』(고려대 아세아문제연구소), 제45권 3호(2002년), 273쪽.

외인식의 기본적인 관념으로 정착하게 되는 것은, 明·淸의 집권 교체가 일어나고 국내적으로 주자학의 형이상학적 세계상이 완성되는 16세기 후반부터 17세기 전반에 걸쳐서이다. 이 시기 이전에는 他力依存的 성격을 갖는 것이 아니라, 자국의 생존권을 유지 강화시키기 위한 자율적 사고양식에서 발상된 관념행태이며, 慕華思想과 같은 문화주의적인 지향을 갖지 않았으며, 어디까지나 대륙으로부터의 위협을 막는 정치, 군사적 의의를 갖는 극히 현실주의적인 대외인식이었다.[17)]

또한 베트남의 경우에도 조공제도의 이념과 실제는 달랐다. 베트남은 기원전 2세기 말부터 기원후 10세기 전반까지 천 여년 동안 중국의 정치적 지배를 받았고, 그 후부터 19세기 말 프랑스의 식민지로 전락할 때까지는 중국과 조공관계를 맺어왔다. 그러나 중국을 종주국으로 섬긴다는 조공관계는 정치, 경제, 문화상의 편익을 위해 형식적으로 유지되었을 뿐이며, 현실적으로 베트남의 역대 왕조는 자신들이 중국과 동등하다는 태도를 견지하였다. 이들은 자신들을 황제라 칭했음은 물론, 중국과의 관계를 '朝貢'이라 하지 않고 '邦交'라는 용어를 썼다던가, 중국은 '북국', 베트남은 '남국'이라 일컫기도 하였다. 다른 한편, 베트남의 각 왕조는 주변의 소국가들에 대하여 중국이 이민족들에 대했던 것과 마찬가지로 자신을 종주국으로 하는 조공관계를 성립시키기도 하였다. 베트남이 이같이 서로 다른 태도를 동시에 취한 데는 역사적으로 베트남인의 대등의식을 조장하는 요인과 조공관계를 필요케 하는 요인이 끊임없이 존재했고, 또 이들이 혼재되어 있었다는 사실에서 그 원인을 찾을 수 있다. 그리하여 그들

17) 유근호, "중화사상의 형성과 붕괴: 조선조 대외관의 轉回과정을 중심으로," 『한가람』 (1977, 11-12월호), 92-97쪽.

은 한편에서는 대등의식을 내세우며, 다른 한편에서는 조공관계를 유지하였던 것이다.[18]

이처럼 조공제도에 의해 형성된 중국과의 대외관계는 그 이상과 실제가 향상 일치되는 것은 아니었다. 一國 내에서 역사적인 시기마다 조공제도에 대한 태도가 달랐으며, 또한 동일한 시대의 중화질서적 틀 내에서도 국가별 차이 역시 존재하였다. 이 점은 明·清 交替시대에 동북아 지역의 韓·中·日관계에서도 뚜렷하게 드러난다. 동북아지역의 주요국가인 조선과 일본은 중국과 동일한 조공국가라는 틀 내에서도 그 의존정도가 달랐으며, 이는 清朝의 쇠락과 함께 시작된 중화질서의 해체과정에서 각국이 상이한 경로로 나아가는 조건으로 작용한 것으로 보여진다.

Ⅲ. 中華思想과 明·清交替期의 동북아국제관계

1. 중국의 明·清交替期의 대동북아정책

華夷의 차별성과 문화적 우월성의 확신에 의거한 중화문명에 대한 세계적 보편성의 주장은 秦漢이래로 19세기까지 한번도 포기된 적이 없었다. 그러나 이같은 중화관념이 객관적인 현실로 실재하는 것은 각 왕조의 현실적인 정치적 힘과 상관관계를 가지고 있었다. 따라서 중국 중심의 동북아지역 세계질서는 언제나 전 역사적인 시기를 통하여 객관적인 실제로 존재한 것이 아니며, 漢대이후 唐대에 이르러 절정에 달한 시기와 근세의 明·

18) 劉仁善, "中越關係와 朝貢制度: 가상과 실상", 『중국의 天下思想』(민음사, 1988), 147-183; 劉仁善, "베트남 阮朝의 성립과 '大南'제국질서", 『아시아문화』(한림대학교 아시아문화연구소), 제10호(1994), 81-87쪽.

清代 시기에 불과하다는 주장도 있다.[19]

宋代이래 북방민족의 정복왕조의 군사력에 눌려 漢族국가의 중화의식이 정치적인 질서로는 구현되지 못하고 문화적 수준에서 華夷差別의 편협성에 머물다가 明太祖와 明成祖에 이르러 중국은 모처럼 북방민족에 대한 군사적 우위를 회복하고 중화적세계질서를 국가독점의 조공무역체계를 통하여 실현하려 하였다. 이것은 明왕조가 大一統 중국왕조로서 과거 漢, 唐, 宋 어느 통일왕조보다도 보편적인 天下군주로서의 德治理念에 따른 정치적 세계질서의 추구에 적극적이었음을 반영한다.[20]

明의 계승자인 淸은 유일한 천하군주로서의 보편적 중화이념을 답습하고 있지만, 북방민족의 영역을 황제의 통치하에 제도적으로 편입했다는 점에서 淸朝의 大一統은 훨씬 우월한 것이라고 볼 수 있다. 이같은 淸朝의 우월성과 大一統의 위업은 왕조의 漢化과정과 아울러 확실히 18세기 漢族 사대부층의 淸朝통치에 능동적으로 동참하는 기풍을 조성하는 데 중요한 기능을 담당하였다. 한편, 華夷의 차별에 대한 종족적 지리적 차별의 의미를 제거하여, 漢族뿐만 아니라 滿, 蒙, 藏族 등 주변민족이 모두 중국을 구성하는 中華人이 될 수 있다는 것으로 華夷差別論을 해석하였다.[21] 뿐만 아니라 淸朝는 明의 조공체계를 이어받아 중화적 국제질서를 이념적으로 강조했다.

明·淸대의 이같은 국제인식은 비록 외국의 자립적인 존재와

---

19) 曺秉漢, "淸代 중국의 '大一統'적 중화체계와 대외인식의 변동: 아편전쟁까지 「주제토론」", 『아시아문화』 (한림대학교 아시아문화연구소), 제10호(1994), 29쪽.

20) 曺秉漢, "淸代 중국의 '大一統'적 중화체계와 대외인식의 변동: 아편전쟁까지", 『아시아문화』 (한림대학교 아시아문화연구소), 제10호(1994), 5쪽.

21) 曺秉漢(1994), "淸代 중국의 '大一統'적 중화체계와 대외인식의 변동: 아편전쟁까지 「주제토론」", 29-32쪽.

평화적 공존을 인정할 수 있다고 하더라도 그것이 국제적 평등관념이나 외교의 개방성을 지향하는 것은 아니었다. 외국에 대한 고대 중국의 정치, 군사적 팽창주의가 억제되는 대신에 자립적 국가간의 형식적 제도적 차별화라는 이념적 폐쇄성은 오히려 강조되는 경향이 있었던 것으로 보인다. 명・청대의 대외관계는 폐쇄적 조공제도를 매개로 더욱 쇄국정책을 지향하고 있고, 대내적 쇄국체제의 안정과 지속을 추구할수록 외부세계에 대한 개방적인 지적 홍미가 축소되는 경향이 있었다. 즉 明朝는 근 백년에 걸친 元代 異民族統治의 잔재를 청산하고 중화질서의 회복을 적극 추구하였다. 이는 무엇보다도 엄격한 海禁政策의 시행과 함께 대외관계를 조공제도로 일원화시킨 데에서 잘 나타난다고 할 수 있다. 그 이전에는 중국과 주변민족 사이에는 조공관계만이 아니고 대등관계, 사적인 개인관계 등 비조공관계도 존재하여 왔다.[22] 그러나 明이 폐쇄적인 대외정책을 취하게 됨에 따라 조공관계만이 거의 유일한 것이 되었다.[23] 清朝는 明代에 비해 정치적으로 직접적 이해관계가 깊은 중국과 북방민족을 중화제국의 체제내에 더욱 긴밀하게 통합할 수 있었던 대신에, 그 외부의 조공질서가 적용될 수 있는 세계에 대해서는 明과 마찬가지의 이념적인 폐쇄성을 보였다.[24]

---

22) 全海宗은 중국의 전통적 대외관계를 조공관계 외에 준조공관계, 비조공관계라는 3개의 유형으로 나누고 있다. 全海宗, "中國과 外夷", 『韓中關係史 研究』(서울: 일조각, 1970), 14-15쪽; 한편 中村榮孝는 華夷關係를 다음 4가지 유형으로 분류하고 있다. 첫째, 양자가 군신관계에 있는 책봉체제, 둘째, 부자 형제 등 혈연의제적인 盟約이 체결되어 있는 會盟체제, 셋째, 조공은 행하여지나 군신관계가 없는 修貢체제, 넷째, 공식외교관계의 성립없이 사적인 통상만이 공인되는 사통상체계 등으로 분류하고 있다. 中村榮孝, 『日朝關係史の研究』, 上(東京: 吉川弘文館, 1965), p.3, 권선홍(1997) 186쪽, 재인용.

23) 全海宗, "韓中朝貢關係 概觀", 50-54쪽.

이처럼 明·淸시기의 중국의 동북아정책은 무력정벌에 의한 국권의 탈취보다는 조선과 일본(임진왜란 이전시기에)과 조공관계를 맺고, 책봉의 형식을 요구함으로써 사실상의 군신관계, 주종관계를 유지하면서 동시에 朝, 日 양국의 대외적 독립을 유지케 하는 것이 기본입장이었다. 그러나 중화사상이 본질적으로 내포하고 있는 민족주의적 경향, 즉 중국의 우위가 거부되는 상황하에서의 대외관계의 특징은 압력과 응징이라는 억압적 태도를 보이지만, 타국이 중국의 우위를 인정하고 사대의 예를 갖추게 되면, 중국의 대외정책은 다시 각국의 독립성을 인정하면서 군신관계를 추구하는 방향으로 나아가는 것을 특징으로 하였다.

2. 明·淸 交替期의 조선과 일본의 대중국정책

1) 조선의 대중국정책

중국이 中華觀念에 의하여 대 조선정책을 바라보았다면, 조선의 중국에 대한 태도는 事大觀念을 특징으로 한다고 볼 수 있다. 중국과의 관계에서 事大의 시작은 삼국시대까지 거슬러 올라갈 수 있지만,[25] 16세기 이전까지 조선의 사대관념의 기본적인 특징은 상황주의적이고 현실주의적인 대외의식에 근거하고 있었다. 즉 16세기 이전에 조선이 중국과의 관계에서 짊어지고 있었던 가장 절실한 문제가 대륙으로부터의 힘과 압력 밑에서 생존

---

24) 全海宗, "淸代 韓中關係의 一考察", 『東亞文化의 比較史的 硏究』(서울; 일조각, 1976), 86-105쪽.

25) 한국사에서 최초로 사대관념이 나타나는 것은 삼국시대로 고구려는 서기 355년 인질로 잡혀간 故國原王의 모후를 반환하기 위하여 前燕과 책봉관계를 맺었으나, 그 후 15년간 일회의 조공도 없었다. 백제도, 고구려와의 전쟁이 가열되면서 서기 372년에 東晋에 사신을 보내어 조공하고 책봉을 받았다.

권을 어떻게 보전 강화해 갈 수 있는가 하는 문제였다.

그러나 16세기 들어 임진, 병자호란을 거치면서 조선에서 주자학이 통치이념으로 뿐만 아니라 대외관계에 있어서도 이론적인 근거로 작용하면서 현실주의적 대외인식은 후퇴하고 대외관계는 경직의 길로 들어선다. 이 시기는 중국의 明·淸 交替期가 맞물리는 시기로, 상황주의적인 대외인식에 근거한 사대관념은 불변적 규범적인 관념으로 전환되었다. 이리하여 원래 조선의 明나라에 대한 사대관계는 대륙으로부터의 군사적 위협에 대응하기 위한 극히 상황주의적인 발상에 의하여 맺어진 것이나, 이 시기에 오면 조선조 스스로가 明나라에 대한 관계를 군신의 忠義라는 불변적인 규범적인 질서로 인정하게 된다. 따라서 明·淸朝의 교체기에 조선과 중국의 관계는 이념과 실제가 일치하는 명실상부한 중화질서의 틀을 형성하게 된다고 볼 수 있다.[26)]

바로 이같은 사대관념에 근거하여 조선조는 明朝가 망하고 淸朝로 교체되었음에도 불구하고 崇明反淸적인 태도를 견지한다. 즉 이들은 淸을 오랑캐 내지는 조선보다도 문화적으로 열등한 胡虜로 간주하고 이를 섬기는 것은 지상에 있어서 최고의 道의 구현자인 明나라의 天子에 거역하는 것으로 간주하였다. 이같은 崇明反淸은 그 후 조선조 집권층 및 유림의 대외인식의 틀을 형성하게 되면서 小中華思想으로까지 그 체계가 발전된다. 그리하여 조선조는 중화문명의 정통적인 계승자로 간주되면서, 明의 뒤를 이어 정통유학의 전통을 유지 발전시켜야 하는 역사적인 사명을 담당한 지상의 유일한 나라가 된다.[27)]

---

26) 박충석, 유근호, 『조선조의 정치사상』(서울: 평화출판사, 1982), 119-141쪽.

27) 柳根鎬, "중화사상의 형성과 붕괴(中): 明·淸交替期에 있어서 大陸觀의 轉回", 『한가람』(1978, 신년호), 75쪽; 李泰鎭, "조선후기 對明義理論의 변천", 『아시아문화』

이는 당시 조선이 淸의 건설 후 병자호란에서 淸에 항복한 후 현실적으로는 朝貢내지 冊封關係를 맺고 있으면서도,[28] 이념적으로는 明을 중심으로 한 중화사상을 견지하고 있었음을 말해준다. 그러나 정통주자학파의 문화이념적인 지향은 대륙에 있어서 淸朝의 장기적 안정의 기반이 조성되어 감에 따라 그 이념과 현실 사이의 모순도 극에 달하게 된다. 그리하여 조선조는 대외적으로 중화적 이념과 현실적인 갈등 속에서 폐쇄적 고립주의에 빠졌다. 이에 李翼이나 북학파들은 淸朝의 지배하의 중국을 中華로 간주하기 시작하였다. 즉 이들은 현실의 중국이 中華가 된 것은 전통적인 중화문명을 이룩한 漢族의 노력에 의한 것이나, 한편 오늘의 중국을 지배하고 있는 淸朝가 변화하는 풍속과 시세에 일정한 조치를 하여 생재, 기용, 제도, 국력 면에서 손색이 없다고 하면서, 淸朝를 中華와 구분하지 않고 중국의 한 구성부분으로 간주하였다. 그리하여 이들은 중국이 이미 중화가 아니므로 중국과의 교류를 꺼리고 異說의 침투를 경계하는 小中華主義者의 관념적 폐쇄성을 비판하면서 현실중국의 문물, 제도가 淸의 소산이 아니고 전통적인 중화문명의 유풍, 유제가 현재에 전해진 것이므로 현실 중국에서 배우는 것은 결코 夷狄이 아니고 스스로 中華國이 되는 데 있어서 필수불가결하다고 생각하였다.[29] 그 결과 이들은 淸朝의 선진문물을 적극적으로 도입하고 배우려는 노력을 기울였다.

이처럼 명・청교체기에 조선과 중국과의 관계는 현실주의적

(한림대학교 아시아문화연구소), 제10호(1994), 8-11쪽.

28) 조선과 淸朝와의 조공관계는 병자호란 후에 시작하여 淸일전쟁까지 지속된다.

29) 柳根鎬, "중화사상의 형성과 붕괴(中-2): 18世紀-華夷觀의 變容", 『한가람』(1978, 3-4월호), 72-84쪽.

이고 상황주의적인 대외인식에 근거한 형식적인 조공관계가 아니라, 조공제도가 이념적이고 규범적인 수준으로 간주되어 이념과 실제가 일치하는 事大關係를 중국과 형성하게 되었고, 그 결과 이 시기 明·淸朝와 조선과의 중화주의적인 대외관계는 이상형에 가깝게 형성되었다고 볼 수 있다. 이같은 관계는 비록 淸朝가 건설된 후 일시적으로 明에 대해서 진심으로 事大한 것과는 달리 淸에 대하여서는 '事大의 形式'만을 갖추던 시기도 있었지만,[30] 기본적으로 청·일전쟁시기까지 지속되었다.

2) 일본의 대중국정책

일본은 대중관계에서 조선과는 달리 華夷體系에 들어왔다고 하더라도 이는 한시적이며, 명·청교체기, 즉 16세기 중반부터 明과의 조공무역이 단절되어 明 중심의 국제질서의 외곽으로 밀려나고, 明治維新시기까지 流球[31]를 매개로 한 중국과의 공무역에 의한 통상과 조선과의 通信士관계를 통하여 중화체제와 간접적으로 연결된다.

일본의 대중국관계는 6세기경부터 수나라에 遣隨使를 파견하고 나음에 遣唐使를 보내게 되면서 시작된다. 그러다가 중국의 율령을 수입하여 700~900년 사이에 일본이 상당히 발전하게 되어 9세기말에 이르면 일본문화의 발전이 어느 정도 이루어진 뒤로는 더 이상 唐에서 배울 것이 없다고 하여 遣唐使의 파견을

30) 全海宗, "韓中朝貢關係 槪觀", 53쪽.

31) 琉球는 오늘날의 일본의 오끼나와 지방으로 1609년에 德川幕府에 의해서 강제로 점령당한 뒤 막부의 지배하게 놓이게 되지만, 동시에 德川幕府가 琉球와 明과의 책봉관계를 지속시킴으로써 明과 일본의 이중적인 지배하에 놓이게 한다. 그 후 유구는 1876년에 일본에 강제로 통합되었다. 특히 유구는 1368년 이후 明·淸시기 내내 모두 중국과 조공과 책봉관계를 맺어 왔다.

중지한다. 이는 그 이후의 대중국관계에 영향을 미쳐, 元이 강력한 세계질서를 구축할 때도 일본은 元을 거부하였다. 그러다가 일본은 明代에 들어서 중국과 책봉체제에 들어간다. 즉 1374년 일본은 明에게 조공과 책봉을 요구하지만 明에 의해 거부된다. 그 후 1381년에 일본과 明과의 조공과 책봉관계가 다시 재개되고, 1403년에서 1551년까지 10년에 한번씩 조공을 받치는 관계를 유지하였다.32) 이처럼 당시 일본이 조공관계를 맺은 것은 무역을 통하여 경제력을 확보하기 위한 것으로 경제적인 의미에서 책봉체제에 들어간 것으로 볼 수 있다.33)

그러나 임진왜란 전에 일본은 이미 책봉체계에서 벗어나 있었다. 16세기 중반부터 일본은 對明 조공무역이 단절되어 明 중심의 국제질서의 외곽으로 밀려나고, 豊臣秀吉에 이르러서는 조선침략으로 明중심의 국제질서에 도전하기도 한다. 그 후에도 明과의 관계회복은 이루어지지 않는다. 뿐만 아니라 일본이 중세에서 근세로 넘어가는 가장 중요한 전환점으로 평가되는 織田信長과 豊臣秀吉시기에 이르면, 中華主義的 세계관에서 이탈하여 일본을 중심으로 한 세계관의 변화라는 것이 발생한다. 이 세계관의 변화는 천축, 중국, 일본의 순서가 완전히 뒤바뀌어 일본, 중국, 천축 또는 일본, 천축, 중국 순으로 된다. 즉 일본의 자국 중심사상이 이때부터 드러난다.34) 구체적으로 豊臣秀吉은 죽은 후 '豊國大明信'이라 하여 신격화되는 데, 豊國大明信은 천하를 지배하거

---

32) 김용구, 『세계관 충돌의 국제정치학』(서울: 나남, 1997), 101쪽.

33) 李一宰, "17-19세기 동아시아 각국에서의 신국제질서 모색-韓・中・日・越간의 비교에 대한 「종합토론」", 『아시아문화』(한림대학교 아시아문화연구소), 제10호 (1994, 12), 98쪽.

34) 이같은 자국중심사상의 근원은 몽고의 침략시 일본의 남북조시대 때의 신국사상에서 시작한다고 볼 수 있다.

나 천하를 관장하는 신이 된다는 생각을 나타낸다. 이는 일본, 중국, 천축의 삼국을 관장하는 신이 된다는 것이기에 이미 이때 華夷體系에서 벗어난 생각을 하고 있었다고 볼 수 있다. 따라서 결국 16세기 말부터 이미 일본은 중화체제로부터 이탈이 시작되었다고 볼 수 있다.[35]

그 후 19세기가 되기까지 일본은 明·淸이나 조선과 마찬가지로 상대적으로 폐쇄적인 대외관계를 유지하였다. 조선과는 임란이 끝난 후 通信士관계가 회복되고, 대마도와 倭館을 통한 무역관계가 행하여지고, 琉球는 간접적인 영토로 인식하여 중국과의 조공과 책봉관계를 그대로 유지시켰다. 그러나 明과의 관계는 임란 직후 家康정권이 明과의 관계회복을 염원하였으나 이것이 뜻대로 되지 않자, 明과의 관계를 방치하고 조선과의 정치적인 관계회복에 더 주력한다. 그리하여 중국과의 관계는 임란이전 시기와 마찬가지로 외교관계가 단절되고 조선과 유구를 통한 간접적인 무역이나 나가사키로 출항하는 중국상인과의 교역관계만 유지하였다.[36] 이상으로 볼 때 德川幕府 초기에 성립된 대외체제, 즉 통신국으로 조선과 유구, 통상국으로 중국과 네덜란드의 설정 등은 중국 중심의 국제질서를 지향한 것이 아님을 알 수 있으며, 이러한 폐쇄성은 첫째, 풍신수길의 조선침략 후 중화제국과의 국교가 불가능해 진 점, 둘째, 국내통합을 위하여 기독교인을 추방해야 할 필요성에서 생긴 것으로 볼 수 있다.[37]

---

35) 李一宰(1994), 98-99쪽.

36) 閔德基, "德川幕府의 對外體制와 明·淸의 교체", 『아시아문화』(한림대학교 아시아문화연구소), 제10호(1994, 12), 56-57쪽.

37) 미타니 히로시, "幕末 일본의 외교와 정치변동", 『東北亞』(동북아문화연구원), 제2집(1995, 가을·겨울호), 82쪽.

이처럼 명·청교체(1644년부터 시작하여 중국대륙을 淸이 제압하는 1662년까지)이전에 이미 일본은 중국 중심적인 세계로부터 벗어나기 시작했다고 볼 수 있다. 일본이 이처럼 중국 중심의 동아시아 국제질서로부터 독립적으로 될 수 있었던 것은 일본의 지리적 조건과 더불어 16세기 전반이후 일본의 은생산이 증대하면서 일본시장의 대외의존도가 증가한 반면, 명·청은 외국무역을 엄격히 통제하는 海禁정책을 지속함으로써 일본의 대중국 의존이 상대적으로 약화되었다는 점, 그리고 사대의 예를 다했던 明이 북방의 유목민족인 淸에게 멸망하는 상황하에서의 일본의 자국 중심적 事大秩序觀의 대두 등을 배경으로 한 것으로 볼 수 있다.[38] 특히 주목할 점은 明·淸 교체기에 일본의 유학자들이 명·청 교체에 대하여 華가 夷에 의해 정복되는 충격적인 사실로 받아들이고, 이의 교체를 동아시아 전통적인 세계질서의 역전으로 인식하였다는 점이다. 그리하여 17세기 후반기의 유학자인 야마자키안사이나 야마가소코는 중국을 지배하는 淸朝를 中華라고 칭하는 것에 반대하고 오히려 일본이야말로 중국이라고 불러야 한다고 주장하기도 하였다.[39]

19세기에 접어들 무렵, 일본을 둘러싼 국내의 생황이 변화한다. 즉 러시아가 시베리아 연해에서 남하하여 아이누지역에 모습을 드러내는가 하면, 영국이 식민지를 인도에서 동남아지역까

38) 荒野泰典, "근세의 한일관계", 역사학연구회 엮음, 야마사토 스미에·손승철 역, 『한일관계사의 재조명』(서울: 이론과 실천, 1989), 102-104쪽.

39) 이는 일본형 華夷秩序라고 부르기도 하는 데, 그 구체적인 특징은 첫째, 스스로를 '華'라고 하는 근거를 '武威'와 天皇의 존재에 두고 있으며, 둘째, 일본은 '神國'이라는 의식을 가지고 있었다는 점이고, 셋째로, 이 질서가 德川장군과 주변 여러 나라 및 제 민족과의 禮的關係를 기축으로 하고, 그 구체적 표현으로서 어떤 형태로든 服屬儀禮를 따르게 한다는 점을 들 수 있다. 야마사토 스미에(1989), 104-106쪽.

지 확보하게 된다. 또한 일본내에서 생사의 국산화가 이루어짐으로써 朝日무역의 주요부분이 18세기 후반 상황에서 멈추고, 이를 배경으로 하여 통신사 관계도 1811년에 중단됨으로써 조선과의 관계가 소원해 진다. 이같은 상황에서 당시의 德川幕府는 우선 대외관계의 의식적인 축소를 시작하고, 원칙적으로 자유로웠던 이국선의 내항을 중국, 조선, 유구, 네덜란드로 한정시켰다. 이즈음 조선과 정치적 제휴의 가능성은 고려되지 않고 단독으로 서양제국의 위협에 맞서는 것이 外國論의 기본이 되었다. 당시의 정부와 민간 모두다 외국론에 대한 기본적인 태도는 '쇄국에 의한 평화론'의 입장을 견지하면서 서양세력에 대한 쇄국정책을 펼쳤다. 그러나 아편전쟁으로 중국이 영국에 패배함으로써 여론은 변화하기 시작하여, 다수파는 재군비나 체제재건에 소극적인 입장을 띠고 쇄국론이나 '소극형의 개국론'을 지지하였으나, 개혁이 필요하다고 생각한 사람들은 '洋夷에 의한 체제재건론(의도적으로 서양제국과 군사적 충돌을 일으켜서 군비재건과 정치개혁에 이용하자는 입장)'이나 '적극적 개국론'으로 편입되게 되었다.[40)]

이상의 내용을 통해서 明·淸 교체기 이래의 일본의 대외정책의 특싱을 다음과 같이 요약할 수 있다. 첫째, 중국 중심적인 세계로부터 벗어난 幕府體制의 대외체제가 명·청교체기 이전에 성립되었다는 점이다. 즉 통신국에 해당하는 조선과의 通信士외교나 琉球와의 謝恩·慶賀使외교가, 또한 통상국에 해당하는 중국, 네덜란드에 대한 나가사키 무역체제가 이미 1630년대에 성립되었다는 점이다. 둘째, 이렇게 성립된 대외체제가 명·청을 중심으로 한 국제질서의 외곽에 존재한다는 점이다. 즉 일찌감

40) 미타니 히로시(1995), 82-83쪽.

치 明과의 관계회복을 단념한 幕府는, 그 대신 明의 책봉국인 조선과 유구와의 외교를 유지함으로써 明의 간접적인 영향권에 머무를 수 있었다는 점이다. 셋째, 清朝의 중국 지배가 일본으로 하여금 자국 중심의 華夷觀念을 강화시켰지만, 그것은 오직 순수혈통을 保持한 天皇家에 지고의 가치를 부여하여 '萬世一系'의 '神國'일본-華, 왕조교체국-夷라는 등식에 기초한 것이었다는 점이다. 넷째, 아직까지 서양 세력의 접근에 대하여 쇄국정책으로 일관하면서 구체적인 새로운 국제질서를 모색하고 있지는 못하지만, 네덜란드를 통하여 서양에 대한 지속적인 정보의 축적은 이후의 서양 세력에 대응할 수 있는 밑거름으로 작용하였다고 볼 수 있다. 결국 이러한 일본의 중국 중심적인 세계로부터의 분리 및 독자노선의 형성이 19세기 말의 서양의 충격에 일국적 차원으로 대처할 수 있도록 만든 토대로 작용하였던 것으로 보여진다.

3. 明·清시기 朝·中·日 대외관계의 실제

위에서 살펴 본바와 같이 명·청 교체기의 동북아국제관계는 중국이 중화사상을 바탕으로 주변국가들과 군신, 부자의 관계를 맺을 것을 요구하는 태도를 취하였고, 조선은 중화사상을 보편적인 규범적인 차원으로 승격시켜서 소중화사상을 이끌어내면서 중화질서 속으로 실재적이고 이념적인 일치를 이룩해 갔다. 반면에 일본은 명·청교체기 이전부터 점차로 중화주의적 질서에서 벗어나 자국 중심 유교적 화이질서관을 형성함으로써[41]

41) 조선의 華夷觀이 明·清에 구분없이 小華的이었다고 한다면, 일본의 華夷觀은 明말과 清代에 이르러 중국으로부터 독립적인 것이 되었다고 할 수 있다. 일본의 華夷秩序는 스스로를 '華'라고 하는 근거를 天皇의 존재에서 구하고, 일본 고유의 神國사상

독자노선을 걷는 길로 나아갔다.

그리하여 淸代로 들어서면서 일본과 중국과의 관계는 조선과 유구를 매개로 한 간접적인 관계를 통하여 이루어졌다. 즉 유구를 매개로 하여 중국과 일본사이의 공무역에 의한 통상관계가 이루어지고 있고, 조선과의 관계에서도 통신사관계를 형성하고 있었다. 조선과 일본은 明代부터 통신사관계를 맺고 있었고, 중국과 책봉관계가 끊어진 이후에도 적어도 1636년까지는 일본을 책봉체제에 속한 국가로 인정해야만 조선, 중국, 일본간의 관계가 평화로이 유지될 수 있을 것이라고 생각하고, 일본과의 통신사관계를 충실하게 맺어왔다. 그러다가 明이 멸망한 이후 조선은 淸에 대해서는 사대관계를 형성하고, 淸의 책봉제도로부터 벗어난 일본과는 독립적인 交隣관계를 형성하여 二元的인 국제관계를 형성하게 된 것이다.[42]

상술한 내용에 기초해 볼 때 明시대의 조・중・일 3국 관계는 중국과 조선, 중국과 일본이 事大관계를 형성하고 있었고, 반면에 조선과 일본은 交隣관계를 형성하고 있었다. 그러나 淸시대에 이르러서는 중국과 조선이 여전히 사대관계를 유지하고, 또한 조선과 일본이 지속적으로 交隣관계를 유지하고 있었던 반면, 일본과 청과의 사대관계는 단절되었다. 일본과 청과의 관계는 1609년 이래 일본의 지배를 받고 있던 琉球와 조선을 매개로 간접적인 관계를 형성하게 되었던 것이다.(그림 참조) 바로 이같은 3국간

을 그 사상적 배경으로 하여 일본은 신국이라는 의식을 가지고 있으며, 그리고 이 질서가 일본과 주변 여러 나라 및 제민족과의 禮的관계를 구성하고, 그 구체적 표현으로서 어떤 형태로든 從屬儀禮를 따르게 한다는 것을 특징으로 한다. 荒野泰典(1997), pp. 104-106.

42) 손승철, "17-19세기 동아시아 각국에서의 신국제질서 모색: 韓, 中, 日, 越간의 비교「종합토론」",『아시아문화』(한림대학교 아시아문화연구소), 제10호(1994), 102-104쪽.

의 상이한 유형의 대외관계는 근대화 과정에서 이들 3국이 상이한 경로로 나아가는 조건으로 작용하였다고 볼 수 있다.

〈그림 1〉 明·淸시대의 朝·中·日관계

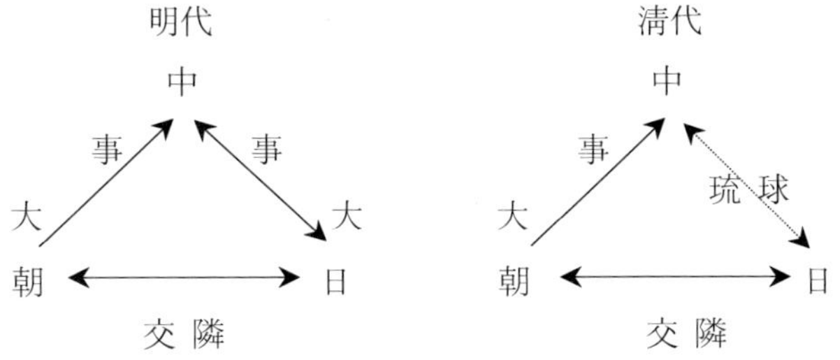

※ 유구는 1609년 이래 일본의 지배를 받음과 동시에 청나라와의 관계에 있어서도 사대관계를 계속 지속함으로써, 1876년 일본에 의해 통합될 때까지 일본과 청나라의 이중 지배를 받아왔다.

Ⅳ. 中華秩序의 해체와 동북아국제관계

상술한 바와 같이 明·淸 교체기를 전후로 하여 조선은 중화질서와 이념적이고 실제적인 차원으로 통합됨으로써 이상형에 가까운 사대관계를 형성하였고, 이는 청·일전쟁까지 계속되었다. 반면에 일본은 명·청교체기 이전에 이미 중화질서로부터 분리되기 시작하면서 조선과 유구를 통한 간접적인 관계를 맺고 있었다. 바로 이러한 차이로 인하여 동북아중화질서의 해체과정에서 일본은 빠른 개방을 통하여 서구중심적인 질서로 편입되면서 제국주의적인 길로 나아갔고, 중국과 한국은 각각 半식민지와 식민지의 길로 나아갔다. 아래에서는 동북아 3국의 상이한 경로를 통한 서구중심적인 국제질서 속으로의 편입과정을 살펴본다.

1. 淸朝의 몰락과 중화주의적 대외정책의 전개

아편전쟁에서의 패배와 함께 서구 열강의 중국 침략이 급속도로 확대되고 이에 대한 淸의 잇따른 굴복은 단순히 정치, 경제, 군사적인 패배와 굴욕으로 끝난 것이 아니라 중국의 전통문명과 질서 자체에 대한 근본적인 도전이라는 차원에서 문명사적 위기를 낳았다고 볼 수 있다. 이에 淸의 지도부는 위로부터의 개혁을 통하여 중화문명과 중화질서를 유지시키려는 일련의 시도를 행한다. 구체적으로 1860년부터 中體西用論적인 입장에서 부국강병의 기치하에 시작된 양무운동, 그리고 청·일전쟁 후에 전개된 무술변법운동 등을 들 수 있다.

우선, 양무운동의 지도자들은 중국을 재건하고 부강하게 하기 위해서는 무엇보다도 군비를 충실히 할 필요가 있다는 인식하에 서양과학기술을 도입하여 근대적 군사공업, 운수, 광업, 통신 등의 육성을 위한 과감한 정책들을 추진하였다. 그러나 이같은 과감한 조치에도 불구하고 양무운동의 기본노선은 중국과 서양을 대등한 입장에서 인식하고 서양의 문물을 흡수 소화하려는 것이 아니라 중국의 전통적 우위, 즉 사상과 이념을 유지하면서 부강을 위하여 서양의 발달된 기술만 받아들이려는 中體西用의 입장에서 전개된 것이라는 점에서 한계성을 지니고 있었다.[43] 이같은 양무운동의 中體西用적 입장은 그것이 근본적으로 淸朝적 중화사상 틀 속에 기초하고 있었음을 알 수 있다.

양무운동이 청·불전쟁과 청·일전쟁에서의 중국의 패배로 인한 서구 열강의 한층 더 고조된 중국 이권침탈로 완전히 실패

43) 김준엽, 『중국최근세사』(일조각, 1979), 219-228쪽.

하게 되면서, 일부 지식인들을 중심으로 하여 보다 근본적인 개혁의 필요성이 제기되었고, 이에 등장한 것이 강유위와 양계초 등 젊은 관료지식인들을 중심으로 전개된 變法自强運動이다. 이들은 아편전쟁 후 양무파가 서양기술을 배우고자 한 것은 무기, 선박 등을 배우고자 한 것일 뿐이며, 서양의 정치제도, 학문, 사상, 정신을 배우고자 한 것은 아니기 때문에 실패했다고 양무운동의 한계를 지적하면서, 입헌군주제의 도입, 근대적인 교육제도의 실시, 실업진흥과 병제개편 등 전통적인 정치제도에 대한 과감한 개혁을 단행하고자 하였다. 그러나 변법자강운동 역시 정치적으로 전제군주제를 기본으로 유지하는 차원에서 위로부터의 개혁의 추진이었으며, 비록 그 내용이 근대적으로 재해석되어야 한다고 주장하였지만, 유교를 근간으로 하는 중국문명과 중국문화를 부정하거나 포기하지 않았다는 점에서 변법파의 사상 역시 넓은 의미의 중체서용적 한계 내지 중화주의적 한계를 벗어나지 못한 것이었다고 할 수 있다.[44]

이처럼 상술한 시도들은 서양세력을 인정하고 이에 대항하기 위하여 부국강병의 필요성을 인정하였다는 점에서는 의미가 있지만, 유교주의적인 정치이념과 중화주의적인 세계질서를 유지하고 근본적인 개혁을 수행하지 않았다는 점에서 여전히 중화주의적인 틀 내에 갇힌 개혁이었다고 볼 수 있다. 결국 이같은 시도들은 모두 서태후를 중심으로 하는 보수관료들에 의하여 좌절됨으로써 중국의 근대화는 별다른 성과를 거두지 못하였고, 서구와 일본의 제국주의적 침략에 대하여 그야말로 무방비상태에 놓이게 되었다.

이같은 중화주의적인 한계는 중국의 대외관계 속에서도 그대

44) 서진영, 『중국혁명사』 (서울: 한울, 1992), 42-43쪽.

로 이어져 변화하는 국제환경에 중국이 효과적으로 적응하지 못하게 되는 중요한 원인으로 작용하였다. 1842년의 개국이후 중국의 외교정책의 기본노선은 지속적으로 華夷秩序觀에 입각한 대외관계의 추구였다고 볼 수 있다. 전통적인 중화주의에 입각해서 한국에 대한 종주권을 여하히 유지하고, 일본을 비롯한 서구 열강들이 이를 타파하려 하면 전쟁도 불사하는 모습이었다. 구체적으로 淸은 1876년 일본의 강압에 의한 조선의 개국이 이루어진 후부터는 일본의 조선진출을 억제하고 적극적인 조선국내문제의 간섭을 통한 종주권의 유지라는 적극적인 개입정책을 취하기 시작하였다. 1882년 임오군란 발발시 이홍장이 淸병을 출병시키고 대원군을 중국으로 납치했던 것, 그리고 원세계를 시켜 조선군대의 지휘권을 행사하도록 만든 것, 또 1884년 김옥균 등이 일본의 지원을 받아 일으킨 갑신정변시 출병을 하여 개입한 것 등은 그 실례이다.[45)]

이와같은 개입정책으로의 전환은 전통적인 중화주의적인 대외관, 즉 夷가 중국 중심의 질서를 위협하지 않는 한 조공과 책봉관계를 유지함으로써, 夷의 국내문제에 간섭하지 않는 소극적인 화이질서관에 바탕을 둔 정책으로부터 적극적인 화이질서관의 추구를 의미하는 것이다. 이는 변화하는 국제정세 속에서 중국이 더 이상 한국에 대해 소극적인 정책만으로는 지배적인 종주권을 행사하기 어렵다는 淸朝의 판단에 의한 것으로 볼 수 있다.

그러나 이러한 개입정책은 1894년 동학난의 진압을 계기로 淸나라와 일본이 대결한 청・일전쟁에서의 패배로 한계에 도달했다. 청・일전쟁 후 혼란에 빠지고 이후 국내적 혼란과 열강의

45) 小島晋治 丸山松幸, 박원호 역 『중국근현대사』 (서울:지식산업사, 1992), 45쪽; 김준엽(1979), 236-237쪽.

분할경쟁에 빠져들면서 辛亥革命(1911)으로 멸망하고, 중화민국이라는 새로운 근대적 주권국가가 출현함으로써 서구 중심적 근대적인 국제관계 속으로 급속하게 편입해 갔다.[46]

2. 조선의 몰락과 淸중심적 대외정책의 전개

18세기 후반 尊華攘夷의 대외정책관에 근거하여 淸을 중화로 인정하는 대외정책관이 자리를 잡으면서 조선의 대외정책은 淸중심적인 대외정책에 근거하고 있었다. 그러나 아편전쟁 이후 서구열강은 중국을 침략하였을 뿐만 아니라 조선에게도 개방압력을 가하였다. 이같은 대외개방압력 앞에서 조선은 대외정책의 방향을 놓고 위정척사파, 개화파, 그리고 집권사대파간의 내부적인 갈등이 격화되었다. 이를 시기별로 나누어 살펴보면 아래와 같다.

첫 번째로, 개화파와 위정척사파의 갈등이 두르러지게 나타난 1876년 일본과의 수교로부터 1882년 임오군란까지의 시기이다. 일본과의 수교 후 위정척사파는 일본과의 修舊는 洋夷와의 결탁의 시초라고 하여 정부를 격렬하게 비판하였다.[47] 그러나 당시 집권사대파인 민비정권은 비록 대부분 수구파로 구성되었음에도 불구하고 개화파의 논리에 따라 정부기구 및 군제개편을 통해 개혁정책을 실시하였고, 그 결과 위정척사파와의 갈등은 더욱 더 증폭되었다. 이같은 상황에서 민비제거와 반일이라는 주장하에 발생한 임오군란은 위정척사파의 득세를 가져올 수 있는 사건이었지만, 민비일파가 淸의 도움으로 정권을 재장악하면서 위정척사파는 급속하게 약화되었다. 그러나 이 사건으로 인하여

46) 김봉진(1997), 273-274쪽.
47) 박충석, 유근호(1988), 189쪽.

민비정권의 정책은 더욱 더 淸에 의존적으로 되어 감으로써 임오군란을 기점으로 淸과의 사대관계가 한층 강화되었다,

두 번째, 1882년 임오군란부터 1884년 갑신정변까지시기로 급진개화파와 온건개화파 및 사대수구파와의 갈등으로 특징지어진다. 임오군란은 위정척사파 세력의 급속한 약화를 초래는 사건이었지만, 동시에 개국파내에서도 온건개화파와 급진개화파를[48] 분기시키는 계기로 작용하였다. 즉 김옥균, 박영효 등을 중심으로 한 진보적 정치세력은 淸나라에 대한 사대관계를 단절하고 철저한 근대적 개혁을 지향한 반면, 온건개혁파를 비롯한 수구파는 淸나라와의 사대적 종속관계에 의존하면서 정치개혁을 반대하였기 때문에, 급진파와 불가피하게 대립관계에 처할 수밖에 없었다. 갑신정변을 통하여 이러한 대립관계가 극단적으로 표출되었다. 갑신정변을 성공시킨 급진개화파는 개화파정부를 출범시키고 신강령을 발표하였는데, 대외정책과 관련된 중심내용은 淸나라에 대한 사대외교의 폐지를 들고 있다. 그러나 갑신정변은 민비의 요청에 의한 淸軍의 진압과 일본군의 철수로 3일 만에 그 막을 내리고 정권은 다시 온건개화파 및 수구파의 손으로 넘어갔다. 그 후 10여 년 간 수구파 정권은 대외적으로는 사대주의 외교를, 대내적으로는 개화파를 탄압하는 정책적인 입장을 취하였다.

세 번째 시기는 개화파와 수구파와의 갈등이었다. 개화운동을 혁신적인 소수파운동에서 광범한 대중과 공유함으로써 폭넓은

---

48) 온건개화파는 서양의 기술을 받아들이되 종교와 사상 즉 유교주의사상은 유지해야 한다는 동도서기론의 입장에서 한국사회의 점진적 개혁을 주장한데 반해, 급진개화파는 유교사상의 허위를 배격하고 서양의 기술과 종교, 사상까지도 받아들이는 개방적 입장을 취하였다. 현실인식과 개혁에 대한 차이점에도 불구하고 온건개화파와 급진개화파 모두의 개화사상은 대외관계에 있어서 중화주의적 국제관의 와해로부터 한국의 독립성과 자주성을 주장했다는 점에서 공통점을 찾을 수 있다.

대중운동으로 전환시켜 언론, 출판, 집회, 결사의 민주주의적인 원리에 따라서 국정개혁을 수행하고자 했던 독립협회와 이에 대항하는 수구파와의 갈등으로 특징지어진다. 그러나 이러한 독립협회의 활동 역시 사대주의적인 수구파의 반대로 좌절됨으로써 수구파에 의한 국정의 보수화를 저지할 세력이 존재하지 못하게 되었다.[49]

상술한 내용을 통해서 볼 때, 19세기 대외개방을 둘러싼 조선 내의 갈등양상은 국가의 미래에 대한 인식부족과 변화하는 현실에 대처할 수 없는 사대주의적인 수구파의 반개혁적 논리에 의해 주도되었다고 볼 수 있다. 대외정책의 방향을 둘러싸고 치열한 논쟁이 전개되었지만, 조선의 외교정책은 급변하는 대외정세에 제대로 대응하기보다는 친淸일변도의 중화주의적인 대외관을 고집하였다. 그러다가 마침내 청·일전쟁에서의 淸의 패배로 중화질서로부터 벗어날 수 있었지만, 뒤따르는 과정은 일본에 의한 식민지로의 길이었다.

구체적으로, 1876년 강화도조약의 체결은 비록 일본의 강압적 요구에 의한 것이었지만, 한국이 오랜 기간 동안의 쇄국에서 개국으로 전환하게 되는 계기를 마련해 주었다. 그러나 집권층의 사대주의적 외교정책은 조선이 실리적인 대외관계를 유지함으로써 서구 열강의 침략의도에 맞서 국가의 독립을 유지하고 부국강병을 꾀할 수 없게 만들었다. 이같은 외교적인 태도는 1884년 갑신정변을 제외하고 1894년 청·일전쟁까지 그대로 유지되었다. 물론 초기 개국파에서 분리된 급진개화파가 서양과의 조약체결을 통한 개방을 강력히 주장하기도 하였지만, 그들은 극

49) 김정호, "19세기 후반 문호개방기의 동아시아 국제관계의 특성에 관한 연구", 인하대학교 대학원 정치학 석사논문(1994, 8), 62-71쪽.

소수에 불과해서 대외정책 자체를 변화시킬 만한 영향력을 가지고 있지는 못하였다. 특히 이러한 친청외교노선은 1882년 임오군란의 수습과정에서 淸의 개입으로 더욱 더 강화되었다.

1884년 갑신정변은 이러한 친청외교노선을 탈피하고, 근대적 개혁을 통해 자생의 길을 찾으려는 급진개화파의 노력의 산물이었다. 그러나 갑신정변의 실패와 함께 조선의 대외정책은 또다시 淸일변도로 전개되었다. 이와 같은 淸에의 의존은 1894년 동학농민운동을 계기로 발생한 청·일전쟁을 계기로 변화하였다. 즉 1895년 淸나라와 일본간에 맺은 시모노세키(下關)조약에서 淸국은 조선이 완전무결한 독립국가임을 확인하고, 조선이 청국에 대해 시행하던 조공제도를 폐지하기로 합의함으로써,[50] 조선과 淸나라간의 종속관계가 완전히 파괴되었다. 이로써 전통적인 동북아에서의 중화질서는 해체되고, 바야흐로 근대적인 의미의 국가간 관계가 진행되게 되었다. 그러나 이 개혁정부가 아관파천으로 무너지자, 대한제국을 선포(1897)하고 개혁을 추진하면서 조선을 둘러싼 러·일과의 대립구도 속에서 자주독립을 확립하고자 하였지만, 결국은 일본에 강제 합병되고 말았다.[51]

3. 일본의 개방과 팽창주의적 대외정책의 전개

19세기 중반 이전의 일본의 대외정책 기조는 고립 혹은 쇄국정책이었다. 그러나 1853년 미국의 페리제독에 의한 강제적인 개항으로부터 시작하여 서구열강에 의한 강압적인 개항이 진행되었다.[52] 이처럼 서구 열강에 의한 강압적인 개항이 진행되는

---

50) 童德模, 『조선조의 국제관계』 (서울:박영사, 1990), 184쪽.

51) 김봉진(1997), 275-276쪽.

과정에서 일본 국내에서는 개방을 둘러싸고 크게 攘夷論과 開國論이 나누어져 대립하고 있었다. 양이론의 대표적인 이론가인 吉田松陰은 페리의 내항이전에 서구 열강을 적으로 봄과 동시에 자신보다 열등한 존재인 오랑캐로 간주하였다. 그에 따르면 서구열강은 義나 勇을 배제한 채 오로지 利 즉, 이익만을 추구하는 존재로, 의와 용을 결집하면 서구 열강을 물리칠 수 있다는 것이다. 이처럼 일본의 서구 열강에 대한 낙관적인 우월의식 때문에 吉田松陰은 초기에 서양식 무기나 병법을 거부하는 鎖國的 攘夷論의 입장을 보였다. 그러나 1850년 서양여행의 경험, 1842년 아편전쟁을 거치면서 서양의 무기기술의 우수성을 인정하고 부분적으로 양학의 수용을 인정하는 양이론을 주장하기 시작하였다.[53]

그러나 이러한 낙관론은 페리의 내항과 개국압력으로 무너졌다. 서양의 막강한 군사력과 막부의 무능력을 보면서 吉田松陰은 일본의 국력신장을 통한 攘夷의 추구로 입장을 전환하였고, 그 방법도 소극적이고 수동적인 것에서 적극적이고 공격적인 것으로 바뀌었다.[54] 그 결과 공격적 양이론에 기초하여 여러 차례 서구열강과 정면대결을 하였지만 막강한 무기를 보유한 서구열강에게 패하고 말았다. 이를 계기로 양이열이 가장 높았던 西南雄蕃의 지도자들은 그들의 종래의 견해를 수정하여 적극적 개국의

52) 1854년에는 英日화친조약에 의하여 시모다와 하코다테의 두 항구를 열게 하였다. 그 후 미국은 총영사 해리스를 통하여 계속 통상조약체결을 요구함에 따라 결국 일본은 미일수호조약을 체결함으로써 요코하마 등 5개 항구를 개항 통상을 허용하였다. 일본은 이어 네덜란드, 영국, 러시아, 프랑스와도 같은 내용의 조약을 맺었다. 이 조약들은 중국과 같이 유럽열강에 치외법권과 최혜국 대우를 인정하는 불평등 조약이었다.

53) 鹿野政直, 박기서 역, 『일본 근대세상의 형성』 (서울: 경희대 출판국, 1988), 19-23쪽.

54) 鹿野政直(1988), 26-27.

방향으로 입장을 전환하였다. 동시에 그들의 尊王攘夷運動을 尊王討幕運動으로 발전시킴으로써 왕정복고를 통한 명치유신정권을 수립하는 결과를 낳게 되었다.

1868년 왕정복고를 통하여 명치유신을 성공시킨 일본은 근대화와 개혁에 박차를 가했다. 서구 열강의 강압에 의한 타의적 문호개방을 한 일본으로서는 근대화란 곧 부국강병을 이루는 것이었다. 이를 위해, 일본은 명치진보사상을 통한 민중의 계몽 그리고 서구의 자본주의와 정치제도를 도입하는 서구화를 추진하였다. 결국 조선과 중국이 중화주의적 대외관 및 국내질서를 고수하는 보수집권세력에 의해서 근대화와 개혁이 방해 받았던 반면, 일본은 현실주의적인 대외관과 개혁지향주의적인 정부가 개혁에 앞장서서 근대화와 개혁을 추진했다는 점에서 근본적인 차이가 있다고 볼 수 있다

명치유신 이후의 일본의 외교정책의 기본 목표는 개국 이래 서구 열강들과 맺은 불평등조약을 개정하고 철저한 부국강병을 성취하는 데 있었다. 이러한 명치정부의 외교노선은 일본의 국력이 아직은 서양세력과의 직접적인 대결을 통하여 국가이익을 획득하기에는 부족하다는 현실인식하에서 추구된 것으로, 이는 서구열강의 이해와 동향에 주의를 기울이면서 동시에 국제정세를 최대한 활용, 국내의 근대화를 이룩하고자 하는 명치과두세력의 현실주의적 태도의 표현이라고 볼 수 있다.[55] 그리하여 명치정부는 국내의 팽창주의적인 세력과 대립을 겪으면서도 꾸준히 조약수정교섭을 추진하여 마침내 1894년에 신조약을 체결하였다.

이와는 반대로, 국내의 민권세력과 尊王攘夷적 국권세력들은

55) 김정호(1994), 112쪽.

아시아 국가들 특히 중국과 조선의 개혁을 지원하여 일본과 함께 서양의 대아시아 침략을 저지하여야 한다는 '아시아주의'의 기치 하에 정부의 소극적 대외정책을 정면에서 비판하고, 팽창주의적이고 간섭주의적인 정책을 주장하였다. 이미 1873년 征韓論으로부터 출발한 이들의 노력은 1884년 조선에서 출발한 갑신정변에 대한 지원으로 이어졌다.56) 그러나 갑신정변의 실패와 1885년 청・불전쟁에서의 淸나라의 패배로 이 논리는 설득력을 상실하게 되었다. 이런 상황에서 脫亞論이 등장하여 아시아에 대한 서양식 문명화, 즉 무력 식민지만이 서양세력과 맺은 불평등조약을 개정할 수 있는 지름길이라고 주장하였다. 이 脫亞論은 조약수정과 치외법권의 철폐에 의해 일본의 근대화와 국력증강을 도모하며, 우선적으로 중국으로부터의 조선의 완전한 독립을 중요시했던 명치정부의 외교정책과 그 축을 같이 하는 것이었다.57)

이같은 흐름과 함께 1890년대에 들어서면서 명치정부는 대외팽창주의 노선으로 서서히 전환하기 시작하였다. 이같은 정책전환이 결정적으로 드러난 사건이 1894년 조선의 동학농민운동에 대한 진압을 계기로 발생한 청・일전쟁이었다. 청・일전쟁에서의 승리는 일본이 명치유신 이후 지속적으로 추구해온 근대화의 성과를 대내외에 알렸을 뿐만 아니라, 淸으로부터 조선의 완전한 종속탈피를 이끌어내어 조선을 지배할 수 있는 길을 열어주었다. 또한 시모노세키조약을 통해 자국의 근대화를 더욱 더 촉진할 수 있게 되었다.

청・일전쟁 후 일본은 마침내 불평등조약의 개정이라는 목표

---

56) 김정호(1994), 113쪽.

57) 장달중, "방어적 근대화와 팽창주의적 외교정책", 『아세아연구』(고려대학교 아세아문제연구소), 72호(1984), 11쪽.

를 달성하였고, 국내적으로 제국주의적 사고방식이 팽배해 있었다. 그 결과 일본은 중국의 동북지방과 조선에 대한 야심으로 남하정책을 추진하던 러시아와 1904년 또 한 차례의 전쟁을 치루었고 승리하였다. 러·일전쟁에서의 승리를 통해 일본은 조선에 대한 지배권을 대외적으로 승인받는 기틀로 삼았고, 동시에 만주진출을 위한 발판을 마련하였다. 또한 이 전쟁을 통하여 일본은 명실공히 제국주의열강의 하나로 등장하게 되었다.

V. 결론

근대이전의 동북아 질서는 중화질서의 틀로 종종 설명되어 지지만, 이 질서 내에서의 각국의 위치는 각국의 국내적 상황과 대외정책의 차이에 따라 다르게 나타나고 있다. 가령, 명·청교체기에 조선의 경우 국내적으로 주자학이 발전되면서 그 이전의 현실주의적이고 상황주의적인 대외정책의 일환으로서의 중화체제로의 편입이 이념과 규범적인 차원으로까지 격상됨으로써 이념과 실제가 일치하는 가장 이상형에 가까운 중화질서의 한 영역을 구성한다. 그러나 일본은 명·청교체기 이전에 이미 중국과의 조공과 책봉관계를 단절했을 뿐만 아니라, 세계관으로부터도 중국으로부터 실질적인 독립이 시작된다. 그리하여 淸朝에 동북아지역의 한·중·일 관계의 특징은 조선이 강력한 中華主義的인 질서의 틀 내에 편입된 성격을 지니고 있다면 일본은 조선이나 유구를 매개로 한 간접적인 연계고리를 형성하고 있다는 점이다.

이같은 중화질서내에서의 상이한 관계는 동북아지역에서 중화질서의 해체와 서구중심적인 국제질서로의 편입과정에서 각국이 상이한 경로로 나아가는 조건으로 작용한 것으로 보인다. 즉 일찍이 중국과의 관계를 단절하고 중국 중심적인 세계관으로부터 벗어나기 시작한 일본은 서방을 향한 개방과 서구 문물의 적극적인 수입을 통하여 빠른 근대화를 이룩함으로써 동북아지역에서 가장 빠른 부국강병의 길로 나아갈 수 있었다. 반면에 중화질서의 중심에 위치한 중국은 1911년 신해혁명으로 淸朝가 붕괴될 때까지 중화주의적인 대외관이라는 한계에 갇혀서 서방의 선진문물을 받아들이고 본격적인 근대화의 길을 추진해 가지 못함으로써, 중화질서의 중심국의 지위로부터 서방과 일본의 반(半)식민지로 전락하는 역사적인 비운을 겪게 된다. 한국 역시 중화주의적인 질서관에 얽매여 淸일변도의 외교정책을 추진함으로써 새로이 변화하는 근대화의 물결에 효과적으로 대응할 수 없게 됨으로써 결국은 일본의 식민지로 합병되는 역사적 비운을 겪게 되었다.

이처럼 동북아지역의 근대화과정은 중화주의적인 국제질서에서 서구중심적인 근대국제체제로 편입되어 가는 과정이었으며, 그 과정은 각국의 중화주의적인 세계관과 질서내에서의 위치에 따라 달랐음을 알 수 있다. 상술한 내용이 오늘날의 대외관계에 던져주는 시사점은 급변하는 국제정치질서 속에서 각국이 규범적이고 이념적인 명분에 얽매인 외교정책을 펼칠 경우, 급변하는 국내외적인 상황의 변화에 효과적으로 적응할 수 있는 외교적 능력을 상실할 수 있다는 점이다. 즉 현실과 실리가 언제나 이상을 앞서서 대외정책의 중요한 고려대상이 되어야 한다는 점이다. 이 점이 탈냉전과 함께 급속하게 재편되고 있는 동북아지역의 중심에 자리잡고 있는 한반도에게 던져주는 시사점은 그 무엇보다도 크다고 볼 수 있다.

■ 참고문헌 ■

全海宗, "韓中 朝貢關係 概觀", 『韓中關係史 硏究』, 서울: 일조각, 1981.

李春植, 『中華思想』, 서울: 교보문고, 1998년.

김성규, "중화사상과 민족주의", 『철학』(한국철학회), 379집 5호(1992년).

이홍종 · 공봉진, "중국의 華夷思想에서 華夷개념의 재해석" 『세계지역연구논총』(세계지역연구협의회), 제15집(2000년).

권선홍, "東아시아국제사회의 사상적 기반; 中華思想과 事大觀念을 중심으로", 『국제문제논집』(부산외국어대학교), 제2집(1989).

권선홍, "유교문명권의 국제관계사상," 『국제문제논집』(부산외국어대학교), 9집(1997, 12).

권선홍, "동아시아국제사회의 외교제도", 『국제문제논집』(부산외국어대학교), 제4집(1992, 12).

김봉진, "華夷秩序의 재해석", 『전통과 현대』(1997년 겨울호).

金翰奎, 『古代中國的世界秩序硏究』, 서울: 일조각, 1982.

曺秉漢, "清代 중국의 '大一統'적 중화체계와 대외인식의 변동: 아편전쟁까지", 『아시아문화』(한림대학교 아시아문화연구소), 제10호 (1994).

피터 윤, "서구학계 조공제도이론의 중국중심적 문화론 비판", 『아세아연구』(고려대 아세아문제연구소), 제45권 3호(2002년).

유근호, "중화사상의 형성과 붕괴: 조선조 대외관의 轉回과정을 중심으로", 『한가람』(1977, 11-12월호).

박충석, 유근호, 『조선조의 정치사상』, 서울: 평화출판사, 1982.

柳根鎬, "중화사상의 형성과 붕괴(中): 明 · 清交替期에 있어서 大陸觀의 轉回", 『한가람』(1978, 신년호).

柳根鎬, "중화사상의 형성과 붕괴(中-2): 18世紀-華夷觀의 變容", 『한가람』(1978, 3-4월호).

劉仁善, "中越關係와 朝貢制度: 가상과 실상", 『중국의 天下思想』, 민음사, 1988.

劉仁善, "베트남 阮朝의 성립과 '大南'제국질서", 『아시아문화』(한림대학교 아시아문화연구소), 제10호(1994).

全海宗, "中國과 外夷", 『韓中關係史 硏究』, 서울: 일조각, 1970.

全海宗, "清代 韓中關係의 一考察" 『東亞文化의 比較史的 硏究』, 서울: 일

조각, 1976.
全海宗, “淸代 韓中朝貢關係考”, 『韓中關係史 硏究』, 서울: 일조각, 1981.
李泰鎭, “조선후기 對明義理論의 변천”, 『아시아문화』(한림대학교 아시아문화연구소), 제10호(1994).
김용구, 『세계관 충돌의 국제정치학』, 서울: 나남, 1997.
李一宰, “17-19세기 동아시아 각국에서의 신국제질서 모색-韓・中・日・越간의 비교에 대한 「종합토론」”, 『아시아문화』(한림대학교 아시아문화연구소), 제10호(1994. 12).
閔德基, “德川幕府의 對外體制와 明・淸의 교체”, 『아시아문화』(한림대학교 아시아문화연구소), 제10호(1994, 12).
김준엽, 『중국최근세사』, 일조각, 1979.
김정호, “19세기 후반 문호개방기의 동아시아 국제관계의 특성에 관한 연구”, 인하대학교 대학원 정치학 석사논문(1994, 8).
서진영, 『중국혁명사』, 서울: 한울, 1992.
장달중, “방어적 근대화와 팽창주의적 외교정책”, 『아세아연구』(고려대학교 아세아문제연구소), 72호(1984).
童德模, 『조선조의 국제관계』, 서울: 박영사, 1990.
미타니 히로시, “幕末 일본의 외교와 정치변동”, 『東北亞』(동북아문화연구원), 제2집(1995, 가을・겨울호).
荒野泰典, “근세의 한일관계”, 역사학연구회 엮음, 야마사토 스미에・손승철 역, 『한일관계사의 재조명』, 서울: 이론과 실천, 1989.
小島晋治 丸山松幸, 박원호 역, 『중국근현대사』, 서울: 지식산업사, 1992.
鹿野政直, 박기서 역, 『일본 근대세상의 형성』, 서울: 경희대 출판국, 1988.
Michael H. Hunt, *The Genesis of Chinese Communist Foreign Policy*, New York: Columbia University Press, 1996.
Benjamin I. Schwartz, “The Chinese Perception of World Order: Past and Present”, in John K. Fairbank(eds.), *The Chinese World Order,* Cambridge, Massachusetts, 1968.
喩希來, “重新審視中國曆史大時代”, 『北京: 戰略與管理』 5期(2000年).
李世濤 主編, 《知識分子立場：民族主義與轉型期中國的命運》, 長春: 時代文藝出版社, 2000年.

Ⅲ 부

동북아의 여성과 환경, 민족문제

라미경, 동북아의 여성문제와 NGO

김현진, 동북아의 환경문제를 둘러싼 갈등과 협력 :
NOWPAP사례를 중심으로

박창규, 새로운 국제환경과 한민족공동체 : 화교와 유태인의 사례에서 본
재외한인네트워크의 현황과 과제

우평균, 동북아 각국의 외국인노동자 정책 :
'에스닉 집단화'의 가능성과 관련하여

동북아의 여성문제와 NGO

라 미 경
홍익대학교 겸임교수

Ⅰ. 서론

세계화, 신자유주의의 등장, 그리고 참여민주주의의 확산은 현대적인 의미의 새로운 시민사회를 열게 했다. 시민사회는 국가나 정부와는 독립적으로 존재하는 개인들이 정치적인 공동체를 형성하기 위해 결합했기 때문에 시민사회 내부는 다양한 행위자들이 존재하는 것이 일반적이다. 이렇게 오늘날의 국제사회는 국제기구, 다국적기업, NGO[1]등과 같은 새로운 형태의 많은

1) 비정부기구(Non-Governmental Organization: NGO)이하 NGO라 칭함. 많은 연구에서 NGO와 유사한 다른 용어로 '비영리(non-profit)', '민간자원부문(private voluntary organization : PVO) '제3섹터(third sector)', '자원섹터(voluntary sector)', '비영리조

비국가행위자들이 등장하게 되어 국제정치의 새로운 패러다임을 형성하게 되었다.

유교문화권에 있는 동북아는 서구와 상이한 산업화과정을 겪어왔다. 다른 후발 산업국가들처럼 이들 국가는 서구의 산업화과정으로부터 많은 경험을 얻었다. 대부분의 사회에서 경제발전 "계획"이 규범으로 되었고, 사회보장 조항들은 후기에 와서야 비로소 도입되었다. 따라서 시민권, 시민사회 개념이나 이들의 정책 결정과정에 대한 참여는 상대적으로 미비하였다. 특히 개발 속의 여성에 대한(women in development: WID)논의에서 경제발전은 세계 도처에서 생산에서부터 여성을 소외시키거나 아니면 기껏해야 값싼 노동력으로 착취해 왔다고 보고 있다. 경제성장 그 자체로서는 삶의 질을 향상시키지 않으며 오히려 사회적 불평등과 소외를 가져온다는 것이다.

근대화론에 대한 페미스트들의 비판은 여성을 어떻게 통합할 것인가에 모아졌고 UN을 비롯한 국제기구의 여성개발 프로젝트의 활성화를 가져왔다. 이에 동북아의 여성운동과 여성정책은 양성평등(gender equality)과 성주류화(gender mainstreaming)의 쟁점에서 여성의 불평등한 지위와 권익향상을 위해 추진되어 왔다. 양성평등과 성주류화는 개별 국가의 정치, 경제, 문화적 차이를

직(Non Profit Organization : NPO)', '시민단체', '시민사회' 등으로 사용되고 있다. 그러나 NGO는 제3영역 또는 자원부문과 구분되기도 한다. 제3영역이란 공공부문 또는 시장부문에 포함되지 않는 모든 활동을 의미하는 것으로 비영리영역과 가장 유사하지만 NGO 영역은 제3영역 내에 있는 것으로 본다. 원래 NGO는 1949년 국제연합에 의해 처음으로 사용되었다. 처음에는 단순히 UN산하기관들과 결부되어 있는 비정부기구나 단체들을 칭하였으나 이후 1950년과 1968년의 개정을 통해 NGO는 UN의 경제사회이사회(ECOSOC)에 의해 UN헌장 제71조에 협의적 지위가 규정되었다.

뛰어넘어 전지구적 차원에서 21세기 공통 과제로 부각되었다. 특히, 성주류화를 이루는 과정은 국제기구의 노력 뿐 아니라 동북아 개별 국가에서 여성NGO들의 조직화된 활동으로 여성의 정치적 대표성과 경제적 세력화를 위한 구체적인 정책요구로 나타났다.

이런 의미에서 북경세계여성대회에서는 발전에 대한 사회적 차원을 강조하면서 발전의 의미를 경제적인 성장에 국한시키지 않고 총체적인 접근으로 설명하고 있다. 즉, 성장, 남녀평등, 사회정의, 환경 보호, 지속가능성, 결속, 참여, 평화, 인권, 안보의 개념이다.

여성 지위와 위상의 변화는 국가 주도의 하향식 접근(top-down approach)에 의한 것과 시민사회에서의 상향식(bottom-up approach) 접근이 있다. 모저는 특정한 경우에 국가는 직접적으로 법적 수단을 통해서 혹은 제도적 구조와 계획절차에 대한 관리를 통해서 간접적으로 여성을 지원하면서 동시에 통제하는 모호한 방식을 취하고 있음을 지적한다.[2)]

여성의 발전은 국가 개입보다는 여성 스스로의 강력한 사회적 · 정치적 운동으로부터 비롯된다고 할 수 있다. 그러나 여성의 지위와 위상은 단순히 상향식 · 하향식접근으로 짜 맞춰질 수 없다는 점을 감안하면 누가 정책결정과정에 참여할 것인지에 관한 기준과 참여자(행위자)들의 관계, 그리고 무엇이 채택할 만한 결정인지에 대한 판단 등에 달려있다. 따라서 여성문제를 포함한 국제정치질서의 문제점을 해결하기 위한 다양한 행위자 국가, IGO, NGO가 등장하게 된 것이다.

따라서 본 연구는 95년 북경세계여성대회 이후 동북아의 평화와 여성문제를 해결하기 위해 활동하고 있는 여성NGO의 역할과

2) C. O. Moser, *Gender Planning and Development: Theory, Practice and Training* (Routledge. 1993), pp. 70-80.

과제에 대해 분석하고 한국 여성NGO의 국제적 연대를 위한 제언을 하고자 한다.

Ⅱ. 여성문제와 NGO의 이론적 배경

1. NGO의 개념 및 유형

NGO란 정부운영기관이나 영리단체를 제외한 모든 기구나 단체, 집단이나 조직 또는 결사체, 운동세력을 포괄하여 지칭하는 개념으로서 어떤 특정한 목적이나 임무를 수행하는 데 뜻을 같이하는 사람들끼리 함께 일을 하기로 합의하고 자발성을 바탕으로 만든 비영리단체 혹은 그룹을 일컫는다. 그러나 대부분의 경우 이들은 한 걸음 더 나아가 한 나라나 그들이 일하고 있는 나라들의 법이나 통치 구조하에서 법적 등록을 하고 '집합적인 정체성(collective identity)'을 가짐으로써 자신들의 활동에 필요한 자금이나 지원을 효과적으로 확보하고 보다 많은 자선단체들로부터 혜택을 받고자 한다. 또한 NGO는 임시조직이 아닌데, 이는 자신들의 관계를 유지하고 발전시키기 위하여 지속성 있는 내부구조와 규약을 지니기 때문이다.

일반적으로 그들 자체내의 회원들만을 위하여 만들어진 NGO가 있는 반면, 그 지역의 이슈들을 총괄하는 기관들, 더 나아가 국가적이나 국제적 차원에서 일하는 NGO 등 그 활동범위도 다양하다. 즉 규모가 작으냐, 크냐, 종교적 단체인가 아니면 비종교적 기관인가, 기금을 증여하는 기구이냐 수혜기관이냐에 관계없이 모두 NGO라는 한 범주에 포함될 수 있다.

그 동안 UN을 비롯한 국제기구의 여성개발 프로젝트 실무자들,

여성학자들, 그리고 개별 국가의 여성정책관련자들을 중심으로 여성개발에 대한 인식론적, 방법론적, 정책적 논쟁을 펼쳐 왔다.

여성정책의 변화를 여성지위 변화의 관점에서 보는 유력한 시각중의 하나는 여성발전접근이다. 여성개발은 여성자체에 대한 관심을 넘어서서 여성정책에 의해 통제, 관리되는 제도적 요소로서 국가관료 혹은 남성중심적 조직, 그리고 여성정책에 대해 특정한 지향을 나타내는 정책수행자들의 이해와 변화를 목표로 한 것이라고 볼 수 있다. 이러한 여성발전의 패러다임 변화 맞추어 여성NGO의 유형을 다음과 같이 살펴 볼 수 있다.

첫째, 우선 1970년대까지의 복지·구호적인 접근으로 이것은 개발도상국의 여성들과 관련된 정책접근이자 최초의 정책접근이다. 여성들은 개발의 수동적 수혜자로 간주된다. 또한 모성이 사회에서 가장 중요한 여성의 역할이라고 가정한다. 여성의 재생산 역할이 인정되며 식량지원, 영양상태 개선조치, 가족계획 등 위로부터의 공식적 조치를 통해서 실제적 젠더 요구를 충족시키는 정책을 추구한다.

둘째, UN은 1975년을 유엔여성의 해로 선포하고 80년대에 걸쳐 여성개발 프로젝트를 진행해 오면서 여성문제를 해결하는 접근법으로 WID 전략을 채택하였다. WID 전략은 개발도상국의 경제개발과정에서 소외되어 온 여성의 역할에 주목하였다. 여성을 경제개발에 활용할 수 있는 자원으로 인식하고, 이를 위한 개발도상국의 여성발전 프로젝트로 보건, 영양, 가족계획, 식수, 소득창출과 같은 여성들의 실질적인 요구에 부응하는데 초점을 두었다.[3] 이는 남성과 여성간의 불평등한 성별관계보다는 여성

---

3) M. Weeda, "The role of social planning and participation in the refugee context", *Msc in Social Planning in Development Countries Dissertation* (London school

의 전통적인 성 역할을 수용하고 이 역할을 통해 보다 효과적인 성과를 이루려는 접근법이다. 그러나 WID의 가장 큰 약점은 적어도 초기에는 개발의 목적이나 개발이 성취되는 과정에 대한 문제제기가 없었다는 사실이다.

셋째, WAD(Women and Development)접근은 개발과정에서 제국주의 국가와 개발도상국의 불평등에 관심을 두고 있다. 즉, 여성의 빈곤과 주변화 그리고 불평등의 결정요인은 개발 그 자체의 속성에 있다고 보는 것이다.[4] 이러한 관점의 가장 대표적인 조직은 1985년 나이로비 세계여성회의에서 국제적 수준으로 등장한 DAWN(Development Alternatives with for a New Era)을 들 수 있고 DAWN은 제3세계 여성의 독자적인 시각을 제시하였다.

넷째, WID접근이 여성에게 초점을 두어 기존 정책에 여성을 부각시킨다는 한계를 인식하고 여성개발의 새로운 전략으로 채택된 GAD(Gender and Development)는 여성과 남성간의 관계에 초점을 둔 통합적 접근이다.[5] 여성정책의 국제적인 패러다임이 여성의 개발과정에서의 통합과 불평등한 성별관계의 변화를 추구하는 GAD접근의 논지에 부응하면서, 1995년 베이징 여성대회에서는 남녀평등이라는 궁극적 목표를 이루기 위한 전략으로 성 주류화(gender mainstream)개념을 채택하였다.

1979년 UN이 성립시킨 『여성에 대한 모든 형태의 차별철폐에 관한 협약』은 세계 각 가맹국의 여성관련정책을 크게 변화 발전시

---

of Economics, 1987)참조.

4) 김양희 외 3인, 『21세기 성 주류화를 위한 국민여론 및 전문가 의견조사』 (한국여성정책개발원, 2001).

5) 강남식, "성 주류화 정책과 생산적 복지", 『여성과 사회』 (서울: 창작과 비평사, 2002), p. 214.

켰다. 즉, 각 협약국은 여성차별철폐 협약의 원칙에 따르는 여성정책을 추진하기 위해 필요한 법·제도를 효율적으로 집행하기 위해 정부기구의 설치, 잠정적 우대조치의 채택, 가정과 직장의 조화를 위한 특별지원제도 마련 등 실질적인 정책을 추진하고 있다.

〈그림 1〉 여성발전의 패러다임 변화에 따른 NGO 역할

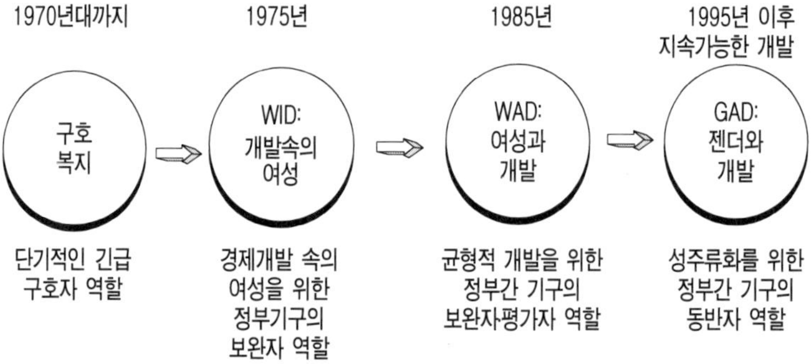

<그림 1>에 나타나듯이 세계여성의 해 선포를 기점으로 여성 NGO는 단기적인 긴급 구호자 역할에서 95년 성주류화를 위한 정부간 기구의 동반자 역할로 확대되었다.

2. 동북아 여성의 지위와 NGO

전통적으로 동양문화의 산물로 일컬어져 온 유교 및 불교와 같은 사유방식 속에서 현대의 페미니즘과 순응하는 특징을 찾아내는 일은 어려운 일이다. 현대 페미니즘이 전개된 사회적인 맥락과 유·불의 동양사상이 형성된 사회적인 배경은 매우 다를 뿐 아니라 동양의 전통적인 사유 자체가 페미니즘의 시각에서 구성된 것은 더더욱 아니기 때문이다.

동북아 여성의 지위 살펴보기 위해서는 다음 세 가지 사항들을 고려해 볼 필요가 있다.

첫째, 동북아에서 유교는 여성에게 수천 년간 남성과는 다른 차별적인 생활과 문화를 지키도록 강요해 왔고 유교적 사회체제를 성립하고 유지·발전시키는데 합당한 여성의 자세와 도리를 의미하는 '유교적 여성관'을 제시함으로써 남성은 지배, 강건, 존귀로서 규정·이해하는 데 반해서 여성은 복종, 유순, 비천으로 인식해 왔다.[6]

또한 유교는 불변적인 우주적 자연질서의 근본원리로서의 음양원리를 인간관계에 적용하여 사회질서와 인간관계의 조화를 유지하려고 함에 따라 성차별의 사회질서 및 사회제도를 영구화시키는 결과를 초래했다는 비판을 받고 있다.[7]

이러한 동북아의 전통사상은 페미니즘의 이상과는 매우 거리가 먼 전통으로 이해되어 왔다.[8] 유교가 얼마나 남성중심의 가부장제도를 유지시키기 위해 여성을 철저히 억압하여 왔는가를 비판적으로 다루는 글들을 쉽게 발견할 수 있다.[9] 이들 연구에

---

6) 박용옥, "유교적 여성관의 재조명", 한국여성학회 편, 『한국여성학』(이우, 1985), p. 7.

7) 신옥희, "동양의 전통사상과 한국적 여성철학의 전망", 『한국여성철학』(한울아카데미, 1995), p. 12.

8) 그러나 '유교적 페미니즘'이라는 용어로 기존의 시각과는 다른 견해를 가진 학자도 있다. 즉, 유교의 사상 속에는 인류공통의 보편성을 추구하는 논리가 있으며, 후대에 전개된 유교윤리와는 달리 유교 본연의 원리는 여성에 대해 좀더 균형 잡힌 시각을 함유하고 있다는 사실을 발견할 수 있으며, 설령 공자 당시에 사용되던 보편적 논리가 여성에게는 적용되지 않았다고 하는 원리들을 끌어내어 확대적용 시킬 수 있기 때문이라는 것이다. 서구의 초기 자유주의자들이 주창했던 모든 사람들에게 선거권을 주자던 '만인선거권'의 '만인'이라는 범주 속에는 여성이 포함되지 있지 않았지만 후에 '만인' 속에 여성이 당당히 발을 들여놓을 수 있었던 것처럼. 서선희, "동양의 전통사상과 페미니즘", 『21세기 정치와 여성』(서울: 나남, 1998), pp. 347-350.

의하면 여성에게 억압적이고 가혹한 동양의 전통사상인 유교는 본래부터 반 페미니즘적인 특성을 지닌 것이 아니라 유교가 국가의 통치이데올로기로 채택, 발전되어 가는 과정에서 변화 강화된 것이라고 한다.

동북아 국가에 있어 유교가 여성종속에 미친 영향은 국가의 제도에 따라 달라 질 수 있다. 유교문화권 중에서 중국은 공산혁명에 의해 가족제도를 비롯 일련의 제도와 의식개혁 등으로 한국에 비해 여성의 정치 · 사회 참여가 증대되었다. 의식개혁과 차별적인 구조를 철폐할 수 있는 공산혁명의 유무는 같은 유교문화권 내에서도 명백한 차이를 야기하는 것이다.

일본도 유교문화권에 속해 있지만, 순수하게 유교적인 원리에 따라 사회를 구성한 경우는 매우 적다고 한다.[10] 일본의 경우 유교의 영향보다는 보수정당의 장기 집권하에 전통적인 여성의 역할 즉, '순종적인 아내, 현명한 어머니 역할'을 강요하였다.[11] 유교와 여성의 종속관계에 대한 논의에서 풀어야 할 과제는 유교가 부정적이다 혹은 긍정적이라는 주장에 논란의 여지가 많다는 점에서 유교 자체에 대한 객관적인 평가가 이루어져야 한다. 유교문화권에 속하는 국가에서 유교의 전파과정과 그 영향이 역사적으로 다른 결과를 낳았다면 그 원인으로 국가가 존립의

9) 예를 들면, 신옥희, 앞의 글, pp. 9-23; 김혜숙, "조선시대의 권력과 성", 『한국여성철학』(한울아카데미, 1995), p. 85; 박용옥, 앞의 글, pp. 7-55; 강동구 역, 『여성과 종교』(서광사, 1992); 장공자, "전통 유가사상의 여성관에 대한 재조명", 한국정치학회 춘계학술회의 발표문(1998) 참조.

10) 이미경 · 임혜란, "한국여성정치 연구에 대한 비판적 검토", 『한국정치학회보』, 35집 2호(2001), pp. 190-191.

11) 이와모토 미사코, "일본의 섹슈얼러티와 재생산", '동아시아의 근대성/세계화', 한 · 중 · 일 국제학술대회, 2002. 6월.

목적을 위해 유교를 강화, 또는 약화시켰던 의도를 제시할 수도 있다. 중국의 사회주의 체제 유지를 위해서 유교사상에 기반을 둔 전통가정의 관념은 극복대상일 수밖에 없었지만, 한국의 자본주의 체제와 권위주의 체제 유지를 위해서는 가부장적 통치이념이 강화되어야 했다.

동북아의 여성의식은 각 국내에서 유교의 정착과정에 따라 다를 수 있겠지만, 전반적으로 사회 전반에 뿌리내리고 있는 가부장적 이데올로기와 성 역할 사회화를 통해 형성되어 왔다. 가부장적 이데올로기는 남성에게 공적 생활영역에서의 중요성과 권리를 강조하고 여성에게는 사적 영역의 관심과 책임 의무를 강조하는 성 역할 고정관념을 강조하였다. 가부장제가 역사적으로 여성의 관계를 비인간화, 탈중심화시키고 그 관계 형성을 저해하면서도 그 관계의 존재를 인정하고 있는 것이다.

둘째, 동북아 여성의 지위는 경제개발 과정에서 나타난다. 즉, 경제개발과정에서 소외되어 온 여성의 역할에 주목하였다. 여성을 경제개발에 활용할 수 있는 자원으로 인식하고, 이를 위해 여성발전 프로젝트는 주로 보건, 영양, 가족계획, 식수, 소득창출과 같은 여성들의 실질적인 요구에 부응하는데 초점을 두었다. 이는 남성과 여성간의 불평등한 성별관계보다는 여성의 전통적인 성 역할을 수용하고 이 역할을 통해 보다 효과적인 성과를 이루고자 했던 것이다. 이로 인한 동북아 여성의 지위는 빈곤, 불평등한 교육 기회, 여성에 대한 폭력, 정책결정과정 참여에의 불평등, 경제구조와 정책에 있어서의 불평등으로 이어졌다.

셋째, 과도기적 이중성을 갖고 있다. 동북아 질서는 냉전구조를 그대로 유지하고 있는 반면 신세계질서는 현상적인 사실들이 나타나고 있는 이중성을 띄고 있다. 이와 같은 과도기적 불일치는 동북아 지역의 불안정성과 불확실성을 증대시키는 요인이 되고 있다. 따라서 동북아 지역의 여성지위는 역내의 갈등구조 속에서 분석해야 한다.

이러한 상황하에서도 동북아 여성문제는 1975년 세계여성의 해를 기점으로 변화하기 시작했다. 국가차원에서 해결하지 못한 많은 여성문제들을 민간차원의 범주에서 시도하였고, UN과 세계여성회의를 통해 여성운동의 방향과 구체적인 전술들이 소개되었다.

동북아에서도 1980년대는 NGO가 수적으로 폭발적인 성장을 한 시기이다. 1960년대가 하향식 성장개발 시대였고 1970년대가 기본적 요구의 시대라면 1980년대는 NGO의 시대라고 한다.[12] 이런 상황에서 여성NGO의 성장은 발전과정에서 여성NGO를 중요한 행위자로 인식하게 된 일반적인 현상에 지나지 않는다. 90년대 이후에는 그동안 UN의 보조자로 인식되었던 NGO들이 개발, 여성, 인권 등을 중심으로 그 활동영역을 강화해오면서 국가와 때로는 대항해오면서 독립적인 위상을 만들어 왔다. 특히 정부기구들 중심의 회의에 반대하여 NGO들간의 자발적이고 적극적인 문제해결을 하기 위하여 상설적인 협의 채널을 만들어 왔다.

Ⅲ. 국제여성운동과 동북아 여성NGO 활동

1. 국제여성운동과 NGO

국제NGO는 UN을 통하여 여권신장을 위한 중요한 역할을 수

12) A. Fowler, "Non-Governmental Organization in Africa: Achieving comparative advantage in relief and micro-development". *Institute of Development Studies Discussion Paper*, No. 29 (Brighton: Institute of Development Studies, 1988) 참조.

행하여 왔다. 1975년 멕시코, 1980년 코펜하겐, 1985년 나이로비, 1995년 북경 등 네 차례에 걸쳐 이루어진 UN세계여성대회는 국제여성운동에 활기를 불어넣게 되었고, 세계 개발에 있어서 여성문제를 제기할 수 있게 해주었다.[13] 또한 UN 세계여성대회는 환경, 인권NGO처럼 여성NGO의 활동을 구체화시켰다.

1975년 선포된 유엔여성의 해 1975~1985(UN Decade for Women)는 국제여성운동에 의해 만들어진 동시에 국제여성운동을 만들어낸 것이라고 평가되어진다. UN 창립당시 25개였던 여성NGO[14]는 유엔여성의 해가 선포되던 해까지 47개로 증가하였다. 이 유엔여성의 해 동안의 주요 업적으로는 여성NGO와 여성운동을 접목시킨 것을 꼽을 수 있다. 보다 정확히 말한다면, 국내여성운동과 국제 NGO가 유엔여성의 해를 만드는데 중추적인 역할을 한 동시에 이 기간을 통하여 각종 UN 모임에 여성인력이 동원되고 여성의 의견이 의사결정과정에 광범위하게 반영됨으로써 비공식적인 국제여성운동이 보다 공식적인 정부, IGO 및 NGO 채널을 통하여 확산되는 계기가 마련된 것이다

1970년 UN총회에서 채택된 "여성의 지위향상을 위한 국제협력 방안"은 국제 여권개념의 발전에 획기적인 전환점이 되었다. 그 배경을 살펴보면 1960년대는 신생독립국의 해라고 불릴 정도로 많은 신생국이 독립한 해이며 UN에 새로운 회원국이 확충된 시기이다.[15]

---

13) M. A. Chen, "Engendering World Conferences: The International Women's Movement and the UN", T. G. Weiss and L. Gordenker (eds.), *NGOs, the UN, and Global Governance* (Boulder: Lynne Rienner Publishers, 1996), p. 139.

14) 1915년 이전에 설립된 여성NGO는 대부분 종교적이었다면 1916년부터 1970년 사이에 조직된 것들은 전문적인 성격을 띠었다.

15) 주준희, "여성과 국제관계: 유엔을 중심으로", 장공자 외 다수, 『새로운 정치학』

멕시코 세계여성회의 선언문은 평등에 대해 인간으로서 남녀의 존엄 및 가치의 평등과 남녀의 권리, 기회 및 책임의 평등을 의미한다.[16] 개발에 대해서는 개발의 궁극적인 목적은 모든 인간이 보다 질적으로 향상된 생활을 누리도록 하는데 있으며 이것은 경제적, 물질적 자원의 개발에 그치지 않고 인간의 육체적, 도덕적, 지적, 문화적 성장을 의미한다.

제3세계 여성들은 개발과 평화가 정치적 구호만은 아니고 저개발국가의 여성이 겪는 고충의 근본 요인이었다. 그들에게 있어서 여권의 우선적 과제는 생존과 개발이며, 이를 위해서는 제국주의가 종식되어야 하고 국가간의 부의 재분배가 이루어져야 한다고 믿고 있다.[17]

이러한 배경 속에서 멕시코회의의 행동강령은 정치참여, 건강, 교육, 고용, 직업훈련 등 여성의 관심사와 문제에 집중되었다.[18] 개발도상국의 여성개발을 위한 프로젝트는 주로 보건, 영양, 가족계획, 식수, 소득창출 등과 같은 여성들의 실질적인 요구에 부응하는데 초점이 두어졌다. 이는 남성과 여성간의 불평등한 성별관계를 개선하기보다는 여성의 전통적인 성 역할을 수용하고 이 역할을 통해 보다 효과적인 성과를 이루려는 것이었다. 결국 이것은 여성과 남성의 차별적인 상황을 간과하는데 한계가 있음을 지적 받고, 그들의 계획이 '백화점식 나열(shopping list)'이라는 비난을 받았다.[19]

(서울: 인간사랑, 1988), p. 241.

16) 한국여성개발원, 『유엔여성 10년 관련자료집』, 1986, p. 16.

17) 주준희(1998), p. 244.

18) Pietila and Vickers, *Making Women Matter: The Role of the United Nations*, (London: Zed Books, 1994), p. 76.

19) R. Jahan, "The International Women's Year Conference and Tribune", *International*

1979년에는 유엔차별철폐협약의 이행과정을 심의하기 위해 여성차별철폐위원회가 설치되었고, 총회에서 채택되어 1981년 9월 20개국 이상의 비준을 받아 효력을 발행한 '여성에 대한 성차별 철폐에 관한 협정'(Convention on the Elimination of Discrimination Against Women)은 다양한 여권개념을 광범위하게 종합한 것이다.[20]

1980년 UN여성개발 10년 사업의 중간점검을 위해 개최된 코펜하겐 세계여성회의는 멕시코에 비해 훨씬 규모가 크고 참가자 수도 증가하였다. 정치적·이념적·문화적 배경의 차이에도 불구하고 여성의 공동문제를 해결하려는 여성NGO들도 7000여 명이 참가하였다. 여성의 평등에 관한 이슈와 시오니즘을 열거하는 등 정치적 논쟁이 격화되는 양상을 보여주었다.

이러한 정치적 논쟁은 여성회의를 정치화하였고 코펜하겐 세계여성회의의 사업계획은 여성의 교육, 건강, 고용이라는 부제를 설정하여 이 문제에 치중하였다. 그 중에서도 적절한 건강대책 및 교육시설 대책을 통해 남성과 평등한 자격으로 경제활동과 고용기회를 증진시키고 개발과정에 여성을 참여시키기 위한 행동지향적 계획을 수립하는데 역점을 두어야 한다고 권고하였다.[21] 또한 평등개념이 확대되어 개발에 있어서 여성이 수혜자임과 동시에 책임 있는 주체로서 개발에 참여할 수 있는 기회

Development Review, Vol. 3(1975), p. 39.

20) 특히 새로운 분야로서 첫째, 가사의 평등한 분담 둘째, 사회복지 서비스 셋째, 보건서비스 넷째, 가족계획 다섯째, 농촌여성의 지위 등이다. UN 스스로가 인정하듯이 이 협정은 "완벽한 법제도는 아니다(though far from being a perfect legal instrument)" 많은 나라가 협정의 제정과정에 유감을 표시하고 비준을 거부하였다. 성차별철폐협정의 성격은 원칙을 선포하고 행동을 촉구하는 것으로 즉각적 법적 구속력을 지니는 것이 아니라 회원국이 "모든 적절한 수단을 취할 것을" 요구하는데 그친다.

21) Chen(1996), pp. 140-141.

의 평등이라는 새로운 개념이 추가되었다.[22)]

1985년 나이로비에서 개최된 세계여성회의는 UN여성개발 10년 사업의 점검과 미래지향의 전략으로 진행되었다. 이 회의에 참가한 참가자 수는 157개 국가에서 2,000여명의 대표자, UN에서 협의자격[23)]을 얻은 수백 개의 NGO 등 멕시코 세계여성회의 보다 두 배나 많았다. 더욱 중요한 것은 150여 개 국가에서 14,000명의 여성들이 참가하여 1,100개의 NGO포럼을 개최하였다.[24)]

이 회의는 여성의 발전을 위한 미래전략(Forward Looking Strategies for the Advancement of Women)에 중점을 두었고, 여성의 지위향상을 위한 미래전략에는 여성의 사회진출을 저해하는 요인들을 극복하기 위한 확고한 조치가 제시되었다. 이 10년 기간동안 가장 두드러진 변화는 세계 각국의 여성NGO들의 유형과 수가 증가했고 NGO들간의 연립, 네트웍이 형성되었다. 수 천명

---

22) 한국여성개발원(1986), p. 72.

23) 유엔경제사회이사회의 협의자격(Consultative Status)은 Category I 은 포괄적 협의 지위(General Consultative Status), Category II는 특정분야 협의 지위(Special Consultative Status), Category III은 Roster로써 명의 등재(Roster Status)등 세 가지 종류로 구분한다. ① 포괄적 협의지위(General Consultative Status)를 갖는 NGO들은 경제사회이사회(Economic and Social Council: ECOSOC)기 다루는 대부분의 분야와 관련되어 활동하며 ECOSOC 및 산하위원회 회의에 참석, 질의, 결의문 제출 등 명실상부한 공식 자문기관으로서의 역할을 수행할 수 있다. ② 특정분야 협의 지위(Special Consultative Status)를 갖는 NGO는 ECOSOC가 다루는 특정분야에 한해서만 의제를 제안할 수 있다. 즉, ECOSOC 및 관련분야 전문기구 활동에 참여할 수 있으며 서면 혹은 구두로 발언이 가능하다. ③ 세 번째 범주에 속하는 NGO는 명의 등재(Roster Status)로 ECOSOC과 그 산하기구 및 여타 유엔활동에 간헐적인 관심을 갖는 NGO들이며, 비정기적으로 유엔회의에 참석하거나 문서로 된 의견을 보낼 수 있다. UN ECOSOC, *Work of the Non-Governmental Organizations Section of the Secretariat: Report of the Secretary General*, 8 (May 1998). http://www.un.org/esa/coordination/ngo.html (검색일: 2002. 12. 26)

24) Pietila and Vickers(1994), p. 7.

의 여성이 세 번의 세계여성회의에 참가를 하는 동안 수 만 명의 전 세계 각국 여성들이 동원되었다.[25] 여성NGO의 이념의 스펙트럼은 비종교적, 종교적, 급진적, 진보적, 풀뿌리, 엘리트 등으로 다양하게 나타났다. 여성NGO들은 여성의 복지, 개발, 변화를 위한 여성의 재조직, 여성의 일터와 생활 속에서의 연구, 여성의 변화에 대한 옹호 등의 일에 참여했다.

국제여성운동은 멕시코 세계여성회의 이후 UN 여성개발 10년 동안 성장하였고 1992년에 열린 리오 환경회의, 1993년의 비엔나 세계인권회의, 1994년 카이로 인구개발회의를 통하여 강화되었다. 국제여성운동은 UN의 체제와 연결되어 정치적・전략적 기술에 있어서 많은 발전을 이루었다.

여성NGO는 리오, 비엔나, 카이로 회의에서 나왔던 여성관련 의제가 1995년 베이징에서 열릴 제4차 세계여성회의에서 잘 실행되는가를 감시하는 것이었다.[26] 1995년 베이징에서 개최된 제4차 세계여성회의는 189개국의 정부대표 5,700명, NGO 대표 4,000여 명, 언론인 3,200여 명 등 총 13,000명이 참가한 국제회의였다. 이 회의의 목적은 나이로비 이후 10년 간의 여성개발을 평가하고 21세기 여성개발 행동강령[27]을 채택하는 것이다.

---

25) Irene Tinker and Jane Jaquette, "UN Decade for Women: It's impact and legacy", *World Development*, Vol. 15, No. 3(1987), p. 419.

26) Charlotte Bunch and Niamh Reilly, *Demanding Accountability: The Global Campaign and Vienna Tribunal for Women's Human Rights* (New Brunswick, NJ: Rutgers Univ., 1994), pp. 110-111.

27) 여기서 논의된 주요 문제는 다음 12가지이다. ① 빈곤의 부담, 빈곤의 여성화, ② 불평등한 교육기회, ③ 불평등한 보건서비스, ④ 여성에 대한 폭력, ⑤ 무력갈등 상황이 여성에게 미치는 영향, ⑥ 경제구조와 정책에 있어서 불평등, ⑦ 정책결정 참여에 있어서 불평등: 정책결정 참여를 통한 권한위임(empowerment), ⑧ 여성담당기구의 취약성, ⑨ 여성의 인권, ⑩ 미디어에 나타난 여성에 대한 고정관념 및 미디어에 있어

베이징 세계여성회의의 행동강령의 특징은 첫째, 남녀평등이라는 궁극적인 목표를 이루기 위한 전략으로 성 주류화(gender mainstreaming)[28] 개념을 공식적으로 채택했다. 성 주류화는 양성평등을 이루기 위해 성관점이 모든 과정에 통합되는 것을 의미한다. 둘째, 지속가능한 개발을 위한 여성의 권한위임 및 네트워크가 필수적이다라는 것을 전제한 점이다. 권한위임과 네트워크는 남성들에게 여성을 제대로 대우해달라고 요구하는 것이 아니라 여성들이 능동적으로 정치, 경제, 사회, 문화의 정책결정에 참여하는 방법을 모색하며 여성들 스스로 네트워크를 통해 연대한다는 의지를 표명한 것이다.

2. 동북아에서 활동하는 여성NGO

1) 중국여성 NGO의 활동

중국은 지난 1979년에 경제를 개방한 이후 성장제일주의를 추구하였던 것을 이제는 지속가능한 경제성장으로 추구하고 있다. 중국에서 정부조직 이외에 다양한 사회조직들이 등장하게 되고 있다는 사실은 매우 흥미로운 현상으로 주목받기에 충분하다. 시민단체가 결성될 수 있다는 것은 초기적인 단계이나마 시민국가화하고 있다는 증거인 동시에 기존의 정치 사회적 틀에

서의 불평등, ⑪ 자연자원 관리와 환경보존에 있어서의 불평등, ⑫ 여아의 생존, 보호, 개발 등이다.

28) 성 주류화란 "체계적인 절차와 메커니즘을 향한 도약을 의미하며 젠더 이슈를 주로 정부와 공공기관의 모든 의사결정과 정책실행에 고려해야 한다는 것"이라고 정의함. 주류화는 1985년 나이로비 세계여성회의 개최 이후 개발관련 문헌에서 간헐적으로 등장하기 시작하였다. 당시 공식적인 정의는 없었고 다만 용어 사용을 통해 그 의미가 정착되었다고 볼 수 있다.

대한 반발이 예상되기 때문이다.[29]중국의 사회조직이 생기게 된 배경에는 지난 20여 년 동안 추진되어온 경제정책과 개방화정책에 힘입었다고 본다. 그러나 아직까지 중국의 NGO들은 서구적인 입장에서 보면 상당히 괴리감을 느낄 수밖에 없다. 중국의 NGO들의 특징은 사회주의 노선을 완전히 탈피하지 못한 정치적 환경속에서 자생적으로 성장했다기 보다는 관이 주도하는 관의 입장을 대변하기 위하여 생성된 경우가 많기 때문이다.[30] 독립성의 정도가 서구의 NGO들과 비교하여 미약하다. 중국의 사회조직의 성장은 다분히 중국적인 시각에서 조명되어야 할 것이다. 중국은 시장경제의 원리를 도입하는 등의 경제개혁을 실시함으로써 시민들 생활의 질적 향상을 가져왔다. 그러나 반대급부로 사회적으로 불평등한 부의 편중과 자연환경의 악화 등에 많은 사회적 문제를 초래하였다. 여성정책에 있어서 개혁개방이 시작된 이후에는 뚜렷한 여성정책이 제시되고 있지는 않지만 전체적으로 볼 때, 여성의 지위가 하락했다고 보기는 어렵고 가구내 지위는 더욱 높아졌다.[31]

이런 중국 상황에서 동아시아여성회의[32]에 참석한 중국대표

---

29) 안형기 외 4인, "동북아 3국 환경NGO의 실태분석: 국제적 연대방안의 모색",『한국정책학회보』 제9권, 제1호(2000), pp. 351-352.

30) National Committee on U.S-China Relations, "The Rise of Nongovernmental Organizations in China Implications for American", 1994, pp. 1-5.

31) 신은영, "중국의 개혁개방정책과 도시여성의 지위",『한국여성학』, 17권 1호(2001), p. 17.

32) 2000년 6월에 개최된 동아시아여성회의는 1995년 북경여성대회이후의 5년, 그 이후의 동아시아(After Beijing+5)를 주제로 열린 회의이다. 1995년 세계여성운동사에 일획을 그은 북경여성대회와 그 성과물인 북경행동강령이 그동안 동아시아 각국에서 어떻게 이행되었는지, 이 지역의 여성인권향상에 있어서 현재까지의 장애물이 무언지, 앞으로 이루어야할 과제가 무언인지를 논의하기 위해 한국여성NGO네트워크가 주최한 모임이었다.

는 1995년 북경여성대회 이후 중국여성단체들은 북경 행동강령의 이행을 추진하는데 적극적으로 참여하였으며 이 과정에서 여성의 지위향상에 많은 성과를 이루었다고 보고 있다. 중국정부는 국가 의회 아래 여성과 아동을 위한 전국실행위원회를 설립하였고 북경행동강령이 제시하는 12개 이슈에 준하여 2005년까지의 10년 계획을 설정하였다. 중국여성단체들은 북경행동강령 이행을 위한 국내프로그램을 개발하고 그 이행을 감시하였다. 농촌 여성의 지위와 빈곤퇴치 등을 주요이슈로 설정하여 활동하였고 여성에 대한 폭력에 대응하기 위한 여성전화상담 서비스를 실시하였다. 지난 5년간 중국사회의 성평등, 여성인권향상 추진에 많은 진전이 있었지만 중국의 경제적인 여건과 보수적인 인식(가부장적 사고)이 여성의 지위향상에 여전히 장애요인으로 작용하고 있다. 중국여성들의 지위개선을 위한 국제후원기구들의 협력 또한 중요한 역할을 하고 있다.

2) 일본의 여성NGO 활동

일본은 1960~70년대에 이미 활발한 시민운동의 시대를 겪은 나라이다. 동북아에서 가장 발전한 경제대국이기도 한 일본은 1970년대 들어오면서 풀뿌리 차원에서의 시민운동의 전개와 더불어 여성의 의식이 변화하기 시작한다.[33] 이러한 새로운 흐름은 도시여성들이 육아기를 거쳐 자기실현을 모색하는 가운데 적극

33) 1975년 세계여성의 해를 계기로 하여 국제사회로부터 요구가 일본 여성의 지위향상을 위한 도약의 전환점이 되며 국정, 지방정치 양 차원에서 여성의원의 수와 비율이 상승하고 있다. 1980년대 이후 일본 여성의 정치참여는 보다 증대되어 1997년 여성의원 비율은 7.7%로 저조한 양상을 보이고 있다. 한영구, "일본여성의 정치참여", 이범준 외 저, 『21세기 정치와 여성』(서울: 나남, 1998), pp. 404-414.

적인 사회참여를 시도하려는 의식변화를 나타내는 것이다.

일본은 아동과 여성의 인신매매와 성착취가 가장 심각하게 일어나는 아시아의 현실을 세계적 연구통계를 통해 발표하였고 이를 근절하기 위한 국제기구 및 조약들에 반해 여전히 많은 빈민소녀와 여성들이 태국, 스리랑카, 방글라데시 등지에서 일본으로 팔려와 인권을 유린당하고 있음을 설명하였다. 당시 8만 명의 아시아 여성들과 소녀들이 일본에 거주하며 섹스산업에 개입되고 있다. 이들의 대부분은 불법체류자로 정부의 보험혜택을 받지 못하고 있다. 가수로, 무용수로 팔려오는 이 여성 및 소녀들은 포주들의 수입을 위해 매매춘을 할 것을 강요당하고 제대로 급여를 받지도 못한다. 일례로, 13세의 어린 소녀들이 하루밤에 5명의 남성을 상대할 것을 강요받는다. 이들은 성병에 감염되어도 의료서비스를 제대로 받지 못하고 불법체류자로서 열악한 입지에 있다.

일본의 관련법은 이러한 성학대 피해자들 스스로가 사건발생 6개월 이내에 일본 경찰에 신고할 것으로 규정하고 있는데 이는 실현가능성이 극히 적은 것이다. 또한 일본정부는 불법체류하는 섹스산업종사자들을 처벌할 것을 결정하여 이들 외국인 매매춘 여성들은 이중으로 희생되고있다. 일본의 범람하는 전화클럽도 향락 섹스산업의 한 통로이며 여성의 몸을 대상화하는 음란 출판물은 서점은 물론, 편의점 심지어는 자동판매기를 통해서도 유통되고있다. 1999년에 제정된 일본의 새로운 법은 포르노그래피의 유통을 금지하고 있지만 불충분한 것으로 지적된다.

3) 한국의 여성NGO 활동

60년대 한국의 여성정책은 문맹퇴치, 부녀계몽사업의 성격으로 추진되어 오다가 70년대 들어와서는 경제성장정책에 따라 여성의 고용과 복지문제가 주요 정책대상이 되어왔다. 앞에 2장에서도 지적하였듯이 WID 정책은 한국에서 줄곧 추진되어 왔음에도 불구하고 양성평등의 문제를 개선시키지 못했다. 이는 여성정책을 포함한 국가의 정책형성과정에서 여성의 정치참여가 저조할 뿐 아니라 정책결정자에 있어 정부가 주요 행위자로서 결정적으로 영향력을 행사하기 때문이다.[34] 이후 2001년 여성부의 출범과 더불어 여성NGO와의 협력관계를 도모하고 있다.

이번 회의에 한국에서는 여성인권의 장애요인인 매매춘 및 향락산업의 근절을 위한 한국 여성단체들과 여성경찰공무원들의 노력을 소개하였고 최근 국회의원선거에서 진보진영의 총연대로 벌인 낙선운동을 여성단체들이 적극적으로 참여한 운동의 성공사례로 들었다. 몇 년 전부터 진행된 한국의 인권법 및 인권기구설립 논의와 여성인권과의 연관성, 여성단체들의 적극적 참여가 거론되었다. 또한 여성과 정보화에 관해서 여성정보화프로젝트와 여성전자네트워크교육(Women Electronic Network Training: WENT)을 소개하고, 정보화시대에 여성운동진영이 온라인을 더욱 활용할 필요성을 강조하였다. 국내적, 국제적 의사결정과정에 여성단체들의 참여를 높이기 위한 방편으로 조직구조의 개편과 내용의 전문성 확보 및 유엔 경제사회이사회의 협의단체로 등록할 것 등을 주장하였다.

유교문화권에서 특히 연장자 중심적인 질서 안에서 젊은 여성활동가들은 선배활동가들과 동등한 입지를 갖지 못하는 경우가 많고 젊은 여성, 소녀들의 인권이 소외되거나 혹은 단지 다른

34) 조기숙, "한국의 여성정책결정과정 연구", 이범준 외 저, 『21세기 정치와 여성』(서울: 나남, 1998), pp. 196-198.

나이층의 여성들에 의해서 대변만 되는 경향이 동아시아여성회의에서도 나타났다.[35]

동북아시아에서 여성NGO의 연대활동 중 성공한 사례 중의 하나가 정신대문제이다. 전두환 대통령의 방일일정이 발표되었던 1984년에 처음으로 여성들에 의해 제기된 정신대문제는 교회여성연합회 등 여성단체들은 여자정신대문제 등이 조속히 타결해야 할 선결과제라는 서한을 대통령에게 보냈다. 정신대문제에 대한 본격적인 대응은 90년 11월 한국정신대문제공동대책협의회가 구성되고 김학순할머니 등의 피해자 증언으로 정신대문제는 사회화되고 국제적으로 여론화되었다. 정대협은 현재 22개 단체가 모여 일본군 위안부 피해자들의 인권회복과 한일간의 왜곡된 역사를 바로 잡기 위한 다양한 사업들을 전개하고 있다.

일본정부는 아직도 공식사죄와 배상을 거부하고 있지만 10년 이상 수요시위 등을 통하여 진상규명, 전쟁범죄의 인정, 공식사죄, 전범자 처벌, 위령탑과 사료관 건립, 피해자 배상, 역사교과서 기록 등의 7대 요구를 주장하고 있다. 이 수요시위는 여성인권과 평화를 위한 기나긴 투쟁이며 인권교육의 현장이다. 생존자 지원 및 복지활동도 포함된다.

50년이 지난 후, 이 문제를 역사의 암흑으로부터 끌어낸 것은 한국의 여성 연구자와 운동가들이었으며 필리핀을 비롯한 아시아 다른 피해국에서도 여성단체들이 중심이 되어 운동을 벌여오고 있고 일본의 많은 여성단체들이 여기에 적극적으로 동참했다.[36] 이 문제는 결국 여성억압체제가 만들어낸 산물이라는데

---

35) 조김유경, "Beijing+5, 동아시아여성회의", 한국여성네트워크 자료, 2000 http://www.wngonet.or.kr/자료실(검색일: 2003. 1. 2)

36) 정진성, "동아시아 정신대문제와 여성인권", 『사상』(1996, 겨울호) 참조.

합치점을 이루었던 것이다. 이 점은 곧 세계의 여성단체들을 묶는 것이 되기도 했다. Trafficking Women 등의 NGO가 UN에서 한국단체들과 협력했으며, 1993년 비엔나 인권회의, 1995년 베이징 여성대회 등에서 여러 나라들의 여성단체에서 이 문제를 중요한 여성인권의 침해문제로서 주목했다. UN 인권위원회에서는 여성에 대한 폭력 문제를 다루는 특별보고관으로 하여금 이 문제를 조사 보고하도록 하였다. 일본정부에게 정당한 배상을 하도록 요구한 보고서가 1996년 발표되었을 때, 여성단체를 중심으로 한 58개의 단체들이 이것을 지지하는 모임을 만들었다.(International Alliance Supporting Coomaraswamy's Report on Military Sexual slavery in War Time)

2000년 12월 도쿄에서 일본군 '위안부'문제의 진상을 규명하고 책임자를 처벌하는 민간법정인 '일본군성노예전범 국제여성법정'을 피해국의 관련단체들과 세계 전시여성에 대한 폭력(VAWW-Net)과 연대하여 개최하였다. 이 법정은 여성인권운동사에서 중요한 의미를 가진다. 2001년에는 일본국왕의 전쟁범죄에 대한 유죄판결을 이끌어내는 성과를 낳기도 하였다. 비록 일본정부의 공식 배상을 이끌어 내지는 못하고 있지만 여성운동사에서 성공적인 운동의 모델로서 평가받고 있다.

위안부문제에 응집된 전쟁시 여성인권의 문제를 심도있게 연구하고 자료화하고 교육하기 위해 2001년 '전쟁과 여성인권센터'를 만들었는데 위안부문제만이 아니라 한국의 과거의 전쟁시 여성인권상황에 대한 연구도 다루고 있다. 이러한 모든 노력은 여성 억압의 사회적 조건이 변하지 않는 한, 정신대 문제와 같은 인권침해의 문제는 형태를 달리 하면서 지속될 것이다.

Ⅳ. 동북아 여성 NGO의 역할

1. 동북아 여성문제 현안의 이슈화

1975년 이후 네 차례의 세계여성회의에서 여성문제 논의에 동서분쟁, 남북분쟁의 정치적 영향이 강력하게 개입되었음을 보여 주었고, 국가 대표들이 여성문제에 대한 협력보다는 정치적 수사학 및 국가의 정치적 입장에 제한되었음을 나타내고 있다. 그럼에도 불구하고 여성NGO의 여성문제 관련 활동은 전세계적으로 여성의 문제에 대한 관심, 활동 및 정책을 격려하고 구심점을 제공하여 베이징 여성대회에서 나타난 바와 같은 보다 세분화되고 새로운 국제규범으로서의 발전을 도모해 왔다.[37]

동북아 지역의 여성NGO는 주제별 네트워크를 형성하여 정보를 공유하고 각국의 활동을 지원하며 나아가 지역 워크숍, 포럼 등을 개최하고 교육자 네트워크, 행동수행 그룹 등을 구축하는 것이다. 이들 활동을 바탕으로 한 동북아시아 지역캠페인 개최를 궁극적으로 목표로 하는 것이다.

동북아 역내국가간 위협인식의 차이, 문화・역사・이념적 다양성에 따른 다자간 협력 전통의 결여로 인한 역내국가간의 부정적이고 소극적인 태도와는 달리 여성문제 있어서 동북아 국가들의 협력은 포럼, 세미나, 국제회의, 성명서 발표, 사안별 연대, 지역 네트워크 형태로 이루어지고 있다. 주요 여성NGO들은 동북아 여성권익과 지위에 관한 실무 활동에서 역할을 하고 있다.

국제사회의 의사결정에 있어 NGO가 자신의 견해를 투입하는 경로는 두 가지 방식이 있다. 하나는 자신이 속한 국가의 정부에

---

37) 라미경, "글로벌거버넌스 차원에서의 여성NGO의 역할", 『현대사회와 행정』, 제12권 2호(2002), pp. 41-42.

대해 압력을 행사하여 정부로 하여금 국제기구 등의 국제적 의사결정과정에서 자신의 요구를 반영해 활동하도록 하는 방식이고, 다른 하나는 국제적 여론형성에 영향력을 갖고 있는 NGO들은 국제기구의 의사결정과정에 압력과 로비를 행사해서 보다 직접적으로 자신의 요구를 투입하는 방식이다.[38] NGO는 개별적인 활동뿐만 아니라 NGO간의 연대는 인적교류, 보고서 공동제작, 정보교류, 성명서, 항의방문 등을 통해서 동북아 여성의 문제를 국제사회에 알리고 여성문제의 현안을 이슈화하고 있다.

2. 초국가적 시민사회의 사회자본 형성: 신뢰구축

국내 및 국제NGO들과 사회운동이 번창 혹은 초국가적 시민사회의 번성으로 초국가적 시민사회는 시민행동의 범위를 주권국가의 제도적 한계를 뛰어넘는 영역으로 확대시켜 놓았다. 초국가적 네트워크를 통한 캠페인은 다양한 영역에서 자주 사용되어 왔으며 지금까지 많은 성공 사례들을 만들어 왔다. 특히 정신대문제대책협의회는 필리핀, 대만, 홍콩, 태국, 인도네시아 그리고 일본 NGO와 더불어 공동으로 아시아 연대 활동을 하였다. 그러나 초국가적 네트워크를 구성하기 위해서는 민족주의 언어와 문화의 다양성 등을 극복해야 하고 실제로 통신비용과 교통비용 등 경제적 부담도 크게 지불해야하는 어려움이 있다.

사회자본은 개인 또는 집단간의 다양한 측면을 의미하기 때문에 학자마다 강조하는 측면에 차이가 있다.[39] 그러나 사회자본

38) 주성수・서영진, 『UN, NGO, 글로벌 시민사회』(서울: 한양대출판부, 2000), p. 29.
39) 사회자본은 긍정적인 측면과 부정적인 측면을 같이 갖고 있다. 개인 또는 조직간의 신뢰와 협력을 통한 공동체 형성이 전자에 속한다면 마피아집단이나 연고집단 내의

은 행위자간의 관계구조에 내재하는 것으로 인식될 수 있다.[40] 즉, 사회자본은 여러 사람들간의 관계에서 사람들이 공통의 목적을 위해 조직 내에서 결속하고 함께 일할 수 있는 능력이다. 푸트남은 사회 효율성을 높이는 신뢰, 규범, 네트워크와 같은 사회조직의 특성을 사회자본으로 정의한다.[41]

동북아에 활동하고 있는 초국가적 여성NGO 연대는 동북아 여성에 관한 공통의 목적을 위해 조직내에서의 결속과 신뢰를 구축하는 역할을 하고 있다.

3. 지역간 국제기구의 실행능력 보강

일반적으로 공식 국제회의에 참석한 국제NGO들의 역할은 로비나 감시활동을 하는 것이 상례인데 여성NGO는 UN여성회의에 적극적인 행위자로 UN회원국들로 하여금 여성의 지위와 사회참여를 개선시키는 것이 분명하게 명시된 의제를 만들어 각국의 여성관련 법률이나 잘못된 구조를 바꿀 수 있도록 영향력을 행사하였다.

1995년 9월 베이징에서 열린 제4차 국제여성회의에서 성공적인 NGO 로비스트들의 활동에서도 볼 수 있듯이 UN회의에서 여성과 관련한 제반 이슈들, 특히 논란이 되는 이슈들을 협상테이블로 끌어들여 협상진전을 효과적으로 보기 위하여 여성 NGO

독특한 구조와 행동양식에 의한 사적 이익 추구는 후자에 속한다.

40) J. Coleman, *Foundations of Social Theory* (Cambridge: Belkanp-Harvard University Pres, 1990), pp. 300-321.

41) R. Putnam, *Making Democracy Work: Civic Traditions in Modern Italy* (Princeton: Princeton University Press, 1993), p. 167.

의 역할은 필수적이다.[42] 또한 여성 NGO들은 힘없는 사람들의 대변인으로서 세계 힘의 재분배에 특히 많은 관심을 기울이고 이를 실행하고자 노력하여 왔다. 예를 들면, NGO는 상대적으로 혜택을 덜 받은 사람들을 대변하는 조직임에도 불구하고 대부분의 NGO본부와 지부가 유럽이나 북미에 집중해 있고 10% 미만의 NGO 본부만이 개도국에 있을 뿐이다. 그러나 1980년에서 1989년 사이에 설립된 30개의 여성NGO들 중 절반이상이 제3세계에 그 본부를 두고 있다.[43]

결국 NGO는 특히 공론화와 대중적 지지동원을 통해 정부나 국제기구의 결정 및 활동에 정당성을 부여함으로써 그 실효성을 증대시킨다. 많은 국가의 정부와 국제기구들이 NGO들과 정기적으로 협의하고 지지를 구하는 것도 NGO의 이 같은 역할 때문이다.

Ⅴ. 결론

위와 같이 95년 북경세계여성대회 이후 동북아의 평화와 여성문제를 해결하기 위해 활동하고 있는 여성NGO의 현황과 역할에 대해 살펴보았다. 북경 세계여성회의 이후 여성정책의 새로운 패러다임으로 강조되고 있는 성주류화는 여성발전을 위한 패러다임일 뿐 아니라 사회시스템 운영의 새로운 패러다임으로서의

42) 이신화, "국제환경시대와 여성", 이범준 외, 『21세기 정치와 여성』(서울: 나남, 1998), pp. 600-618.

43) B. Russett and H. Starr. (1989). "Nonstable Actors in the Contemporary System", *World Politics: The Menu for Choice* (New York: W. H. Freemen and Company, 1989), pp. 64-72.

의미를 갖는다. 이는 여성이 사회전반의 주류영역에 완전하게 참여하여 목소리를 내고, 사회정책 및 프로그램에 성 관점이 통합되며 결국 사회발전의 목표와 원리, 운영방식이 전환되는 것을 의미하는 개념이다.

동북아여성운동의 발전을 위해 역내 지역간의 상호협조와 이를 통한 국제 네트워크 안에서의 세력화가 중요함은 다시 강조할 필요가 없다고 본다. 동북아 여성NGO의 연대는 언어와 문화의 괴리, 서구문화중심의 국제회의 운영체계에 관한 문제의식도 가지지만 이 지역의 목소리를 키울 수 있음은 분명한 사실이다. 동북아지역은 정치적 다양성, 문화적 동질성, 경제적 차이성을 동시에 지닌 단순하지 않은 지역이지만 이 복합성을 살려내어 서로의 경험에서 각자와 우리의 대안을 내는데 교훈을 얻을 수 있을 것이다.

성차별이 없는 더불어 사는 세상을 위해서는 여성의 적극적인 참여가 필수적이며, 이것은 궁극적으로 인류 복지의 구현을 향한 21세기 패러다임의 또 한 축을 형성하게 될 것이다. 여성인력의 전략적 활용은 전세계적인 추세이므로 과거처럼 남녀의 보완적 관계에서 보조적인 역할 수행에 그치게 할 것이 아니라, 핵심적인 역할을 부여하여 남녀 인력간 진정한 협력관계가 이루어지도록 유도해야 할 것이다. 북경대회 이후 여성운동은 단순한 불평등의 시정을 요구하는 수준에서 벗어나 소비자문제에 이르기까지 국제화하고 있는 추세이다.

특히 디지털 시대에는 섬세하고 지적인 능력, 소프트한 감성이 중시될 것이기 때문에 여성의 능력 발휘는 이제 국가의 장래를 결정하는 매우 중요한 관건이 되었다. 사회 전반적으로 여성의 역할에 대한 필요성과 당위성을 제고하기 위하여 비정부기구를 통한 여성 스스로의 적극적이고 개혁적인 사고와 행동이 선행되어야 할 것이다. 기존의 정부기구(GO)시스템에 의해 남성위주 제도의 벽이 극복되지 못하고 남녀간 비합리를 표출했다면 이제는 비정부기구(NGO)시스템에 의해 여성들의 역동적인 활동을 사회·경제·문화의 각 분야에 접목시켜야 할 때다.

한국 여성NGO가 국제여성운동 혹은 정책결정과정에 참여하기 위해서는 몇 가지 전략이 필요하다. 첫째, 시민사회가 비국가적·비개인적·자율적 중간매개 공간이라면, 시민운동과 마찬가지로 여성운동도 지속가능한 대안적 발전을 위한 프로그램을 제시해야 한다. 남녀간 활동 영역을 구분하는 깊이 뿌리박힌 유교사상으로 인하여 여성의 사회진출이 저조하기 때문에 여성 다수의 참여를 이끌어낸다는 것은 매우 어려운 과제가 된다. 우선적으로 개선해야 할 문제라면 참여 프로그램의 개발이다.

둘째, 국제회의 전문가 양성이다. 성 주류화 전략을 중심으로 동북아 여성NGO연대가 활발하게 진행되고 있다. 국제회의에 언어적, 문화적, 경제적 장벽을 넘어서 한국 여성의 문제를 국제사회에 알리는 국제회의 전문가 양성이 시급하다.

셋째, 정보네트워크 활성화이다. 여성NGO는 여성들의 자발적 참여와 네트워크 조직방식을 더욱 적극적으로 활용해야 한다. 풀뿌리 민주주의를 지향하는 이런 전략은 급속히 개인주의화되어 가는 자본주의 생활양식에 대응해 사회적 연대와 평등한 의사소통을 활성화할 수 있으며 이기주의·가족주의·정치적 무관심에 빠져 있는 시민들을 공적 토론과 행동의 장으로 이끌어내는 데 기여할 수 있다. 인터넷 사용이 폭증하는 것에 비례해서 온라인을 통한 운동전략을 어떻게 모색할 것인가의 문제는 향후 여성운동의 성패를 가늠할 수 있는 중요한 조건의 하나이다.

마지막으로 여성NGO 자체의 자기 검진과 정화를 위한 시스템 확보와 비판구조를 형성하는 문제이다. NGO 역시 견제와 비판 없이 지속적인 자기 개혁과 발전을 이룰 수 없기 때문이다. 따라서 여성NGO 내부의 '헌장'이나 '규정' 같은 상징을 개발하고 NGO와 활동가들에 대한 평가 척도를 만들어 적용하는 자율적 시스템을 마련해야 한다.

■ 참고문헌 ■

강동구 역, 『여성과 종교』, 서울: 서광사, 1992.

김은경, "유엔과 여성발전", 이범준 외 저, 『21세기 정치와 여성』, 서울: 나남, 1998.

김혜숙, "조선시대의 권력과 성", 『한국여성철학』, 한울아카데미, 1995.

라미경, "글로벌거버넌스 차원에서의 여성NGO의 역할", 『현대사회와 행정』, 제12권 2호 (한국국정관리학회, 2002).

박용옥, "유교적 여성관의 재조명", 한국여성학회 편, 『한국여성학』, 서울: 이우, 1985.

박의경, "자유 개념에 관한 여성주의적 고찰", 『한국정치학회보』, 33집 3호 (가을, 1999).

서선희, "동양의 전통사상과 페미니즘", 『21세기 정치와 여성』, 서울: 나남, 1998.

신옥희, "동양의 전통사상과 한국적 여성철학의 전망", 『한국여성철학』, 한울아카데미, 1995.

신은영, "중국의 개혁개방정책과 도시여성의 지위", 『한국여성학』, 17권 1호, 2001.

안형기 외 4인, "동북아 3국 환경NGO의 실태분석: 국제적 연대방안의 모색", 『한국정책학회보』 제9권 제1호, 2000.

이미경 · 임혜란, "한국여성정치 연구에 대한 비판적 검토", 『한국정치학회보』 35집 2호 (여름, 2001).
이신화, “국제환경시대와 여성”, 이범준 외, 『21세기 정치와 여성』, 서울: 나남, 1998.
이와모토 미사코, “일본의 섹슈얼러티와 재생산”, 동아시아의 근대성/세계화, 한·중·일 국제학술대회, 2002. 6월.
장공자, “전통 유가사상의 여성관에 대한 재조명”, 한국정치학회 춘계학술회의 발표문, 1998.
정진성, “동아시아 정신대문제와 여성인권”, 『사상』 (겨울, 1996)
정진위 외, 『새로운 동북아 질서와 한반도』, 서울: 법문사, 1998.
조기숙, “한국의 여성정책결정과정 연구”, 이범준 외 저, 『21세기 정치와 여성』, 서울: 나남, 1998.
조김유경, “Beijing+5, 동아시아여성회의”, 한국여성네트워크 자료, 2000.
주성수·서영지, 『UN, NGO, 글로벌 시민사회』, 서울: 한양대출판부, 2000.
주준희, “여성과 국제관계: 유엔을 중심으로”, 장공자 외 다수, 『새로운 정치학』, 서울: 인간사랑, 1998.
주준희, “여성과 국제정치”, 김달중 외 2인 공저, 『국제정치학의 새로운 영역과 쟁점』, 서울: 나남, 1995.
캐롤린 모저, 장미경 외 2인 옮김, 『여성정책의 이론과 실천』, 서울: 문원출판, 2000.
한국여성개발원, 『유엔여성 10년 관련자료집』, 1986.
한영구, “일본여성의 정치참여”, 이범준 외 저, 『21세기 정치와 여성』, 서울: 나남, 1998.

Charlotte, Bunch and Niamh Reilly, *Demanding Accountability: The Global Campaign and Vienna Tribunal for Women's Human Rights*, New Brunswick, N. J.: Rutgers Univ., 1994.
Chen, M. A., “Engendering World Conferences: The International Women's Movement and the U. N.”, T. G. Weiss and L. Gordenker (eds.), *NGOs, the UN, and Global Governance*, Boulder: Lynne Rienner Publishers, 1996.
Coleman, James, *Foundations of Social Theory,* Cambridge, Belkanp-Harvard

University Press, 1990.

Jahan, R.,. "The International Women's Year Conference and Tribune", *International Development Review*, Vol. 3 (1975).

Moser, C. O., *Gender Planning and Development: Theory, Practice and Training,* Routledge, 1993.

National Committee on U. S.-China Relations, "The Rise of Nongovernmental Organizations in China Implications for American", 1994.

Pietila, H and J. Vickers, *Making Women Matter: The Role of the United Nations,* London: Zed Books, 1994.

Putnam, Robert. *Making Democracy Work: Civic Traditions in Modern Italy,* Princeton: Princeton University Press, 1993.

Russett, B. and H. Starr, "Nonstable Actors in the Contemporary System", *World Politics: The Menu for Choice,* New York: W. H. Freemen and Company, 1989.

Smouts M. C., "The Proper Use of Governance in International Relations", *International Social Science Journal,* Vol. 155 (1998).

Tinker, Irene and Jane Jaquette, "UN Decade for Women: It's impact and legacy", *World Development,* Vol. 15, No. 3 (1987).

UN ECOSOC, Work of the Non-Governmental Organizations Section of the Secretariat: Report of the Secretary General, 8 (May 1998).

Weeda, M., "The role of social planning and participation in the refugee context". *Msc in Social Planning in Development Countries Dissertation,* London school of Economics, 1987.

http://www.un.org/esa /coordination/ngo. html (검색일: 2002. 12. 26)

http://www.demos.or.kr/자료실 (검색일: 2003. 1. 20)

http://witness.peacenet.or.kr/kindex.html (검색일: 2003. 1. 10)

http://www.wngonet.or.kr/자료실 (검색일: 2003. 1. 2)

동북아 환경문제를 둘러싼 갈등과 협력: NOWPAP사례를 중심으로

김 현 진
삼성경제연구소 수석연구원

Ⅰ. 서 론

동북아시아에서 지역차원의 환경문제에 대한 공동대응의 필요성이 인식되어 환경협력논의가 전개되기 시작한 것은 1980년대 후반부터이다.[1] 이 시기부터 환경협력논의가 이루어지기 시작한 배경으로 첫째는, 동북아 각국의 경제규모가 급속히 확대

1) 동북아시아 지역의 다자간 환경협력 논의는 91년 Eco-Asia, 92년 동북아환경협력회의(NEAC),동아시아 산성비모니터링네트워크(EANET), 93년 동북아환경협력고위급회의(NEASPEC), 94년 북서태평양행동계획(NOWPAP), 99년 한중일 3국 환경장관회의 등이 체결되어 협력네트워크를 형성하고 있다. 동북아시아 환경협력논의에 대해서는 김현진, "일본의 환경정책과 동북아환경협력", 이태환 편『동북아 환경협력』세종연구소, 2001년을 참조.

되고 지역 국가 간의 경제교류가 활성화됨에 따라 국경을 넘는 환경오염 문제가 표면화되기 시작하였음을 지적할 수 있다.[2)] 둘째는, 냉전체제의 붕괴가 가져온 동북아 지역의 긴장완화라고 하는 상황적 요인이다. 냉전시대에 동북아 지역의 정치 군사적 대립상황 속에서는 모든 분야에 있어 협력논의 자체가 불가능하다고 판단되었으며, 이와 같은 지역적 상황은 환경협력의 움직임을 제약하는 하나의 원인이 되었다. 80년대 후반부터 동서관계의 급격한 변화 속에서 동북아 각국의 대립이 완화(중·소 관계 정상화, 한·소 국교수립, 한·중 국교수립 등)되면서, 이제까지 어려웠던 상호교류가 가능하게 되었다. 이에 따라 환경협력을 위한 협의채널이 가동되기 시작했으며 민간, 지방자치단체, 정부 등 협의채널도 다양해지게 되었다. 이와 같은 상황적 요인은 환경협력을 가능하게 하는 기회의 창구(windows of opportunity)를 제공하는 것이었다고 할 수 있다.[3)]

이 논문은 80년대 후반부터 전개되기 시작한 동북아 환경협력 논의의 협력 요인 및 갈등요인을 분석하는 것을 목적으로 한다. 특히, 동북아지역의 환경협력 논의 중 제도화를 향한 일보 진전된 논의가 이루어지고 있는 해양환경협력분야를 사례로 제도화

2) 80년대 중반부터 산성비 등의 이동성 대기오염 문제 및 해양오염문제가 급부상한 결과, 환경문제가 개별국가의 해결능력을 넘는 지역차원의 문제로서 인식되게 되었다.

3) 환경레짐 형성에 영향을 미치는 요인 중 하나로 문제영역의 외부에서 전개되는 상황적 변화 요인이 주목되기 시작하고 있다. 북극의 환경레짐 형성과정을 연구한 오란 영을 중심으로 하는 연구그룹은, 문제영역의 외부에서 진행되는 상황적 변화(전쟁의 발발, 국가간의 관계개선)가 레짐형성의 장애요인을 제거하여 레짐창출의 기회의 창구를 제공하게 된다고 지적하고 있다. O. R. Young & G. Osherenko, *Polar Politics: Creating International Environmental Regimes*, Ithaca and London: Cornell University Press, 1993, pp. 245-246.

논의를 가능하게 한 제반요인과, 그럼에도 불구하고 제도화 논의가 실질적이고 구체적인 협력의 이행으로 이어지지 않고 있는 원인을 분석한다.

해양환경오염을 둘러싼 지역협력논의는 1989년에 유엔환경계획(UNEP)의 해양환경보전협력사업인 「지역해프로그램(Regional Seas Programme)」[4]이 황해와 동해[5]를 포함하는 북서태평양지역에 적용되면서 시작되었다. 그 후 91년부터 동북아시아 5개국(일본, 한국, 중국, 러시아, 북한)간의 교섭을 거쳐 94년에 제1회 정부간회의에서 「북서태평양해양환경보전행동계획(Northwest Pacific Action Plan—NOWPAP)」이 채택되어 제도화를 향해 일보 전진하고 있다. 하지만 행동계획이 채택되기까지의 논의과정 및 행동계획이 채택된 이후의 추진경과를 평가하자면 NOWPAP을 둘러싼 협력 논의는 성공적이지 않다고 할 수 있다.

NOWPAP의 실효성을 평가하는데 있어 유효 적절한 관점을 제시해주고 있는 것은 레짐 형성의 세 가지 측면을 제시한 오란

---

4) UNEP의 지역해프로그램은 해당지역의 상황에 따라 그 내용과 실시방식에 다소의 차이는 있으나, 해당지역의 국가들이 지역해(regional seas)의 오염을 방지하고 해양환경을 보호하기 위해 과학기술측면에서 협력하며, 나아가 오염방지를 위한 법적인 틀을 만드는 것을 기본목표로 하고 있다. 이와 같은 기본목표에 따라 지역별로 성립된 행동계획에서는 오염모니터링과 연구계획의 추진, 자원의 개발 및 관리계획의 추진, 조약 및 의정서의 체결, 행동계획의 추진에 필요한 제도적・재정적조치의 구축이 공통사업목표로 설정되어 있다. 2002년 현재까지 폐쇄해(enclosed sea) 및 반폐쇄해(semi-enclosed sea)를 포함한 13개 지역이 UNEP 및 기타 국제기구로부터의 기술, 재정, 교육적 지원을 받아 행동계획을 기본으로 하는 해양환경종합관리계획을 실시하고 있다. 그리고 이 중 9개 지역에서는 해양환경보호를 위한 조약 및 의정서가 체결되어 있다.

5) 대상해역의 표기문제를 둘러싼 한일 양국간의 의견차이로 북서태평양 지역의 대상해역은 황해와 동해(또는 일본해)라는 명칭이 아닌 위도와 경도로 표시되었다. 이하 본 논문에서는 동해라는 표기를 사용한다.

영(O. R. Young)과 오쉬렝코(G. Osherenko)그룹의 연구이다. 오란영 그룹은 북극지역의 국제환경레짐 형성요인 및 과정을 분석한 『북극정치(Polar Politics)』에서 레짐 형성의 실효성을 평가하기 위해서는 다음과 같은 세 가지 측면에 대한 검토가 필요함을 제시하고 있다.

첫째는, 레짐의 형성여부이다. 다시 말해 레짐을 형성하기 위한 노력이 성공했는가 실패했는가이다. 둘째는 레짐형성의 시간적 측면이다. 레짐을 형성하는데(법적 구속력을 지니는 조약을 만드는데) 어느 정도의 기간이 소요되었으며, 왜 어느 지역의 경우에는 다른 지역보다 빠른 시간 내에 레짐이 형성되었는가의 문제이다. 셋째는 형성된 레짐이 실제적으로 어떤 내용(규제)을 담고 있는가의 측면이다.[6]

이 세 가지 평가기준은 레짐형성 단계에까지는 이르지 않았지만 해양환경협력논의의 초기단계(행동계획의 채택)에 진입해있는 NOWPAP사례를 평가하는데 적용해 볼 수 있다. 즉 해양환경협력을 추진하기위한 국가간의 합의를 도출하는데 성공했는지

6) 93년 출판된 『북극정치: 국제환경레짐의 창출』은 국제사회가 국경을 초월하는 성격을 지닌 제반문제에 대처하기 위한 제도적 장치(혹은 레짐)를 형성하는 과정의 성공과 실패요인을 분석한 연구이다. 이 연구그룹은 레짐의 결정요인을 상황적 요인(contextual factors), 파워의 행사(exercise of power), 이익의 상호작용(interplay of interest), 지식의 역할(role of knowledge)라고 하는 네 가지 요인으로 나누어 설명하고 있다. 이와 같은 네 가지 요인을 더 세분화한 가설을 각각의 사례에 적용하여 분석한 결과, 중소국(middle power)의 역할, 개인의 리더십, 공정성, 타당한 해결책(salient solutions), 가치 및 과학적 지식 등이 환경레짐의 형성에 중요한 요인으로 작용하고 있음을 지적하고 있다. 이 연구는 환경레짐의 형성과정을 개인, 과학자, 환경단체, 국제기관, 국가 등의 모든 행위주체의 파워, 이해관계, 지식 등의 상호작용을 종합적으로 분석한 연구로 기존의 환경협력 제도화연구 중 가장 종합적이고 실증적인 연구라 할 수 있다. O. R. Young & G. Osherenko, op.cit., pp. 2-3.

실패했는지의 측면, 합의에 이르기까지 어느 정도의 기간이 소요됐는지의 측면, 그리고 합의된 협력사업의 실제적인 내용 및 실시상황은 어떠한지의 측면이다.

NOWPAP은 94년에 행동계획이 채택되기에 이르렀지만, 논의과정에는 많은 장애요인이 발견된다. NOWPAP회의에 참석하는 각국정부의 태도에서는 적극성을 발견할 수 없으며, NOWPAP논의의 초기단계부터 대상해역의 표기문제와 외교관계상의 상대국 법적지위문제 등 정치적 이해가 첨예하게 대립했다. 그 결과 NOWPAP의 진전속도는 타 지역에 비해 상당히 느리며, 실질적인 협력프로젝트는 아직 이루어지지 않고 있다. 오란 영 그룹이 제시한 평가기준에 따르면, NOWPAP을 둘러싼 동북아지역의 해양환경협력논의는 성공적이라고 할 수 없으며, 향후 법적구속력을 지닌 조약을 형성하고 나아가 레짐을 창출하기까지의 길은 요원하다고 하겠다.

NOWPAP의 진전이 상대적으로 더디고 내용적으로도 불충분하다는 것은 다른 지역과 비교하면 더 명확해진다. 해양환경협력이 가장 성공적으로 실시되어 왔다고 평가되고 있는 지중해지역의 경우, 74년부터 UNEP의 후원하에 전문가회의가 개최되었으며 75년에는 지중해행동계획이 채택되었다. 그 후 불과 1년만인 76년에는 「지중해오염방지조약」과 두개의 의정서(「지중해투기규제의정서」와 「지중해긴급시협력의정서」)가 체결되었다. 75년부터 UNEP의 지역해프로그램이 적용되기 시작한 쿠웨이트지역은 78년에 「쿠웨이트행동계획」과 「쿠웨이트지역 해양환경보호협력조약」및 「쿠웨이트지역 긴급시협력 의정서」의 체결이 동시에 이루어졌다.[7] 그리고 79년에는 조약과 의정서가 모두 발효되는 등 해양환경협력의 제도화는 급진전을 이루었다. 89년에 동북아(북서태평양)지역과 함께 지역해 프로그램이 실시되기 시작한 흑해지역의 경우에도 이미 「흑해오염방지조약」 및 세 개의 의정서(「육상기인오염방지협의서」, 「긴급시 오염방지협력의정서」, 「투기규제의정서」)가 채택되어 있다.[8]

이와 같이 NOWPAP은 여타지역에서의 협력에 비해 진전 속도 및 내용 모두에서 뒤져 있다. 표면적으로는 이지역의 해양오염에 우려감을 표명하고 지역차원의 공동대책 필요성을 강조하고 있는 각국정부[9]들이 해양오염을 방지하기 위한 지역협력논의에는 적극성을 보이지 않고 있다. 또한 현재까지의 NOWPAP논의에는 역사적, 정치적, 경제적으로 얽혀 있는 국가차원에서의 이해관계(national interest)만이 표면화한 결과, 환경 측면에서의 공통이익(common interest)은 추구의 대상이 되지 못하고 있는 실정이다. 이와 같이 동북아시아 지역이 해양환경협력의 제도화에 실패하고 있는 이유는 어떻게 설명될 수 있을까. 그리고 이 지역에서 각국 정부의 소극적인 태도를 변화시키고 각국정부의 국가이익(national interest)을 재정의하도록 하여 환경협력을 활성화시키게 할 요인은 무엇일까. 이하에서는 NOWPAP논의 및 그 추진과정에 대한 검토를 통해 이상에서의 의문에 답하는 것을 목적으로 한다.

---

7) UNEP, "Status of Regional agreements negotiated in the framework of the Regional Seas Programme", *Regional Seas*, UNEP, 1986, pp. 6-7.

8) L. K. Caldwell, *International Environmental Policy: From the Twentieth to the Twenty-First Century*, Durham: Duke University Press, 1996, p. 193.

9) NOWPAP의 제1차 자문회의에서 각국대표는 이 지역에서의 급속한 산업화 및 경제발전에 따른 해양오염의 심각성 및 향후 연안국가간의 경제교류 증대에 따라 가속화될 것이 예상되는 해양오염에 대해 우려감을 표명하고, 지역차원의 공동대책의 필요성을 강조하고 있다.

Ⅱ. NOWPAP의 초기교섭과정과 행동계획의 채택

1. 쟁점화를 결여한 교섭의 시작

NOWPAP은 89년 5월에 개최된 UNEP의 제15회 관리이사회(Governing Council) 결정(Decision15/1)에 따라 승인되었다. UNEP은 나이로비에 있는 동북아시아 각국의 대사관을 통해 각국 정부에 NOWPAP을 논의하기 위한 비공식회의에 참가할 것을 제안했다. 91년 5월, UNEP의 제16회 관리이사회 회의기간 중에 개최된 비공식회의에는 일본, 한국, 중국, 러시아, 북한의 5개국 대표가 참가하여 NOWPAP 추진을 위한 자문회의(consultative meeting)를 개최하는데 합의했다. 이 결정을 받아 91년 10월에 블라디보스톡에서 제1회 자문회의가, 92년 10월에 북경에서 제2회 자문회의가, 93년 11월에는 방콕에서 제3회 자문회의가 개최되어 행동계획 채택을 위한 준비작업이 진행되었다. 그리고 94년 9월에 서울에서 제1회 정부간회의가 개최되어 「북서태평양해양환경보전행동계획」이 채택되기에 이르렀다.

이상의 경위는, 동북아시아 지역의 해양환경협력 제도화논의가 국제기관의 제안에 의해 시작되었으며, 다른 지역에서 이미 실시되어 오던 UNEP의 해양환경협력 프로그램[10]이 단순히 동북아시아 지역에도 적용된 것에 불과함을 알 수 있다. 이와 같은 지역해 프로그램의 실시경위를 지중해지역과 비교해 보면 다음과 같은 상이점이 뚜렷하게 관찰된다.

지중해지역은 UNEP의 지역해 프로그램의 첫 모델사업으로

---

10) UNEP의 지역해 프로그램은 'UNEP왕관의 보석(UNEP's Crown Jewels)'이라 불리울 정도로 해양환경을 둘러싼 지역협력을 이끄는데 큰 성과를 올려온 만큼 연구자들 사이에서도 주목의 대상이 되어 왔다.

선정되어 1975년부터 지중해행동계획을 실시하게 된다. 그러나 지중해 오염의 심각성은 지역해 프로그램이 실시되기 이전부터 이미 특별한 주목을 받고 있었다. 지중해의 해양오염 및 공동대처의 필요성은 60년대 후반부터 지역 및 국제차원에서 급속히 쟁점으로 부상했다. 지중해오염의 쟁점화는 주로 국제기관 및 지중해 지역의 국내하위행위주체(sub-national actor)에 의해 주도되었다. 지중해 지역의 과학자, 자치단체 임원, 어업관계자들로부터 지중해오염의 위기적 상황을 경고하는 메시지가 끊이지 않았으며, 연안국 정부에 오염을 방지하기 위한 적극적인 조치가 요구되었다. 또한, 지중해연안 각국의 하위행위주체들은 상호간에 협력관계를 맺어 해양환경협력의 제도화를 요청하기도 했다. 한편 지중해의 오염은 국제기관의 협의의 장에서도 빈번히 거론되었다. 지중해오염의 심각성에 일찍이 주목한 FAO와 UNESCO/IOC 등의 국제기관은 60년대 후반부터 지중해지역의 과학자등과 함께 지중해오염에 관한 공동연구를 실시했다. 분석가에 의해 인식공동체(epistemic community)11)로 불리게 되는 이들 과학자 중심의 연구 네트워크는 지중해 오염상태의 심각성에

11) 하스(P.M.Haas)는 지중해 환경협력이 성공적으로 전개될 수 있었던 것은 생태문제의 원인에 대해 공통 인식을 지니는 전문가집단, 즉 인식공동체의 역할 때문이었다고 평가한다. 하스는 인식공동체를 "생태계의 원칙에 대해 동일한 생각을 지니고, 오염의 원인 및 심각성에 대해 유사한 관점을 가지며, 오염을 억제하기 위한 방침에 대해서도 같은 생각을 지니는 전문가들의 초국가적인 지식 네트워크"라고 정의한다. 지중해 지역의 경우는 이와 같은 전문가 집단이 문제를 정의하는 협력의 초기단계부터 조약의 실행단계에 이르기까지 강력한 영향력을 행사한 결과 지중해환경협력이 성공적으로 진행되었다. P. M. Haas, Saving the Mediterranean: The Politics of International Environmental Cooperation, New York: Columbia University Press, 1990, pp. 112-139; P. M. Haas, "Do Regimes Matter? Epistemic Communities and Mediterranean Pollution Control", International Organization 43(3), 1989, pp. 377-403.

대한 과학적 동의를 바탕으로 지중해 오염에 대한 강력한 경고 메시지를 발신하게 된다.[12] 지중해의 오염정도 및 오염원에 대해 거의 무지에 가까웠던 지중해 각국의 정책결정자들도, 지역 및 국제차원에서 확산되고 있던 지중해오염에 관한 경고 메시지에 귀를 기울이게 되었다. 71년 런던에서 개최된 스톡홀름회의의 준비회의에서 이탈리아를 비롯한 지중해 연안의 10개국[13] 정부는 지중해오염을 방지하기 위한 지역협정의 체결을 제안하기에 이르렀다.

이와 같이 지중해지역에서는 해양오염을 방지하기 위한 공동대처 필요성에 대한 인식이 제고되고, 정부의 시급한 대응을 요구하는 국내 및 국제차원의 활동이 확산되는 가운에 「지중해 오염방지」라는 쟁점이 형성되어 갔다. 그리고 UNEP을 비롯한 국제기관은, 지중해 연안국들에게 교섭의 장을 제공하고 하위행위주체간의 협력관계를 이용해서 각국정부간의 이해관계를 조정하고 정부간협력을 이끄는 것이 가능했던 것이다. 즉 지중해 지역의 협력은 각국의 국내 차원에서 확산되기 시작한 환경협력의 움직임이 지역적 연대를 형성해 갔고, 다른 한편에서는 환경문제에 대처하기 위한 국세적 차원에서의 움직임이 지역차원으로 적용되어 가면서 국가간의 협력을 자극하는 구도로 진행되었던 것이다.

12) 환경협력, 환경레짐의 성립 및 발전과정에서의 지식의 역할에 대해서는 P.M.Haas, *Saving the Mediterranean*, op.cit.,; K. T. Litfin, *Ozone Discourses: Science and Politics in Global Environmental Cooperation*, New York: Columbia University Press, 1994: B. Wynne, "Scientific Knowledge and the Global Environment", in M.Redclift & T. Benton, eds., *Social Theory and the Global Environment*, London and New York: Routlledge, 1994를 참조. '인식공동체'에 대한 전반적인 이해를 위해서는 *International Organization 46(1)*을 참조.

13) 알제리, 키프로스, 이집트, 프랑스, 몰타, 모로코, 스페인, 터키, 구유고슬라비아, 이탈리아.

반면 동북아시아 지역의 해양환경제도화 논의는 지역내부로부터의 쟁점화과정을 결여한 채, 각국정부간의 교섭이 시작되었다고 볼 수 있다. 물론 앞서 지적했듯이 동북아시아 지역에서도 80년대 후반부터 국경을 넘는 환경오염에 대한 지역차원의 공동대처 필요성이 제기되게 되었고 환경협력 논의도 전개되기 시작했다. 그러나 환경협력의 필요성에 대한 인식은 이미 표면화된 환경문제에 제한되는 경향이 강했으며, 환경오염의 미연방지 및 이를 위한 지속적인 협력 메커니즘의 수립에까지는 아직 확대되지 않은 상태였다. 러시아의 동해 핵폐기물 투기 사건이 발생했을 당시, 일본과 한국의 각일간지들은 이를 연일 톱뉴스로 보도한 반면 지속적인 해양환경협력을 논의하기 위한 NOWPAP회의는 전혀 매스콤의 주목을 받지 못했다. 이러한 경향은 환경운동단체 및 지방자치단체 등 하위행위주체의 경우도 마찬가지이다. 러시아의 핵폐기물 투기사건의 경우에는 강력하게 반발하고 공동조사 등을 요구하던 시민단체와 지방자치단체들도 NOWPAP에는 별다른 관심을 두지 않았다.

그렇다면 NOWPAP에 대한 여론의 무관심 및 여타 행위주체들의 활동부족과 교섭에 임하는 각국정부의 태도와는 어떻게 관련되는 것일까. 지중해의 사례에서 보듯이 지중해의 오염정도 및 정확한 오염원에 대해 무지에 가까웠던 지중해 연안국의 정책결정자들은 지중해오염의 심각성에 대한 과학자들의 경고와 정부의 신속하고도 적극적인 조치를 요구하는 하위행위주체들의 활동에 크게 자극된 바 있다. 동북아시아 지역에서도 러시아의 핵폐기물 투기사건의 경우 정부의 신속한 대응을 요구하는 시민단체 및 여론에 이끌려 관계국 정부간에 심도 있는 교섭이 이루어졌으며 그 결과 일본, 한국, 러시아간의 협력이 가능해졌다. 이것은 환경오염의 실상 및 오염이 가져올 수 있는 사회적, 경제적 대가를 정책결정자 측에 인식시키는 전문가들의 활동과 정부의 대책을 요구하는 여론의 압력 등이 정부의 행동을 촉진하는 요인이 될 수 있음을 보여주는 사례라 하겠다. 그러나 NOWPAP의 경우에는 이러한 밑에서부터의 압력은 거의 찾아볼 수가 없다.14)

그렇다면 다른 한편으로 국제차원의 협력 움직임이 지역협력에 미친 영향에 대해 고찰해 볼 필요가 있다. 동해 환경오염의 잠재적 심각성은 70년에 제출된 UNESCO/IOC의 「장기과학정책계획에 관한 전문가그룹 보고서」에서 이미 지적되고 있다. 이 보고서는 해양오염의 가능성이 심각한 해역으로 지중해, 발트해, 북해, 멕시코만 등과 함께 동해를 지적하고 있다. 그러나 지중해, 북해 등과 달리 동해의 환경오염은 이후 별다른 주목을 받지 못하고 89년에 이르러서야 UNEP의 지역해 프로그램이 적용되게 되었다.

그렇다면 89년의 시점에서 UNEP의 해양환경 프로그램이 적용되게 된 이유는 무엇일까.15) 89년 5월 NOWPAP 실시안이 승

---

14) 정부간 협력을 촉발하는 하위행위주체의 역할에 대한 대표적인 연구로는 Princen과 Finger가 공동 편집한 『세계 정치속의 환경NGO: 로컬과 글로벌의 연대』이다. 이 연구는 80년대부터 환경NGO가 양적으로 급속히 팽창하는 동시에 질적으로도 국제차원의 환경보호에 명확한 업적을 남기게 된 점에 착목하고 있다. 오대호의 수질에 관한 협정(Great Lakes Water Quality Agreement), 상아거래의 금지, 남극의 환경의정서, UN환경개발회의과정에서의 NGO역할 등의 사례분석을 통해 국제사회에서의 환경NGO의 역할의 이론화를 도모했다. T. Princen & M. Finger, *Environmental NGOs in World Politics: Linking the local and the global,* London and New York: Routledge, 1994. 이 밖에 사례분석에 의거한 환경 NGO 연구로는 C. Jacobeit, “Nonstate Actors Leading the Way: Debt-for-Nature Swaps”, in R. O. Keohane & M. A. Levy, eds., *Institutions for Environmental Aid: Pitfalls and Promise,* Massachusetts: The MIT Press, 1996; I. Bluhdorn, “Environmental NGOs and ‘New Politics’”, *Environmental Politics,* Vol. 4, No. 2, Summer 1995를 참조.

15) NOWPAP회의에 참가한 UNEP대표의 발언내용의 일부를 발췌하자면 ‘…… 북서태평양 지역은 사회적 및 경제적으로 서로 다른 발전단계에 있으며, 문화적 및

인된 문안을 보면 '지역해 프로그램이 아직 적용되고 있지 않은 해역(북서태평양; 흑해)에 대한 새로운 행동계획'이라고 표기되어 있다. UNEP이 북서태평양 지역의 환경오염을 방지하기 위한 지역협력의 필요성을 절실히 느껴서라기보다는 마지막까지 남아 있던 두 지역에 대한 형식적인 실시결정이었다고 보는 것이 더 정확하다.

이상에서의 논지를 요약해 보면, 동북아시아 지역 해양환경협력의 제도화논의는 처음부터 다음과 같은 한계를 지니고 출발했음을 지적하지 않을 수 없다. 첫째, 이 지역의 제도화 논의는 지역내부로부터의 절실한 요청과 하위행위주체의 활동을 결여한 채 국제기관의 주도에 의해 시작되었다는 점이다. 둘째, 이 지역의 제도화 논의를 리드하고 있는 국제기관, 특히 UNEP측도 지역의 특수성에 대한 인식이 부족하다는 점이다. UNEP은 세계적으로 실시되어 오던 지역해 협력프로그램을 이 지역에 적용시킴으로서 지구적 이해와 지역적 이해를 동시에 충족시키려 했다. 하지만 이하에서 구체적으로 검토하듯이, NOWPAP논의에는 역사적, 정치・군사적, 경제적으로 얽혀 있는 국가간의 이해관계가 표면화하여, UNEP이 당초 상정했던 것과 같은 환경 측면에서의 공동의 이익은 부각되지 못했다.

다시 말해 동북아시아 지역의 해양환경협력논의는 지역 내부

정치적으로도 다양한 지역인 만큼 세계에서 가장 역동적인 지역이다. 역동적인 발전의 과정에서 이 지역 국가들은 심각하고도 다양한 환경오염의 위기에 직면하게 되었다. 특히, 반폐쇄해의 오염을 방지하는 것은 이 지역이 안고 있는 환경측면의 과제 가운데 가장 중요한 과제의 하나이다. 이와 같은 상황에서 UNEP은 지역해 프로그램의 일부분으로서 이 지역의 해양환경을 둘러싼 국제협력을 지원하려 한다.'고 말하고 있다. 이 발언에서 알 수 있듯이 이 지역의 특수성 및 해양환경오염에 대한 UNEP의 인식은 매우 일반적인 수준에 그치고 있다.

로부터의 쟁점화과정을 결여한 채, 각국정부가 형식적으로 교섭에 참가하는 가운데 교섭에서는 환경문제와는 동떨어진 국가간의 이해관계만이 충돌하는 상황으로 변질되어 갔던 것이다.

2. 정치적 이해관계만이 부각된 환경협력논의

북서태평양 행동계획을 채택하기 위한 관계국간의 교섭은 91년부터 시작되어 94년에 서울에서 열린 제1회 정부간회의에서 정식으로 채택되었다. 북서태평양 행동계획이 채택되는 94년까지 4차례에 걸친 자문회의가 개최되는 등 비교적 오랜 기간을 거쳐 준비교섭이 이루어졌다. 제1회 자문회의는 91년 10월 블라디보스톡에서, 제2회 자문회의는 92년 10월 북경에서, 3회 자문회의는 93년 11월 방콕에서, 그리고 4회 자문회의는 94년 9월 서울에서 개최되었다. 행동계획은 UNEP의 지역해 프로그램이 적용되는 모든 지역에서 거의 공통으로 적용되는 가이드라인에 불과하나, 이 지역에서는 가이드라인이 설정되는 데만도 3년이라는 오랜 교섭기간이 소요되었다. 채택된 행동계획은 장래에 있어 조약과 의정서의 체결가능성을 배제시킨, 매우 제한적인 내용으로 구성되었다.

이와 같이 오랜 기간의 교섭에도 불구하고 제한적인 행동계획이 채택되게 된 이유는 무엇일까. 가장 큰 이유는 각국의 정치적 이해관계가 전면으로 부각된 결과, 환경논의가 아닌 정치논의로 변질되었기 때문이다. 준비교섭에서부터 채택 직전에 이르기까지 지속적으로 협의 대상이 되었던 쟁점사항은 크게 두 가지였다. 대상해역의 표기문제[16]와 상대국 법적지위문제를 포함한 법적구속력의 문제였다.

법적 구속력 문제는 주로 중국과 일본으로부터 제기되었다. 중국 대표는 '행동계획에 명시되어 있는 환경감시조항이 이제까지의, 그리고 앞으로의 국가입법 및 정부간 협정과는 관계가 없다'라는 표현을 문안 중에 포함시키도록 제의하여 채택되었다. 그 결과 행동계획의 16(e)항에 이 내용이 포함되었다.17) 법적 구속력을 지니지 않는 방향으로 행동계획을 추진하려고 하는 중국정부의 태도는 현시점에서 자국의 환경규제보다 엄격한 기준의 지역규제가 중국의 국내정책을 제약하는 것을 견제한 것으로 보인다. 그러나 지중해지역 등에서는 역내국가간에 체결된 조약 및 구체적인 환경기준이 실제로 각 가맹국의 국내환경기준을 강화하는 결과를 가져오고 있음을 고려할 때 이와 같은 효과를 사전에 방지하는 조항이 행동계획의 문안에 포함되었다는 것은 NOWPAP의 한계를 여실히 보여주는 것이라 하겠다.

일본대표는 북한과 국교가 수립되어 있지 않다는 이유로, 법적문서의 체결로 이어지는 모든 조항 및 표현을 삭제할 것을

---

16) 한국과 일본간에 일본해 명칭문제를 둘러싼 갈등이 표면화된 것은 86년 '해난구조협정'의 체결교섭에서였다. 이 협정의 체결과정에서 양국은 명칭문제에 대한 합의에 이르지 못하고 결국 특정 고유명사를 사용하지 않고 '관계국 사이에 있는 바다'라는 표기를 사용하였다. 이 후 한국은 이 문제를 92년의 UN지명표준화회의에 회부하였으나, UN은 당시국간의 협의에 의해 해결하도록 조정하였다. 92년의 지명표준화 회의에서 일본해 명칭문제 제기를 담당한 것은 외무부 국제기구국이었다. NOWPAP회의에 대표로 참가한 것도 역시 외무부의 국제경제국이었다. 이에 따라 동일한 외무부 안에서도 의견의 통일이 이루어지지 않았다는 관점에서도 강력한 비판이 나오게 되었다. 일본해 명칭을 둘러싼 한일양국간 논의에 대해서는 金顯眞, 「特論 日本海名称の歴史的考察」 百瀬宏編 『下位地域協力と轉換期國際關係』 有信堂、1996年 및 花房征夫 「紛糾する日本海呼称問題」 『現代コリア』 94年 11月号를 참조.

17) UNEP, *Action Plan for the Protection, Management and Development of the Marine and Coastal Environmental of the Northwest Pacific Region*, UNEP/OCA/NOWPAP IG.1/5 ANNEX IV, September 1994, p. 9.

요구했다. 일본대표는 행동계획 문안 중에 포함되어 있는 조약(convention) 및 의정서(protocol)라는 표현을 삭제할 것을 제의했다. 그 결과 문안에 사용된 조약 및 의정서라는 표현은 내용에 따라 삭제되거나 '효과적인 조치(effective measure)'라는 표현으로 대치되었다. 단 UNEP은 지역해 프로그램에 대한 일반적인 설명인 행동계획 제1항에 한해서는 일본의 제의를 받아들이기 어려움을 주장했다. 그 결과 제1항에는 조약과 의정서라는 표현이 그대로 사용되게 되었다.

외교관계상 상대국의 법적지위문제는 주로 일본에 의해 제기되었다. 일본은 행동계획의 문안에 사용되고 있는 국가(state) 또는 정부(government)라는 표현이 북한에 대한 일본의 법적지위와는 관계가 없다는 입장을 표명하면서, 이와 같은 내용을 회의록에 게재할 것을 요망했다.[18] 이 문제에 대해 한국으로부터는 특별한 의사표명이 없었다.

대상해역의 표기문제는 NOWPAP논의의 초기 단계부터 쟁점이 되었으며, 특히 일본과 한국간에 대립이 격화되었다. 93년의 제3회 자문회의에서 한국과 일본은 대상해역을 표현하는 한군데를 제외한 모든 일본해(Sea of Japan)라는 표기를 삭제하도록 합의했다. 그러나 94년 9월에 개최된 제1회 정부간회의를 앞두고 이 회의에서 채택될 예정이었던 행동계획의 문안 중에 일본해라는 표기가 포함되어 있다는 사실이 알려지면서 한국에서 큰 파문을 불러일으키게 되었다.

94년 9월 9일, 한국의 유력일간지들은 「정부, 동해표기, 일본

---

18) UNEP, *Report of the Preparatory Meeting of Experts and National Focal Points for the Intergovernmental Meeting on the Northwest Pacific Action Plan,* UNEP(OCA)/NOWPAP WG.4/5 September 1994, p. 3.

해 인정(동아일보, 조선일보)」, 「민족의 프라이드를 상처 입힌 일본해 표기에 분노를 느낀다(세계일보)」 등 행동계획 문서상의 일본해 표기 인정사실이 크게 확대되기 시작했다. 이 회의에 한국대표로 참석하게 된 외무부의 최영진 국제경제국장은 '93년 11월에 제3회 자문회의에서 중국과 러시아도 일본해라는 표기에 지지의사를 표명했기 때문에 불가피하게 한차례만 일본해 표기를 쓰기로 한 것 이었다'고 해명했다.[19] 또한 회의를 성공시켜야 하는 현실과 이 회의가 해역의 명칭을 논의하는 회의가 아님을 고려하여 '행동계획에 사용되고 있는 일본해 표기가 향후의 명칭을 둘러싼 당사국간의 협의에 영향을 미치지 않는다.'라는 단서를 다는 조건으로 수용했음을 설명했다.

이와 같은 외무부의 입장표명에 대해 국내의 각계각층으로부터 비난의 여론이 쏟아지기 시작했다. 역사학계 및 지리학계로부터는 일본해라고 하는 명칭이 쓰여지기 시작한 역사적 배경과 이 명칭과 관련된 한일관계의 사적의미에 대한 논의가 불붙었다. 일본해 명칭의 정당성을 부인하는 자료로서, 「조선해」라고 표기되어 있는 고지도가 연일 신문에 게재되었다.[20] 광복회와 순국열사유족회 등으로부터 정부를 비난하는 성명이 발표되었으며, 여야당으로부터도 국민의 감정과 역사를 무시한 굴욕외교라고 정부를 비난하는 발언이 잇달았다.[21]

예상을 넘는 여론의 반발에 외무부는 보도당일인 9일, '일본해 표기를 인정하기로 했던 당초의 교섭결과를 전면적으로 백지화

---

19) 『동아일보』, 1994년 9월 9일.

20) 고지도에 나타난 일본해 명칭의 변천에 대해서는 金顯眞, 「特論 日本海名称の歷史的考察」, 前揭論文을 참조.

21) 『조선일보』, 1994년 9월 10일.

하고, 관계국이 일본해라는 명칭을 고집할 경우 행동계획의 채택을 거부한다.'는 방침을 결정했다. 그리고 11일, 외무부 관계자는 국내의 여론에 비추어볼 때 한군데라도 일본해라는 표기를 사용하는 한 행동계획을 받아들일 수 없다는 방침을 일본 측에 전달했다. 이에 대해 일본측은 '일본해 명칭을 국제적으로 정착해 있는 호칭으로 간주하는 일본의 입장에는 변화가 없다. 그러나 이번 문서는 법률도 조약도 아니다. 이번 회의의 목적은 행동계획의 채택인만큼 중립적 표현을 쓰는데 합의한다.'고 밝혔다.[22]

한국정부가 당초의 태도를 바꾸어 일본해 표기철회를 요구함으로서 한국내의 여론은 일단 가라앉았으나 외무부 관계자 4명이 경고 및 경질 조처를 받았다. 또한 정부는 앞으로 개최되는 모든 국제회의에 참가할 경우에 사전에 일본해 표기를 수용하지 않겠다는 입장을 참가국에 통보하고 다른 의견이 있을 경우에는 참가하지 않겠다는 방침을 굳혔다.

준비회의에서 NOWPAP의 대상해역을 '경도 121-143도, 위도 52-33도'로 표기하는 방향으로 참가국들의 합의가 이루어졌으나,[23] 회의 직전에 발생한 명칭문제를 둘러싼 한일간의 대립으로 회의 본연의 의미는 퇴색되었다.

준비회의에서의 최종적인 조정을 거쳐 제1회 정부간회의에서는 행동계획 및 세 개의 결의문이 채택되었다. 행동계획에는 환경상태의 평가(Objective 1), 효율적인 데이터베이스 시스템의 구축(Objective 2), 해양환경의 예방적 통합기획의 추진(Objective 3), 해양환경의 통합적관리계획 수립(Objective 4), 해양오염을 방지

22) 『産経新聞』, 1994년 9월 15일.

23) UNEP, *Action Plan for the Protection, Management, and Development of the Marine and Coastal Environment of th Northwest Pacific Region,* op.cit., p. 2.

하기 위한 효과적인 조치의 구축(Objective 5) 등 NOWPAP의 5대 행동목표가 명기되었다.

「결의문1」은, NOWPAP실시에 있어서의 우선협력분야, 특히 94년에서 96년까지 3개년동안 착수해야 할 우선협력분야가 명시되었다. 우선협력분야는 종합적인 데이터베이스 및 정보관리 시스템의 구축(NOWPAP/1), 각국의 국내환경입법, 목표, 전략 및 정책조사(NOWPAP/2), 지역 모니터링 프로그램의 구축(NOWPAP/3), 해양오염의 예방 및 대응에 관한 지역협력을 추진하기 위한 효과적인 조치의 구축(NOWPAP/4), 지역활동센터 및 네트워크의 구축(NOWPAP/5)의 다섯 분야이다.[24)]

「결의문2」는 NOWPAP을 실시하기 위한 제도적 조치에 관한 규정으로, UNEP의 사무총장은 NOWPAP의 목표를 달성하기 위해 필요조치를 강구해야 할 것, 우선협력분야, 제도 및 재정상의 문제를 결정하기 위한 정부간 회의를 주최할 것, 정부간 회의에서는 참가국의 NOWPAP실시상황 및 제도적・재정적 조치를 상세히 검토해서 결과를 통보할 것, 그리고 제2회 정부간회의에서 지역협력조정기관(Regional Coordination Unit)의 설치문제를 검토할 것 등이 규정되어 있다.[25)]

「결의문3」은 NOWPAP을 실시하기 위한 재정적조치에 관한 규정으로, UNEP은 94, 95년 중에 NOWPAP의 사업경비로 417,000달러를 지원할 준비가 되어 있으며, NOWPAP체약국들은 신탁기금을 통해 NOWPAP사업의 실시에 필요한 비용을 공여할 것이 명시되어 있다 그리고 체약국들은 94년 7월 1일부터 매년

---

24) UNEP, *Report of the Intergovernmental Meeting on the Northwest Pacific Action Plan,* UNEP(OCA)/NOWPAP IG.1/5 ANNEXV, September 1994, p. 1.

25) *ibid.,* p. 2-3.

일정액의 분담금을 납부하여, 신탁기금의 재원이 50,000달러 이상이 된 시점에서 신탁기금의 이용을 시작할 것이 결정되었다 NOWPAP 신탁기금의 분담율은 96년에 행해진 제2차 정부간회의에서 결정되도록 합의가 이루어져 결의로 채택되었다.[26]

Ⅲ. 행동계획 실시를 위한 교섭과정과 해양오염사고의 발생

1. 재정적 조치를 둘러싼 갈등

94년의 제1회 정부간회의에서 행동계획이 채택됨에 따라 NOWPAP 체약국간에 행동계획의 구체적 실시를 위한 후속교섭이 전개되었다. 첫 번째 과제는 행동계획과 함께 채택된 세 개의 결의문 조항에 대한 실행계획을 구체화하는 일이었다. 결의문은 5대 행동분야(결의문 1), 제도적조치(결의문 2), 재정적조치(결의문 3)를 규정한 것으로 95년 방콕에서의 전문가 회의, 96년 방콕에서의 비공식회의와 96년 동경에서의 제2회 정부간회의를 통해 구체화되었다. 그러나 신탁기금의 분담금에 대해 체약국간에 최종적인 합의에 이르지 못하고 이 논의는 98년 4월의 제3회 정부간회의로 이월되었다.

재정적 조치논의의 구체적인 의결사항인 신탁기금의 분담률은 96년 제2회 정부간회의까지 결정하기로 예정되어 있었다. 그러나 분담금비율에 대한 각국의 소극적인 태도와 각국의 의견 차이로 인해 신탁기금 구축문제는 난항을 거듭하게 되었다.[27] 일본은 신

---

26) *ibid.*, p. 4-5.

27) UNEP, *Report of the Meeting of Experts and National Focal Points for the Northwest Pacific Action Plan*, UNEP(OCA)/NOWPAP WG.5/7 December 1995, p. 3.

탁기금의 분담률은 대등한 파트너십과 동등한 분담원칙하에 이루어져야 함을 강조하고 일본정부의 분담율은 25%가 상한이라고 못박았다. 중국은 분담률 상한을 12%로 제한했다. 그 결과 각국의 잠정적 분담률은 다음과 같이 결정되었다(<표 1>).

〈표 1〉 NOWPAP체약국의 신탁기금에의 분담률

국 가	기 본	추 가	합 계(US$)
중 국	5%	7%	60,000
일 본	5%	20%	125,000
북 한			
한 국	5%	15%	100,000
러시아	5%	5%	50,000
합 계	20%	47%	335,000

자료 : UNEP, *Report of the Meeting of Experts and National Focal Points for the Northwest Pacific Action Plan,* UNEP(OCA)/NOWPAP WG.5/7 December 1995, p.3

이 분담율은 NOWPAP에 대한 공통의 참가 및 공통의 책임을 고려하여 각체약국에 5%의 기본분담율을 적용하는 것, 그리도 그 외의 분담금은 체약국으로부터의 자발적인 분담에 의해 보충하는 것을 기본으로 하고 있다. 그러나 각국의 자발적인 분담이 확정되지 못한 관계로 당초 목표했던 50만 불 중 33만5천불만이 결정되고 나머지 16만5천불(33%)은 미분담인 채 남겨지는 결과가 되었다.

신탁기금의 분담율을 둘러싼 각국의 의견대립은 98년 제3회 정부간회의까지 지속되었다. 중국은 NOWPAP체약국간의 상이한 경제발전단계를 지적하면서 신탁기금의 분담율은 공통의 그러나 차별화된 책임(common but differentiated responsibility)에 의거해서 결정되어야 한다고 재차 강조했다. 이에 대해 한국과 일본은 신탁기금의 분담율은 지불능력뿐만 아니라 대등한 참가 및 공통의 책임원칙에 의거해서 결정되어야 한다고 주장했다.[28)]

이와 같이 체약국정부간의 장기간에 걸친 교섭에도 불구하고, 행동계획의 실시가 추진되지 않는 가운데 97년 1월에 일본해 연안에서 러시아 선박에 의한 대량의 중유유출사고가 발생했다. 일본국내에서는 일본정부의 대응이 불충분하다는 비난이 고조되는 가운데 자치단체와 시민단체를 중심으로 정부에 위기관리체제의 신속한 정비와 지역국가와의 협력체제 확립을 요구하는 움직임이 확산되었다. 그 후 NOWPAP논의는 우선협력분야 중에서도 해양오염의 예방과 대응에 관한 지역협력을 추진하기 위한 효과적인 조치의 구축(NOWPAP/4)을 중심으로 전개되게 되었다. 그리고 NOWPAP에 대한 일본정부의 소극적인 태도에도 변화가 보이게 되었다.

2. 해양오염사고의 발생 및 영향

장기간에 걸친 체약국간의 교섭에도 불구하고, 행동계획이 신속하게 실시되지 않는 가운데 일본의 시마네(島根)현 연안에서 발생한 러시아 선박의 중유유출사고는 행동계획의 실시를 촉진시키는 촉발요인이 되었다. 러시아 선박 나호토카호의 해난사고로 유출된 중유로 인해 일본해 연안의 어업과 관광자원에 피해가 확산되면서 중유오염사고에 대한 일본정부의 늑장대응에 대한 비난이 고조되었다. 지방자치단체 및 시민단체를 중심으로 정부에 위기관리체제를 긴급히 정비・확립하는 것을 요구하는

28) UNEP, *Report of the Third Intergovernmental Meeting on the Northwest Pacific Action Plan,* UNEP(WATER)/NOWPAP IG.3/7 April1998, p. 3.

움직임이 확산되었다. 또한 오염사고에의 대책에는 국내차원의 대응뿐만이 아니라 지역각국과의 협력, 나아가 국제협력이 필요하다는 의견이 강력히 제기되었다.

특히 나호토카호 사고발생의 경위는 이 사고가 단발적인 사고라기보다 향후 이 지역에 필연적으로 닥치게 될 해양오염의 심각성을 보여주기에 충분했다. 96년 12월 29일 1만 9천 톤의 중유를 싣고 중국 상하이를 출항하여 러시아 캄차카주를 향하던 나호토카호는 97년 1월 2일 해난사고를 당했다. 이 중유는, 구소련의 붕괴이후 만성적인 전력부족에 빠져있던 연해주 북부 및 캄차카주에 전력을 공급하기 위한 것이었다. 시베리아의 풍부한 자원에도 불구하고 이 지역이 심각한 연료부족에 빠져 있던 것은 무슨 이유에서일까? 그 중요한 원인은 석탄과 석유를 운반하는 시베리아 철도의 수송비가 급등했기 때문이다. 시베리아 철도의 수송비는 92년부터 급격히 오르기 시작하여, 석탄은 8만배, 중유는 수천배가 되었다고 한다. 그 결과 연해주 및 캄차카주의 전력원이 수년전부터 상대적으로 저렴한 중국 등 아시아 국가들로부터의 수입으로 대체되어가고 있었던 것이다.[29)]

또한 나호토카호는 20년이 넘은 오래되고 낡은 배로 선박 바닥도 중유의 유출을 방지하기 위한 이중구조가 아니었다. 러시아 선박의 평균수명은 17년으로 일본선박의 평균수명인 8년에 비해 매우 길다.[30)] 이러한 점을 고려할 때 나호토카호 사고는

---

29) 『福井新聞』, 1997년 3월 4일.

30) 『毎日新聞』, 1997년 1월 23일. 일본 해사사업연구소는 '러시아, 중국, 한국 등의 선박의 대부분은 매우 오래된 선박으로 나호토카호는 이중 한척에 불과하다'고 지적한다. 일본 해상보안청의 조사에 의하면, 연간 일본의 주요항을 통과하는 선박 중 위험물질을 적재한 선박은 약 26만 5천척으로 일본에 기항하지 않는 외국선박까지를 포함하면 얼마나 많은 선박이 일본해를 항해하고 있는지는 불문명하다고 밝

우발적인 사고였다기보다 향후 중유수송로로서 이용도가 증가할 것이 예상되는 일본해에서의 해양오염과 이를 둘러싼 국가간의 마찰을 예시하는 상징적인 사고였다고 하겠다.

나호토카호의 중유유출사고는 일본국내의 전문가간의 협력, 일본과 러시아간의 양국간협력, 미일을 중심으로 한 국제협력, 그리고 동북아시아 지역차원의 정부 및 지방자치단체간의 협력을 촉진하는 계기가 되었다. 일본정부는 나호토카호 사고를 계기로 양국간, 지역간 및 국제차원의 협력을 요구하기 시작했다. 러시아 정부에 대해서는 좌초한 선박의 원인분석을 중심으로 공동조사에의 전면적인 협력을 요구하였으며, 그 결과 일・러양국의 협력하에 사고에 대한 원인규명이 이루어지게 되었다.

한편 일본 운수성은 일본해 및 황해 등에서 상정되는 해양오염사고에 대한 국제협력을 검토하기 위해 97년 여름에 일본에서 NOWPAP의 일환으로 러시아, 한국, 중국을 포함한 북서태평양연안 4개국간의 국제회의를 개최할 방침을 표명했다. 그리고, 정부 담당자로 구성된 실무자간 협의뿐만이 아니라 학자 및 전문가에 의한 포럼을 운영하여 구체적인 협력방법을 논의할 방침을 표명했다. 특히 운수성은 이번 사고와 같이 대규모 해양오염을 발생시킨 경우의 긴급대책으로서 기름회수선의 상호파견 및 유류오염방지설비의 공여 등에 대해 4개국간에 합의가 성립된다면 협정체결로까지 갈 의향을 밝혔다.[31] 일본정부는 NOWPAP 회의

히고 있다.

31) 『福井新聞』, 1997년 1월 19일. 1997년 1월 28일 중의원 예산위원회에서 이케다(池田行彦) 외상은 97년 7월에 해양오염사고대책에 관한 국제협력방향을 검토하기 위한 국제회의를 일본이 주최할 것임을 표명했다(『衆議院予算委員會會議錄第三号』第一類第十七号、1997年 1月 28日).

시 조약체결 가능성을 전면적으로 부정하였으며, 이러한 일본의 강경한 태도에 의해 행동계획 문안에 장래의 조약 및 의정서 체결가능성을 암시하는 어떤 표현도 삭제되도록 결정된 바 있다. 당시 일본정부는 반대의 이유로 북한과의 국교수립문제를 들었었다. 상기 운수성의 발언에 북한은 포함되어 있지 않았으나, 북한역시 NOWPAP의 참가국인만큼 조약체결의 가능성을 인정한 일본정부의 태도변화는 획기적이라 할 수 있다.

Ⅳ. 동북아 해양환경협력 논의의 평가

이상에서 검토한 바와 같이 80년대 후반 이후 동북아시아 지역에서 환경협력논의가 부상하는 가운데 해양환경 분야에서는 일보 진전된 제도화 논의가 진행되었다. 89년에 UNEP의 지역해 프로그램이 동북아시아 지역에 적용되도록 결정된 이래 일본, 한국, 중국, 러시아, 북한의 5개국을 중심으로 NOWPAP을 둘러싼 논의가 진행되어 왔다. 그러나 행동계획의 채택을 위한 초기 논의과정 및 그 이후의 추진경과를 검토한 결과 동북아의 해양환경협력논의에서는 협력 요인보다 갈등 또는 대립의 용인이 더 컸던 것으로 평가된다. NOWPAP논의는 94년에 가까스로 행동계획을 채택하였으나, NOWPAP에 임하는 각국정부의 태도에서는 적극성을 발견할 수 없었고, 협력의 초기단계부터 대상해역의 표기문제 및 외교관계상의 상대국 법적지위문제 등 환경문제를 둘러싼 이해관계보다 정치외교상의 이해관계만이 부각되었다. 그 결과 NOWPAP은 매우 더디게 진전되고 있는 가운데 실질적인 협력프로그램은 가동되지 않고 있으며, 장래에 법적구속력을 지닌 조약으로 발전될 가능성은 매우 희박한 상태이다.

이와 같이 환경협력이 제대로 이루어지지 않고 있는 이유는 어떻게 설명될 수 있을까. 이상에서 살펴본 결과에 의하면 NOWPAP논의가 지연되고 있는 원인은 동북아시아 지역의 해양환경협력 제도화 논의가 쟁점화과정을 거치지 않고 교섭과정에 들어갔기 때문으로 분석된다. 해양환경오염에 대처하기 위한 지역차원의 지속적인 협력의 필요성과 이를 위한 해양환경협력의 제도화의 필요성이 지역 내부로부터 구체적으로 요청되지도 않았으며, NOWPAP에 대한 여론의 관심과 하위행위주체의 활동도 거의 전무했다. 이는 NOWPAP논의가 해양환경오염을 방지하기 위한 지역협력 필요성에 대한 인식으로부터 시작된 것이 아니라, 국제기관의 주도하에 형식적인 정부간 교섭에서 시작되었다는 것을 나타내고 있다.

이와 같은 해양환경협력 제도화에 대한 쟁점화의 결여가 NOWPAP 논의과정에서 나타나는 각국간의 대립요인 그 자체를 설명하고 있다고 보기는 어렵다. 하지만 각국정부가 NOWPAP회의에 의례적으로 참가하고 있으며, NOWPAP논의가 환경측면의 쟁점보다 정치외교적인 쟁점을 둘러싸고 전개되고 있다는 사실은 이 지역에서 해양환경문제가 아직 충분히 쟁섬화되어 있지 않음을 나타내고 있다.

한편 NOWPAP교섭이 행동계획의 신속한 실시로 이어지지 않고 있는 가운데 97년 1월에 일본해 연안에서 발생한 러시아선박에 의한 대량의 기름유출사고를 계기로 해양환경협력의 제도화에 소극적이었던 일본정부의 태도에 변화가 생겼다. 법적문서체결의 가능성을 일체 부정하고 있었던 일본정부는 해양환경협력을 위한 지역협정의 체결에 긍정적인 반응을 보이게 되었다. 이

사실은 동북아 지역에서 환경협력을 촉발하는 요인(triggering mechanism) 이 사고(accident) 또는 위기(crisis)라고 하는 상황적인 요인에 의존하는 초보적인 단계에 머물러 있음을 보여주고 있다. 또한 환경오염의 쟁점화가 사고의 발생에 의해서만이 촉발되고 있다는 사실은 환경오염을 쟁점화하는데 중요한 역할을 하는 하위행위주체, 즉 전문가 집단, NGO, 지방자치단체의 활동이 성숙해 있지 않은 동북아시아 지역의 현시점에서의 환경협력의 한계로 지적될 수 있다.

아직까지 동북아 지역에 환경협력을 성공적으로 추진할 수 있는 조건이 충분히 갖추어져 있지 않다는 것은 자명한 사실이다. 그렇다면 동북아시아 환경협력이 가시적인 효과를 낼 수 있는 실질적인 협력으로 전개되기 위한 조건은 무엇일까? 동북아시아 지역보다 앞서서 환경협력을 추진해 온 다른 지역의 협력사례로부터 교훈을 얻을 수 있을 것이다.

첫째, 각국정부가 환경협력을 외교상의 우선과제로, 정책결정과정에서 우선순위로 간주될 수 있도록 인식을 제고하는 일이다. 이를 위해서는 환경오염 또는 환경협력에 대한 쟁점화가 먼저 이루어져야 한다. 환경오염 및 환경협력을 쟁점화하기 위해서는 지역에 거주하는 사람들이 그 지역을 함께 삶을 영위하는 공통의 공간으로, 공통의 재산으로 인식하는 것이 선결조건이다. 그리고 환경협력의 필요성에 대한 인식을 강하게 지니는 특정 행위주체(환경NGO, 과학자집단 등)가 성장하여, 지역적 연대를 통해 각국정부의 적극적인 참여를 유도해 나가는 것이다.

둘째, 교섭과정에서 발생할 수 있는 개별국가간의 이해를 조정하고 교섭을 성공시키기 위해서는 정부의 이익을 재조정하는 과학적 지식의 역할(또는 지식을 제공하는 전문가 집단의 역할),

환경문제에 대해 적극적인 사고를 지니는 특정 국가 그룹, 국제 기관, 개인의 리더십 등이 필요하다고 하겠다.

■ 참고문헌 ■

김현진, "일본의 환경정책과 동북아 환경협력", 이태환 편 『동북아 환경협력』, 세종연구소, 2001.

이정훈, "일본의 동해핵투기, 과장보도의 진상-국제적으로 실추된 한국매스컴의 국제경쟁력", 『월간조선』, 1993. 12.

이 찬, 『동해지명에 관한 지리학 세미나집』, 서울대학출판부, 1992.

외무부 국제경제국, 『북서태평양보전행동계획 제1차 정부간회의결과보고』, 1994.

외무부, 『제6차 정부대책본부회의록』1994. 1. 27.

金顯眞, 「特論 日本海名称の歷史的考察」 百瀨宏編 『下位地域協力と轉換期國際關係』 有信堂、1996年.

黑澤滿, 「半閉鎖海と國際法―地中海行動計畫を中心に」 多賀秀敏編 『國境を超える實驗』 有信堂、1992年.

花房征夫, 「紛糾する日本海呼称問題」 『現代コリア』 94年11月号.

I.Bluhdorn, "Environmental NGOs and 'New Politics'", *Environmental Politics,* Vol. 4, No. 2, Summer1995.

L.K.Caldwell, *International Environmental Policy: From the Twentieth to the Twenty-First Century,* Durham: Duke University Press, 1996.

R.G.Darst, "The Internationalization of environmental protection in the USSR and its successor states", in M. A. Schreurs and E. C. Economy, eds., *The Internationalization of Environmental Protection,* Cambridge: Cambridge University Press, 1997.

P.M.Haas, *Saving the Mediterranean: The Politics of International*

Environmental Cooperation, New York: Columbia University Press, 1990, pp. 112-139.

P.M.Haas, "Do Regimes Matter? Epistemic Communities and Mediterranean Pollution Control", *International Organization 43(3),* 1989.

C. Jacobeit, "Nonstate Actors Leading the Way: Debt-for-Nature Swaps", in R. O. Keohane & M. A. Levy, eds., *Institutions for Environmental Aid: Pitfalls and Promise,* Massachusetts: The MIT Press, 1996.

K. T. Litfin, *Ozone Discourses: Science and Politics in Global Environmental Cooperation,* New York: Columbia University Press, 1994.

T. Princen & M.Finger, *Environmental NGOs in World Politics: Linking the local and the global,* London and New York: Routledge, 1994.

O. R. Young and G. Osherenko, eds., *Polar Politics: Creating International Environmental Regimes,* New York: Cornell University Press, 1993.

B. Wynne, "Scientific Knowledge and the Global Environment", in M. Redclift & T. Benton, eds., *Social Theory and the Global Environment,* London and New York: Routlledge, 1994.

UNEP, *Report of the Third Intergovernmental Meeting on the Northwest Pacific Action Plan,* UNEP(WATER)/NOWPAP IG.3/7 April1998.

UNEP, *Report of the Meeting of Experts and National Focal Points for the Northwest Pacific Action Plan,* UNEP(OCA)/NOWPAP WG.5/7 December 1995.

UNEP, *Report of the Intergovernmental Meeting on the Northwest Pacific Action Plan,* UNEP(OCA)/NOWPAP IG.1/5 ANNEXV, September 1994.

UNEP, *Report of the Preparatory Meeting of Experts and National Focal Points for the Intergovernmental Meeting on the North-West Pacific Action Plan,* UNEP(OCA)/NOWPAP WG.4/5 September 1994.

새로운 국제환경과 한민족공동체: 화교와 유태인의 사례에서 본 재외한인네트워크의 현황과 과제

박 창 규
고려대학교 평화연구소 연구교수

Ⅰ. 서론

20세기 후반 동구권의 붕괴, 동서독의 통일, 구 소련의 해체, 중국의 개혁개방정책, 유럽의 통합 등으로 국가 체제는 다양하게 급변하고 있다. 그리고 세계 각국은 이념보다는 자국의 이해관계에 의해 새로운 관계를 맺고 있다. 세계화[1)]와 정보화의 확대

1) 근래 들어 '세계화' 개념은 매우 다양한 의미를 내포하고 있다. 일부 학자들은 세계화 현상을 경제적 측면에서 초국가적 기업의 확산과 지역경제의 상호연계성을 통하여 설명하기도 하며, 또 다른 학자들은 정보·통신 기술과 정보네트워크의 확산을 중심으로 한 초국가적 교류를 '세계화'로 개념화하기도 한다. 이러한 다양한 논의에도 불구하고 한 가지 공통점은 세계화 현상이 근대적인 '국경(national border)'의 개념을 뛰어넘는 초국가적인 개념으로서 질과 양적으로 중요시되고 있는 세계사회와

로 국경의 개념이 약화되고 인적교류가 활발히 진행되고 있다. 이러한 흐름은 기존의 편협한 지역성, 민족성, 종교성을 약화시키고 보다 보편적인 이념의 확대를 기대했다. 그러나 최근 전세계적인 분쟁으로 종교갈등, 민족갈등 등은 이러한 낙관론을 무색하게 만들었다.

구 소련과 동구권의 해체와 더불어 나타난 탈냉전과 전세계적 범위에서의 세계화의 진전은 국민국가에 대한 근본적인 질문을 던지고 있다. 국민국가는 국경을 경계로 동일한 언어, 문화, 경제, 역사적 경험을 기반으로 하는 근대적 공동체이다. 인간의 자유와 평등실현에 가장 이상적인 제도로 여겨졌던 이 국민국가의 관념은 20세기 들어서 전쟁과 불평등 그리고 배타적 민족주의에 기반을 둔 국가의 폭력성 등으로 효율성을 의심받아 온 것이 사실이다. 특히 냉전 질서의 해체 후, 신자유주의의 등장에 따른 세계적 규모의 자본의 이동, 통신혁명에 따른 국민국가 개념에서 제일 중요한 국경을 넘어선 교류 등으로 인해 국민국가의 역할은 약화되고 있다.

이와 같이 세계화는 국민국가관계의 약화와 함께, 전세계적인 범위에서 자본주의화 되고 있지만 또 다른 한편으로는 원리주의, 근본주의, 그리고 민족의식(ethnicity)의 부활에 따른 아이덴티티

사회구조를 가정하고 있다는 사실이다. 세계화의 개념은 세계적인 통합현상과 전체로서의 세계에 대한 인식의 극대화를 의미한다. 경제적 측면에서 '세계화'는 "자유로운 시장경제의 확산과 국경없는 무역의 파급효과"를 의미하며, 사회적 측면에서 "개인과 집단, 국가 사이의 상호의존성과 통합"을 의미하기도 한다.; Oliver Boyd-Barrett, "International Communication and Globalization: Contradictions and Directions", Ali Mohammadie (ed.), *International Communication and Globalization* (London: Sage Publications, 1997), p. 11; Marc Williams, "Rethinking Sovereignty", Eleonore Kofman and Gillian Youngs (ed.), *Globalization Theory and Practice* (New York: Pinter, 1996), p. 118.

가 강조되는 민족주의의 발흥을 유도하고 있다.[2] 이런 세계화의 다른 면, 즉 민족의식에 대한 강조는 인간이 세계화의 소용돌이 속에 자신의 아이덴티티에 대한 논의가 빈번히 진행되고 있고, 그 중에 특히 우리의 관심을 끄는 것은 세계 여러 나라 밖에 살고 있는 교민집단의 중요성을 새롭게 인식, 그들과의 유기적 연관관계를 통하여 자국의 이익을 극대화하려는 경향을 보여주고 있다.[3] 이러한 점에서 한민족공동체의 개념은 특정한 지리적 공간에 국한되는 것이 아니라 해외 교민사회까지 포괄하는 초영토적 개념으로 확대되고 있으며 기존의 편협한 민족주의가 아닌 포용성을 토대로 한 '열린민족주의'를 보편적 현상으로 받아들이고 있다.[4]

한반도와 주변 4개국에 흩어져 살고 있는 재외동포는 국적과 종교, 가치관을 넘어서서 하나의 민족임을 이야기 할 수 있다. 이런 경우 민족의 개념은 근대민족주의가 상정하는 정치적 단위로서 민족과는 거리가 멀다. 전세계에 다양한 형태로 거주하는 한인들을 포괄하는 개념으로 과거 유태인을 지칭하였던 확산민족(diaspora nation)의 개념을 빌어볼 수 있다. 국민국가의 역할 감소나 탈 국민국가의 사회 속에서, 우리에게 새로운 한민족공동체의 개념이 필요하고, 다양한 아이덴티티의 인정을 통해 초

2) 강상중, 요시미 순야, "혼성화 사회를 찾아서: 내셔널리티의 저편으로", 『당대비평』, 10호 (삼인, 2000), pp. 57-59.

3) 원거리민족주의는 먼 이역에서 이주하며 살면서도 각기 자 민족집단 고유의 단결력과 공동체의식을 강하게 유지시켜 오고 있다. 내셔널리즘은 또 하나의 유산체인 에스니티를 발전시키면서 이것이 경우에 따라서는 내셔널리즘과 결합되어, 보다 먼 지리적 거리와 무관하게 영속적인 민족집단의 단결과 발전을 가능하게 하고 있다. Benedict Anderson, "The New World Disorder", *New Left Review* No. 193 (May/June 1992), 『민족연구』, 제4호 (한국민족연구원, 2000), pp. 117-125.

4) 『한겨레신문』, 2001년 7월 20일.

국가적 활동을 할 수 있는 새로운 민족의식의 발견과 부활이라는 방법으로 해결할 수 있다. 이러한 형태의 민족의식에 기반을 둔 여러 공동체를 인정하고, 여기에 네트워크를 통하여 한민족공동체가 새로운 적극적 역할을 제시하는 것이다.5)

한민족이 네트워크를 이룰 때 진정한 한민족공동체6) 형성의 기반이 확립된다는 가정 하에 본 개념은 한반도 내에서뿐만 아니라 국경 및 정치 단위를 초월하여 남북한 및 세계 도처에 거주하는 해외동포를 포함하는 보다 넓은 범위에서 조명되어야 할 것이다. 한민족은 남한과 북한에 각각 4,700만과 2,300만이 살고 있으며, 현재 해외 여러 나라에 거주하고 있는 한인 동포의 수는 530만에서 560만으로 추정되고 있다. 이는 남한 인구의 10%가 넘는 수치이다. 이러한 배경에서 한민족 통일 및 화합은 단지 한반도 안에서만 이루어질 것이 아니라 세계 도처에 퍼져 있는 한민족을 포함하는 보다 넓은 지평에서 다양한 모습을 아우르는 방식이 되어야 한다.7)

---

5) 박명규, "세계화에 따른 국가역할의 변화와 지속성-정보네트워크의 발전을 중심", 『95년 후기사회학대회』(한국사회학회, 1995), p. 205

6) 나라의 영토는 특정 지역을 지칭하는 공간적인 개념만이 아니라 같은 혈통을 가진 사람들이 살고 있는 모든 장소로 확대시켜서 생각할 수 있는 문화적인 개념이기도 하다. 이러한 시각에서 볼 때 해외동포들은 우리의 귀중한 인적 자원이며 우리가 추구하는 세계화의 첨병이라고 할 수 있다. 이종철, "민족문화영역의 관점에서 본 재중동포 정책방향", 『민족발전연구』, 4호, 2000. '민족'이므로 혈연 위에 서지만, 그에 그치지 않고 문화적 공감대를 바탕으로 내부의 이질적 요소를 극복하고 상호이해에 의한 문화통합과 외부에 대한 관용으로 결합된 개념적 공간이다. 국가나 지역처럼 지리적 범위를 정할 수도 있으나 반드시 그럴 필요는 없는 탄력 있는 공간영역이다. 민족문화영역이라는 열린 공간을 통해 민족통합에 우회적으로 접근함으로써 세계화의 원심력에 효과적으로 맞설 수 있는 인구집단으로서의 기본 단위를 창출한다는 개념이다. 민족통합을 위해서는 다양한 한민족 디아스포라 문화를 관통하는 문화적 끈(한민족공동체)을 만들어야 한다라고 설명했다.

7) 이광규, "한민족공동체(KC)와 민족문화", 『한민족공영체』, 제7호 (해외한민족연구소, 1999), pp. 82-112; 이만우, "한민족공동체(KC)의 이론 정립", 『한민족공영체』

현실적으로 해외 각 곳에 퍼져 있는 한민족이 처해 있는 사회, 경제적 조건, 정치 상황, 이민의 역사 등이 동질적이지 않는 만큼, 이들이 지닌 실질적인 민족관은 구체적이고 다양한 모습으로 나타날 것이다. 즉, 한국인과 해외 한민족들의 민족의식 및 고국관 등의 개괄적인 모습은 동질적일 수 있으나 구체적인 내용 및 표현양식은 다양하게 나타난다.

그래서 전 세계의 한민족은 지역별, 연령별, 성별에 따라서 편차를 보이고 있다. 한민족으로서의 정체성이나 민족의식 등 추상적 이념으로서 한민족을 묶어내기보다는 한반도 및 해외 각 곳에 퍼져 있는 한민족들이 형성하고 있는 실질적인 네트워크 및 개인 주체들의 인식을 살펴보는 것이 중요하다. 단순하게 한민족의 혈통적 단일성, 언어, 역사, 문화의 공유를 부르짖는 것은 현실적인 네트워크 형성 방안을 제시해 주기보다는 단지 정치적 구호 혹은 공허한 이념으로서의 민족주의로 그칠 수 있다. 이것보다는 해외 각 곳에 퍼져 있는 한민족의 각기 다른 이민사와 현재 거주국에서의 특수한 존재 상황 등을 고려하면서 이것이 한반도와의 교류에서 어떤 실질적 이득을 줄 수 있는지를 인식해야 한다. 예컨대 중국과 이스라엘의 민족네트워크공동체에서 보여지듯이 경제적 이익 등 실질적 이득을 떠난 맹목적인 민족의식은 있을 수 없다는 것이다.[8)]

전 세계 136개국에 거주하고 있는 해외 화교의 숫자는 약 3,000만 명에 이른다. 대만의 2,100만 명을 제외하고 인도네시아, 태국, 말레이시아, 필리핀, 싱가포르 등에 집중적으로 거주하며,

---

제7호 (해외한민족연구소, 1999), pp. 49-81.

8) 박승록, "한민족공동체(KC)를 위한 경제권 구축", 『한민족 공영체』, 8호 (해외한민족연구소, 2000), pp. 52-82.

거대한 경제력으로 동남아 경제를 장악하고 있다. 화교들은 국경을 초월한 네트워크를 구성하여 상호보완적인 경제 관계를 구축하고 있다. 전 세계의 화교 조직은 약 9,500여 개가 되는데 아시아에 6,500개, 미주에 약 2,500개가 있다. 현재 대중화경제권은 대만의 제조 기술, 싱가포르의 마케팅 및 서비스, 중국의 노동력, 북미의 전문인력과 기술력이 전 세계 화교자본과 결합하고 있다. 이를 통해 거대한 경제 집단을 형성하고 있으며, 이를 위해 해외화교들은 '국제화교협회', '세계화상대회' 등 전 세계의 중국계 기업간 기구와 회의체를 구성하고 있고, 이를 연결하는 인터넷망을 운영하여 화교들간의 국제적 네트워크를 강화하고 있다. 중국과 화교들간의 경제권 형성 실태를 보면, 1978년 중국의 개방 이후 정부는 적극적으로 화교 자본을 유치하고 있으며 1989년 천안문 사건에 따른 서방의 경제 봉쇄를 탈피하기 위해 전세계 화교 네트워크를 활용하고 있다. 또, 화교 투자에 대한 우대정책을 발표하고, 각 지방정부도 조세감면 등 독자적인 우대정책을 발표했다. 이에 힘입어 1983년에서 1994년 간 약 700억 달러의 화교 자본이 유입되어 전체 외자 유입의 3분의 2를 차지하였다. 지금까지 화교는 중국에 10만개 이상의 합작 회사를 설립하여 경영기술과 자본을 이전하였다.[9)]

그렇다면 지금까지 화교네트워크의 발전은 중국의 개혁·개방정책 과정에서 어떤 역할을 했으며, 이들은 현재 어떤 상황과 연계되어있고, 앞으로 어떤 관계로 변화하는가? 그리고 유태인의 민족정체성을 바탕으로 한 유태인 네트워크의 형성과 문제점은 무엇인가?

---

9) 박승록(2000), pp. 75-76.

본 연구는 화교 네트워크와 유태인 네트워크의 형성과정과 그 발전의 중요성을 인식하고 이에 한민족네트워크의 형성을 통한 실제적인 이득은 무엇이며, 그리고 이를 위한 구체적 방법을 어떻게 모색할 것인가에 대한 것이 본 연구의 의미이다.

Ⅱ. 화교네트워크의 현황

중국민족은 지연과 혈연, 그리고 경제적 유대의 형태로 네트워크를 구축하여 왔다.[10] 경제적 유대의 측면에서 홍콩과 싱가포르는 금융과 마케팅, 대만은 중소기업을 중심으로 한 제조기술, 그리고 동남아 화인들과는 본토의 중국인을 대상으로 한 광범위한 시장이 어우러져 세 가지 조건과 세 지역이 경제 협력의 시너지 효과를 내고 있다. 이렇게 1950년대부터 동남아지역을 중심으로 형성된 화교경제권은 화교네트워크의 의미를 다시 생각하게 하고 있다. 이러한 전세계의 중국인을 연결하는 '세계화상네트워크'(World Chinese Business Network: WCBN-http:// wcbn.com.sg)에는 1999년 말 20개국 이상의 10만개 화교기업이 가입하여 활동했으며, 이 '세계화상네트워크'라는 아이디어는 1993년 싱가

10) Murryary Weidenbaum, Samuel Hughes, *The Bamboo Network* (Martin, Kessler Books), 1996; 이덕훈, "중화경제권의 등장과 화교경제", 『생산성논집』, 제12권 제1호 (한국생산성학회, 1999년 12월), p. 286; 네트워크는 동족(血緣), 동향(地緣), 동업(業緣)의 결합으로 이루어지며 가장 중요시된 것은 동향이다. 화교 네트워크는 이러한 동향을 중심으로 동업으로 발전하여 동일지역에 형성되는 것을 삼연구조(三緣構造)라고 한다. 이렇게 3연을 중심으로 이들이 발전한 것은 본국의 보호를 받지 못하는 상황에서 스스로의 결합조직, 상부 상호조직이 필요하게 되어 비공식적인 사회, 즉 화교들의 네트워크를 형성하게 되었다. 이 조직은 동향방 중심의 초국가적 네트워크로 발전하였다.

포르의 리콴유 수상이 제2차 세계화상회의(The Second World Chinese Entrepreneurs Convention in Hong Kong)에서 제안한 것으로 인터넷을 통하여 세계의 화상들에게 비즈니스 정보를 효과적으로 제공하고 이들을 연결시키고자 하는 의도에서 나왔다. 세계화상네트워크는 1995년 12월 8일 싱가포르 중국인상공회의소(Singapore Chinese Chamber of Commerce & Industry: SCCCI)에서 수개월의 준비 끝에 완성한 것이다.[11] 이와 같이 화교네트워크의 특징은 중국본토, 동남아, 미주 등에 위치한 경제공동체 건설에 치중하는 양상을 띈다는 것이다.[12]

20세기초의 '화교' 개념에서 1990년 중반 '신이민'의 개념의 등장으로 이민자에 대한 개념상의 변화가 생겼다. '신이민'은 중국에 있어서는 송금, 투자, 기술 노하우 등을 전해 줄 수 있는 잠재력을 가진 중요한 이민자들이다. 이에 대한 지방과 중앙 차원의 정치적 적응이 이루어지고 있는 지표들이 나타나고 있으며, 중국의 '신이민'에 대한 재정적 정치적 요구는 매우 중요하게 인식된다. 따라서 '신이민'을 만들어 내고 이에 대한 비위 맞추기는 잘 조화되는 것이다. 이러한 정치적 담화와 정책의 변화는 중국의 통치권 밖에 존재하면서 수적으로 크게 증가한 화교에 대해 영토를 초월한 소유 확대에 대한 중국정부의 많은 관심을 반영한다.

화교들은 본국과 원주민들로부터의 학대 속에서도 끈질긴 인내력과 단결력과 방(幇)이라는 독특한 상부상조의 조직을 통한

---

11) 대만이 주도하는 화상네트워크는 "세계화상경제무역회의", "세계화교금융우호회의" 등이 있다.

12) 박기철, "화교네트워크와 경제적 연고주의 -경제적 통합을 중심으로-", 『아시아문화』, 제15호, (한림대학교 아시아문화연구소, 2000), pp. 143-154.

부의 축적으로 지난 1911년 중국 신해혁명을 물심양면으로 도와 손문으로부터 '화교위혁명지모'(華僑爲革命之母)라는 호칭을 얻게 되었고, 1937년 중일전쟁 발발 이후 '국토방위성금', '구국공체의 인수' 등으로 당시 2억9,400만 원을 조국에 헌납함으로서 그들의 존재 의의와 가치를 확립시켰던 것이다.

화교 세계가 이런 숱한 세월을 거치면서 끈질긴 인내와 생존철학의 부산물로 거머쥔 부를 통해 동남아에서 '또 하나의 세계'로 부상하자 두 개의 중국, 즉 대만과 중국 정부는 화교를 놓고 이른 '화교전쟁'을 벌이는 역사의 아이러니를 보게 된다.

화교전쟁의 실상은 이렇게 전개된다. 우선 대만 정부가 헌법에 화교보호조항을 두 개를 만들면, 중국정부는 네 개 조항을 신설했다. 대만정부가 정무원 산하에 화교 행정기구인 교무위원회(僑務委員會)를 설치하면 중국정부는 '화교사무위원회'(華僑事務委員會)를 두었으며, 중국 정부가 국적이나 거주지를 떠난 화교들에 대해 중국의 '공민'이라고 선언하자(1982년 등소평 동경선언) 대만정부는 1993년 화교들에게 참정권을 부여하는 내용의 헌법 개정으로 맞섰다.

이렇듯 화교들을 대상으로 한 두 개의 중국정부의 대결은 초기에는 대만정부가 앞선 듯 보였으나, 중국의 유엔가입 전후로 중국의 위력이 화교 사회에 미쳐 이제 동남아의 화교 세계는 중국의 세계화 전략에 원동력으로 등장하고 있다.[13]

---

13) 40년대~70년대에는 동남아시아 지역에서 국경을 추월한 네트워크가 형성, 80년대 이후에는 홍콩, 대만 및 동남아시아 지역에 거주하는 화교들의 구주지역으로의 이주가 급격히 증가함에 따라 북미 구주 및 동남 아시아 지역을 연계하는 글로벌 화교 네트워크가 형성, 90년대 들어서는 글로벌 화교 네트워크의 국제화 전략이 표면화. 이 전략은 화교기업의 주요 업종이 사업, 금융업 및 노동집약 제조업에서 고 부가가치 산업으로 전환.

1970년대 말의 개혁개방이후 중국이 급성장 하는 데에는 동남아 화교 자본과 화상 교역이 큰 역할을 하였다는 것은 주지의 사실이다. 중국은 2001년 말까지 3,467억 달러에 달하는 외국인 직접투자를 받아들였다. 이중 약 2/3가 홍콩, 마카오, 싱가포르, 말레이시아 등에 거주하는 화교들로부터 조달되었다. 특히 1979년부터 1994년 기간에는 중국의 개방정책이 시작되는 시기로서 정책의 성패는 투자 유치액의 다과에 의해 결정되었다. 이 때 외국인투자액의 약 78%가 홍콩에서 조달되었다는 사실은 중국에게 대단히 중요하였다. 중국의 교역량은 화교들이 경제적으로 강한 위치에 있는 나라들과 꾸준히 증대하고 있다. 특히 홍콩, 타이완, 싱가포르, 말레이시아 등과 교역량이 대단히 크다.[14)]

이들의 투자나 교역이 이루어지는 패턴을 보면 중요 결정 변수는 지역적 조건, 혈연, 지연, 언어, 문화적 정체성 등이다.[15)] 초창기에는 투자가 복건성, 광동성 등에 집중적으로 이루어졌는데, 이 지역에 투자한 사람들은 미국이나 동남아에 살던지 간에 이들 성 출신이었다. 또한 중국의 성정부는 해외에 사는 자기 성 출신의 기업가들을 초청하여 혈족을 찾아주는 등 서로 연결시켜 주었다. 이 기회를 이용하여 투자시 경제적 이윤의 보장을 제기함으로서 현지에 대한 투자를 적극 장려하였다.

---

14) 전택수, "지구촌 한민족 경제공동체 설립의 이상과 현실", 재외한인학회, (2002, 12) p. 6.

15) 중국인들은 해외로 이주하는 경우 동향의 선배 혹은 친척에 의지하기 때문에 그들은 같은 직업에 종사하는 경향이 많으며, 이에 따라 원래의 지연관계 이외에 직업적 관계를 갖고, 경에 따라서는 혈연적 관계를 갖게 되는 것이 일반적이다. 그리고 혈연 및 지연을 중심으로 혈연적 공동체 그리고 연고적 공동체의 성격으로 출발하여 이를 기반으로 같은 업종에 집중적으로 종사함으로써 동종 업종을 중심으로 연결망이 확대되었다. 김택권, "한국 경제의 세계화와 한민족네트워크 공동체 활용", 김용호, 유재천 편, 『민족통합의 새로운 개념과 전략(상)』 (춘천: 한림대학교 출판부, 2002), pp. 117-118 참조.

이것이 의미하는 바는 화교들은 불신이 가져올 경제적 위험을 줄이는 방법으로 혈연, 지연, 언어 등을 선택하였다는 것인데, 이는 여러 연구에서 지적된 바 있으며 F. Fukuyama는 중국인은 가족 및 혈연 관계를 벗어난 타인을 신뢰하지 않는다고 하면서 경제 조직이나 사회적 모임에 외부인을 포함시키지 않는 점을 그 예로 제시하고 있다. 또한 홍콩의 기업에 관한 연구한 Gorden Redding[16]의 다음의 지적도 시사하는 바가 크다. "중국의 가족은 절대적으로 신뢰하되, 친구나 지인들에 대해서는 상호 의존관계가 성립된 정도만큼만 신뢰하며, 또 그들의 얼굴에 나타난 겉모습만 믿는다. 그 외의 누구에 대해서도 그들이 선의를 가지고 있다고 가정하지 않는다". 다시 말하면 화교들의 중국 대륙에 투자하는 것은 기본적으로는 투자와 교역을 통해 자신의 이익을 보려는 것이다. 모국의 경제적 발전 혹은 고향에 대한 지원 등은 부차적인 취지라고 해석할 수 있다.

중국의 경우를 보면 '대중화경제권'이라는 이름으로 이미 중국대륙 남부지역과 동남아의 화교상권을 묶는 작업을 시작했고, 동북3성의 개발에도 홍콩과 대만의 자금이 많이 투입되고 있다. 중국에 대한 해외투자 전체에서 화교들이 투자한 부분이 80~90%가 된다는 사실은 민족과 경제가 얼마나 밀접한 관계를 가지고 있는가를 잘 보여주고 있다.[17]

그러나 화교네트워크에 대한 다양한 의견 중에 긍정적 부분

---

16) S. Gorden Redding, *The Spirit of Chinese Capitalism*, (N. Y.: Walter de Gruyter, 1990), p. 66. 레딩은 화교의 생활 및 기업경영방식을 가족중심주의라고 요약하고, 가부장적 경영방식, 소규모 조직 등을 강점으로 인정한다. 한편 바튼은 중국인 특유의 신용관계에 의존하여 초자연적, 초국가적으로 형성된 상업적, 금융적 연결망을 주된 성공 요소로 제시하고 있다.

17) 전택수(2002), p. 5.

못지않게 부정적인 의견도 나타나고 있다. 화교자본의 중국 진출이 지역 편중화 현상을 보이고 있는 것도 사실이다. 화교들의 귀향심이나 고향에 대한 감정적인 측면에 지나치게 강조하는 것은 곤란해 보인다. 이러한 속성에 대한 부정적인 구조적 문제는 인적, 문화적 관계 보다 더 우위에 높여져 있다고 보아야 할 것이다.

또한 화교네트워크 구조의 핵심인 지연과 혈연의 네트워크는 자신들의 이익만을 추구하는 폐쇄적인 사회로 남도록 하였다. 이것은 근대적 사회에서는 오히려 비근대적인 것처럼 보여진다. 그러므로 화교의 네트워크는 혈연과 지연을 넘어서는 개발사업의 대형화에 착수해야 할 것이다. 이러한 상황에 이르게 된 것은 화교 자체가 기술력 및 독창력이 부족하다는 것에 원인이 있다는 견해도 있다.[18)]

Ⅲ. 유태인네트워크 공동체

민족적, 문화적 네트워크를 오래 전부터 발전시켜 온 대표적 성공 사례로 유태민족 네트워크를 검토해 볼 필요가 있을 것이다. 세계 각 지역의 약 2,000만 명의 유태인은 각 지역별로 독특한 유태민족권을 형성하고 있다. 흩어져 있는 유태인들은 정보화의 산물인 인터넷을 통하여 서로 정보를 교환하며 사업을 하고 서로 도우며 네트워크로 맺어져 있다. 이렇게 인터넷은 유태인들을 국경을 초월하여 결속하는 구심점으로 작용하고 있다.

---

18) 이상두, “화교와 중국경제”, 『삼성세계경제』 (삼성경제연구소, 1994년 12월), p. 82.

유태인들은 인터넷공동체를 탈무드(Talmud) 이래로 유태인의 법, 관습, 문화, 역사, 신앙, 뉴스를 가장 잘 모아 놓은 광장으로 여기고 있다. 이를 레빈(Michael Levin)은 'Jewish Internet Community'라고 부르면서 인터넷의 발달로 지난 2000년 이래로 현재보다 더 잘 유태인들을 긴밀히 연결시킨 적이 없다고 하고, 유태인들은 인터넷을 자신들의 네트워크공동체 형성에 이용하고 있다고 주장한다.[19] 즉 유태인들은 인터넷을 통하여 세계의 유태인들이 어디서 무엇을 하고 있으며, 무엇을 생각하고, 무엇을 하고 싶은지를 알 수 있기 때문에 유태인들을 연결하여 공동체를 형성시키는 더 좋은 도구는 없다고 판단하는 것이다.

유태인들이 이렇게 광범위하고 강력하며 뛰어난 그들만의 민족적 연결망을 구축할 수 있었던 이유는 역사적으로 수천 년에 걸쳐 방랑생활에 익숙한 유목민(nomadic people)으로서 자신들의 역사, 문화, 종교를 전달할 매개체로 인터넷을 적극 이용한 결과라고 하겠다. 유태인들은 BC 721년 앗시리아의 침공 이후 흩어져 다른 민족과 섞이게 된 자신들의 고유한 정체성을 확보할 필요가 있었고, 이러한 상황에서 '유태인 가상공동체'(Imagined Jewish Community)를 만들어 그들 나름의 정체성과 문화를 유지하고, 재생산하며, 발전시키는 가상공동체를[20] 창출하고 있는 것이다. 정보화 시대에 인터넷을 유태인으로서의 '민족적 정체성'(ethnic identity)을 확보할 수 있는 가장 좋은 수단으로 인식했다는 점이다. 하지만 이러한 웹사이트를 이용하여 유태인들이 실제적으로 자신들의 현실의 공동체를 확대하고 있는가는 확실하지 않다. 사이트의 내용이나 사이트의 숫자가 공동체의 결속

19) Levin Michael, *The Guide to the Jewish Internet*, (San Francisco: No Starch Press), 1996. p. 7.
20) Anderson Benedict, *Imagined Community* (Verso, 1983) 참고

이나 정체성의 확보를 의미하지는 않기 때문이다. 그리고 유태인들의 사이트들도 빈번하게 만들어지고 없어지고 있는 현실이다. 단지 유태인들이 인터넷을 자신들의 공동체를 확대하는데 적극 이용하고 있다는 것을 엿 볼 수 있다.[21] 유태인들에 의해 운영되고, 이들의 역사나 문화 등과 연관된 홈페이지들은 탈무드 이래 그들이 축적해 온 법률, 사실, 역사, 여론, 소식, 전통, 그리고 문화들을 종횡으로 연결하면서 전세계의 유태인 공동체를 하나로 연결시키고 있다. 인터넷을 통해 연결된 유태인 네트워크는 그들 자신들도 놀라지 않을 수 없을 정도의 방대하고 풍부한 자원을 자랑하고 있다. 한 마디로 '유태적인 것'은 모두 이 네트워크에 담겨 있는 것이다. 이들의 네트워크공동체는 전세계에 퍼진 유태인들의 문화와 지적 자산들을 연결시키면서, 마치 유태인들의 거대한 '지구적 두뇌'(global brain)를 구성하고 있는 듯 보인다. 수천 년을 지구촌의 유목민으로 생활하면서도 하나의 신앙을 통해 공동체를 유지해온 유태인의 네트워크는 오늘날 지구촌의 가장 풍부하고 축적된 네트워크를 자랑하게 되었고, 지금도 매일같이 새로운 사이트들을 만들어가고 있다.[22]

유태인들은 어떻게 이처럼 강력하고 광범위한 민족네트워크를 구축할 수 있었을까? 이러한 의문에 대한 해답은 네트워크공동체의 형성과 진화에 대한 기본적인 인식의 틀 속에서 비교적 쉽게 이해될 수 있다. 우선 유태인들은 수천 년에 걸친 방랑 생활에 익숙한 유목민이었다는 사실에 주목할 필요가 있다. 수천 년에 걸친 유목적 생활 속에서 유태인들이 끊임없이 고민했던 하

21) 김인영, "한민족네트워크 공동체: 현황과 과제", 『민족통합의 새로운 개념과 전략: 세계화와 정보화 시대의 민족통합(하)』(춘천, 한림대학교 출판부, 2002), p. 273.

22) Levin Michael(1996), p. 8.

나의 문제는 '유태적인 것'(Jewish)의 '정체성'(identity)문제였다. 그런데 특정한 지역에 정착한 다른 민족들과는 달리 이들은 한 곳에 뿌리를 내릴 장소가 없었다. 거처 없이 전세계를 유랑하는 이들은 무언가 자신들을 연결시킬 수 있는 공동체의 독특한 정체성을 갈구할 수밖에 없었던 것이다. 이러한 상황에서 이들이 의존한 것은 지리적 정체성이 아닌 정신적 정체성, 즉 지리적 공간에 속박되지 않는 문화적 공간이었던 것이다.

이와 같은 유태인의 개념은 지역에 속박된 다른 민족들과는 구분되는 독특한 네트워크의 개념을 포함하고 있다. 유태인들은 '유태교'라는 세계 종교를 통해 그들이 공유하는 상상의 공동체를 만들어 냄으로서 지리적 한계를 넘어서는 네트워크 공동체의 문화적 토대를 구축할 수 있었던 것이다.

유태인공동체는 '선택된 민족', '특별한 언약'(special covenant)을 통해 신과 연결된다는 개념 등을 통해 자신들의 구분을 유지해 온 것이다. 이들은 또한 집단적, 집합적 상징을 공유하면서 동시에 개인적인 도덕 및 의식적 행위들을 통해 신에 대한 개인적 책임의식에 대한 믿음을 발전시켰다.

지리적 공간과 시간의 한계를 새로운 공간에서의 소통을 통해 넘어선다는 것이 네트워크 공동체의 핵심적 요소로 설정할 수 있다면, 네트워크 공동체의 개념을 가장 적절히 활용하여 그들만의 강력하고 효과적 민족적 정체성을 지닌 공동체를 발현시키는 데 가장 성공한 집단이 바로 유태인들인 것이다. 네트워크 공동체는 유태인들의 유목 생활 양식과 가장 잘 결합되고 있는 듯이 보인다. 오랜 전부터 네트워크의 공간의 개념을 그들의 문화적, 정신적 정체성 속에 채화시켜 독특한 신뢰와 호혜성의 힘을 발현시키고, 이러한 사회적 역량을 인터넷을 통한 네트워크

공동체와 결합시킨 유태인들이야말로 네트워크공동체의 가장 가공할 잠재력을 가장 효과적으로 활용하고 있는 인종 집단으로 보아야 할 것이다.[23]

이스라엘은 건국 이래 해외 거주 유태인들의 자금이 이스라엘을 막강한 나라로 키우는데 결정적인 역할을 했으며 지금도 이스라엘에게 유리하게 외교정책이 세워지도록 각국 정부에 압력을 가하기 위해 해외거주 유태인들이 활발한 활동을 하고 있다.

미국 내 이민사회 중 가장 영향력이 큰 유태인 인구는 현재 약 600만 명에 달하며, 이들 중 상당수의 유태인들이 정계, 금융, 언론, 학계 등 여러 분야에 적극 진출해 미국 주류사회에 편입되어 있다. 데이비드 번스틴(David Bernstein) 미국유태인협회[24](AJC) 워싱턴 지부 국장이 말하는 유태인 이민사회의 성공 비결 5가지는 다음과 같이 언급했다.

첫째, 미국이 '기회의 땅' 이라는 점을 잊지 않는다라는 점이다.

---

23) 박준식, "네트워크 공동체의 형성에 대한 이론적 탐색", 김인영(2002b), pp. 259-261.

24) 유태인 정치조직 중 가장 대표적인 "Big Three" 조직은 AJC(American Jewish Committee): 이 조직의 주요 공적은 1917년 발포어 선언을 포함한 시오니즘 지원, Jewish Agency와 협력, 1947년 UN의 팔레스타인 분할안 지지 등이다. AJC는 48년 이스라엘 재건 이전에 비시오니스트 미국 유태인 단체로 알려졌다. 2차대전 이후부터는 AJCongress 와 ADL(American Defamation League)처럼 커뮤니티 권익 옹호에 전념하고 있다. AJCongress(American Jewish Congress): AJC가 소수 엘리트들에 의해 운영되는 데에 비해 이 조직은 전국적인 조직이다. AJCongress는 말 그대로 유태인 의회운동이었기 때문에 민주주의 방법으로 운영되는 기존 유태인단체들을 포용하는 거국적 조직이었다. 1918년 정식 출범했으며, AJC는 초기 이 조직의 결성에 반대하는 입장을 고수했다. 이 조직은 시오니즘이 가장 강한 단체이다. 그러나 시오니즘에 있어서 구체적 행동강령이 있기보다는 유태민족주의와 유태인 권한과 교의에 많이 치중했다. ADL(Anti-Defamation League): 이는 20세기 초 미국 사회에 만연해 있는 반유태주의에 대항하여 설립된 조직이다. 활동은 유태인도 미국인과 똑같은 사람이라는 사실을 알리는 역할로 출발했다. 그 수단은 편지 쓰기에서부터 팜플렛 및 신문광고로 발전해갔다.; 강영수, "미국 유대인 커뮤니티와 친이스라엘 로비", 『중동연구』, 제16권, 제2호 (중동학회, 1997).

이민자들이 건설한 나라 미국은 누구에게나 기회와 도전의 땅이다. 미국 땅에서 희생자가 아니라 주인으로서, 미국을 '조국'으로 만들겠다는 마음으로 살아간다. 둘째, 정치감각을 키운다. 유태인들의 이익이 반영되도록 하기 위해서는 미국 정치과정을 철저하게 이해해야 한다. 가장 좋은 방법은 정치에 직접 참여하는 것이다. 유태인 공동체는 유태인들의 정치참여를 적극 장려하고 지원한다. 셋째, 기부금을 의무화한다. 유태인 전통을 유지하기 위한 교육, 미국의 친이스라엘 정책, 이민자들에게 유리한 정책 수립 지원에 필요한 기금 모금에 적극 나선다. 미국의 유태인 연합은 연간 수십억 달러의 기부금을 모금하고, AJC는 작년 2001년 미국 전역에서 3,300만 달러를 모금했다라고 한다. 넷째, 교육을 통해 종교와 전통을 전수한다. 미국에는 800여 개의 유태인 학교와 4,000여 개의 유태인 회당(synagogue)이 있다. 대학에 유태인 지도자 양성 프로그램을 개설해 차세대 지도자를 키우고, 유태인들이 미국에 동화되더라도 고유의 전통을 잃지 않도록 교육한다. 다섯째, 유태인 사회를 정치세력화 한다. 이민정책, 대 이스라엘 정책에 관한 이슈가 있을 때는, 지역구 정치인들에게 지지와 반대의사를 밝히는 이메일과 서신 등을 적극적으로 보낸다. 이 숫자가 1,000~3,000명 단위에 이르면 영향력을 발휘할 수 있다. 또한 유태인에게 유리한 입장을 가진 정치인들은 유태인이 아니더라도 적극 지원하고 기부금을 낸다.[25]

수천 년 동안 고향을 떠나 세계 각지에 흩어져 살아오면서도 민족동질성을 유지해 온 유태인들은 인터넷에 다양한 글로벌네트워크를 구축해 운영중이다. 「유태인 커뮤니케이션 네트워크」

25) *http://usa.chosun.com/html/2002/01/15/200201150174.html*(검색일: 2003. 2. 1).

는 홈페이지(http://www.jcn18.com)에 『전세계 유태인을 연결해 「디지털 유태공동체」를 창조한다』는 취지를 밝히고 무려 1,500개가 넘는 이스라엘 및 유태인관련 사이트를 연계해 놓아 세계 유태인의 인터넷 나침반구실을 하고 있다. 36년 결성되어 세계 유태인의 대변인 역할을 해온 「세계유태인의회」도 인터넷 홈페이지(http://www.virtual.co.il)와 지부를 통해 80여 개국에 흩어져 살아가는 유태인들의 정치적 이해를 관철시키려 노력하고 있다. 이곳에는 족보를 알려주는 사이트와 유태인 아기의 입양, 이민족・이교도와의 결혼문제를 다루는 사이트도 많다.[26] 이와 같이 유태인들은 인터넷에 민족공동체를 위한 네트워크를 구축해 운영하면서 커다란 성과를 얻고 있다.

전 세계의 유태인을 총괄하는 곳은 이스라엘의 '유태인 총국'이 관장하고 있다. 재미 유태인 문제는 에이제이시(AJC: American Jewish Conference)와 긴밀히 연관되어 운영되고 있는데 다만 중국의 교무위원회와 화교사무위원회처럼 드러내 놓고 있지 않다는 점이 특색이다.

유태인 정체성 유지에 관한 문제는 현재 미국 유태인 커뮤니티가 당면한 심각한 문제는 현지동화이다. 이교도와의 혼인율이 50%에 달한다. 시나고그(유태인 회당) 참석률은 점점 떨어지고, 자선단체에의 기부금도 점차 줄어가고 있다. 이교도와의 혼인율은 계속 높아 간다. 거대한 미국 사회에 흡입되어 유대인의 존재가 사라지는 것이 아닐까 하는 우려가 커뮤니티 지도부 사이에 팽배하다. 지난 한 세대 동안 미국 유대인 커뮤니티가 디아스포라 역사상 가장 강력한 힘을 형성하게 되었지만, 이교도와의 혼

---

26) *http://www.hk.co.kr/event/hannet/gsa3.htm*(검색일: 2003. 2. 1).

인 증가로 인해 정체성은 점점 약해져가고 있다는 지적이다.

디아스포라에서 유태인의 정체성 약화에 대한 우려는 과거 나폴레옹 시대에도 있었던 일이다. 나폴레옹이 당시 유대인들의 진출을 가로막고 있던 신분차별을 철폐하고, 일반 기독교인들과 같은 자유와 평등권을 부여하자 유태인들은 현지 사회로 급속히 진출하면서 동화되어 갔다. 그 후 한 세기가 지나서 시오니즘이 발흥하면서 유태민족주의가 다시 태동하게 되었다. 금세기 초에는 서구의 자유풍조가 확산되면서 중동의 보수주의 유태인 커뮤니티를 뒤덮자, 지도부는 전통상실을 크게 우려한 바가 있다.

따라서 유태인 사회 일각에서는 오늘의 유태인들이 이교도와 혼인율이 높고 시나고그 참석률이 저조하지만, 개인의 마음속에는 유태인으로서의 정체성을 잃지 않는 상태라고 주장한다. 유태인 종교 명절 때 비록 일년에 한두 번이지만 그래도 전통대로 시나고그를 찾아가고, 이스라엘에 대한 유태인 대중의 깊은 관심에서 그 근거를 찾고 있다.27)

결국 유태민족에 대한 핍박이 강할수록 내부 결속력이 강해지고, 자유와 평화가 주어질수록 그 결속력이 와해된 역사적 사실이 오늘에 재연되고 있는 것이다.

Ⅳ. 한인네트워크의 현황과 과제

앞에서 중국 화교네트워크와 유태인 네트워크의 형성과정과, 그 조직의 특징에 대해서 언급했다. 특히 각 민족들의 네트워크

---

27) 강영수, "미국 유대인 커뮤니티와 친이스라엘 로비", 『중동연구』, 제16권 제2호, (중동학회, 1997), p. 284.

의 형성에 크게 작용하는 것은 특별한 자기들만의 민족정체성의 유지이다. 따라서 본 항목에서는 한인네트워크의 현황을 되돌아 보고, 한인네트워크의 구조적 문제점을 찾으며, 그 문제의 대안으로 발전적인 네트워크 형성을 위한 필요조건인 민족정체성과, 그리고 이에 수반된 문제점과 개선점을 제시한다.

1. 한인네트워크의 현황

'한민족공동체'라는 개념에 관해서는 몇몇 학자가 거론한 바 있다. 특히 주목할 것은 1988년 대한민국 제6공화국이 출범하면서 제기된 KC(Korean Community)와 유사한 개념으로 李洪九의 '한민족공동체' 안이 있다.[28] 그 안은 제6공화국의 통일정책의 기조가 되었던 것으로 남북한 민족통합의 한 방법론으로 북한과 해외동포를 고려한 개념이다. 그러나 그 내용은 여전히 북한과의 경쟁이라는 틀에서 벗어나지 못하고 있는 것 같다.

여기서는 이와 관련된 논의들에 대한 검토는 생략하고 21세기를 대비한 새로운 공동체 개념으로써 '한민족공동체' 개념을 정립하려는 시도에 대해 간략히 검토함으로서 우리민족에게 적합한 '한민족공동체' 개념을 모색하고자 한다.

이 공동체는 "지리적으로만 형성되는 것이 아니고 또한 정치적으로 결정되는 것도 아니다. 이것은 통신과 교류에 의해서 형성되는 '민족공동체'를 의미하는 것이며, 한반도를 핵으로 해서 문화·경제적으로 중국·만주·일본·미국·구 소련지역 등

28) 이홍구, 『한민족 공동체 통일방안의 이론적 기초와 실천방향』 (국토통일원, 1990); Hongkoo Lee. "Call for National Community as a Prerequisite to Reunification", *Korea & World Affairs,* Vol. XIV. NO. 4 (Winter. 1990), pp. 601-609.

해외에 네트워크를 형성하고 연결시키는 것이다."

한민족공동체[29] 형성과 관련하여 특히 우리의 눈길을 끄는 것은 동북아 지역이다. 미국, 일본, 중국, 러시아가 포진하고 있는 동북아 지역은 세계경제의 핵심지역으로 부상하고 있으며, 바로 이들 4개국에 우리의 해외동포가 94%가 거주한다는데 의미가 있다. 우리 동포들이 집중 거주하고 있는 이들 4대국은 사실 남북한과 더불어 이 동북아경제권의 주도권을 놓고 선의의 경쟁이 불가피한 나라들이다. 이들과 비교하여 자원, 자본, 기술면에서 경쟁력이 현저히 떨어지는 남북한이 비교우위를 확보하여 대등한 지위를 유지하거나 주도권을 잡기란 결코 쉬운 일이 아니다. 그러나 한민족공동체의 입장에서는 동등권 또는 주도권의 확보는 양보할 수 없는 대안이다.

이러한 상황에서 이들 4대국에 동포 한인들이 살고 있다는 사실은 우리에게 강점으로 작용하고 있다. 이것은 미국, 일본, 중국, 러시아 어느 나라도 갖지 못한 우리만의 강점이다. 이들 국가에 거주하는 우리 동포들이 모두 힘을 합쳐 동북아 지역을 중심으로 한민족공동체를 형성할 수 있다면 민족공동체의 국제적 위상제고와 남북한 통일은 한결 앞당겨질 수 있을 것이며 앞으로 주변4국간의 경제교류가 본격화되고 동북아경제권 형성

---

29) 이종철, "한민족공동체 형성을 위한 문화적 접근전략과 과제", 『21세기 세계화 추세와 동북아 문화 협력의 전망』(국제평화전략연구원, 1998), p. 12. 이종철은 스테픈 존스(Stephen Jones)의 장(Field)이론을 원용하여 민족공동체 형성을 다섯 가지 발전단계로 분류하고 있다. 한민족공동체 이념의 형성을 먼저 이룬 뒤에 한민족공동체 형성을 선언하는 정치적 의사결정을 마련하고, 한민족공동체위원회 등 기구 결정이나 통합교육프로그램 등을 구축해서 여러 한민족사회 간의 교환 프로그램 등을 시행하고 경제·문화 등의 정보를 교류하는 장을 형성한 다음, 한민족공동체라는 권역을 형성한다고 주장했다.

이 본격화하면서 더욱 활발해질 전망이다.

이 공동체는 한반도 안에 머무는 배타적 민족의식이 아닌 세계 도처의 우리민족과 전 인류를 포괄하는 넓은 지평에서 민족문제를 조망하면서 해외 교포들을 아우르는 '한민족공동체' 개념을 통해 민족적 역량을 최대화시키고자 한다. 따라서 한민족공동체의 주체는 단일민족이지만 3가지 구성주체로 나뉜다. 즉 한반도 남쪽의 국내 한민족과 둘째, 세계 각국에 걸쳐 생활권을 형성하고 있는 해외민족, 셋째, 북한 민족으로서 이들간의 문화적 교류를 통한 문화적 동질성의 회복을 통해 민족동질성 확보에 그 목적이 있다.[30]

작금 유태인들과 중국인들은 전세계에 퍼진 인적자원들을 하나로 묶는 네트워크를 구성하여 이를 경제적 네트워크로 자연스럽게 전환시키고 정치적·문화적 영향력을 극대화시키는 방향으로 매진하고 있다. 그것을 우리의 입장에 대비해서 조망하게 되면, 통일의 과정에서 사회 문화적 접근을 중시하며 정치통합보다는 우선 경제교류를 통해 남북관계를 더욱 확대하고 문화적 교류를 통해 민족동질성을 확인하면서 사회통합을 이룬 다음에 정치통합으로 나가는 것이 필요하다고 본다. 이러한 논의는 서로 떨어져 있는 한민족간의 네트워크를 강조한다는 점에서 상당히 포괄적이면서도 신선한 감이 있지만 구체적으로 들어가면 논지가 애매하다.

550여만 명의 해외 동포는 '해외한민족'이라는 공통성으로 이루어지고 있다. 이것이 바로 해외동포의 일반성이다 그러나 중국, 미국, 일본, 구 소련 및 기타 국가에 산재해 있는 동포들은

30) 이만우(1999), pp. 50-62.

거주국의 속성에 따라 그 특수성이 다를 것이다. 따라서 해외한민족을 하나의 한민족공동체로 연결하자면 당연히 해외한민족의 일반성과 특수성에 대해 우선 면밀한 분석과 깊은 이해가 있어야 한다.

한민족공동체의 목표를 실천에 옮기기는 그리 쉬운 일이 아니다. 어떻게 우리민족을 다국적 민족으로 부각시킬 것인가? 이 다국적 민족은 어떻게 연결되어 하나의 공동체를 이룰 수 있는가? 한민족공동체를 형성하는 과정에서 어떻게 정치, 국경, 주권 및 기타 민감한 문제들을 단순히 문화적, 경제적 유대로 국한시킬 수 있는가? 해외 550여만 명의 동포와 한반도 모국과의 관계는 어떻게 설정해야 하는가? 한민족공동체의 형성에는 이런 문제들에 처한 진지한 연구가 뒤따라야 한다고 본다.

이런 분석과 이해가 있은 연후에야 비로소 다른 나라에 거주하는 해외한민족에 대해 서로 다른 대책과 조치를 취해 우리가 형성시키고자 하는 한민족공동체를 원만히 조직해 나갈 수 있게 된다.

한인계의 다이아스로라와 그들을 연결하는 네트워크는 세계회 시대에서 단일적인 성격을 갖지 않은 한인계 사람들에게, 세계화의 성격이 주는 다양성을 능동적으로 이용하여, 좀더 적극적인 다양화와 다원화의 첨병의 역할을 하도록 하는 것이다. 즉 느슨한 형태로 산개(散開)한 한인 계열의 사람들이 자신들의 아이덴티티라는 개인적 특성 속에서 새로운 집단성의 단초를 발견하는 것이다. 특히, 가난과 고난의 시절을 보내고, 항시 주변부에 위치해 있던 대다수의 한인계 사람들에게 적극적인 의미의 네트워크는 한인계 사람들을 주변에서 중심으로 끌어올릴 수 있는 역할을 할 수 있다고 본다. 다원적 아이덴티티에 근거한 열린 민족 개념이 미래의 사회 구성의 개념으로 변할 수 있듯이 해외 한인계의 다이아스포라는 새로운 역할을 담당하고, 이것은 열린 민족관념 하에서 다른 이질적 요소의 유입보다 효과적인 사회 변혁의 수단이 된다고 본다.

한인계에 대한 조직화로 논의 실천되고 있는 것이, 한민족 글로벌네트워크이다. 주로 인터넷의 발달이라는 기술적 변화와 화교 네트워크의 영향을 받아 550만 세계 한인계를 묶는 사이버 한민족 글로벌 네트워크는 재외동포 재단과 한인 경제인 연합회가 현재 추진하고 있다.

지금까지 진행된 사항은 1981년에 미주상공인단체총연회와 세계해외한인무역협의회가 설립되었다. 전자는 미국내의 한인 상공인들의 친목 단체이며, 후자는 모국과의 무역 증진을 위해 LA외 27개국의 회원들로 구성된 것이다. 재외 한인들에 의해 주도된 '해외한민족대표자회의'가 87년 이후 매년 2년마다 개최되고 있고, 90년부터는 '세계한민족과학기술자공동협의회'가 1993년에는 세계한인상공인총연합회가 결성되어 서울에 본부를 두고서 범세계적인 한인 상공인 연합체로 출범하였다. 이는 각국간 또는 국내 상공인들과 협력체제를 통한 글로벌 한인상공인 네트워크로 구축된 것이다.[31] 2001년에는 전세계한민족벤처기업인들이 상호 교류와 협력을 통해 한국벤처사업을 세계화하고 국가 경쟁력을 강화하기 위해 한민족글로벌벤처네트워크를 설립하였다. 그리고 2002년에는 재외교포 경제인들의 잠재력을 결집하기 위해 세계한상대회를 개최했다. 이는 1991년에 설립되어 꾸준히 확대되고 있는 중국의 화상대회에 자극을 받은 것으

31) 1998년 "한민족경제공동체 대회"가 처음으로 개최, 이외에 "해외한인무역협회(OKTA)"와 "세계한인상공인총연합회" 등이 있다.

로 볼 수 있다.

전 세계에 550만 명에 이르는 교민이 분포되어 있으며 국내경제와 연계되는 경우 대단한 발전 잠재력을 지니고 있음에도 불구하고 네트워크 형성에 대한 이해 부족, 남・북한 분단에 따른 교민간의 불화 등 복합적인 요인에 의해 그 동안 한민족경제네트워크의 효과는 그리 높지 못했다.

그 원인을 각 지역에 살고 있는 한인들의 정체성 부족과 분열 그리고 본국의 재외한인들에 대한 지원과 정책의 부재에서 찾아볼 수 있다.

2. 재외한인 정체성의 문제

한민족은 이 시대에 하나로 범주화하기 어려운 개념이다. 또한 누가 한민족인가 하는 것은 근본적인 질문인 동시에 혼란스럽기도 하다. 한반도에 사는 모든 사람은 한민족의 일원인가? 아니면 해외 동포 중 소위 시민권자로 대한민국의 국적을 보유하였던 자 혹은 직계 비속을 한민족이라 하겠는가? 한민족을 식별하는 객관적 표식은 무엇인가?

현재 남한과 북한의 한인계를 제외하고도 전세계의 한인계는 다양한 모습을 보이고 있다. 국적, 언어, 지역, 문화, 관습 등을 기준으로 하는 민족공동체의 개념은 그것이 서구형이건 동유럽 아시아형이건[32] 한민족이라는 개념에 딱 들어맞는 것은 없는 실정이다. 서구적 모델이라고 하는 시민적 모델은 민족 식별의

32) 마이네케(Friedrich Meinecke)는 서구형(국가민족), 독일형(문화민족), 동구형(저항민족)으로 분류하고 있다. 김진향, "한반도 통일과 남북한의 민족개념의 문제", 『아세아연구』, 43권 2호 (서울: 고려대 아세아연구소, 2000) 참고.

기준으로 첫째, 역사적 영토, 둘째, 단일한 정치적 의지와 법과 제도의 공유, 셋째, 구성원 사이의 법률적 평등 넷째, 적어도 핵심이 되는 공동체가 향유하는 공통의 가치나 전통을 들고 있다. 하지만, 이런 개념은 일국 체계 내에서 설득력이 있는 개념이고 최근의 초국가적 상황에 따른 민족 구성원의 이주가 빈번한 시기에는 잘 맞지 않는 개념이다. 동유럽 아시아적 모델이라는 소위 종족 공동체 모델은 첫째, 동일 조상의 중시에 따른 공동체로, 둘째, 지역성은 덜 중시하나, 셋째, 언어, 관습, 전통이 핵심문화로 작용하고, 넷째, 엘리트들의 대중동원에 백성의 의지를 강조하는 등의 특색을 가지고 있다.[33]

하지만 이 종족 공동체적 민족의 개념도 핵심문화의 요소에서 해외교포들을 포괄시키지 못하는 한계를 드러낸다. 우리는 지금 다양한 국적(대한민국 국적, 북한 국적, 이중 국적, 일본 국적, 중국 국적 등등), 법적 지위에서도 차이가 나는 집단들(귀화 재일교포, 미귀화 재일교포, 조선족과 조교(朝僑) 등), 언어의 습득에서도 차이가 나고, 이제는 성명마저도 다른(귀화 교포, 입양아 등) 경우를 보고 있고, 지역적으로도 전세계적으로 분산 거주하고, 관습에 있어서는 상당히 현지화하여 현 대한민국의 관습과는 판이한 경우를 보고 있다. 그러므로 이런 다양화하고 있는 한인계를 총칭하는 민족의 개념은 현재의 이론으로는 성립이 어려운 것이다.

그러나 초국가적 세계질서의 대두와 기술의 발달에 따른 인구의 이동이 급격한 시점에서 한인계를 총칭하는 한민족의 개념을 혈연적 기초에서 찾는다면, "부단히 조작적으로 선택되고 상상

---

33) Smith Anthony D., *National Identity* (Penguin, 1991), pp. 53-76.

적으로 재발견되는 과정인[34]" 민족 개념에서 위배되는 것은 아닐 것이다. 다만, 이때의 혈연적 성격은 민족의 범주로서의 넓은 그리고 "열린 개념"이라고 할 수 있다. 또한, 열린 개념은 국적, 언어, 관습, 지역의 차이를 인정하는 각 개인의 아이덴티티에 대한 개방성을 특색으로 하고 있다. 경계를 넘어 개인의 관심에 따라 이합집산하는 수많은 공동체가 가상공간에서 먼저 나타나고 있으며, 이는 공동체의 소멸이 아니라 새로운 큰 변화라고 할 수 있다. 즉 민족성에 대한 강조가 중요한 것이다. 물론 그러기 위해서는 대한민국의 문화의 개방성과 사회 구성원의 다양성도 인정하는 방향으로의 사회 구성원에서가 아니라, 오히려 한인계 사람들의 다양하고 적극적인 역할에 따라 성취될 수 있다고 본다. 우리에게 한민족은 정태적 개념이 아니라, 적극적으로 변화시킬 수 있는 동태적 개념인 것이다.[35]

이런 맥락에서 우리 한민족의 민족정체성은 어떠한가? 본고에서는 재외동포와 한반도에 거주하는 주민들의 두 그룹으로 나누어 생각해보겠다.

우선 모국을 떠난 타국에서 정착한 재외동포들은 두 가지 과제를 안고 살게 된다. 하나는 현지사회에 적응하여 성공적으로 주류사회의 일원으로 자리잡는 것이고, 다른 하나는 한인-한민족으로의 정체성을 확보하는 일이다. 첫 번째의 과제는 주류사회에 동화하고 그 사회에서 인정받는 것을 의미한다. 당장 의식주의 생활을 유지해야 하고 수입이 있어야 하는데, 이를 위해서는 불가피하게 현지사회와 교류해야 하고, 더구나 주류사회로

34) Anderson Benedict(1983), p. 34.

35) 이진영, "한국의 민족정체성과 통일을 위한 '열린 민족'개념에 관한 연구", 『통일연구』, 제5권, 제1호 (연세대학교 통일연구원, 2001), pp. 237-243.

진입하려면 그들의 문화를 배우고 따라야 하는 문제가 생긴다. 현지사회에서 개인들은 개인으로서가 아니라 특정의 종족집단의 일원으로서 구별되고 인식되기 때문이다. 다인족-다민족사에서도 마찬가지인데, 외모에서 현지인들과 차이가 나는 소수민족이기 때문에 사회적 구별과 차별이 수반되기 마련이다. 이러한 환경 속에서 개개인들은 반작용으로 자기의 민족적 소속을 자각하게 되고, 자신의 한민족의 일원으로의 문화적 정체가 불완전한 데 대해 반성하게 된다.

재외동포사회에서의 민족정체성에 대한 고민은 다종족사회에서의 자신의 뿌리를 확인하려는 사회심리적 현상과 맞물려있다. 그러나 이민사회에서 민족적 정체성을 유지하기는 쉽지 않은 일이다. 이민 초기의 가정의 경우 자기의 문화를 유지하는 문제를 가지고 고민할 여유가 없는 경우가 많고, 생활의 여유를 찾은 후에야 고향과 모국과 정체성 문제를 고민하기 시작하는 것이 일반적이다.

그러나 고유문화와 정체성을 보전하는 것이 현지사회에의 정착에 불리하게 작용하는 경우도 있다. 소수민족에 대한 관용도가 미약하고 문화의 다원주의를 용인하지 않는 분위기 속에서 이민자가 자기민족의 고유문화와 정체성을 공개적으로 유지하기란 어렵다. 이민족의 특징을 노출시키는 것은 곧바로 차별을 유발하고 탄압으로까지 이어질 우려가 있다면 이민자로서는 자기정체성의 표출을 억제할 수밖에 없고, 그 같은 상황이 일상화하면 고유의 문화나 정체성을 상실하는 지경으로까지 이어지게 될 것이다. 일본거주 동포나 중앙아시아거주 동포들이 모국어를 잊게 된 데는 그 같은 이유도 작용하였다고 생각된다.

세계 각지에 흩어져 살고 있는 한민족 성원들이 얼마만큼 민족정체성을 유지하고 있는가 하는 것을 조사한 연구는 적지 않게 나와 있다. 이들 여러 조사연구의 보고내용 중 재외동포사회의 민족정체성의 현재와 미래에 대한 중요한 내용은 다음과 같이 간추릴 수 있을 것이다.

첫째로, 재외동포들 전반을 두고 볼 때, 스스로를 한인-한민족의 일원이라 생각하는 민족적 소속의식과 한민족에 대한 애착심은 세대를 초월해서 여전히 강하게 표출되고 있다. 그러나 물론 그 강도는 세대가 내려갈수록 약화되어 가는 것이 관찰된다.

둘째로, 세대가 내려갈수록 현지사회로의 언어적, 문화적 동화가 심화되어 가는 바, 비록 민족적 동일시와 민족적 애착은 여전히 높은 수준이지만 언어-관습 등 고유문화가 세대를 이어갈수록 잊혀지고 있다.

셋째로, 언어적 문화적 동화에 그치지 않고 혈연적으로도 혼혈이 늘어갈 것으로 예상된다. 의식조사 결과에 의하면 타민족과의 결혼도 개의치 않는다는 응답의 비율이 늘고 있는 것이다.

이상과 같은 조사결과들은 재외동포사회에서 민족문화나 민족정체성이 위기상황에 처해있거나 점차 위태로운 지경으로 갈 것이 예상된다는 점이다. 민족문화와 민족생존에 대한 위기의식이 커가고 있다. 2세-3세-4세로 세대가 내려갈수록 한국어를 사용할 줄 아는 인구가 급감되고 있는데, 이 같은 조사는 어떤 적극적인 노력이 기울여지지 않는다면 한국어를 이용한 의사소통이 본국거주민과 재외동포들 사이에 점차 어려워질 것임을 나타내주고 있다. 다만 민족의 외적 정체성들이 약화되는 가운데서도 한인으로의 내면적 정체의식은 유지되고 있다는 것은 다행이 아닐 수 없는데, 이는 지금이라도 어떤 적극적이고 효과적인 계기를 만든다면 잊혀진 민족특성들을 되살릴 수 있을 것이라는 가능성이 살아있음을 보여주는 것 같다.

이와 같이 재외한인들에게 있어서 민족의식이나 민족정체성은 고정된 상수라기보다는 가변적 변수라는 사실이다. 즉 개인이 느끼는 민족정체성의 정도는 모든 한인들에게 공통적이라기보다는 개인이 처한 사회 환경에 의해서 차별적으로 나타나게 된다. 또한 민족정체성의 내용이나 형식은 해당 민족 집단의 전통문화, 관습, 역사적 경험 등에 의해서 선험적으로 주어지기보다는 그 집단이 처한 정치, 경제, 사회적 상황 속에서 민족문화의 여러 요소들 가운데서 특정의 것들이 선택적으로 강조되거나 재구성, 재해석되어서 나타나게 된다. 즉 민족정체성은 하나의 사회적 구성체(social construction)로써 바스가 언급한 자신들과 남들에 의해 구성되고 유지되는 민족경계와 같은 개념인 것이다. 경계는 좁혀졌다 넓혀졌다 할 수 있는 것처럼 민족정체성은 때에 따라 포괄적일 수도 배타적일 수도 있는 것이다. 또한 사회적 구성체로써의 민족정체성은 상황적 민족성(situational ethnicity)과 같은 개념으로서 개인의 민족정체성은 특정한 사회적 맥락과 구조 속에서 야기되고 표현된다는 것을 강조한다.[36]

이상에서는 재외동포사회의 사정을 살펴보았는데, 한반도 안에 살고 있는 한민족의 사정을 보면 적어도 민족정체성을 유지-발전시키는 과제에 관한 한 재외동포보다는 훨씬 유리한 조건을 갖고 있다고 할 수 있다. 우선 재외동포들처럼 두 개의 정체성 사이에서 고민할 필요도 없고, 한민족의 정체성을 드러낸다하여 핍박받거나 눈치 볼 이유도 없다. 한반도의 남과 북은 한민족공동체의 고향으로써 민족의 문화유산들을 보전하고 가공하여 미

36) 윤인진, "민족분산과 이주의 역사와 현황: 미국", 김인영(2002a), p. 34 .

래를 위한 자산으로 제공해줄 의무가 있다. 또 재외동포들의 후견인으로써 정체성이 유지되도록 지원해주어야 하며 스스로 건강성을 확보하여 재외동포들에게 모범이 되어야 한다. 그러나 남과 북의 민족정체성 문제도 여러 가지 차원의 취약점이 찾아진다.

첫 번째로는 분단이 반세기이상 지속되면서 남북간의 문화적 이질화가 심화되는 양상을 보인다는 점이다. 남과 북은 같은 민족이면서도 서로 교류를 하지 않고 서로를 적대하면서 서로와 다른 모습으로 발전해왔다. 물론 재외동포사회의 사정과 비교한다면 남과 북 사이의 이질화는 대수롭지 않게도 생각될 수 있다. 그러나 남과 북은 냉전시대 이래 재외동포사회까지 분열시키면서 통일적 정체성을 가로막아왔다.

두 번째로, 남쪽의 경우 탈민족적 사조가 세력을 확장하고 외래문화가 유입되면서 전통적인 민족의식과 민족문화가 흔들리고 있지만, 아직 새 시대에 적합한 정체성은 형성되지 않고 있다. 특히 오랫동안 한민족을 하나로 묶어온 단군의 자손으로의 단일 민족의식이 개인주의-세계주의-실증주의-서양숭배주의 같은 탈민족적 사조들이 우세해지면서 퇴조해 가는 양상을 보이고 있다. 단군민족론에 대한 도전이 커지고 있지만 그를 대체해서 민족을 구성해줄 수 있는 관념-상징은 아직 나타나지 않았다.

세 번째로, 북한의 경우는 오랫동안 사회주의 문화건설의 기치아래 민족문화유산들을 이데올로기적으로 재단해왔지만, 1980년대 중반 이후부터는 민족고유의 문화유산들에 대해 훨씬 포용적인 입장에서 계승보전 정책들을 내놓고 있다. 특히 1993년에 '단군릉발굴보고'를 내놓은 이후에는 종래에는 부인하던 단군국조론을 적극 끌어들여서 남북한과 해외의 동포 모두를 단군 민족이라 지칭하면서 반만년 역사의 자긍심에 토대하여 단결할 것을 자주 촉구하고 있다. 이 같은 북한의 단군 부활은 남한의 상황과는 대조적인데, 그러나 북한의 전통적 단군자손론으로의 회귀가 한민족공동체 차원의 민족동질성 제고과제에 얼마만큼이나 기여할지는 아직 미지수인 것 같다.

네 번째로, 남쪽사회 내부에 윤리부재-민족부재의 개인주의와 천민자본주의가 위세를 떨치면서 어려운 동포들을 착취하고 박해하는 비리가 자주 발생하면서 특히 한국인(남한)과 조선족(중국) 사이에 불신과 위화감이 커지고 있다. 남쪽 사회에 한민족공동체론 같은 민족주의적 담론이 새로 일어나고 있지만 아직 내부의 주류로부터 지지를 끌어내지 못하고 있는 것 같다. 재외동포법을 둘러싼 혼선은 남쪽이 좁은 '국가'를 넘어서 '민족'의 구심점이 되기에는 아직 부족함이 많다는 것을 보여주고 있다. 탈북자문제로 고민하는 북한의 사정은 더 취약한 것 같다.[37]

전반적으로 보아 지구촌 한민족사회의 민족정체성에는 혼란과 가능성이 공존하고 있다 할 수 있다. 앞 시기의 정체성은 흔들리고 있지만 새롭게 모두를 통합할 정체성은 아직 형성되지 않았다. 지구촌 한민족 모두를 묶을 미래 비전은 아직 성안되지 않았고 어떠한 '우리'를 공유할 수 있고 공유해야 할 것인지에 대한 합의가 아직 없다. 한민족공동체라는 새로운 어젠다가 요구되는 것은 이 같은 사정과도 연관되어 있다.[38]

---

37) 정영훈, "한민족공동체와 민족정체성 문제", 재외한인학회 2002년 12월 발표문.

38) 1980년 이후 재일한인들은 민단이나 조총련 소속이 아닌 일본의 지역사회의 일원으로서 독자적인 아이덴티티를 가진 존재로 파악되고 있다.

Ⅴ. 결론

유태인은 미국 내 소수 민족임에도 불구하고 사회 상층부에 포진해 강한 영향력을 행사하는 두드러진 존재다. 세계를 움직이는 것은 미국이지만, 그 미국은 유태인이 움직인다는 말도 그래서 나왔다. 미국에 사는 유태계의 수는 600만 명으로 이스라엘 인구의 두 배에 이른다.

뉴욕 주에만 250만 명의 유태인이 모여 산다. 유권자 8명 중 1명 꼴로 유태인이니 뉴욕 시장이나 시의회가 눈치를 보지 않을 도리가 없다. 중동 분쟁에서 미국이 친(親)이스라엘 정책을 취하도록 강한 영향력을 행사하고, 이스라엘에 우호적인 정치인을 후원 양성하는 것도 이들이다. 국제연합(UN)을 비롯해 국제통화기금(IMF), 국제결제은행(BIS), 세계은행(IBRD) 등 국제 금융계도 유태인의 영향권에서 자유롭지 못하다.

자신들의 뿌리를 잊지 않은 채 북미 사회에서 성공적으로 주류로 진입한 유태인은 동포사회의 선망의 대상이다. 이런 유태인 집단들도 이민 1세대는 주류사회에 진입하지 못했으며, 1세대가 자신들의 뿌리와 정체성을 전수하는 등, 강력한 유태인공동체를 형성하며 2세들을 주류사회로 진입시켰다. 동포1세대의 몫은 이제 2세대의 성공적 주류사회 진입을 위한 경제적 기반 조성과 교육이다. 다른 소수민족에 비해 높은 소득과 교육열을 감안할 때 우리동포1.5세와 2세들의 주류사회의 진입은 밝은 편이다.

유태인 못지않게 세계 경제계에서 무시 못 할 존재가 화상(華商)이다. 중국인이라는 혈맥을 매개로 한 화상 네트워크는 전세계 오지까지 빠짐없이 연결돼 있다. 전 세계에 흩어져 사는 화교는 대략 6,000만 명으로 이들이 동원할 수 있는 현금만 줄잡아 3,000억 달러(360조원)에 달한다. 중국 본토의 11억 인구와 같은 언어와 문화로 연결된 '차이니즈 커넥션'은 세계경제에서 그 실체를 인정받고 있는 거대 경제 집단이다. 중국은 이들을 국가자산으로 간주해 경제 동력으로 적극 활용하고 있다. 지난 해 10월 중국 난징(南京)에서 열린 제 6차 화상대회에 주룽지(朱鎔基) 중국 총리가 참석, "화교들이 2008년 베이징 올림픽 성공 개최 등 새 중국 건설에 중추적 역할을 해 달라"고 당부한 것도 이들의 영향력을 염두에 두었기 때문이다.

유태인 파워와 중국의 화상 커넥션에서 볼 수 있듯 탄탄한 네트워크가 힘을 발휘하는 시대다. 민족 정체성을 바탕으로 한 경제 네트워크는 글로벌 경쟁시대에 무시 못 할 세력으로 부상하고 있다. 국내와 해외의 동포기업을 연결해 경제통합을 꾀하고, 해외 동포들을 하나의 공동체로 묶는 한민족 네트워크 형성이 필요한 이유이기도 하다. 세계 140여 나라에 흩어져 있는 600만 재외동포를 하나의 네트워크로 엮어 글로벌 경쟁시대의 첨병으로 활용해야 한다는 얘기다.

화상 네트워크가 급속히 커나갈 수 있었던 것은 화교 특유의 강한 유대감에 중국 정부의 강력하고도 꾸준한 지원이 가미됐기 때문이다. 결국 한상네트워크의 성패도 정부의 지원과 법적·제도적 뒷받침이 어느 정도 뒤따르느냐에 달려 있는 셈이다. 정부는 국내외 중소기업간 교류를 활성화하고, 소규모 자본을 집중해 국내 투자를 적극 유도하는 방안을 서둘러 마련해야 한다. 세제혜택 등의 적극적인 유인책도 제시하지 않으면 안 된다. 한국인이라는 구슬은 세계 도처에 널려 있다. 이를 꿰어 보배로 만드는 것은 전적으로 정부의 몫이다.

재외동포들이 주도하는 장기적이고 지속적인 느슨한 형태의 포럼과 논의와 정보교환을 위한 장이 필요하다. 일본이나 미국의 동포사회에서는 그에 대한 요구는 상당히 높다. 그럼에도 현실적으로 잘 묶여지지 않는다. 냉전붕괴와 세계화 등으로 세계화 등으로 정세가 변하고 동포사회 다양성도 크게 증대됐는데 이를 수용할 기제가 없다. 지적 토대, 재력, 정보전달수단 등 능력은 갖춰져 있으나 신뢰성이 문제다. 신뢰성과 지속성을 갖춘 핵심적 네트워크가 필요하다.

동아시아의 장래와 관련해 다양한 지역에 흩어져 사는 한민족의 존재에 주목하는 사람들이 많습니다. 각지에 역사적・문화적 동질성을 유지하고 있는 '역사적 피해자'인 한민족이 역내 차이와 차별을 극복하는 강력한 접착제 구실을 해낼 수 있을 것이다.

■ 참고문헌 ■

강상중, 요시미 순야, "혼성화 사회를 찾아서: 내셔널리티의 저편으로", 『당대비평』 (삼인, 2000).

강영수, "미국 유대인 커뮤니티와 친이스라엘 로비", 『중동연구』, 제16권, 제2호 (중동학회, 1997).

강재언・김동훈 저, 하우봉・홍성덕 역, 『재일한국・조선인-역사의 전망』, 서울: 한림신서 일본한총서 50호, 2000.

김인영 편, 『민족통합의 새로운 개념과 전략(하): 세계화와 정보화 시대의 민족통합』, 춘천: 한림대학교 출판부, 2002.

김진향, "한반도 통일과 남북한 민족개념의 문제", 『아세아연구』, 제43권, 제2호, 고려대학교 아세아연구소, 2000.

김택권, "한국 경제의 세계화와 한민족네트워크 공동체 활용", 김용호, 유재천 편, 『민족통합의 새로운 개념과 전략(상)』, 춘천, 한림대학교 출판부, 2002.
박기철, “화교네트워크와 경제적 연고주의-경제적 통합을 중심으로”, 『아시아 문화』, 제15호 (한림대학교 아시아문화연구소, 2000).
박명규, “세계화에 따른 국가역할의 변화와 지속성-네트워크의 발전을 중심으로”, 『95년 후기사회학대회』, 한국사회학회, 1995.
박승록, “한민족공동체(KC)를 위한 경제권 구축”, 『한민족 공영체』, 제8호, 해외한민족연구소, 2000.
박준식, “네트워크 공동체의 형성에 대한 이론적 탐색”, 김인영 편, 『민족통합의 새로운 개념과 전략(하)』, 춘천, 한림대학교 출판부, 2002.
윤인진, “민족분산과 이주의 역사와 현황: 미국”, 김인영 편 『민족통합의 새로운 개념과 전략: 세계화와 정보화 시대의 민족통합』, 춘천, 한림대학교 출판부, 2002.
이광규, “한민족공동체(KC)와 민족문화”, 『한민족공영체』, 제7호 (해외한민족연구소, 1999).
이덕훈, 『화교경제의 생성과 발전』, 춘천: 한림대학교 출판부, 2001.
———, “중화경제권의 등장과 화교경제”, 『생산성논집』, 제12권 제1호 (한국생산성학회, 1999. 12).
이만우, “한민족공동체(KC)의 이론 정립”, 『한민족공영체』, 제7호 (해외한민족연구소, 1999).
이상두, “화교와 중국경제”, 『삼성세계경제』 (삼성경제연구소, 1994. 12).
이재유, “대 중화경제권과 동남아 화교자본”, 『중소연구』, 통권 73호 (한양대학교 아태지역연구센터, 1997. 봄).
이종철, “한민족공동체 형성을 위한 문화적 접근전략과 과제”, 『21세기 세계화 추세와 동북아 문화협력의 전망』, (국제평화전략연구원, 1998).
이진영, “한국의 민족정체성과 통일을 위한 ‘열린 민족’ 개념에 대한 연구”, 『통일연구』 제5권, 제1호, (연세대학교 통일연구원, 2001).
이홍구, 『한민족공동체 통일방안의 정책기조와 실천방향』, 국토통일원, 1990.
———, 『한민족 공동체 통일방안의 이론적 기초와 실천방향』, 국토통일원, 1990.

전택수, "지구촌 한민족 경제공동체 설립의 이상과 현실", (재외한인학회, 2002. 12).

정영훈, "한민족공동체와 민족정체성 문제", (재외한인학회, 2002. 12).

조정남, 『현대정치와 민족문제』, 서울: 교양사회, 2002.

——, "동아시아의 민족환경과 재외한인", 『평화연구』, 제8호 (고려대학교 평화연구소, 1999).

『전세계 화교의 경제활동 실태』, 국가안전기획부, 1995.

『21세기 국가발전과 해외한민족의 역할』, 국가안전기획부, 1998.

『세계 화상 네트워크 분석과 한·화인경제권 협력 강화 방안』, 산업연구원, 1999. 12.

『한겨레 신문』, 2001년 7월 20일.

『'한민족공동체' 형성과정에서의 교포정책』, 민족통일연구원, 1993.

『한민족공동체 의식조사』, 공보처, 1995.

Ali Mohammadie (ed.), *International Communication and Globalization*, London: Sage Publications, 1997.

Anderson, Benedict "The New World Disorder", *New Left Review*, No. 193 (May/June, 1992).

——, *Imagined Community*, Verso, 1983.

Smith Anthony D., *National Identity*, Penguin, 1991.

Castells Manuel, The Rise of the Newwork Society(2nd), Blackwell, 2000.

Hary Harding, "The Concept of Greater China: Themes, Variations and Reservations", *The China Quarterly*, 1993.

Levin Michael, *The Guide to the Jewish Internet*, San Francisco, No Starch Press, 1996.

Mary F. Somers Heidves, *Southeast Asia's Chinese Minorities,* Longman Australia Pty.Ltd., 1974.

Marc Williams, "Rethinking Sovereignty", Eleonore Kofman and Gillian Youngs (ed.), *Globalization Theory and Practice*, New York: Pinter, 1996.

Murryary Weidenbaum, Samuel Hughes, *The Bamboo Network,* Martin,

Kessler Books, 1996.

Oliver Boyd-Barrett, "International Communication and Globalization: Contradictions and Directions", Ali Mohammadie (ed.), *International Communication and Globalization*, London: Sage Publications, 1997.

S. Gorden Redding, *The Spirit of Chinese Capatalism*, N. Y.: Walter de Gruyter, 1990.

http://usa.chosun.com/html/2002/01/15/200201150174.html(검색일 2003. 2. 1).

http://www.hk.co.kr/event/hannet/gas3.htm(검색일 2003. 2. 1).

동북아 각국의 외국인노동자 정책: '에스닉 집단화'의 가능성과 관련하여

우 평 균
고려대학교 평화연구소 연구교수

Ⅰ. 서론

현대사회를 규정짓는 글로벌 경제 시대에 특징적으로 나타나고 있는 여러 양상들 가운데, 최근 들어 국제노동력의 이주현상이 두드러지고 있다. 사실상 산업화가 진척된 국가들의 대부분에서는 현지국적을 소유하지 않은 노동력이 현지국가의 노동력, 그 중에서도 단순기능인력의 대부분을 차지하고 있는 실정이다. 이러한 상황에서 유럽과 북미, 그리고 대양주 국가 일부는 이민을 아예 불허하거나 제한적으로 받아들이고 있으며, 일시적인 노동력 유입도 통제하려는 조직적인 움직임까지 보이고 있다.[1)]

아시아 지역에서는 1973년의 오일 쇼크 이후에 증대된 중동지역에서의 건설노동자에 대한 수요증가로 인해 아랍으로의 이주노동이 본격화되어 아시아인들이 대거 중동지역으로 투입되었던 사례가 그 시초라고 할 수 있다. 이후에, 10여 년의 유가 홍행시기가 지나고 동아시아와 동남아시아의 신흥경제산업국들은 자체의 노동구조와 노동수용에 있어서 새로운 변화를 겪게 되었다. 이 과정에서 한국, 일본, 대만, 홍콩, 싱가포르의 거대 기업은 자국내 노동집약적인 생산공정을 해외로 배치하였으나, 해외진출이 불가능한 중소기업들은 외국인노동자를 고용하지 않고서는 노동력을 확보하기가 어려워졌다. 이러한 사태의 진전과정에서 외국인노동자(foreign workers)의 유입이라는 처음 겪는 사태 앞에서 동아시아 국가들은 미국과 유럽 국가들이 과거에 구사하였던 외국인노동자정책을 수용, 혹은 수정하여 정책을 실시해왔다.

동북아시아를 포함한 동아시아 지역은 지난 수 십 년 동안 급속한 경제성장을 이룩하면서 국제사회의 주목을 받아왔지만, 이 지역에서의 국제적 노동력 이동이 주목의 대상이 된 것은 1980년대 후반 이후로, 비교적 최근의 일이다. 동북아시아에서의 국제적 노동력 이동은 전세계적인 규모에서 볼 때, 규모가 그렇게 크다고 할 수 없지만, 노동력 이동의 성격과 관련하여 주목할만한 점도 있다.[2] 다시 말해, 현재 동북아시아의 주요한 노동력 유입국들인 한국, 일본, 대만은 과거에 노동력 수출국이었거나 값싼 노동력을 자국 내에 풍부히 가지고 있던 나라들이

---

1) 이종훈, "소수민족기본법의 제정 필요성과 기본 방향", 『Korean International Symposium 워크샵 자료집』 (2002. 10. 19), p. 1.

2) 세계적인 수준의 노동자 이동에 대해서는 Lydia Potts, *The World Labour Market: A History of Migration* (London: Zed ooks, 1990); Russell King, "Migration in a World Historical Perspective", Julien van den Broeck (ed.), *The Economic of Labour Migration* (Cheltenham: Edward Elgar, 1996), pp. 35-78 참조.

었지만, 산업화의 달성 이후에 노동력부족에 직면하게 되었고 이들 나라가 주로 중국과 동남아시아 출신의 노동자들이 가서 일하기를 원하는 새로운 목적지(host country)가 되고 있다.

국제적 노동력 이동의 새로운 양상과 더불어 동북아시아 주요 국가들-한국, 일본, 대만, 홍콩-에서 시행해 온 외국인노동자정책의 내용은 다소간 유사한 점과 상이한 점들을 공히 내포하고 있다는 점을 보여주고 있다. 이 부분에 대한 해명을 위해 본 논문에서는 동북아 각국의 외국인 노동자 집단과 노동력 유입 국가간의 관계유형과 이주 국가 내 에스닉 집단의 갈등 유발 정도에 따라 유형화함으로써, 국가간의 유사성과 차이점을 제시하려 한다. 아울러 본 논문에서는 상기의 사항들에 입각하여 동북아시아 각국의 외국인노동자 정책의 주요한 특징들과, 외국인노동자 정책에 있어 국가들 사이에서 공통으로 나타나는 점과 차이점을 밝히면서 공통점들이 생성되는 원인과 민족문제와의 관련성을 제시함으로써, 동북아지역 국가들에서 나타나는 외국인노동자 문제의 의의를 분석하고자 한다. 이를 위해 동북아시아의 주요 노동력 유입국가인 한국, 일본, 대만, 홍콩의 사례를 중심으로 외국인노동자정책을 살펴볼 것이다.

Ⅱ. 외국인노동자정책과 민족문제

외국인노동자들은 최초에 외국에 나가 돈을 벌어 올 목적으로 이주를 한다. 즉 이주의 사유는 대부분 단기간의 취업을 목적으로 하지만, 점차 시간이 지나면서 이주한 국가에서의 생활에 적응하게 되고 일부는 현지에서 가정을 꾸리기도 하는 등, 정주(定

住)의 일정한 패턴을 보여주기도 한다. 또한 이미 이주한 노동자가 새로운 노동자를 유입하는 매개 역할을 수행하는 경우도 많아 해당국에 외국인노동자 공동체의 규모가 확대될 수 있는 개연성도 높다. 이러한 현상이 계속될 때 외국인노동자들은 세계화시대의 새로운 소수민족으로까지 부상할 가능성도 존재하며, 노동력의 이동 현상을 넘어서 한 나라의 전체 민족구성에 영향을 미치면서 노동력 유입국에 정치・사회적 갈등을 유발할 수 있는 요인이 될 수 있다. 외국인노동자가 에스닉 집단화[3] 되는 데에 있어 나타나는 갈등 유발 정도는 노동 수요의 구조, 직종 구성, 문화적 변수, NGO와 여론에 대한 정책적 수용 여부 등에 따라 에스닉 집단의 '갈등유발형'과 '비갈등유발형'으로 구분할 수 있다.

반면에, 외국인노동자는 일반적으로 자신이 고용됨으로써 기

3) 에스닉(ethnic)은 다음과 같은 두 가지 맥락에서 정의할 수 있다. ① 특정의 네이션 스테이트 안에 존재하면서 민족적 자립과 독립을 지향하고 있는 개별 인간집단을 지칭한다. ② 보편적인 인간집단의 바탕으로 파악하는 개념으로써, 일반적인 인간집단 내지는 인종집단 등으로 번역이 가능하다. 동시에, 모든 유사 인간집단 그 모두를 포용하고 있는 모개념으로 볼 수 있다. 반면에 레이스(race)는 강한 생물학적 함의를 지녔으며, 주로 '종족'으로 번역된다. 네이션(nation)은 에스닉과 밀접한 관계도 있지만 상위성이 존재한다. 에스닉은 역사상 영역과의 연결이 역사적이며 상징적인 반면에, 네이션은 물리적이고 현실적인 의미를 갖는다. 네이션은 구체적이고 실제적인 영역성을 갖으며, 늘 에스닉적 요소를 필요로 한다. 양 개념은 역사적으로나 개념적으로나 중첩된 부분이 있으면서, 동시에 별개의 대상을 취급하고 있다는 점에 유의할 필요가 있다. 에스닉 커뮤니티(ethnic community)는 네이션의 속성 일부를 갖지 않는다. 본 논문에서는 에스닉과 에스니시티를 두 번째 입장에 따라, 독자적인 문화적・역사적 요소를 공유하는 사람의 집단으로서, 전체 사회의 일부를 구성하는 사회적 하위집단이나 마이너리티 뿐 아니라 문화와 혈통으로 특징지워진 사회집단으로까지 확대할 수 있다고 보면서 이 개념을 적용하려 한다. 에스닉과 네이션, 레이스간의 개념 규정은 Anthony D. Smith, *National Identity* (New York: Penguin Books, 1991), pp. 21-42; 조정남, 『현대정치와 민족문제』 (서울: 교양사회, 2002), pp. 40-57 참조.

업의 생산비를 낮추게 해주어 기업의 경쟁력을 유지하게 하는 역할을 수행한다. 다시 말해 국민국가가 자국의 영토 내에 자본 투자를 유치하는 핵심적 노동력 공급원으로 외국인노동자를 활용하게 된다.[4)]

이처럼 외국인노동자를 수입하는 국가 정책의 결정요인은 주로 경제적 필요성에 의존한다. 반면에 일단 유입된 외국인노동자의 수입을 조절하는 기능 역시 국가가 담당한다. 반면에 현대 국민국가를 유지시키는 가장 중요한 이데올로기들 중의 하나인 '민족주의'(nationalism)는 일반적으로 외국인이 자국에 유입되어 정착하는 것에 대해 반발하였던 역사적 사례들이 그렇지 않은 경우보다 더 많았음을 입증한다.[5)] 경제적 필요성과 민족주의적 배타성은 각국의 외국인노동자 수입정책결정에 복합적으로 작용하였고, 유입되는 외국인노동자의 규모와 신분・민족・출신국별 구성의 다양성을 형성한 기본 요인이 되었다. 즉 외국인노동자 수입 여부와 그 구체적 내용은 노동시장 상황과 외국인력 정책의 밀접한 관련성 위에 존재한다.[6)] 이를 바탕으로 한 노동력 유입국가는 외국인 노동자에 대한 근로조건, 임금과 사회적 혜택 부여 등을 기준으로 '호혜적 유형'과 '비호혜적 유형'으로 구분

---

4) 국가는 경기가 팽창 국면일 때는 외국인노동자의 수입 규모를 늘리고, 수축 국면일 때는 그 규모를 줄이는 방법을 동원하여 조절할 수 있다. 이런 측면에서 외국인노동자는 수입국가에 의해 노동력의 '단기적 성격'(temporariness)을 지니게 된다.

5) 19세기 말 독일농촌으로의 폴란드인 유입 반대, 1882년 미국의 중국인배제법(Chinese Exclusion Act), 미국, 캐나다, 오스트레일리아 등의 이민국가에서의 유색인종 이민 제한 등의 역사적 사례를 들 수 있다. Ashley S. Timmer and Jeffrey G. Williamson, "Immigration Policy Prior to the 1930s: Labor Markets, Policy Interactions, and Globalization Backlash", *Population and Development Review*, 24-4 (1998), pp. 739-771.

6) 설동훈, 『외국인노동자와 한국사회』 (서울: 서울대학교 출판부, 1999), p. 150.

될 수 있다.

한 국가의 외국인노동자정책은 민족주의적 경제운영의 결과물로서 활용될 수 있으면서, 동시에 일국내에서 에스닉(ethnic) 집단의 집단화도 동시에 결과할 수 있는 복합적인 실체로 되고 있는 상황이다. 뿐만 아니라, 외국인노동자들이 공통적으로 간직하고 있는 민족에 관한 기억이나 습관, 신념을 통해 형성되는 커뮤니티는 그들이 독자적인 에스니시티(ethnicity)를 만들어 내기에 충분하다.7)

이런 측면에서 외국인노동자정책은 단순히 경제적 동기에서 출발한 일련의 행위에 대한 대응이라고 할 수 있지만, 그것이 현실적으로 빚어내는 작용은 대단히 민족적인 성격의 갈등을 수반한다는 점에서 주목할 필요가 있다고 하겠다.8) 따라서 일국의 외국인노동자 정책은 단순히 노동력을 유입·허가하고 노동자에 대한 지위를 부여하는 차원뿐만 아니라 노동자 커뮤니티가 형성되고 유지되면서 나타나는 사회·정치적인 문제들을 포괄하는 종합적인 안목에서 접근이 필요한 분야라고 할 수 있겠다. 외국인노동자정책에 대한 기존 시각은 국제노동력이동이론에 근거한 경제학적인 접근9)과 법률적·제도적인 접근,10) 사회

---

7) Benedict Anderson, "The New World Disorder", *New Left Review*, 193 (May/June 1992), pp. 8-10.

8) 독일 통일 이후 폭력활동을 지속하고 있는 '네오나치'(Neo-Nazis)와 '스킨헤드'(Skin Head), 영국에서의 '내셔널 프런트'(National Front), 미국에서의 '화이트 파워'(White Power) 과격파 등은 대부분 현대 자본주의에 의해 대규모적으로 만들어진 노동자의 이동 현상에 대한 반응에서 생겨났다고 볼 수 있다. Bennedict Anderson (1992), p. 8.

9) 경제학적으로 국제노동력 이주현상의 원인과 고용효과를 논하는 이론은 다수 존재하지만 정책을 입안·수립하는 정책결정자의 시각에서는 외국인노동자고용이 공식적인 이슈영역에 포함되지 못하는 경향이 지배적이다. 마찬가지로 한국에서도 전체

학적인 접근[11]이 주를 이루어 왔으며, 민족문제와 연관지어 정치학적으로 파악하는 시각은 사실상 부재했었다.

따라서 국제노동력 이동을 포함한 외국인노동자 문제가 기존의 시각들을 넘어서서 에스닉 집단의 집단화라는 시각에서 파악되어야 하는 이유는 다음과 같다.

첫째, 국제노동력 이동은 완전히 통합된 세계노동시장이 성립되기 전까지, 국경에 의해 각국의 노동력 시장이 나누어져 있는 한 지속될 수밖에 없는 성격의 문제이기 때문에, 현실적으로 이후에도 상존하는 문제로 남아있을 것이다. 다시 말해 경제적 상황에 의해 일국 내로 유입되는 노동력의 총량이 변동할 수는 있겠지만, 노동력 이주의 근본적인 원인이 존재하는 한 국제노동력 이동은 항상적인 현상으로 남아 있을 것이기에 이주노동자가 에스닉 집단의 집단화에 있어 일부를 형성할 것이다.

적으로 볼 때, 외국인 노동력의 비율이 미미할 뿐 아니라, 저임금 해외노동력은 비공식고용의 대상으로 간주할 수밖에 없다는 시각이 존재한다. 박훈탁, "글로벌경제와 한국의 이중노동시장", 『한국과 국제정치』 제12권 2호 (1996년 가을·겨울), pp. 157-158.

10) 국가의 국제노동력 이동에 대한 정책이 '출입국관리법', '이민법', '국적법', '시민권법' 등 법률적·제도적 형태로 표현된다는 시각으로, 각국의 출입국에 대한 제도적 조건을 국제노동력 이동의 질과 양을 결정하는 핵심적인 요소로 간주한다. Robin Cohen, *The New Helots: Mogrants in the International Division of Labour* (Aldershot: Gower Publishing Company, 1987); Philip Corrigan, "Feudal Relics or Capitalist Monuments? Notes on the Sociology of Unfree Labour", *Sociology*, 11-3(1977), pp. 435-463; Robert Miles, *Capitalism and Unfree Labour: Anomaly or Necessity?* (London: Tavistock Publications, 1987); Stephen Castles, and Mark J. Miller, *The Age of Migration: International Population Movements in the Modern World* (New York: Guilford Press, 1998) 참조.

11) 사회학적 이론은 크게 세 가지 범주인, 1) 행위이론: 배출-흡인이론, 비용-편익분석, 2) 구조이론: 세계체계이론, 노동시장분절이론, 3) 관계이론: 사회적연결망이론, 사회적자본이론으로 분류할 수 있다. 설동훈(1999), pp. 37-38.

둘째, 체재국에 정착한 이주노동자는 소수민족집단을 형성한다. 이주노동자는 자신들의-주로 지인을 통한-연줄에 의존하여 비공식적으로 구직 행위를 하며, 그 결과 혈연 등의 비공식적 통로를 통해 구성원을 충원한 특정직업 집단은 민족의 구분(ethnic lines)에 따라 직업집단간의 격리현상이 발생한다.[12] 이에 덧붙여, 에스닉 집단의 구분선은 직업 뿐 아니라, 지리적 분포에 있어 공간적 집중성을 나타내는 경향도 수반한다. 일본의 외국인 노동자의 약 80%가 도쿄, 나고야, 오사카 등의 대도시 지역에 집중적으로 거주하며 있으며, 도쿄지역 내에만도 10여 개의 중국인 밀집지역과 두 곳의 커다란 동남아시아인들의 밀집지역이 산재해 있다.[13]

셋째, 이주를 완료한 외국인노동자는 정주의 경향성을 띠게 된다. 특히 이주하여 가정을 새로 이루게 되는 외국인노동자는 생활의 모든 측면에서 외국인으로서의 자신의 지위가 영향을 미치게 된다. 가정을 이루지 않더라도 외국인노동자는 체재국의 사회 내에서 대다수의 구성원들이 지닌 것과는 다른 유형의 성(姓)과 이름, 다른 생활방식을 지닌 문화적 양식으로 인해 이방인으로 취급된다. 정주하려는 의도를 지닌 외국인노동자가 시민권을 획득하고 구직을 위한 합법적인 권리를 얻고, 결혼을 하고, 지역공동체에 정착을 하고, 공공서비스에 다가갈 수 있고, 그들의 자녀를 학교에 보내는 과정에서, 그들은 이루 셀 수 없는 장애

---

12) Margaret Grieco, *Keeping it in the Family: Social Networks and Employment Chance* (New York: Tavistock Publications, 1987); 설동훈 (1999), pp. 61-62 참조.

13) Machimura takashi, "Local Settlement Patterns of Foreign Workers in Greater Tokyo: Growing Diversity and Its Consequences", Mike Douglass and Glenda S. Roberts (eds.), *Japan and Global Migration: Foreign Workers and the Advent of a Multicultural Society* (London: Routledge, 1999), pp. 142-145.

에 직면하게 되며, 매일의 일상에서 차별을 받게 된다. 심지어 본국에서 태어나고, 모국어를 유창하게 말하고, 지배적인 문화에 적응이 된 사람-외국인노동자가 체류하고 있는 해당국가의 국민-이라 할지라도, 이와 같은 장애를 헤쳐 나가기에 곤란한 점이 종종 있는 경우가 있다. 그러므로 정주에 따른 이와 같은 문제들은 특히, 에스닉과 민족 정체성(national identity)이 전통적으로 일치해왔고, 이를 민족주의 이데올로기의 기반으로 삼아온 한국, 일본 같은 나라에서 해결해야 할 과제로써 부각된다고 하겠다. 동북아시아의 주요한 노동력 유입국가들은 자신의 국가내의 잠재적 시민권자로서 외국인노동자의 이주를 허용한 적이 없기 때문에, 향후에 외국인노동자가 수적으로 더욱 많이 유입되거나, 외국인노동자 커뮤니티가 공고하게 될수록 직면하게 될 문제로서, 외국인노동자의 정주화 경향과 이질적인 에스닉 집단과의 공존을 현실로써 받아들일 시점이 되었다.

다음 장에서는, 이와 같은 점들에 입각하여 현실에서 나타나고 있는 동북아 각국의 외국인노동자 정책의 양상들을 살펴보려 한다.

Ⅲ. 동북아 각국의 외국인노동자정책

1. 일본의 외국인노동자정책

일본에서 외국인노동자가 사회적 문제로 제기되어 국내에서 관심을 갖기 시작한 시기는 1980년대 중반 이후라고 볼 수 있다. 일본의 외국인력 정책은 기본적으로 폐쇄적인 틀을 유지하고 있는데 전문적・기술적 분야의 외국인근로자에 대해서는 일본

경제사회의 활성화와 국제화를 촉진하기 위해 적극적으로 받아들이는 반면 단순근로자의 수입에 대해서는 일본 경제사회 및 국민생활에 많은 부정적인 영향을 미칠 것을 우려하여 매우 신중한 자세를 견지하고 있다.

이러한 정책은 일본의 「출입국 관리 및 난민인정법」이 제정된 이래 유지되어 오고 있다. 이와 같은 정책의 기본취지는 고용기회가 부족한 고령자 등의 고용기회를 감소시키지 않도록 하고, 단순기능외국인력의 고용이 노동시장의 이중구조를 심화시키거나 산업구조의 개선을 지연시키지 않도록 하여야 하며, 국내근로자의 실업문제나 사회적 비용 발생을 야기하지 않도록 단순노동외국인근로자의 활용에 매우 신중하여야 한다는 입장을 견지한다는 데에 있다.[14]

일본에서는 인력부족 현상을 겪고 있는 단순기능인력의 공급은 주로 「니케이진」(Nikeijin: 日系人)을 통해서 이루어지고 그 다음으로 기능실습생과 시간제 근로에 종사하는 외국인 유학생 · 취학생을 통해서 이루어지고 있다. 2000년 12월 말 현재 일본에 취업하고 있는 외국인근로자는 약 71만 명으로 추정되며, 전체근로자(5,356만 명)의 1.3% 수준으로 추정된다. 그리고 71만 여명의 외국인근로자 이외에도 일본에는 2000년 현재 54,049명의 외국인 연수생이 존재한다. 외국인연수생은 근로가 아닌 연수를 받기 위해 입국한 외국인이므로 근로에 종사해서는 안 되지만 이들의 일부도 현장연수기간 중 부분적으로는 사실상 근로에 종사하고 있는 것으로 추정되며, 연수생, 연수취업자, '니케이진' 등에 대한 총 도입규모(quota) 또는 국가별 도입규모에 대한 제한은 없다.[15]

14) Kobayashi Kengo, "Illegal Labor Policy in Japan Means 'Disposale Workers'", *Migration World Magazine*, 24-5 (1996), pp. 25-26.

〈표 1〉 체류자격별 일본의 외국인근로자 추이

	1990	1995	1998	2000
전문 · 기술분야 근로자	67, 983	87, 996	118, 996	154,748(21.8)
특정활동(기능실습생 등)	3, 260	6, 558	19, 634	29,749(4.2)
시간제근로에 종사하는 유학생 · 취학생	10, 935	32, 366	38, 003	59,435(8.4)
니케진(日系人)	71, 803	193, 748	220, 844	233,187(32.9)
불법취업자	약 100, 000	약 280, 000	약 270, 000	232,121(32.7)
계	약 260, 000	약 610, 000	약 670, 000	709, 240

주: 단위는 명, ( )내의 숫자는 구성비(%)임.
출처: OECD, SOPEMI Report for Japan: Statistical Annex, 國際研修協力機構 編 (December, 2001), p. 16.

일본에서는 개발도상국의 외국인력에 대해 기술연수를 실시한다는 목적 하에 시행되어 왔던 외국인 연수생제도가 실질적인 연수가 이루어지지 못하고 부작용이 나타나자 기존제도를 개선하여 기능실습제도를 시행하였다. 이 제도는 연수생으로 입국한 외국인력을 단순노동력으로 활용하려는 기업의 욕구를 억제시키고, 또한 외국인 노동자의 불만을 해소하기 위해 연수 후에는 고용계약에 따라 정식 근로자로서 활용하는 제도이다. 1993년 4월에 시작된 이 제도는 "기능실습제도에 관한 출입국관리상의 취급에 대한 지침"에 근거하여 실시되고 있다. 이 제도의 관리 · 운영은 제3섹터 성격의 민간 조직인 '국제연수협력기구'(Japan International Training Cooperation Organization: JITCO)가 담당하고 있다.[16]

기능실습제도에 따르면 외국인 노동자는 체류자격상 '연수'의

15) 한국노동연구원, "단순기능 외국인력정책의 문제점과 정책방향", 『주간자료』 (2002. 5. 15), pp. 13-14.

16) 설동훈, "아시아 각국의 외국인노동자 정책과 노동권", 한국기독교사회문제연구원, 『외국인 이주노동자를 위한 국제 민간 포럼 자료집: 세계화 속에서 이주노동자의 권리와 노동권 확보를 위한 국제네트워크와 연대방안』 (2001. 12. 12), pp. 153-154.

신분으로 입국하여 3개월 이내의 연수과정을 마치고 연수성과에 대한 평가에 합격한 후 체류자격 변경신청을 법무부에 제출할 수 있다. 법무부에서 체류자격을 '연수'에서 '특성활동'으로 변경하여 허가하면 이때부터는 기능실습이라는 명분으로 내국인과 동일한 법적 지위를 인정받고 합법적인 근로자로 취업이 가능하다. 또한 '특정활동'으로 체류자격이 변경되면 연수기간을 포함하여 2년간 기능실습이 가능하다. 일본 정부는 기능실습기간에는 '노동자' 신분을 인정하여 원칙적으로 노동관계법, 각종 사회보장 관련 법령을 적용하고 있다.

일본 정부의 연수 및 기능실습제도의 문제점도 나타나고 있다. 일본의 전체 외국인력 중에서 외국인 연수생이나 기능실습생이 차지하는 비중이 매우 낮으며, 연수생이나 기능실습생 가운데 이탈자도 나오고 있다. 외국인 노동자가 아닌 연수생 수는 일본의 등록 외국인과 체류기간 초과자를 합한 전체 외국인의 1.2%에 불과하며, 외국인 노동자 중 기능실습생이 차지하는 비율은 1.4%에 불과하다. 이와 같은 사실은 기능실습제도가 일본의 공식적 외국인력 수입제도이기는 하지만, 실제적 기능을 담당하지 못하고 있음을 의미한다.[17]

일본의 경우, '2-3세'에 대해서는 정식근로자로서 동등한 신분이 부여되지만, 연수생은 노동자가 아닌 것으로 간주되며, 노동관계법령도 적용되지 않는다. 물론 노동삼권도 보장되지 않으며, 외국인 노동자 거주지구가 내국인과 구별되어 별도로 조성되고 있다. 장・단기를 막론하고 외국인공동체가 '주변화'(marginalization)되고 있는 데에서 일본적 특성이 나타나며, 심지어 외국인 노동

17) 김희재, "일본에서의 외국인 노동자문제의 현황과 정책", 『사회조사연구』 제14권 (1999), pp. 20-23.

자가 휴일날 공원에 모여드는 것조차 경찰이 단속하는 등, 당국이 에스닉 집단을 갈등의 잠재적 요인으로 사전에 규정하여 규제하는 입장이다.[18]

2. 대만의 외국인노동자정책

대만에서는 1980년대 중반부터 산업현장에서 심각한 인력난을 겪기 시작하여 1987~88년에는 외국인불법취업 문제가 중대한 문제로 대두하게 되었다. 1989년에는 근로기준법이 통과되면서 급격한 임금인상이 이루어지게 되었고 이에 대한 대처방안으로 기업들은 외국인노동자의 고용을 주장하게 되었다. 대만정부는 정부가 발주한 주요 토목공사와 인력난이 심한 일부 제조업부문에 외국인노동자의 고용을 허가하게 된다.[19]

〈표 2〉 대만의 외국인 근로자수 추이

연 도	외국인 근로자수(A)	임금근로자수(B)	실업자수	A/B
1991	2.999	5, 666	130	0.05
1992	15.924	5, 856	132	0.27
1993	97.565	6, 008	128	1.62
1994	151.989	6, 160	142	2.47
1995	189.051	6, 260	165	3.02
1996	236.555	6, 287	242	3.76
1997	248.396	6, 423	256	3.87
1998	270.62	6, 555	257	4.13
1999	294.967	6, 624	283	4.45
2000	326.515	6, 746	293	4.84
2001.8	320.827	-	-	-

주: 단위는 명, 각 년도 12월말 기준임.
출처: 行政院 勞工委員會,『勞動局統計年鑑』(2000): http//www.evta.gov.tw/report/html (검색일: 2002.11.15)

18) Michael Hoffman, "Foreign Grief", *Mainichi Daily News,* (Aug. 23, 1997).
19) 한국노총,『사업보고서』(1994), pp. 50-52.

〈표 3〉 대만의 외국인 근로자의 업종별 현황

	2000년 말		2001년 8월말	
전　체	326, 515	(100.0)	320, 827	(100.0)
제 조 업	181, 998	(55.7)	168, 883	(52.6)
간 병 인	98, 508	(30.2)	105, 520	(32.9)
건 설 업	37, 001	(11.3)	36, 221	(11.3)
가 정 부	7, 823	(2.4)	9, 015	(2.8)
선　원	1, 185	(0.4)	1, 187	(0.4)

주: 단위는 명, %
출처: 行政院 勞工委員會, 『勞動國統計年鑑』.: http://www.evta.gov.tw/report.html (검색일: 2002.11.15)

대만 노동청(CLA)은 1992년 7월에 '외국인노동자의 고용에 관한 법규'(REMFN)를 도입하였고, 1992년 10월에는 '고용서비스 법령'(ESA)을 공포하였다. 대만은 사용자에 대한 고용허가(employment permit)와 외국인노동자에 대한 취업허가(work permit)를 구분하여 허용하고 있는데, 이는 해외 노동력 수입의 규모와 직종을 제한하기가 용이하다는 이점이 있다. 이 법령의 5장은 '외국인의 모집과 감독'이란 제목으로 이주노동자와 관련된 것이다. ESA의 제정으로 대만 정부의 외국인 인력정책이 수립되었다. ESA의 41조는 "자국민의 노동권을 보호하기 위하여 외국인의 고용이 자국민의 취업과 노동조건, 경제발전, 사회안정에 장애가 될 수는 없다"고 기술되어 있다.[20]

외국인노동자의 고용을 원하는 사업자는 공립취업서비스기관에 고용허가 신청을 해야 하고, 심사・비준을 거친 다음, '고용

20) Peter O'neil, "Reality of Migrant Workers in Taiwan", 『외국인 이주노동자를 위한 국제 민간 포럼 자료집: 세계화 속에서 이주노동자의 권리와 노동권 확보를 위한 국제네트워크와 연대방안』(한국기독교사회문제연구원, 2001. 12. 12), pp. 113-115.

보증금'과 '취업안정비'를 납부한 후 고용허가를 발급 받는다. 대만 정부는 사용자로 하여금 고용허가 신청 이전에 반드시 국내 노동자에 대한 구인광고를 내도록 하며, 고용허가 신청을 국내 노동자의 충원이 불가능한 경우에 한하도록 제한하고 있다. 반면에 사용자의 고용허가와는 별도로 대만에서 취업을 원하는 외국인은 건강진단 합격을 받은 연후에 중앙주무부처에서 발급하는 '취업허가'를 취득하여야 한다. 즉 사용자가 정부로부터 외국인노동자 '고용허가'를 받아야만, 그 외국인노동자는 그 기업에 취업한다는 것을 조건으로 '취업허가'를 받는 방식이다.

대만의 고용허가제도의 기본 방침은 다음과 같다.

첫째, 단순·미숙련 외국인 노동자의 한시적 고용이다.

둘째, 필요한 노동력을 국내에서 구할 수 없는 경우에 한하여 외국인노동자 고용에 대해 개별적으로 허가한다.

셋째, 외국인노동자의 고용허가 연장시 국내산업발전과 국내근로자의 고용기회 및 근로조건, 기타 사회질서에 미치는 영향 등에 대한 전체적 평가가 선행되어야 한다.

넷째, 불법취업자에 대해서는 규제를 강화한다.[21]

대만에서의 외국인노동자 고용은 국내 노동인력을 대체하는 것이 아니라 보완하는 차원에서 이루어진다는 점이 이상과 같은 원칙들 속에서 드러난다. 외국인노동자의 체류는 한시적이며, 최초 계약체결시 1년에 한해서 고용이 되는 데 고용주가 원할 경우 1년 연장이 가능한 점은 외국인노동자의 장기체류와 정주화를 예방하려는 조치라고 할 수 있다.

외국인노동자가 입출국할 때에는 엄격한 심사와 규제를 통하

---

21) 김소영, 『외국인력 관련법제 및 정책의 국제비교』(한국노동연구원, 1995), pp. 53-55.

여 특별관리하고 고용자의 협조하에 불법체류를 막기 위해 적극 노력한다. 그리고 불법체류자에게는 사면 같은 예외적 조치를 통하여 합법적 지위를 부여하지 않고 엄격한 벌칙을 통하여 불법취업자의 근절을 시도하고 있다. 사면을 실시하면 앞으로 합법화 가능성을 기대하여 불법취업자가 증가할 가능성이 높아지기 때문인데, 이러한 점은 우리나라의 경우 비교적 자주, 부정기적으로 불법체류자에게 사면을 실시하는 것과는 대조적인 조치이다.[22] 대만은 노동력 유입국으로서, 외국인노동자에 대한 근로조건 제시에 있어 정부 당국 차원에서 합리적인 수준을 공고하고 있으며, 내국인과 동일한 근로조건 제시를 강조하고 있다. 따라서 근로조건의 측면에서 유입국의 호혜적 측면을 보여주고 있으며, 단순·미숙련 외국인 노동자의 고용허가 기간에 대해 엄격히 통제하고 있기 때문에 에스닉 집단의 갈등유발 양상도 대체로 드러나지 않는 상태이다.

3. 홍콩의 외국인노동자정책

홍콩은 싱가포르처럼 이민으로 구성된 사회이지만, 싱가포르와는 달리 외국인력정책을 이민과 연계시키지 않았다. 홍콩자치정부는 외국인력 도입을 경영합리화 및 산업구조조정 기간 동안 한시적으로 적용하는 것으로 간주하여, 외국인 '고용허가' 연장 및 갱신을 원칙적으로 금지하고 있다. 홍콩 정부의 외국인 노동력에 대한 정책은 외국인이 전문기술이나 홍콩에서 쉽게 얻을 수 없는 지식 및 경험을 가진 경우 입국을 허용한다는 것이다.

---

22) 김태영, 『한국의 외국인노동자 정책 연구』(고려대학교 정치학 석사학위논문, 2000년 6월), pp. 64-65.

1995년의 경우 60개국 이상의 나라에서 이와 같은 유형의 외국인 1만 9천명이 입국하였다. 홍콩은 80년대 말 이후 제조업체들이 대거 해외(주로 중국)로 생산기지를 이전했기 때문에 제조업 부문에서는 큰 인력부족 문제에 직면하지 않고 있는 반면, 가정부 수요가 매우 많았기 때문에 이미 1973년부터 적절한 조건을 갖추는 경우에 가정부로서의 외국인 입국을 허용해왔다.[23)]

홍콩은 외국인력 도입과 관련하여 별도의 법률을 갖고 있지 않다는 점에서 대만, 싱가포르 등 여타국가의 경우와 대조적이다. 입법원을 통과한 법률이나 정부부처의 행정명령이 없으니 외국인력 수입 여부의 결정이 정부의 특별조치나 일상적 행정 집행에 의하여 이루어진다.[24)]

홍콩 자치정부는 '특별 사업'에 필요한 경우를 제외하고는 매 사례를 검토하여 외국인력 도입 규모를 최소화하려 한다. 국내 사용자의 외국인력 수입 신청이 있으면, 그 때마다 고용허가 여부를 심사하는 체계를 갖고 있다. 홍콩 자치정부는 외국인노동자를 고용하기를 원하는 사용자에게 '고용허가'를 발급하고, 외국인노동자에게는 '취업사증'을 발급하여 국내에서 노동을 허용하고 있다.

홍콩의 외국인노동자들은 상기의 정책에 입각하여 몇 가지 규정을 제외하고는 내국인과 동등한 대우를 받는다. 그 규정은 다음과 같다.

첫째, 외국인노동자의 체류기간은 단기간으로 한정된다.

---

23) A. David Levin and Stephen W. K. Chiu, "Hong Kong: Labor Market Changes and International Migration of Labor", *OECD Report* (1998), p. 85; 권기철, 정승진, "동아시아의 국제간 노동력 이동에 관한 연구",『국제지역연구』제3권 제2호(1999. 12), p. 17.

24) 설동훈(2001), p. 153.

둘째, 외국인노동자의 직업선택의 자유는 제한된다. 그들은 특정인이나 특정 기업을 위해 홍콩에 왔으므로 그 사람이나 기업을 위해서만 일 할 수 있다. 다시 말해, 외국인노동자는 다른 종류의 일을 찾거나 직장을 옮기는 것이 허용되지 않는다.

셋째, 단순기능 외국인노동자는 홍콩의 영주권을 신청할 수 없고 가족을 초청하여 동거할 수 없다.

홍콩의 외국인노동자는 중간에 직종을 바꾸어 취업하거나 직장을 이탈하여 다른 업체에 옮길 수 없으며, 다른 곳에서 시간제 취업을 하는 것도 허용되지 않는데, 만약 그것을 위반하면 외국인노동자의 취업허가는 취소되고, 즉시 추방될 뿐만 아니라, 해당 외국인노동자는 동일한 프로그램으로 홍콩에 일하러 오는 것이 영원히 금지된다. 그리고 미등록 외국인노동자뿐 아니라 그 사용자도 처벌을 받는다.[25] 홍콩은 노동력 유입국가로서 근로조건에 있어 호혜적이며, 대체로 내국인과 동등한 대우를 받는 등, 다른 동북아 국가들과 비교시 상대적으로 외국인노동자의 사회문제 야기도 미미한 실정이다.

4. 한국의 외국인노동자정책

한국의 외국인력정책은 전문기술인력을 제외한 단순기능인력에 대해서는 근로자로서의 고용을 금지하고 연수생신분으로 도입하는 원칙을 견지한다는 데에 중점을 둔다. 제도 시행 경과를 보면, 1991년 11월에 해외진출 기업의 현지 고용인력 기능향상을 위한 외국인력 산업기술연수제도를 시행한데서 정부 차원

25) 설동훈(2001), p. 153.

의 공식적인 외국인력정책이 비롯되었다. 이 산업기술연수 자격은 '해외 현지법인이 있는 사업체'가 국내 사업체로 기술연수를 보내기 위해 마련한 별도의 체류자격이었다. 해당 인원은 국내 사업체의 상시근로자 1% 수준 이내에서, 연수기간도 3개월 이내로만 허용되었다.

1993년 4월에 외국인산업연수제도가 시행되어, 기존 산업기술연수제도의 미비점을 보완하고 외국인 산업기술연수생 도입 업종과 규모를 확대하게 되었다. 더불어 산업연수생의 모집・알선・연수・사후관리를 중소기업협동조합중앙회가 담당하게 되어 오늘에 이른다.

산업연수생들은 이에 따라 1994년 5월부터 입국하기 시작하였다. 2000년 4월에는 산업연수생의 노동을 실질적으로 허가한 연수취업제도가 시행되어, 총 3년의 연수기간을 설정하여, 그 중 2년 동안은 연수를, 나머지 1년 동안은 취업이 가능하도록 했으며, 2001년 12월에는 연수취업기간을 기존의 '연수2년+연수취업1년'에서 '연수1년+연수취업2년'으로 조정하였다. 이어서 정부당국은 2002년 3월 25일부터 5월 29일까지 불법체류외국인 노동자 자진신고를 받아 그 결과, 256,000명으로 파악하였고, 산업연수생 정원의 조정, 서비스업 부문에 외국국적 동포를 활용하는 방안 마련, 불법취업 외국인력의 우선 출국 조치 등을 담은 『외국인력제도 개선대책』을 내놓았다.[26]

2003년 초까지 한국에서의 외국인력 정책 운영과정에서 나타나고 있는 문제점을 몇 가지로 요약하면 다음과 같다.

첫째, 단순기능 외국인력에 대한 합법적이고 체계적인 고용관

26) "정부, 불법취업 외국인 근절에 나서" 국무총리조정실 보도자료(2002. 7. 15), pp. 1-26.

〈그림 1〉 생산관련직 부족인원 및 단순기능 외국인력 추이(단위: 명)

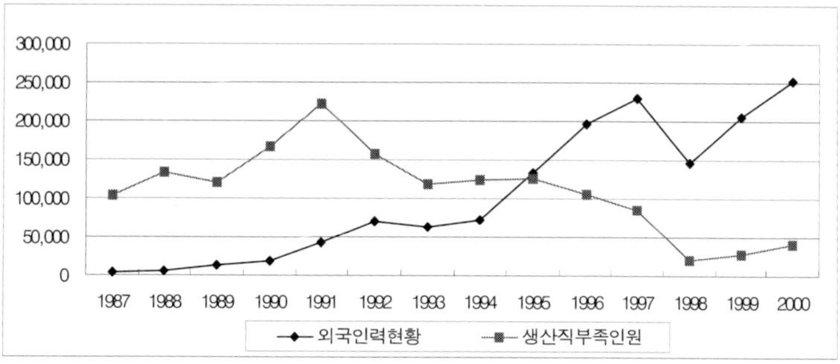

출처: 노동부, 『노동력수요동향조사』 (2000), p. 54.

〈표 4〉 한국내 체류자격별 외국인근로자 수

	전 체	취업비자	연수비자	불법체류자
1987	6, 409	2, 192	0	4, 217
1988	7, 419	2, 403	0	5, 007
1989	14, 610	2, 474	0	12, 136
1990	21, 235	2, 833	0	18, 402
1991	44, 850	2, 978	0	41, 877
1992	73, 868	3, 395	4, 945	65, 528
1993	66, 919	3, 767	8, 644	54, 508
1994	81, 824	5, 265	28, 328	48, 231
1995	128, 906	8, 228	38, 812	81, 866
1996	210, 494	13, 420	68, 020	129, 054
1997	245, 399	15, 900	81, 451	148, 048
1998	157, 689	11, 143	47, 009	99, 537
1999	217, 384	12, 592	69, 454	135, 338
2000	285, 506	19, 063	77, 448	188, 995
2001	329, 555	27, 614	46, 735	255, 206

주: 1) 단위는 명, 각 년도 12월말 기준임.
2) 연수비자에는 해외투자기업연수생과 산업연수생이 포함되어 있음.
출처: 노동부, 『노동력수요동향조사』(2001), p. 146.

리체계가 미비하여 외국인력에 대한 수요를 충족시켜 주지 못한다. 2001년 12월 현재 31만 명의 단순기능외국인력이 취업하고 있음에도 불구하고 단순기능외국인력의 국내취업은 2000년 4월

1일부터 시행하고 있는 연수취업제를 제외하고는 금지한다는 원칙만 견지하고 있는 상태이다.

둘째, 산업연수생을 '연수' 대신 사실상 '근로'에 종사토록 함으로써 외국인력의 편법활용제도라는 국내외의 비판에 직면하고 있다. 이 점은 사실상 근로자이면서 '산업연수생'이라는 이름으로 편법적으로 외국인력을 도입하여 연수는 하지 않고 실제로는 근로를 시킴으로써 입국 목적과 배치되고 있다는 비판으로 이어지며, 이러한 비판으로 인해 업계의 연수생 쿼터 확대 요구에도 불구하고 산업연수생의 쿼터를 늘리는 것은 한계가 있으며 합법적인 외국인력의 공급부족으로 불법취업을 양산하고 있는 실정이다.

셋째, 합법연수보다 불법취업이 유리한 제도라는 점도 있다. 현행 산업연수제도는 법률적으로 외국인력의 '고용제도'가 아닌 '연수제도'이므로 연수비자를 받고 입국한 외국인력은 '근로자'로서의 지위가 아닌 '연수생'의 지위에서 사실상 근로에 종사하는 모순된 상황에 놓여 있다. 이에 따라 외국인 연수생은 근로기준법 등 노동관계법의 보호에 있어서 '근로자'로서의 지위를 받고 있는 불법취업 외국인력에 비해 불리한 처지에 있다고 볼 수 있다. 임금 및 근로시간에 있어서도, 마찬가지로 연수생보다 불법취업자가 유리하다고 볼 수 있다.

넷째, 불법취업자의 비중이 매우 높으며(77.4%) 계속 증가 추세에 있다. 국내인력에 대한 합법적 공급체계의 미비로 인해 외국인력을 고용할 수밖에 없는 국내 기업은 불법으로 외국인력을 고용하는 실정이다. 2001년 12월 현재 국내 체류 외국인력의 약 77.4%가 불법체류자로서 싱가포르의 3.2%, 대만의 7.4%, 독일의 6.5% 및 일본의 32.7%에 비하여 월등히 높은 수준이다. 뿐만 아니라, 현재 외국인력을 고용하고 있는 업체에서 추가적으로 외국인력에 대한 수요가 증가하고 있고, 국내에 체류하고 있는 외국인 근로자들도 불법상태라 하더라도 한국에서의 장기간의 체류를 희망하고 있는 경우가 적지 않을 뿐만 아니라, 불법취업 외국인의 국내유입이 증가하는 추세에 있기 때문에 특별한 대책이 마련되지 않으면 불법취업 외국인력이 계속 확대될 전망이다.

다섯째, 공급자 중심의 연수생 선발·배정 문제를 들 수 있다. 사업주의 선발권을 무시한 공급자 위주의 연수생 배정방식은 외국인 연수생과 고용주와의 업종 및 기술·기능의 불일치를 초래할 가능성을 높여 사업주에게는 필요로 하는 외국인을 활용하기 어렵게 하고 연수생에게는 연수사업장을 이탈하고 싶은 유인을 제공한다.

여섯째, 외국인력에 대한 수요조절장치가 미비하다. 외국인근로자에 대한 수요조절 장치의 부재는 외국인력에 대한 초과수요를 야기함으로써 외국인력의 국내유입을 촉진시켜 결과적으로 국내 노동시장에 부정적 효과를 초래할 우려가 있다.[27]

한국의 외국인노동자는 근로조건에 있어 내국인과 차별적이며, 산업연수생을 제외하고는 법률로 보호받지 못하는 상태이면서, 동시에 미등록노동자의 비율이 세계적인 수준이다. 따라서 노동력 유입국의 외국인 노동자 정책에 있어서의 비호혜적인 측면이 나타나며, 외국인 노동자가 에스닉 집단화하는데 있어 내국인과의 신분상의 차이, 문화적·종교적 이질감 등이 크고, 한국사회에 만연한 '외국인혐오증'(xenophobia)으로 인해 사회갈등 요소로 인식되는 등, 에스닉 집단화에 있어 현실적으로 문제가 나타나고 있다.

---

27) 한국노동연구원(2002), pp. 4-6.

〈표 5〉 아시아 각국의 외국인력정책 비교

항목	싱가포르	대만	홍콩	일본	한국
주무 기관	인력부 취업허가과	노공위원회	취업사증 조사위원회	국제연수 협력기구	중소기업협동 조합중앙회
법률	외국인노동자 취업법	취업서비스법	독립법률 없음	입국관리법	출입국관리법
쿼터	외국인력 고용상한 비율	외국인력 고용 상한 비율 및 총쿼터	특별계획을 제외하고는 사안별로 심사	최소한의 쿼터만 적용	정부 부처간 협의를 거쳐 확정
내국인 노동자 우선고용의 원칙	적용	적용	적용	적용	적용
이민정책과의 연계	연계함	연계하지 않음	연계하지 않음	연계하지 않음	연계하지 않음
계약	표준계약	표준계약	표준계약	표준계약	표준계약
고용안정 채권 고용보증비	있음	있음	없음	없음	없음
임금	시장에서 협상	최저임금 권장	중위임금 권장	최저임금 보장	최저임금 보장
보건 · 의료	건강보험	국민건강보험	자발적 선택	의료보험	건강보험
소득세	적용	적용	적용	미적용/적용	미적용/적용
직업상 혜택 (노동관계법령, 기본적 사회보장제도 적용여부)	내국인과 유사함	근로계약 체결된 외국인노동자에 대해 근로기준에 있어서 내국인노동자와 동등한 대우함. 노동3권 원칙적으로 보장됨		2~3세 제외한 외국인노동자에게 노동관계 법령 적용안됨	퇴직금, 산재보험, 의료보험 적용됨. 노동3권 보장안됨
사회복지 제공기관	교회	교회, 정부 부처	교회, 노동조합, NGOs, 정부 부처	교회, NGOs	교회, NGOs
주요 취업부문	제조업, 건설업, 가정부	제조업, 건설업, 가정부	제조업, 건설업, 가정부, 서비스부문	제조업, 서비스업	제조업, 건설업, 수산업
주요송출국	말레이시아, 태국, 필리핀	태국, 필리핀, 인도네시아, 베트남, 말레이시아	중국, 필리핀, 태국, 인도네시아	한국, 브라질, 동남아 각국	중국, 필리핀, 인도네시아, 몽골

출처: Raymond K. H. Chan and Moha Asri Abdullah, Foreign Labor in Asia: Issues and Challenges (Commack, NY: Nova Science Publishers, 1999), pp. 109-110; 설동훈, "아시아 각국의 외국인노동자 정책과 노동권",한국기독교사회문제연구원,『외국인 이주노동자를 위한 국제 민간 포럼 자료집: 세계화 속에서 이주노동자의 권리와 노동권 확보를 위한 국제네트워크와 연대방안』(2001. 12. 12), p. 150.

Ⅳ. 동북아 외국인노동자 정책의 특징과 에스닉 집단화의 가능성

1. 동북아 각국의 유사성과 차이점: 관계유형과 갈등 정도

이상에서 살펴 본 동북아시아 국가들의 외국인노동력 수입정책은 대체로 매우 신중하며 외국인노동자의 수입에 대해 여러 가지 제약을 가하고 있다. 계약노동자들의 명칭이나 신분·대우도 이에 따라 국가별로 상당한 차이가 나타난다. 한국과 일본은 외국인 단순기능노동자에 대해서 정규근로자와 다른 신분인 '연수생'의 명칭과 신분을 적용하고 있고, 노동자들이 받는 임금도 정규근로자와는 상당한 차이가 있다. 홍콩과 대만은 고용허가제를 사용하고 있으나, 대상 산업, 요건, 기간 등을 엄격히 제한하고 있으며, 임금도 정규근로자보다 훨씬 낮은 선에서 정해지고 있지만 한국이나 일본에 비해서는 상대적으로 정규근로자에 가까운 대우를 받고 있다.

한국·일본과 동아시아 신흥공업국 정부들은 외국인노동자가 자국에서 산업노동력 수요의 공백을 메워 주는 역할을 함에 따라 그들의 유입을 사실상 묵인하였다. 그러나 얼마 지나지 않아 이들의 수가 통제하기 힘들 정도로 급증하자 각국 정부는 제도적 대응책을 마련하게 되었다. 동북아시아에서는 1980년대의 일본, 1990년대 초의 한국 등이 외국인노동자정책에 있어 폐쇄전략[28]을 표방했다고 볼 수 있지만, 이 두 나라도 결국은 한계

28) 폐쇄전략은 외국인노동력의 수입을 허용하라는 국내외의 압력을 거부하고 경제구조조정, 해외직접투자, 국내노동력의 재개발 등의 방법을 통해 대안을 개발하는 전략이다. 이에 반해 '제한적 개방전략'은 외국인노동력의 도입 필요성을 인정하면서도 여러 가지 이유로 외국인노동력의 유입을 특정 부문 또는 특정한 기술범주에 한하여 치밀한 통제 아래

를 절감하고 90년대 초와 중반에 각각 '제한적 개방전략'으로, 제도적으로는 '외국인 산업기술연수제도'를 통하여 대처하였다. 반면에 홍콩과 대만은 외국인노동자 문제가 대두한 초기단계부터 제한적 개방전략을, 제도적으로는 '고용허가제도'를 통하여 특정 범주의 외국인노동자를 공식적으로 수입해 왔다. 따라서 오늘날 동북아시아 각국의 외국인노동자정책은 '제한적 개방전략'에 입각하고 있다는 점에서 상당한 유사성을 보이고 있다. 동북아시아 국가들은 외국인 노동력의 필요성을 명시적으로든 묵시적으로든 인정하면서도, 외국인노동력, 그 중에서도 미숙련 노동력 유입이 초래할 부정적인 사회경제적 효과, 특히 외국인 노동자의 정주가능성에 대해 염려하고 있다.[29]

동북아 각국의 외국인노동자 집단과 유입국가와의 관계유형과 에스닉 집단의 갈등 유발 정도는 다음의 표와 같다.

〈표 6〉 노동력 유입국과 외국인 노동자의 에스닉적 정체성에 대한 각국의 정책간의 관계 유형

노동수요, 구조, 직종구성, 문화적변수 / 근로조건 임금과 사회적 혜택 NGO		에스닉적 정체성에 대한 각국의 정책	
		갈등유발형	비갈등유발형
유입국	호혜적		대만, 홍콩
	비호혜적	한국, 일본	

도입하며, 그것도 단기적으로만 사용하는 전략이다. 이에 반해 '개방전략'은 노동시장의 유연성을 증대시키고 지속적인 경제성장을 유지하기 위해서 장·단기를 막론하고 외국인 노동력을 적극적으로 받아들이는 전략이다. Gary P. Freeman and Jongryn Mo, "Japan and the Asian NICs as New Countries of Destination", P. J. Lloyd and William S. Lynne (eds.), *International Trade and Migration in the APEC Region* (Melbourne: Melbourne University Press, 1996), pp. 45-57.

29) 김준, "동아시아에서의 국제노동력 이동", 『정신문화연구』 제21권 1호 (1998), pp. 118-119.

동북아 각국은 상기한 유사성을 지니고 있지만, 구체적으로는 차이가 드러난다. 대만은 외국인노동자의 에스닉 집단화에 있어 국내NGO의 활약으로 대만정부가 정책을 바꾼 사례가 있을 정도로 노동정책의 유연성이 두드러진다.[30] 또한 이주노동자들의 재통합프로그램을 통해 상부상조를 유도하며, 귀국 후 사업에 대한 오리엔테이션을 하고 있다. 따라서 대만은 동북아 각국의 외국인노동자 정책과 에스닉 집단의 구조에 있어 상대적으로 안정되고, 비갈등적인 유형을 나타내고 있다.

대만・홍콩과 대비되는 유형에 한국・일본이 자리잡고 있는데, 호혜성의 측면에서는 한국이, 갈등유발의 정도에서는 일본이 두드러지는 현상이 나타나고 있다. 한국과 일본은 산업연수생 형식으로 입국시키고 있지만 일본은 약 20만 명에 이르는 일본계 남미인 2-3세에 대해서만 취업에 제한이 없는 '정주자'의 체류자격을 부여하고 있다. 이것은 일본의 교포정책과도 관련되어 있기 때문에 단순하게 판단하기는 어렵지만, 민족과 인종이 일체화된, 일본 내로의 이민금지 정책의 고수와 관련해서, 일본이 일관된 행태를 보여주기에 외국인노동자의 에스닉 집단화와는 그만큼 상치된다고 볼 수 있다.

상기한 갈등유형은 마찬가지로 잠재적인 형태이기는 하지만, 유입국가의 국내안정, 혹은 국내평화와 관련을 갖고 있다는 점도 아울러 지적할 수 있다. 2002년 불법 체류 외국인 노동자에 대한 한시적인 거주유예와 2003년의 강제출국을 결정한 한국의 경우, 이 문제를 놓고 산업 주체간(중소기업주체와 경영자), 국가대 NGO간, 그리고 국민여론 내에서의 찬반양론을 불러일으키

30) Peter O'neil(2001), p. 119.

면서 사회적 쟁점화되었으며, 국법질서의 유지를 우선하는 정부와 인권을 중시하는 시민단체간의 대립·갈등을 제공했다는 점에서 국내평화를 저해하는 요인으로 작용했다는 시각도 존재할 수 있지만, 현대 정치학의 커다란 특징으로 나타나고 있는 '거버넌스'(Governance) 영역의 확대가 한국사회에서 외국인노동자문제를 포괄할 정도로 성장했다는 자족적인 평가도 가능하다고 하겠다.[31] 따라서 국내평화의 측면에서 에스닉 집단의 갈등 유발 여부는, 적대시할 문제라기보다는, 한 사회가 극복해야 할 영역으로 문제의식을 제공했다는 점에 그 의의를 둘 수 있겠다.

2. 동북아에서의 외국인노동자문제: 에스닉 집단화에 대한 인식론

어느 나라나 마찬가지이지만, 동북아에서도 공통적으로 나타나는 불법취업자 발생 원인은 외국인노동력에 대한 상당한 수요가 있음에도 불구하고 해당 국가의 고용허가 절차가 까다롭거나 그 양이 매우 제한적이라는 데 있다. 불법취업자가 양산되는 또 하나의 이유는 해당국가의 이중적인 외국인노동자정책 때문이기도 하다. 이 점은 한국과 일본에서 특징적으로 나타나는데, 양국은 고용허가제를 실시하지 않음으로써 외국인노동력의 수요와 공급에 역행하는 정책을 취하고 있다는 비판이 제기되어

31) 외국인노동자문제에 대한 정책결정에 있어서 NGO와 언론을 중심으로 정부 정책에 대한 비판에 꾸준히 제기되었고 정부가 이러한 점을 어느 정도 수용하였다는 점에서 공공정책에 NGO가 개입된 정책 환경이 조성되었다는 점에서 그러하다. 정부와 NGO간의 관계에 대한 유형은 Jennifer M. Coston, "A Model and Typology of Goverment-NGO Relations", *Nonprofit and Voluntary Sector Quarterly*, 27-3 (1998), pp. 43-68; 김석준 외, 『뉴 거버넌스 연구』(서울: 대영문화사, 2000), pp. 262-275 참조.

왔다. 다시 말해 노동시장의 완충기제로서 불법체류 외국인노동자들을 활용할 수도 있고, 외국인노동자들에게 합법적인 신분을 부여하지 않음으로서 그들의 노동력을 값싸게 활용할 수 있다는 장점으로 인해 집행되는 정책으로 간주되고 있다.

중국을 제외한 동북아 주요국가들에서의 외국인노동자정책은 아직 한 세대를 넘기지 못한 역사성을 지니고 있으며, 이러한 상황을 반영하듯 아직까지 뚜렷하게 외국인노동자 정주화의 경향성은 나타나지 않고 있다. 동북아시아 국가들은 자신의 국가 내에서 잠재적인 시민권자 내지는 영주권자로서 외국인노동자의 이주를 허용한 적이 없고, 대신 한정된 기간동안 허용되는 여러 유형의 입국비자 발급만 허용해오고 있다. 동북아 각국들이 외국인들에게 부여하는 고유한 영주권제도가 부재한 상태에서 외국인노동자의 정주화는 문제에 봉착할 수밖에 없다. 현재로서는 정주화 이전의 커뮤니티 형성 단계에 도달해가고 있는 것으로 여겨진다. 미국이나 캐나다처럼 이민공동체가 거대한 곳에서는 에스닉 그룹이 외국인노동자를 보호할 수도 있겠으나, 동북아시아의 경우는 다른 상태이다.

외국인노동자 문제가 민족주의 내지는 민족문제의 범주에서 파악하기 위해서는 베네딕트 앤더슨(Benedict Anderson)이 제시하는 원거리민족주의(long distance nationalism)[32]의 구성요소로서 이주노동자의 정주화를 상정할 수 있으나, 현재까지 동북아시아

---

32) 근래 들어 먼 이역에 이주해 살면서도 민족공동체를 형성하여 민족집단의 고유한 단결력과 공동체의식을 강하게 유지시키는 현상을 일컫는다. 민족집단의 에스니시티가 유지되면서, 이것이 경우에 따라서는 내셔널리즘과 결합되어 지리적 거리와 무관하게 민족집단의 영속적인 단결을 가능케 하는데, 뉴욕의 유대인, 로스앤젤레스의 베트남인, 베를린의 터키인 등을 예로 들 수 있다. Benedict Anderson(1992), pp. 10-11.

의 노동력 수입국가에서 나타나고 있는 현상은 외국인노동자의 정주화를 예방하려는 정책을 구사하고 있기에 아직까지는 원거리 민족주의의 양상을 일반적으로 보여주고 있다고 보기는 어렵다. 이러한 현상의 원인으로는 동북아에서 역사적으로 일반화되어 온 다문화주의의 부재, 그리고 일본과 한국의 경우 특히 두드러지는 일종의 외국인혐오적 민족주의(xenophobic nationalism)[33]의 영향으로 여길 수도 있다. 한국의 경우, 동남아시아 노동자들이 대거 도래하면서 자국민보다 더욱 가난하고 약한 사람들에 대해 가하는 공격적이고 억압적인, 외국인혐오적 민족주의를 구사하고 있다고 여겨질 만한 상황이 조성되었으며, 이를 극복하기 위해서는 다문화주의 교육(cross-cultural education)과 평화교육이 이루어져야 한다는 지적도 있다.[34] 외국인노동자를 포함한 전반적인 이주자의 증대와 더불어 동북아시아에서는 인종차별주의(racism), 외국인혐오증, 자민족중심주의(ethnocentrism)도 증대되고 있다. 동북아시아를 포함하는 동아시아 지역은 대표적으로 이러한 현상들이 나타나는 지역으로 되어 가고 있다. 이러한 현상의 근저에는 일반 대중들의 성향 뿐 만 아니라, 매스미디어와 정부당국을 포함한 사회적 공기(公器)들의 반응에도 다분히 문제의 소지가 있음을 지적할 수 있다. 즉, 다른 문화와 종족집단의 사람들이 동질적인 문화와 에스닉 집단을 이루고 있는 사회(예를 들어 일본)로 유입되면 많은 사회적 문제들을 야기하고, 한 사회의 경제적 성

---

33) Katharine H. S. Moon, “Strangers in the Midst of Globalization: Migrant Workers and Korean Nationalism”, Samuel S. Kim (ed.), *Korea's Globalization* (Cambridge: Cambridge University Press, 2000), pp. 160-162.

34) Chung-in Moon, “Globalization: Chakkenges and Strategies”, *Korea Focus* 3 (1995), p. 66.

장능력을 약화시킨다는 논리가 통용되면서, 1997년 아시아 지역에서의 금융위기 전까지 동아시아의 고위정책결정자들의 사고를 지배하기까지 했었다.[35] 이런 관점에서 서구를 포함한 외래의 다문화적인 측면이 사회적 불협화(social discord)와 경제적 성과 달성에 저해가 되는 원인이 된다는 점이 자주 거론되었다.[36]

동북아시아에서는 종족(race)과 문화가 일치하는 민족적 정체성을 한 묶음(bundling)으로 간주하는 사고방식[37]이 역사적으로 지배적이었기에 이민족 정주자를 시민권을 통해 사회의 정상적인 구성원으로 흡수하는 정책을 시행하지 않았다. 따라서 많은 이들이 국가와 국가간에 존재하는 서로 다른 민족집단간의 갈등을 해결하는 방법을 놓고 '민족'(혹은 에스닉 집단)이라는 관점에서 보다 개인의 '인권'이라는 차원에서 접근해야 해결이 가능하다고 주장하고 있다.[38] 레이스가 다르거나, 에스닉 집단이 다

---

35) S. Hirowatari, "Foreigners and 'Foreigner Question' Under Japanese Law," *Annuals of the Institute of Social Science* 35 (Tokyo: Institute of Social Science, University of Tokyo, 1993), pp. 91-122; S. Hirowatari, "Foreign Workers and Immigartion Policy", J. Banno (ed.), *The Political Economy of Japanese Society* (Oxford: Oxford University Press, 1998), pp. 35-69.

36) Mike Douglass, "Unbundling National Identity: Global Migration and the Advent of Multicultural Societies in East Asia", *Asian Perspective*, 23-3 (1999), pp. 91-93.

37) 한국인의(단일민족, 배달겨레로서의) '한국인' 관념과, 일본인의 단일 에스닉 민족으로서의 일본(Japan as a mono-ethnic nation, nihon tan'itsu minzoku kokka) 관념을 예로 들 수 있다. 반면에 같은 레이스(race)의 후손일지라도 오랫동안 다른 문화에 노출되면 문화적인 차이로 인해 (열등으로) 주변화된다. 일본에 거주하는 일계인(日係人, Nikkeijin)의 경우나, 일본어를 구사하고 일본문화에 동화된 한국인이 당하는 악명높은 이지메(ijime) 같은 경우가 이에 해당된다. Mike Douglass(1999), pp. 97-103; G. Cameron Hurst III, "URI NARA-ISM: Cultural Nationalism in Contemporary Korea", *Universities Field Staff International(UFSI) Reports* 33 (Indianapolis, 1985).

38) 외국인노동자의 인권보호를 우선적인 과제로 삼는 국내외의 외국인노동자 관련 시민단체들의 시각이 대체로 이러한 경향을 대변한다.

르거나, 민족이 다르건 간에 모두가 다 같은 인간으로서 노동을 하고 살아가면서 사회 내에서 문제제기가 되고 있다는 측면을 생각한다면 이해가 되는 주장이라고 하겠다. 그러나 세계시민을 아무리 외치고, 인권의 보편적 범주를 주장해도, 에스닉 집단 고유의 정서와 관습, 기억은 남는 것이며, 이를 바탕으로 오히려 에스닉 집단의 단결이 공고해지는 것은 마치 가족간의 유대가 영구적인 가치로 존재하는 것처럼 시대변화에도 불구하고 쉽사리 없어지지 않는 현상인 듯 하다. 따라서 외국인노동자의 에스닉적 정체성에 따른 제반 문제들은 노동력 유입 국가의 정책을 통해 제기할 수 있는 성격의 문제가 아니라 인간의 고유한 집단화가 이루어내는 공동체적인 속성을 통해 자연스럽게 학습해나가는 과정으로 인식하면서 대처할 필요가 있다고 하겠다.

결국 동북아에서의 외국인노동자의 에스닉 집단화의 가능성은 그 잠재성 면에서는 가능성이 높다고 할 수 있지만 현재까지 본격화되지 못한 상태라고 할 수 있겠다. 이러한 현상이 나타나게 된 근본적인 이유로는 동북아시아의 종족과 민족을 일치시키는 혈통주의적 인식과 이데올로기, 단일의 민족문화를 고수해온 문화적 속성과 같은 역사적 요인에다가 외국인노동자를 경제상황에 의해 일시적으로 저임금노동자를 확보하는 수단으로 여기는 정책적 사고, 그리고 사회적으로 사회문제를 야기하는 집단으로 여기는 태도 등이 작용한 것으로 여겨진다. 그러나 외국인노동자의 유입이 당분간 더 지속되고, 향후에 중국의 노동력이 더욱 대규모로 유출된다면 외국인노동자가 유입된 국가에서의 에스닉 집단화는 본격적으로 진행될 수밖에 없으리라고 전망된다.

Ⅴ. 결론

동북아시아의 외국인노동자 정책에 있어 전제해야 할 점은 일단 현재의 시점에서 무엇보다도 단순기능 인력의 국제적 이동은 국가간의 경제적 격차, 임금 수준간 격차가 존립하는 한 사라지지 않을 현상이라는 점이다. 외국인노동자들이 외국에서 아무리 낮은 임금으로 착취당하고, 아무리 열악한 상황에 처해 있더라도 임금수준의 국제적 격차가 남아 있는 한 그것을 감수할 의향이 있는 미숙련 노동자의 새로운 원천이 있기 마련이라는 점이다.[39] 또한 중국의 거대한 노동력이라는 잠재적 변수와 북한으로부터의 대량의 난민 또는 노동력 유출의 가능성도 안고 있는 동북아시아 지역은 향후에 노동력의 지역간 이동을 통해 에스닉 구성이 다양화되고 복잡하게 될 가능성이 높아지고 있다. 따라서 기존의 혈통을 중심으로 삼는 국적부여 원칙에서 거주지와 출생지를 기준으로 삼는 원칙으로의 방향전환을 모색하는 가운데 이주노동자의 생존권과 시민권 문제를 보다 보편적인 인권의 기준에 맞추어 해결해나가는 방도가 동북아 국가들에서 나타나는 것이 바람직스럽다고 하겠다. 이점은 동북아시아의 민족주의가 순혈(純血)에 기초한 자민족중심주의를 대체로 고수하는 전통과 결부되어 있으며, 민족적 정체성을 문화적 공통성에서 더욱 확장하여 문화적 다양성을 수용하는 개념으로 인식할 필요와도 결부된다고 하겠다. 한반도의 한민족을 비롯하여 일본, 대만은 기존의 주어진, 혹은 어떤 측면에서는 만들어진 정체성 속에서 다양한 문화적인 경험을 못해왔기 때문에 나타나는 문제

39) 김준(1998), pp. 120-121.

들을 극복할 필요가 있다. 다시 말해 한 국가내의 민족적, 혹은 에스닉적 정체성을 지속적으로 변화되면서 만들어나가는 것으로 보면서 다양한 문화적인 경험을 공존시키면서 이해하고 학습해나가는 과정이 선행되어야 문화적 차이에 대한 수용이 궁극적으로 이루어질 수 있을 것이다. 그리고 국가는 공공성을 더욱 강화하여 외국에서 오는 수많은 노동자들이 정부와 정부간의 공공적인 계약을 통해 필요한 인력이 들어오고 나가는 체계를 강화해야 할 것이다. 특히 한국정부의 정책에 있어서 이러한 부문을 새삼 강조할 수 있다. 동북아시아에서 외국인 노동력 유입을 대부분 담당하고 있는 한국, 일본, 대만은 인근의 중국이나 러시아처럼 과거에 소수민족정책을 구사하거나 민족에 따른 구분보다 시민권을 우선하는(현재의 러시아) 정책을 채택할 만한 상황과 여건을 지니지 못했지만, 자국 내에서 보다 복잡해지는 에스닉적 구성에 대한 면밀한 검토와 더불어 정책을 결정해야 하는 시기가 도래하였다고 여겨진다.

■ 참고문헌 ■

권기철, 정승진, “동아시아의 국제간 노동력 이동에 관한 연구”, 『국제지역연구』 제3권 제2호, 1999. 12.

김석준 외, 『뉴 거버넌스 연구』, 서울: 대영문화사, 2000.

김소영, 『외국인력 관련법제 및 정책의 국제비교』, 서울: 한국노동연구원, 1995.

김 준, “동아시아에서의 국제노동력 이동”, 『정신문화연구』 제21권 1호, 1998.

김태영, 『한국의 외국인노동자 정책 연구』, 고려대학교 정치학 석사논문,

2000. 6.
김희재, “일본에서의 외국인 노동자문제의 현황과 정책”, 『사회조사연구』 제14권, 1999.
박훈탁, “글로벌경제와 한국의 이중노동시장”, 『한국과 국제정치』 제12권 2호, 1996년 가을·겨울.
설동훈, 『외국인노동자와 한국사회』, 서울: 서울대학교 출판부, 1999.
_____, “아시아 각국의 외국인노동자 정책과 노동권”, 『외국인 이주노동자를 위한 국제 민간 포럼 자료집: 세계화 속에서 이주노동자의 권리와 노동권 확보를 위한 국제네트워크와 연대방안』, 한국기독교사회문제연구원, 2001. 12. 12.
이종훈, “소수민족기본법의 제정 필요성과 기본 방향”, 『Korean International Symposium 워크샵 자료집』, 2002. 10. 19.
조정남, 『현대정치와 민족문제』, 서울: 교양사회, 2002.
한국기독교사회문제연구원, 『외국인 이주노동자를 위한 국제 민간 포럼 자료집: 세계화 속에서 이주노동자의 권리와 노동권 확보를 위한 국제네트워크와 연대방안』, 2001. 12. 12.
한국노동연구원, “단순기능 외국인력정책의 문제점과 정책방향”, 『주간자료』, 2002. 5. 15.
한국노총, 『사업보고서』, 1994.
노동부, 『노동력수요동향조사』, 2000.
行政院 勞工委員會, 『勞動局統計年鑑』, 2000.
Anderson, Benedict, “The New World Disorder”, New Left Review, 193, (May/June, 1992).
Chan, Raymond K. H. and Moha Asri Abdullah, *Foreign Labor in Asia: Issues and Challenges*, Commack, NY: Nova Science Publishers, 1999.
Castles, Stephen, and Mark J. Miller, *The Age of Migration: International Population Movements in the Modern World*, New York: Guilford Press, 1998.
Cohen, Robin, *The New Helots: Mogrants in the International Division of Labour*, Aldershot: Gower Publishing Company, 1987.

Corrigan, Philip, "Feudal Relics or Capitalist Monuments? Notes on the Sociology of Unfree Labour", *Sociology*, 11-3, 1977.

Douglass, Mike, "Unbundling National Identity: Global Migration and the Advent of Multicultural Societies in East Asia", *Asian Perspective*, 23-3, 1999.

Freeman, Gary P. and Jongryn Mo, "Japan and the Asian NICs as New Countries of Destination", P. J. Lloyd & William S. Lynne (eds.), *International Trade and Migration in the APEC Region*, Melbourne: Melbourne University Press, 1996.

Grieco, Margaret, *Keeping it in the Family: Social Networks and employment Chance*, New York: Tavistock Publications, 1987.

Hoffman, Michael "Foreign Grief", Mainichi Daily News (1997. 8. 23).

Hirowatari, S. "Foreign Workers and Immigartion Policy", J. Banno (ed.), *The Political Economy of Japanese Society*, Oxford: Oxford University Press, 1998.

Hirowatari, S. "Foreigners and 'Foreigner Question' Under Japanese Law", *Annuals of the Institute of Social Science*, 35, Tokyo: Institute of Social Science, University of Tokyo, 1993.

Hurst Ⅲ, G. Cameron, "URI NARA-ISM: Cultural Nationalism in Contemporary Korea", *Universities Field Staff International Reports(UFSI)*, 33, Indianapolis, 1985.

Kengo, Kobayashi, "Illegal Labor Policy in Japan Means 'Disposale Workers'", Migration World Magazine, 24-5, 1996.

King, Russell, "Migration in a World Historical Perspective4", Julien van den Broeck (ed.), *The Economic of Labour Migration*, Cheltenham: Edward Elgar, 1996.

Levin, A. David and Stephen W. K. Chiu, "Hong Kong: Labor Market Changes and International Migration of Labor", *OECD Report*, 1998.

Miles, Robert, *Capitalism and Unfree Labour: Anomaly or Necessity?*, London: Tavistock Publications, 1987.

Moon, Chung-in, "Globalization: Chakkenges and Strategies", *Korea Focus*, 3, 1995.

Moon, Katharine H. S. "Strangers in the Midst of Globalization: Migrant Workers and Korean Nationalism", Samuel S. Kim (ed.), *Korea's Globalization*, Cambridge: Cambridge University Press, 2000.

O'neil, Peter, "Reality of Migrant Workers in Taiwan", 한국기독교사회문제연구원,『외국인 이주노동자를 위한 국제 민간 포럼 자료집: 세계화 속에서 이주노동자의 권리와 노동권 확보를 위한 국제네트워크와 연대방안』(2001. 12. 12).

Potts, Lydia, *The World Labour Market: A History of Migration*, London: Zed books, 1990.

Smith, Anthony D., *National Identity*, New York: Penguin Books, 1991.

Takashi, Machimura, "Local Settlement Patterns of Foreign Workers in Greater Tokyo: Growing Diversity and Its Consequences", Mike Douglass and Glenda S. Roberts (eds.), *Japan and Global Migration: Foreign Workers and the Advent of a Multicultural Society*, London: Routledge, 1999.

Timmer, Ashley S. and Jeffrey G. Williamson, "Immigration Policy Prior to the 1930s: Labor Markets, Policy Interactions, and Globalization Backlash", *Population and Development Review*, 24-4 (1998).

OECD, SOPEMI Report for Japan: Statistical Annex, 國際研修協力機構 編 (December, 2001).

http//www.evta.gov.tw/report/html (검색일: 2002. 10. 15).